《电动汽车工程手册》卷目

总主编 孙逢春（北京理工大学，中国工程院院士）

U0932407

第一卷 纯电动汽车整车设计
主编 北京理工大学 林 程
主审 北京汽车集团有限公司 林 逸

第二卷 混合动力电动汽车整车设计
主编 北京理工大学 何洪文
主审 清华大学 张俊智

第三卷 燃料电池电动汽车设计
主编 同济大学 章 桐
主审 清华大学 李 骏（中国工程院院士）

第四卷 动力蓄电池
主编 中国电子科技集团公司第十八研究所 肖成伟
主审 中国科学院上海微系统与信息技术研究所 夏保佳

第五卷 驱动电机与电力电子
主编 上海电驱动股份有限公司 贡 俊
主审 中国科学院电工研究所 温旭辉

第六卷 智能网联
主编 清华大学 李克强
主审 清华大学 李 骏（中国工程院院士）

第七卷 基础设施
主编 北京交通大学 张维戈
主审 中国科学院电工研究所 王丽芳

第八卷 测试评价
主编 中国汽车工程研究院股份有限公司 周 舟
主审 湖南大学 刘敬平

第九卷 运用与管理
主编 北京理工大学 王震坡
主审 北京航空航天大学 王云鹏

第十卷 标准与法规
主编 中国汽车技术研究中心有限公司 吴志新
主审 比亚迪汽车工业有限公司 廉玉波

谨以此书献给

为中国电动汽车事业
砥砺奋进的电动汽车人！

······

HANDBOOK OF ELECTRIC VEHICLE

总主编 孙逢春 **主编** 王震坡 **副主编** 张 雷 刘 鹏 **主审** 王云鹏

Volume 9

第九卷

电动汽车工程手册

运用与管理

随着电动汽车的快速发展和迅速普及，电动汽车日常运用和管理过程中存在的主要问题和挑战日益突出。为了保证电动汽车高效、安全与可靠运行及其全生命周期管理，本卷梳理了电动汽车产业发展的20多年来电动汽车运用与管理相关的关键技术、监管体系和管理方法。本书主要内容包括电动汽车产业发展现状及趋势、使用条件及运用领域、应用模式、性能指标、节能技术、运行监控与管理技术、应用安全技术、使用寿命及评价、技术状况的变化、综合评价体系、常见故障与处理方法、报废与回收利用等。

本手册旨在梳理电动汽车现有技术成果、推进电动汽车产业链全面发展，不仅可以为高等院校、汽车研究机构和企业工程技术人才培养提供非常有价值的教材和参考资料，而且可以直接服务于电动汽车产业的自主创新。希望能够对深入推进供给侧结构性改革、提高我国电动汽车产业研发自主创新能力、提升自主品牌零部件和整车企业的竞争力、培育新动能做出贡献。

版权声明

本书的文字、图像、版式设计等均受《中华人民共和国著作权法》保护。未经著作权人和机械工业出版社许可，任何单位、组织、个人不得以复制、转载、选编、出版等任何方式对本书的全部或局部内容进行非法使用。

任何侵犯本书合法权益的行为，都将被依法追究法律责任。

特此声明。

图书在版编目（CIP）数据

电动汽车工程手册．第九卷，运用与管理／王震坡主编．—北京：机械工业出版社，2019.11

ISBN 978-7-111-63773-8

Ⅰ．①电…　Ⅱ．①王…　Ⅲ．①电动汽车–汽车工程–技术手册　Ⅳ．① U469.72-62

中国版本图书馆CIP数据核字（2019）第217195号

机械工业出版社（北京市百万庄大街22号　邮政编码100037）

策划编辑：何士娟　责任编辑：何士娟　章承林　刘　静

责任校对：张　征　责任印制：张　博

北京铭成印刷有限公司印刷

2019年12月第1版第1次印刷

184mm×260mm·20.25印张·3插页·468千字

0001—3000册

标准书号：ISBN 978-7-111-63773-8

定价：198.00元

电话服务	网络服务
客服电话：010-88361066	机　工　官　网：www.cmpbook.com
010-88379833	机　工　官　博：weibo.com/cmp1952
010-68326294	金　　书　　网：www.golden-book.com
封底无防伪标均为盗版	机工教育服务网：www.cmpedu.com

《电动汽车工程手册》指导委员会

主　任： 付于武　　中国汽车工程学会

委　员：（按姓氏笔画排序）

王传福　　比亚迪汽车工业有限公司

朱华荣　　重庆长安汽车股份有限公司

衣宝廉　　中国工程院院士，中国科学院大连化学物理研究所

安　进　　安徽江淮汽车集团股份有限公司

李　骏　　中国工程院院士，中国汽车工程学会

李开国　　中国汽车工程研究院股份有限公司

林忠钦　　中国工程院院士，上海交通大学

欧阳明高　中国科学院院士，清华大学

钟志华　　中国工程院院士，中国工程院

徐和谊　　北京汽车集团有限公司

徐留平　　中国第一汽车集团有限公司

曾庆洪　　广州汽车集团股份有限公司

曾毓群　　宁德时代新能源科技股份有限公司

魏建军　　长城汽车股份有限公司

《电动汽车工程手册》编撰委员会

（按姓氏笔画排序）

主　　任： 孙逢春

副 主 任： 王云鹏　王丽芳　王震坡　刘敬平　贡　俊　李克强
肖成伟　吴志新　何洪文　张俊智　张维戈　林　逸
林　程　周　舟　夏保佳　章　桐　温旭辉　廉玉波

常务委员： 史建鹏　李　罡　李高鹏　杨大勇　吴　凯　陈上华
武锡斌　赵子亮　郝景贤　钟益林　高立新　凌和平

委　　员： 王　兆　王　芳　王大方　王仁广　王文伟　王志福
王松蕊　王泽兴　田长青　田立庆　白　杰　白影春
冯　屹　边明远　任丽彬　刘　鹏　刘永东　刘坚坚
刘桂彬　闫紫电　阳如坤　孙　力　孙　影　孙华军
苏金然　苏常军　李　进　李　威　李玉军　李冰心
李益丰　杨　洁　杨　勇　杨子发　杨世春　杨智伟
杨睿诚　时志强　吴　川　吴大勇　吴宁宁　囤金军
何云堂　邹慧明　汪正胜　宋　珂　宋盼盼　张　雷
张舟云　张承宁　张新丰　张福元　陈　勇　陈　强
陈朝阳　陈潇凯　苗艳丽　欧　阳　罗禹贡　周　辉
郑马英　单忠强　屈丽辉　孟祥峰　赵小勇　赵庆云
赵治国　赵洪辉　段秋生　侯　明　秦志东　袁国辉
袁登科　袁瑞铭　夏定国　倪绍勇　倪淮生　徐　宁
徐　斌　徐　磊　徐焕恩　殷国栋　高　石　高　波
高学平　高建平　高振海　郭景华　黄　艳　黄　彧
黄苏融　曹万科　彭剑坤　董其惠　蒋　萌　程夕明
程兴群　曾小华　谢　飞　翟　丽　熊　瑞　潘　牧
戴长松　魏跃远　糜　锋

《电动汽车工程手册》出版委员会

出版人： 李奇

指导组： 郭锐 朱长福 范兴国 王霄飞 牛新国 杨民强 韩雪清 郑丹 张祖凤 王廷 彭晓婷 崔占军 孙翠 田淑华 赵海青 施红

编审组：（按姓氏笔画排序）

丁锋 王荣 王婕 王建霞 王海霞 孔艳 母云红 刘静 汤枫 安桂芳 孙鹏 杜凡如 李军 连景岩 时静 何士娟 张周鹏 张俊红 张淑谦 张翠翠 陈文龙 林春泉 孟阳 赵帅 赵璇 赵慧 赵晓峰 郝建伟 侯颖 徐霆 徐明煜 崔滋恩 鹿征 章承林 董一波 曾红 谢元 魏莹

生产组：（按姓氏笔画排序）

王延 石冉 付方敏 刘雅娜 闫玥红 纪敬 杜雨霏 李杉 李婷 连美冬 宋安 张征 张博 张薇 陈越 陈立辉 郑婕 贾立萍 陶湛 梁静 蔡健伟 潘蕊

营销组： 苗强 牟小仪 黄吉安 李双雷 张萍 张彩峰 张敦鸿 邵邵 危井振 张全加 齐保镇 贾贯中 孙翔 于洋 陈远新 葛龙 张奕 邓晗男 甄冲 谭智慧 陈末予 刘佳佳 梁露 董春晖 郑晨

序

《电动汽车工程手册》正式和广大读者见面了。这是对我国新能源科技与工程领域的一个贡献，也是我国新能源汽车产业的一项重大基础性建设。

从顶层上看，中国汽车产业发展战略一定要与国家的能源战略相契合。国家的能源战略很明确，就是立足国情，多元替代。2009 年，我国将新能源汽车上升为国家战略，在全球率先启动了产业化进程。2014 年，发展新能源汽车被认为是迈向汽车强国的必由之路，这更进一步坚定了相关企业的信心，汽车产业总体由燃油汽车的跟踪追赶转向电动汽车的“换道先行”。

近几年来，我国新能源汽车技术快速发展，整体素质和实力有所增强，产品的质量和水平有较大提高，产品的门类和品种有了较快的发展，为我国社会主义现代化建设做出了应有的贡献。但是也应当看到，与国民经济蓬勃发展的需要和国际先进水平相比，我国电动汽车技术还存在着一定差距。在我国社会主义市场经济体制逐渐建立和完善的进程中，在世界范围新技术革命步伐加快的过程中，我国电动汽车工业既有机遇，又有挑战。为此，电动汽车工业发展必须真正调整到依靠科技进步和提高劳动者素质的轨道上来，要下大力气掌握和追踪新技术，开发和应用新技术，改造传统工艺，发展新兴产业，不断增强电动汽车工业在国内外两个市场的竞争能力。只有这样，才能更好地完成党和人民赋予我们的发展民族汽车工业的历史重任。

《电动汽车工程手册》正是为完成这个历史任务而诞生的。它梳理了电动汽车产业多年发展的知识积累，凝结了我国电动汽车产业近 20 年来自主研究的重要成果，对于总结电动汽车现有技术成果、强化关键共性技术、引领技术发展方向有重要意义；另外，它涉及的内容全面，对于推进电动汽车产业链全面发展、加快国家基础体系建设具有重要意义，对于发展新能源汽车的国家战略、加快新能源汽车的推广应用、有效缓解能源和环境压力、促进汽车产业转型升级也将起到重要的参考作用，具有非常重要的出版价值。

这部手册的编写与审稿队伍，由国内千余名有专长、有经验的学者、专家所组成。手册扼要地总结了电动汽车各个关键细分领域的科学技术成就，同时也吸收了国外的成熟经验。聚沙成塔，集腋成裘。名为手册，实为巨著。

读书不易，写书颇难，写工具书更难。为了编好这部“立足全局，勾画全貌，反映共性，突出重点”的手册，从技术全面性、知识完整性、分卷协调性的角度出发，编者们做了很大努力，从无到有，诸事草创，困难重重，艰辛备尝。值此手册出版之际，我谨向各参编单位、各审稿单位和出版印刷单位，向数以千计的全体编写、审稿人员，向遍及全国的为手册提供资料和其他便利条件的单位和同志们，表示衷心的感谢。

“大道行于百年，权宜利于一时”。《电动汽车工程手册》是积累、扩充和传播知识的工具，是新能源汽车科技领域的一项宏远工程。唯有以渊博的科学技术知识作为基础，才能不断创新。它既可供从事技术工作的各类人员在工程实践中查阅使用，也可供企事业单位从事相关管理工作的人员参考使用。读者可以从中了解相关专业领域的国内领先科技和国际先进科技，了解和把握技术动向，以便能科学、准确地做出决策和规划，使我们的工作更具系统性、预见性和创造性，更好地为汽车工业的持续、快速、健康发展服务。

实践是检验真理的唯一标准。在我国，这类工具书刚刚开始，现在是从无到有，将来是精益求精。我们将严肃认真地听取广大读者的意见和建议，以作为评价和改进这部手册的主要依据。在新的长征途中，希望我们全体的中国电动汽车人勠力同心，再接再厉，去完成时代赋予我们的光荣使命。

付于武

前　言

2014年5月24日，习近平总书记在上海汽车集团考察时指出："发展新能源汽车是我国从汽车大国迈向汽车强国的必由之路。"他的重要讲话为我国汽车工业的发展指明了前进和发展方向。2010年，国家把新能源汽车列入七大战略性新兴产业之一；2015年，节能与新能源汽车列入《中国制造2025》十大重点支持领域之一。

保障我国能源安全、实现节能和环保、促进汽车产业技术革命及产业转型升级，是发展新能源汽车的国家战略和大势所趋。以新能源汽车为基础的智能网联汽车，将会在生产环节以及整个消费环节、服务环节取得全面发展。

经过国家四个"五年计划"的科技攻关，特别是通过2008年北京奥运会、2010年上海世博会，我国新能源汽车行业取得了四大标志性成果：一是新能源汽车产业规模和产销量全球第一，并占有全球50%以上市场份额，技术水平处于国际先进行列；二是充电基础设施规模全球第一；三是动力蓄电池、电机、电控等核心关键技术产品产销量全球第一；四是构建了全球领先的新能源汽车安全运行监管平台技术和标准体系。

目前，我国新能源汽车产业基本掌握了整车技术和关键零部件技术，有了一定的技术积累，进入了成长期。

成长中的中国新能源汽车，对知识的需求极度渴望。在完全开放的全球市场中，技术竞争压力越来越大，中国汽车企业亟须解决电动汽车核心关键技术。加快新能源汽车持续创新，推进中国汽车产业技术转型升级，是中国科技发展的重大战略需求。

我国新能源汽车发展了20多年，是到了一个该总结、该展望的时刻了。

《电动汽车工程手册》是一部系统概括电动汽车各专业主要技术内容的大型工具书，总结了三种电驱动车辆——纯电动汽车、混合动力电动汽车和燃料电池电动汽车相关的技术成果和知识链。

《电动汽车工程手册》的编写初衷，是响应国家建设制造强国的发展战略目标要求，系统地、完整地梳理我国电动汽车这20多年来的知识体系，对电动汽车各个关键细分领域专题技术路线进行深入剖析，总结电动汽车现有技术成果，强化关键共性技术，引领技术发展方向，希望能够从供给侧的角度推进电动汽车产业链全面发展。

根据国家电动汽车重大专项部署，依据我国科技开发和产业化"三纵三横"布局，《电动汽车工程手册》规划了10卷：《纯电动汽车整车设计》《混合动力电动汽车整车设计》《燃料电池电动汽车设计》《动力蓄电池》《驱动电机与电力电子》《智能网联》《基础设施》《测试评价》《运用与管理》和《标准与法规》。其中，前三卷为整车卷，第四卷和第五卷为关键技术卷，第六卷到第十卷涉及三种整车共同的基础建设和相关产业链。手册内容广泛，卷帙浩繁，各卷的内容又相互渗透，互为补充，构成了一个纵横交错的知识体系。

从2016年开始，《电动汽车工程手册》编撰委员会盛情邀请在智能网联新能源汽车研究开发和产业化领域积极进取、攻坚克难和卓有建树的相关单位和专家，积极参与《电动汽车工程手册》的编撰工作。这套手册的编撰是一个从无到有的大工程，三年来，在千余位专家学者的共同努力下，书稿终成。

本手册集成产、学、研各方力量和智慧，实属来之不易。在这里，衷心地感谢《纯电动汽车整车设计》林程主编/林逸主审、《混合动力电动汽车整车设计》何洪文主编/张俊智主审、《燃料电池电动汽车设计》章桐主编/李骏主审、《动力蓄电池》肖成伟主编/夏保佳主审、《驱动电机与电力电子》贡俊主编/温旭辉主审、《智能网联》李克强主编/李骏主审、《基础设施》张维戈主编/王丽芳主审、《测试评价》周舟主编/刘敬平主审、《运用与管理》王震坡主编/王云鹏主审、《标准与法规》吴志新主编/廉玉波主审；感谢北汽新能源、宁德时代、福田汽车、广汽新能源、宇通客车、比亚迪汽车、中国一汽、东风汽车、上汽集团、长安新能源、奇瑞新能源等知名企业的技术总监和技术专家；感谢清华大学、北京理工大学、北京航空航天大学、北京交通大学、同济大学、吉林大学、南开大学、天津大学、重庆大学、湖南大学等院校的教授和老师；感谢中国电子科技集团公司第十八研究所、中国科学院电工研究所、中国科学院理化技术研究所、中国汽车技术研究中心有限公司、中国汽车工程研究院股份有限公司等研发机构的工程师。

《电动汽车工程手册》还是一个新生儿，希望大家能够不断地对之修正补充完善，使之始终伴随并助力中国电动汽车产业的健康成长。

手册终于和大家见面了，但在总体编排和一些具体问题的处理上仍有许多不尽人意之处，欢迎广大读者批评指正，并请将意见和建议发到邮箱evhandbook@163.com。感谢大家的支持！

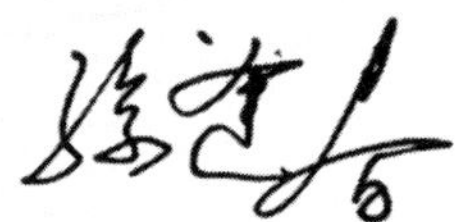

本卷编写与审稿人员

主编：王震坡　　副主编：张　雷　刘　鹏　　主审：王云鹏

章号	章　名	编写人员	审稿人员
第 1 章	电动汽车产业发展现状及趋势	北京理工大学：孙逢春，王震坡，张雷，王聪	北京航空航天大学：王云鹏
第 2 章	电动汽车使用条件及运用领域	北京新能源汽车股份有限公司：代康伟； 北京航空航天大学：于海洋； 北京理工大学：孙逢春，张雷，贾寒冰，宋春宝	北京航空航天大学：王云鹏
第 3 章	电动汽车应用模式	北京理工大学：邓钧君，黎晓慧，黄吕威； 北京航空航天大学：于海洋	中国第一汽车集团有限公司：王德平
第 4 章	电动汽车性能指标	北京理工大学：王震坡，张瑾，张志强	厦门金龙联合汽车工业有限公司：苏亮
第 5 章	电动汽车节能技术	中国第一汽车集团有限公司：王德平； 北京理工大学：张雷，王子浩	厦门金龙联合汽车工业有限公司：苏亮
第 6 章	电动汽车运行监控与管理技术	厦门金龙联合汽车工业有限公司：苏亮； 北京理工大学：张志强，刘青松，李晓宇	中国电子科技集团公司第十八研究所：肖成伟
第 7 章	电动汽车应用安全技术	中国汽车工程研究院股份有限公司：欧阳； 厦门金龙联合汽车工业有限公司：苏亮	中国电子科技集团公司第十八研究所：肖成伟
第 8 章	电动汽车使用寿命及评价	北京新能源汽车股份有限公司：代康伟； 中国电子科技集团公司第十八研究所：肖成伟	中国第一汽车集团有限公司：王德平
第 9 章	电动汽车技术状况的变化	国家新能源汽车技术创新中心：原诚寅； 北京理工大学：张雷，张照生，王秋诗	中国第一汽车集团有限公司：王德平
第 10 章	电动汽车综合评价体系	中国汽车工程研究院股份有限公司：欧阳； 北京理工大学：王震坡，张雷，王明强	北京公共交通控股（集团）有限公司：邵强
第 11 章	电动汽车常见故障与处理方法	北京公共交通控股（集团）有限公司：邵强； 北京理工大学：王震坡，张雷，赵洋	北京新能源汽车股份有限公司：代康伟
第 12 章	电动汽车报废与回收利用	北京理工大学：王震坡，刘鹏，王秋诗	北京公共交通控股（集团）有限公司：邵强

本卷前言

为了应对能源危机、环境污染以及温室效应等问题的严峻挑战，发展以电动汽车为代表的新能源汽车成为世界各国的普遍共识。与传统内燃机汽车相比，电动汽车利用电能全部或者部分取代燃油为车辆提供动力，具有清洁、高效、布置灵活和易操控等优点。随着水力发电、风能、太阳能等清洁能源的不断发展和渗透，电动汽车的节能与环保潜力将得到进一步释放。为了引导和扶植电动汽车产业发展，世界主要发达国家在出台相关鼓励政策措施的同时，也相继公布了纯燃油汽车退市时间表。在我国，新能源汽车产业已被确立为国家七大战略性新兴产业之一，节能与新能源汽车也是“中国制造 2025”十大重点推动领域之一。

近年来，随着我国电动汽车产销量和保有量的迅猛增加，电动汽车运用与管理受到越来越多的关注，成为电动汽车安全应用和发挥社会效益的关键技术之一。在此背景下，编者依照相关国家标准和行业规范，结合北京理工大学电动车辆国家工程实验室近年来在电动汽车相关技术与运行管理方面积累的经验，特编写了本书。本书系统地总结了电动汽车运用与管理相关技术，介绍了电动汽车的性能指标、运用领域及使用条件、技术状况、安全监管、寿命评价、故障诊断与检测等关键技术，以供相关行业人员参考。

全书分为 12 章，各章基本内容概括如下：

第 1 章：对电动汽车产业的国内外发展现状进行了概述。

第 2 章：介绍了电动汽车的使用条件和运用领域，并介绍了电动汽车在车联网领域的应用情况。

第 3 章：介绍了电动汽车的应用模式。

第 4 章：介绍了电动汽车的性能指标及其计算方法。

第 5 章：介绍了电动汽车节能技术。

第 6 章：介绍了电动汽车三级安全监管体系，以及安全预报警、里程核算等运行管理功能。

第 7 章：重点介绍了电动汽车的安全性能检测、安全管理规范以及安全事故防范与处理等。

第 8 章：介绍了电动汽车的使用寿命及评价方法。

第 9 章：介绍了电动汽车技术状况变化的影响因素和机理，以及技术状况变化对车辆性能和行车安全的影响，给出了电动汽车维护与保养的措施。

第 10 章：介绍了电动汽车综合评价体系。

第 11 章：介绍了电动汽车常见故障与处理方法。

第 12 章：介绍了电动汽车报废与回收利用以及动力电池溯源管理国家平台。

由于编者水平所限，且书中内容涉及广泛，部分引用内容的来源可能有所遗漏，敬请各位读者谅解。希望以此书作为交流的平台，与各位读者建立联系，同时研究团队也将继续跟踪行业发展趋势与最新技术进展，不断更新相关信息，持续为电动汽车产业发展服务。

编　者

目　录

第3章

电动汽车应用模式

第4章

电动汽车性能指标

第5章 电动汽车节能技术

第6章 电动汽车运行监控与管理技术

第7章 电动汽车应用安全技术

第1章　电动汽车产业发展现状及趋势

随着全球石油资源的日益枯竭和人类环保意识的不断增强，发展以电动汽车为代表的新能源汽车成为世界各国的普遍共识。为了推动新能源汽车的普及应用，英国、法国、荷兰等国相继推出了各自的传统燃油汽车禁售时间表，同时出台了多项新能源汽车优惠补贴政策，以促进新能源汽车的推广应用。新能源汽车（包括纯电动汽车、混合动力电动汽车、燃料电池电动汽车等）产业是我国七大战略性新兴产业之一，节能与新能源汽车也是"中国制造 2025"十大重点推动领域之一。

本章重点对电动汽车产业发展现状、趋势及产业扶持政策进行概述。

1.1　电动汽车产业发展概述

当今社会，环境保护越来越受到国际社会的重视，在各国积极发展低碳经济、制定节能减排目标以及大力推广新能源汽车的背景下，全球新能源汽车销量与日俱增，其年销量增长率已经大幅超过传统汽车。纯电动汽车作为新能源汽车的主要类型之一，受到各国政府和企业的高度重视，发展迅速，已进入产业化阶段。

1.1.1　国外电动汽车产业发展概述

美国纯电动汽车的发展主要以乘用车为主，典型代表为特斯拉公司的 Model S 和 Model X。其中，2015 款 Model S70 采用最大功率为 235kW 的交流异步电机，并搭载了容量为 70kW · h 的锂离子电池，百公里加速时间仅需 5.8s，续驶里程可达 420km，整车性能与传统燃油汽车相当，在国外市场取得了较高的口碑。随后，特斯拉公司于 2016 年发布了采用钢铝混合车身的 Model 3 车型，搭载能量密度为 315W · h/kg 的 21700 型三元材料锂离子电池，续驶里程可达 346km，并已在全球推广。2017 年年底，雪佛兰 Bolt 纯电动汽车在美国市场上市，其续驶里程高达 383km。

日本的纯电动汽车代表车型主要有日产的 LEAF 和三菱的 i-MiEV。2012 款 LEAF 采用最大功率为 80kW 的永磁同步电机，装备了容量为 24kW · h 的锂离子电池，续驶里程可达 161km。2016 年推出的新款 LEAF，通过采用能量密度为 157W · h/kg、容量为 30kW · h 的锂离子电池，将车辆续驶里程提升到 172km，一度成为欧美发达地区的畅销车型。

欧洲纯电动汽车以德系车为代表，主要车型有大众 e-Golf 和宝马 i3。其中，宝马 i3 采用全新设计的全碳纤维车身，并融入了一体化设计思想，将锂离子电池组与铝合金材料底盘进行了一体化设计，降低了整车整备质量，同时也提升了车辆续驶里程。2016 款宝马 i3 纯电动汽车搭载了峰值功率为 125kW 的永磁同步电机，采用容量为 33kW · h 的锂离子电池，百公里加速时间仅为 7.2s。2021 年计划推出宝马 i4，该车型预计续驶里程将达到 560km，主要竞争对手将锁定特斯拉 Model 3。

国外主流纯电动汽车车型如图 1-1 所示。

a)

b)

c)

图 1-1　国外主流纯电动汽车车型

a）特斯拉 Model 3　b）日产 LEAF　c）宝马 i3

相关数据显示，2018 年全球电动汽车总销量达到了 201.8 万辆，在全球汽车市场的占比份额达到 2.1%，同比增长 72%。其中，中国电动汽车品牌销量继续保持领先地位，占全球总销量的 49%，同比上升 4%，而美国和德国电动汽车品牌的销量分别占全球份额的

16% 和 12%。

2018 年世界电动汽车销量分布情况如图 1-2 所示，中国电动汽车销量为 125.6 万辆，占全球总销量的一半以上，同比增长 61.6%。欧洲地区销量总计为 38.6 万辆，同比增长了 42%。北美地区的美国作为早期发展电动汽车的国家之一，其总销量为 30.2 万辆，同比增长了 53%，这主要归功于特斯拉 Model 3 交付量的不断攀升。

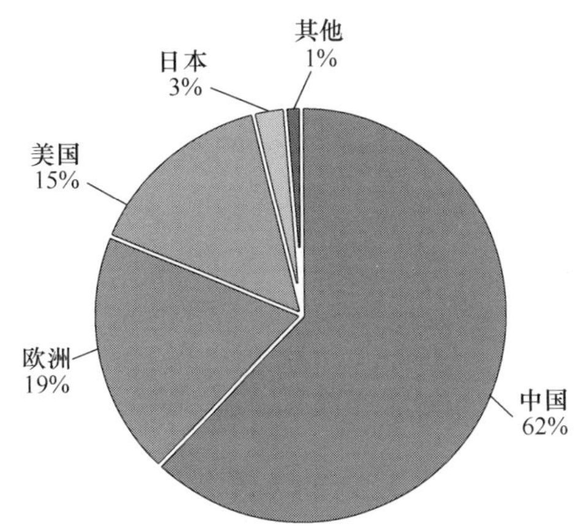

图 1-2　2018 年世界电动汽车销量分布情况

从国际发展趋势来看，电动汽车的发展主要聚焦于两个方向：① 整车一体化开发；② 核心零部件与关键技术的提升。整车一体化开发方面，开发电动汽车专用一体化底盘，并通过轻量化技术对车体进行减重设计，同时，考虑整车 NVH [Noise（噪声）、Vibration（振动）、Harshness（声振粗糙度）] 特性，对悬架、转向系统、电动附件等进行重新匹配，保证整车的可靠性；在核心零部件与关键技术提升方面，以动力蓄电池（简称动力电池）能量密度提升作为主要突破口，开发新一代高能量密度车用动力电池，并注重电池系统的安全与防护设计，在提高纯电动汽车续驶里程的同时，也注重整车安全性能的提升。

1.1.2　国内电动汽车产业发展概述

如图 1-3 所示，我国电动汽车产业正处于快速发展期，电动汽车产品在数量和质量方面均获得稳步提升，整车产品技术水平进步明显。尤其是车用驱动电机及其控制系统、动力电池及其管理系统等核心部件性能的不断提升，进一步提高了电动汽车的技术水平，降

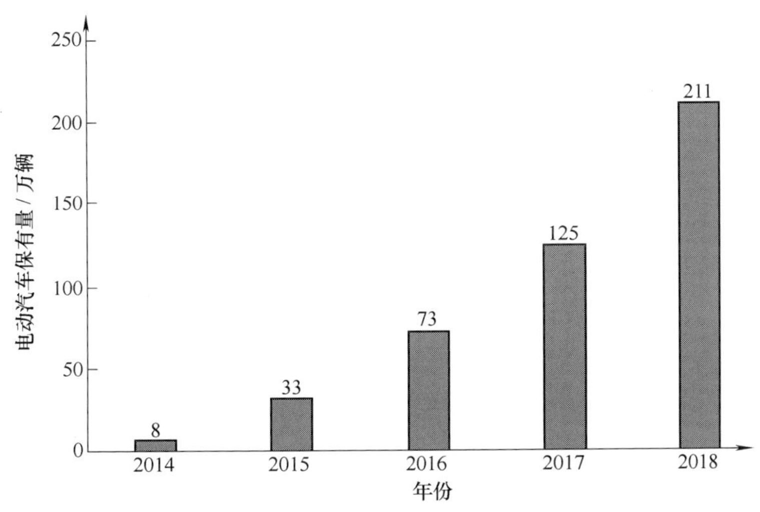

图 1-3　2014—2018 年我国电动汽车保有量变化趋势

低了制造成本。2015—2017年我国电动汽车的复合增长率在60%以上，高于同期全球发展速度，随着2018年产销量超过120万辆，市场渗透率超过4%，保有量在2017年达到125万辆，2018年超过210万辆，预计2020年和2030年将分别达到产销量500万辆和保有量8000万辆的规模。电动汽车呈现出不可逆的发展趋势，产业重构加速进行。

经过从“十五”到“十三五”科技计划的支撑，我国已经基本掌握了电动汽车相关关键技术，进入大面积商业化推广阶段。在动力电池技术方面，2017年规模装车应用的动力电池系统能量密度达到160W·h/kg，动力电池系统成本持续下降，三元材料锂离子电池和磷酸铁锂锂离子电池单体价格分别达到1.2元/（W·h）和0.7元/（W·h），截至2017年年底，动力电池装机总容量超过65GW·h，建成了完整的动力电池产业链。在车用驱动电机技术方面，2017年乘用车驱动电机产品功率密度达到3.3～3.6kW/kg（峰值功率/有效质量）；商用车驱动电机产品转矩密度达到18N·m/kg；电机控制器功率密度普遍达到12kW/L以上，效率大于98%。在整车系统集成技术方面，2017年纯电动乘用车平均续驶里程普遍超过300km，整车电耗水平进一步降低，部分纯电动汽车品牌总体技术水平接近国际先进水平。在充电基础设施建设方面，截至2018年年底，我国累计建成投用的公共充电桩超过33.1万个，同比增长28%。发展和推广以电动汽车为代表的新能源汽车产业，在未来出行大格局中不可或缺。

电动汽车的发展是一个系统工程，包括“三电”技术、智能化、轻量化等诸多方面，下面主要从整车产业、动力电池、驱动电机及充电基础设施四个产业方向进行概述。

1. 整车产业发展概述

在政策和市场的双重激励下，我国电动汽车产业在经历多年的高速成长后已初具规模，一批具有国际竞争力的电动汽车企业逐渐脱颖而出。各大汽车企业纷纷加大了电动汽车相关技术研发的投入，同时涌现出一批新兴造车企业，市场竞争日趋激烈。在经历了2016年的“骗补风波”后，行业主管部门进一步加强了对相关企业和单位的监督与管理，同时对购车补贴等相关激励政策进行了相应调整，重点扶持优质且实力雄厚的整车企业，电动汽车行业进入全面调整升级阶段。

我国是全球最大的新能源汽车生产地与销售市场，与传统乘用车领域合资企业主导市场的情况不同，国内自主品牌企业占据着新能源乘用车领域的主导地位，参与市场竞争也主要是自主品牌企业。2018年，我国共有10家自主品牌新能源汽车企业进入全球新能源汽车销量排行榜前20名，年销量均超过23000辆。

随着我国电动汽车产品类型的不断丰富和相关技术的不断进步，新上市产品的技术水平较前一代都有了明显的提升。2018年我国电动汽车产品迎来大规模上市风潮，主流纯电动乘用车续驶里程超过300km，一些续驶里程超过400km的车型也已经面市。续驶里程的进一步提升，不仅可以显著缓解消费者的里程焦虑，还能扩大消费者的选择空间。日产、丰田、大众、宝马等主要跨国车企利用其技术储备，也开始加速新能源车型的国产化工作，预计跨国车企新能源车型最迟将于2020年前后大规模投放中国市场。例如，日产于2018年年初发布的中期事业规划指出，计划未来5年导入20款电动汽车车型。丰田也公布了未来在华电动化战略，计划2020年推出10款电动化新车型，并正在积极推进电池、电机等核心技术的国产化进程。在行业快速发展和政策不断优化的双重带动作用下，行业外企业也纷纷投入大量资金迅速催生了几十家造车新势力企业，这批新势力企业大部分已具备一定的发展基础，随着研发的深入，新势力企业的量产车型进入了密集上市期。2017 年，以蔚来汽车 ES8、云度 Π1 为代表的首批造车新势力企业量产车纷纷宣布上市。2018 年年初，威马汽车更是以发布补贴后起步价不足 10 万元的 EX5 引起了市场的极大关注。

虽然目前市场前景趋于乐观，但仍存在诸多制约行业可持续发展的问题：① 目前我国电动汽车行业的发展仍以政策驱动为主，通过政策优惠来弥补电动汽车相对于传统燃油汽车的劣势。随着补贴的持续退坡，电动汽车行业需向市场驱动的方向进行有效转变。② 国内电动汽车大部分分布于一、二线城市，不同经济状况区域的市场发展不均衡，存在巨大的差异，需要政府携手企业共同开展工作。③ 随着电动汽车产销规模的快速增长，我国充电基础设施的建设依然处于相对落后状态，截至 2018 年年底，我国公共充电桩和私人充电桩总量超过 80 万个，已在北京、上海、深圳等城市建成规模化充电服务的网络，但与全国上百万辆电动汽车的使用需求相比，当前仍存在充电桩数量不足、布局不合理、老旧小区建桩难等问题，制约了电动汽车市场的进一步增长。

2. 动力电池产业发展概述

2018 年我国电动汽车产销量分别达到 127 万辆和 125.6 万辆，同比增长 59.9% 和 61.6%。电动汽车产业的快速发展直接带动了我国动力电池产业的发展，2018 年动力电池配套量达 573.5 亿 W · h，同比增长 57%。随着我国动力电池政策体系不断完善，动力电池市场规模有望继续保持全球领先，同时呈现以下几个发展特点：

（1）三元材料锂离子动力电池配套量大幅提升

磷酸铁锂锂离子动力电池和三元材料锂离子动力电池是动力电池应用的主流，2017 年磷酸铁锂电池配套量约为 180.3 亿 W · h，同比下降 11.2%，市场占比由 2016 年的 72.7% 下降至 49.6%；三元材料锂电池配套量则大幅提升至 159.7 亿 W · h，同比增长 155.1%，市场占比由 2016 年的 22.4% 提升至 43.9%。锰酸锂电池、钛酸锂电池、多元复合锂电池等其他类型电池配套量较少，市场占比仅为 6.5%。

（2）各车型配套动力电池各有侧重

磷酸铁锂锂离子动力电池由于安全性好、寿命长而得到市场的广泛应用，尤其是在纯电动客车上成为绝对主流，在其他新能源汽车上也占有一定份额。而三元材料锂离子动力电池具有能量密度高的优势，是乘用车的首选。相关数据显示，2017 年纯电动客车搭载的动力电池主要为磷酸铁锂锂离子动力电池，占比约为 92.8%；纯电动乘用车搭载的动力电池主要为三元材料锂离子动力电池和磷酸铁锂锂离子动力电池，占比分别为 73.6% 和 23.8%；纯电动专用车搭载的动力电池主要为三元材料离子动力锂电池和磷酸铁锂锂离子动力电池，占比分别为 66.7% 和 26.2%。随着我国动力电池技术路线逐渐明确，各车型配套动力电池各有侧重的特点将会愈加明显。

（3）一超多强的竞争格局初步形成

2018 年动力电池配套排名前十的企业累计配套容量约为 463.67 亿 W · h，市场占比约为 80.84%。宁德时代和比亚迪配套量大幅领先，分别为 235.4 亿 W · h 和 111.1 亿 W · h，随着动力电池行业的优胜劣汰，市场上一超多强的竞争格局有望持续维持，见表 1-1。

表 1-1　2018 年动力电池配套排名前十的企业

排名	企业	配套容量 / 亿 W · h	占比
1	宁德时代	235.4	41.05%
2	比亚迪	111.1	19.37%
3	国轩高科	30.25	5.27%
4	力神电池	19.45	3.39%
5	孚能科技	18.80	3.28%
6	比克电池	15.86	2.77%
7	亿纬锂能	12.64	2.20%
8	北京国能	7.82	1.36%
9	卡耐新能源	6.33	1.10%
10	万向	6.02	1.05%

随着动力电池技术进步、成本降低及市场规模扩大，动力电池产业将逐渐由追求量的增长转变为注重质的发展。动力电池竞争将日益激烈，向下游合作扩展、向上游产业链延伸融合以及向国际化发展成为主流趋势，行业洗牌和整合的步伐将不断加快，新型锂离子及固态电池等新技术体系将加速技术研发与应用推广。

在全球汽车产业电动化、能源分布化发展的趋势中，我国动力电池产业虽然存在多方面发展机遇，但还存在诸多问题亟待解决。

1）结构性产能过剩风险凸显。2015 年以来，我国动力电池产业投资快速加大，动力电池产能从 2015 年年底的 400 亿 W · h，快速提升到 2017 年年底的 2000 亿 W · h，已大大超出未来几年的市场需求。以 2017 年的统计数据推算，我国动力电池的产能利用率仅为 18.2%，多数企业面临着“投产即落伍”的风险，而真正进入国际主流汽车零部件供应商体系的优质产品仍然供不应求，呈现出结构性的产能过剩。

2）使用环节管理体系亟待完善。国家现有政策主要是以刺激新能源汽车的推广应用为目标，然而由于新能源汽车使用环节成本低，被广泛用于公交、出租、网约车等商业运营领域。过度使用导致性能衰退严重，而现有的二手车残值评估体系及专业人员缺乏，导致新能源汽车残值难以评定。

3）我国锂资源丰富，约占全球的 24%，但资源禀赋和产业竞争力较差，盐湖资源多位于高海拔、环境恶劣地带，开采难度大，导致我国锂资源对外依存度超 70%，钴资源的对外依存度甚至高达 80%。总体上看，我国的锂、钴等资源仍然存在潜在风险，可能会影响我国动力电池的发展，甚至威胁国家安全。

3. 驱动电机产业发展概述

当前，我国已经成为最大的新能源汽车市场。伴随着新能源汽车产业的进步，我国驱动电机产业也同步快速发展。驱动电机是电动汽车的“心脏”，为电动汽车提供稳定、强劲的动力输出，直接决定了电动汽车的动力性能。

随着电动汽车产销量的不断增长，我国驱动电机产业的产销规模也迅速扩大，新产品、新技术不断涌现，产品竞争力也正在不断提升。以 2018 年为例，我国新能源汽车驱动电机装机量约为 133 万台，同比增长 52.2%。驱动电机生产企业和电机控制器生产企业均超过 200 家，有如比亚迪、上海电驱动、深圳汇川、安徽巨一自动化、精进电动等为中大型新能源乘用车和商用车提供大功率驱动电机和电机控制器的企业，也有如山东德洋、杭州杰能等为知豆 D2/D3、众泰云 100 等小型电动汽车提供小功率驱动电机及控制器的企业，驱动电机产业整体发展呈现出多样化趋势。同时行业内竞争也较为激烈，企业间生产规模差距也相对较大。以 2018 年 12 月各企业装机量为例，图 1-4 和表 1-2 所示为 2018 年 12 月新能源汽车驱动电机装机量排行前十企业。

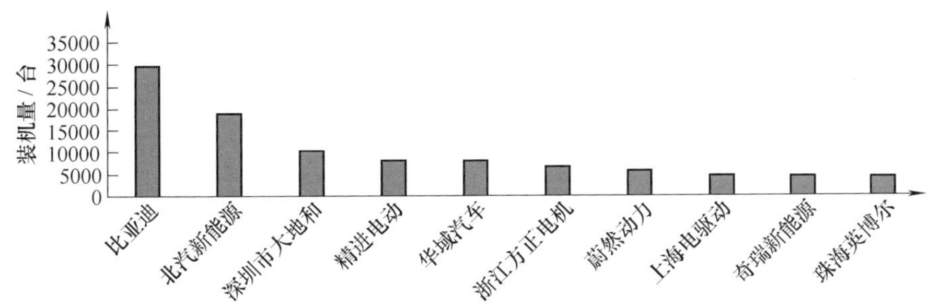

图 1-4　2018 年 12 月新能源汽车驱动电机装机量排行前十企业

表 1-2　2018 年 12 月新能源汽车驱动电机装机量排行前十企业

企业	电机装机量 / 台	电机配套汽车企业
比亚迪	29821	比亚迪、北京华林
北汽新能源	19087	北汽新能源、北京汽车、昌河铃木、昌河汽车、瑞丽汽车
深圳市大地和	10636	江铃新能源、海马汽车、奇瑞汽车
精进电动	8371	吉利汽车、豪情汽车、东风汽车、中通客车、长城汽车、和田汽车、广汽乘用车、丹东黄海、华晨鑫源汽车、郑州日产、苏州金龙、厦门金旅、厦门金龙、红星汽车、海马汽车、大汉汽车、上饶客车、申沃客车、河南少林、北汽福田、大连黄海、三菱汽车、森源重工、新筑通工汽车
华域汽车	8327	上汽通用、上汽乘用车
浙江方正电机	6910	上汽通用五菱、上汽大众
蔚然动力	6040	蔚来
上海电驱动	4861	奇瑞汽车、吉利汽车、豪情汽车、河北御捷、东南汽车、云度新能源、瑞驰汽车、上汽商用车、广州汽车、东风汽车、中通客车、中国一汽、上海万象、昆明客车、南京汽车、杉杉汽车、宇通客车、福建龙马环卫、华泰汽车、中汽宏远、湖南恒润高科、江淮汽车
奇瑞新能源	4756	奇瑞汽车
珠海英博尔	4559	江淮汽车

比亚迪和北汽新能源凭借自身庞大的新能源汽车装机出货量遥遥领先其他驱动电机企业。

除了在驱动电机产量上占据优势，近几年在国家相关产业政策的大力支持下，驱动电机系统的技术水平也在不断提升。当前，我国驱动电机在功率密度、系统集成度、单机最高效率和转速、绕组制造工艺、冷却散热技术等方面持续进步，基本达到国外先进水平；低含量稀土材料的电机开始样机试制和探索。同时，我国驱动电机相关研究已延伸至振动噪声和材料层面，可进一步提升驱动电机的设计精度、工艺制造水平以及产品质量。

在电机控制器方面，IGBT[⊖]芯片双面焊接与模块双面冷却技术、电力电子集成技术是不断提升电机控制器集成度、功率密度和效率的主要技术发展方向。2017 年我国自主开发了车用 IGBT 芯片、双面冷却 IGBT 模块封装和高功率密度电机控制器，样机水平接近国外同类产品。碳化硅器件、高温封装与焊接、全碳化硅电机控制器也已开始全面布局研发。

在电驱动总成方面，机电耦合与电力电子封装集成是明确的发展方向。2017 年，我国自主研制的应用于乘用车的电驱动一体化总成开发成功，并在国内多个新能源乘用车上进行试验验证；同时上汽、科力远、比亚迪等企业也开发了多款高性能机电耦合动力总成产品并实现量产。

4. 充电基础设施产业发展概述

续驶里程较短的问题一直制约着纯电动汽车的普及应用，因此加快建设配套充电基础设施显得迫在眉睫。2015 年 10 月国务院发布的《关于加快电动汽车充电基础设施建设的指导意见》中提到，2020 年基本建成适度超前、车桩相随、智能高效的充电基础设施体系，满足超过 500 万辆电动汽车的充电需求。同年 11 月，发改委等四部委发布《电动汽车充电基础设施发展指南（2015—2020 年）》，提出“十三五”阶段充电基础设施发展的总体目标，以及分区域和分场所建设的目标。受惠于国家政策法规体系的逐渐完善和日益增长的充电需求，各运营商开始在全国范围内布局公共充电设施，同时促进充电基础设施之间的互联互通和平台融合。据中国电动汽车充电基础设施促进联盟统计，截至 2018 年年底，我国已累计建成投用公共充电桩约 33.1 万个，2018 年新增公共充电桩 11.7 万个，同比增长 62.5%，增速、增量均位列全球第一；新能源汽车车桩比约为 3.8∶1，纯电动乘用车车桩比约为 1.8∶1。国内相对规模化的运营商共有 16 家，如图 1-5 所示。具有代表性的有特来电（占比 46%）、国家电网（占比 20%）、星星充电（占比 14%）、中国普天（占比 7%），前四家企业的市场份额高达 87%。

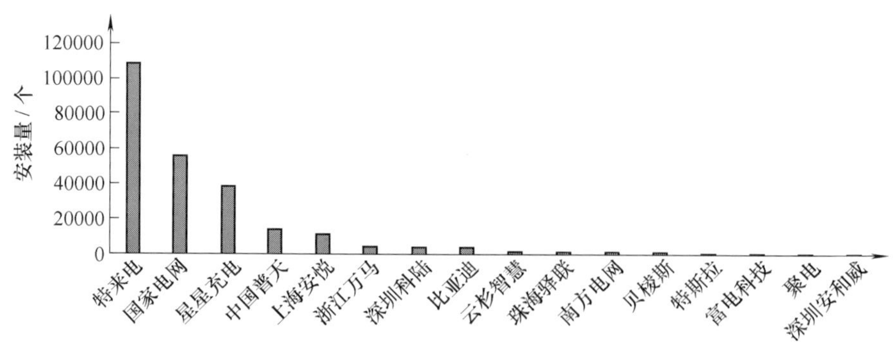

图 1-5　我国主要电动汽车充电运营商充电桩安装量

目前，国内充电基础设施主要集中在一、二线城市。各个地方政府纷纷响应国家号召，陆续出台地方建设规划，大力支持充电基础设施的建设工作。图 1-6 所示为截至 2018 年 12 月全国公共类充电桩保有量前十情况。

⊖ IGBT 为 Insulated Gate Bipolar Transistor 的简写，直译为绝缘栅双极型晶体管。

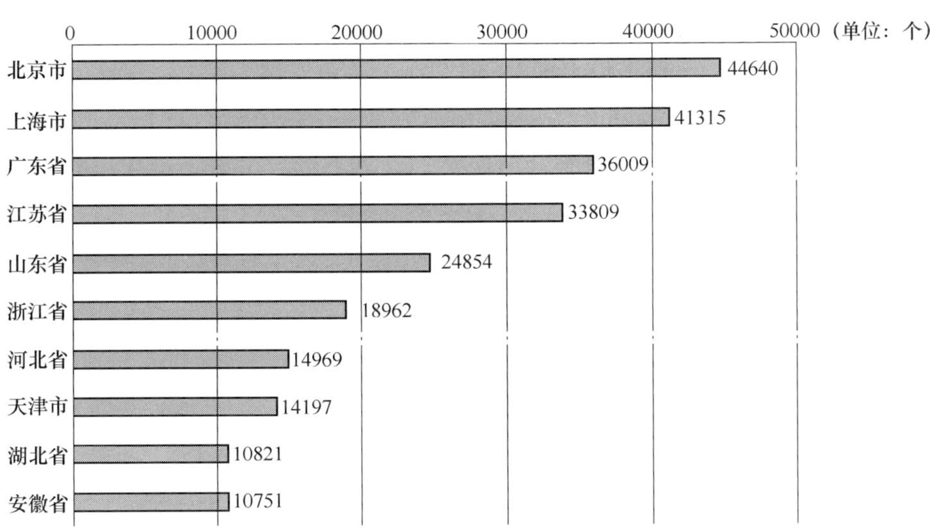

图 1-6　截至 2018 年 12 月全国公共类充电桩保有量前十情况

国内充电设施主要实行合作和盈利相结合的模式，各个运营商之间不再各自圈地为营，开始加强合作，相互之间共享站点资源，共同推进公共充电设施的建设与完善。目前，绝大部分运营商采取更加精细化及市场化的“电费 + 服务费 + 增值业务收费”的盈利模式。虽然我国公共充电桩的数量正在迅速增加，专用充电桩也已经进入了家庭、单位和停车场，但充电难的问题依然没有得到有效解决，主要有以下两个原因：① 公共充电桩兼容性差，互通性低。虽然各运营商已执行国家统一的接口及通信协议标准，也建立了信息服务平台且实现了平台间互享，但桩与桩之间、桩与车之间的互通难题依然存在，使得用户在寻找公共充电桩时面临可能充不上电的问题。② 充电桩进小区难，不同小区内电动汽车保有量也有所不同。对于电动汽车购买量少的老旧小区，建设和维护充电设施的成本无法通过运营收回，投资风险过高。因而使得老旧小区充电桩少、增容难，导致有些车主采用“飞线”的方式进行充电，且这种局面短时间内难以改变。

1.2　电动汽车产业扶持政策

近年来，我国新能源汽车市场进入快速增长期。发展新能源汽车已成为促进经济转型、优化能源结构、改善大气环境的一项重要举措。新能源汽车的产业发展与推广离不开政策的扶持和引导，而近几年国家对政策的调整与新政策的出台更为行业发展带来了显著影响。

在研发支持方面，继续坚持“纯电驱动”战略，布局了六个创新链；在投资管理方面，汽车投资项目核准权限大幅下放；在生产及产品准入方面，文件层次提升，准入要求加严；在财政补贴方面，补贴调整政策出台，门槛全面提高；在行业管理方面，新能源汽车碳配额发布了征求意见稿，《乘用车企业平均燃料消耗量与新能源汽车积分并行管理办法》于 2018 年 4 月 1 日起施行；在动力电池方面，产能规模及安全生产要求均有所提升；在基础设施方面，推进在居民区和单位内部建设充电基础设施；在安全保障方面，将建设新能源汽车三级监管平台；在交通管理方面，启用新能源汽车专用号牌。预计未来政策上将逐步提高投资门槛，延续税收优惠政策，继续完善补贴政策，强化事中事后监管，引导规范智能网联。

2016年是我国“十三五”规划的开局之年，是实现第一个百年梦想决胜阶段的第一年，也是实现《节能与新能源汽车产业发展规划（2012—2020年）》第二阶段产业化目标的关键一年。2016年2月24日，国务院总理李克强主持召开国务院常务会议，指出加速新能源汽车发展步伐的五大措施。围绕这五大措施，2016年至2017年年初国务院有关部门出台了多项鼓励政策，促进新能源汽车产业健康有序发展。

1.2.1 宏观统筹政策

宏观导向方面，国家将继续发展壮大新能源汽车这一战略性新兴产业，未来十年新能源汽车还肩负着带领汽车产业由大到强的转型升级任务。

近几年，国务院及相关下属部委相继下发了《“十三五”国家战略性新兴产业发展规划》《工业转型升级规划（2011—2015年）》《中国制造2025》《节能与新能源汽车产业发展规划（2012—2020年）》《汽车产业中长期发展规划》等宏观统筹规划政策，突显了新能源汽车在工业、能源、交通、节能、减排等领域的重要地位。尤其是在《汽车产业中长期发展规划》中，新能源汽车产业被列为引领产业转型升级的重要领域，为未来十年汽车产业由大变强提供有力的抓手。

2016年11月，国务院印发了《“十三五”国家战略性新兴产业发展规划》，指出要加快发展壮大新能源汽车等战略性新兴产业，再次强调了新能源汽车的战略地位。规划强调要推动新能源汽车、新能源和节能环保产业快速发展壮大，到2020年，产值规模达到10万亿元以上。该规划提出了未来几年新能源汽车产业的重点发展内容与需要实现的目标：

1）实现新能源汽车规模应用，到2020年，实现当年产销200万辆以上，累计产销超过500万辆。

2）全面提升电动汽车整车品质与性能，完善电动汽车生产准入政策，研究实施新能源汽车积分管理制度。到2020年，电动汽车力争初步具备商业化推广的市场竞争力。

3）建设具有全球竞争力的动力电池产业链，培育发展一批具有持续创新能力的动力电池企业和关键材料龙头企业。到2020年，动力电池技术水平与国际水平同步，产能规模保持全球领先。

4）系统推进燃料电池电动汽车研发与产业化。推动车载储氢系统以及氢制备、储运和加注技术发展，推进加氢站建设。到2020年，实现燃料电池电动汽车批量生产和规模化示范应用。

5）加速构建规范便捷的基础设施体系。到2020年，形成满足电动汽车需求的充电基础设施体系。

2017年4月6日，工信部联合国家发改委与科技部共同下发了《汽车产业中长期发展规划》，以“创新驱动、重点突破，协同发展、合作共赢，市场主导、政府引导，开放包容、竞合发展”为基本原则开展规划实施工作，力争经过十年持续努力，迈入世界汽车强国行列。该规划提出了下列奋斗目标：

（1）关键技术取得重大突破

动力系统、高效传动系统、汽车电子等汽车节能技术达到国际领先水平，动力电池、驱动电机等关键核心技术处于国际领先水平。到2020年，培育形成若干家进入世界前十的新能源汽车企业，智能网联汽车与国际同步发展。到2025年，新能源汽车骨干企业在全球的影响力和市场份额进一步提升，智能网联汽车产品水平进入世界先进行列。

（2）全产业链安全可控

突破先进汽车电子及轻量化新材料、高端制造装备等产业链短板，培育具有国际竞争力的零部件供应商，形成“从零到整”的完整产业体系。到2020年，形成若干家产销超过1000亿元规模的汽车零部件企业集团，在部分关键核心技术领域具备较强的国际竞争力。到2025年，形成若干家进入全球前十的汽车零部件企业集团。

（3）中国品牌汽车全面发展

中国品牌汽车产品品质明显提高，形成具有较强国际竞争力的企业和品牌，在新能源汽车领域形成全球创新引领能力。到2020年，打造若干世界知名汽车品牌，商用车安全性能大幅提高。到2025年，若干中国品牌汽车企业产销量进入世界前十。

（4）新型产业生态基本形成

完成研发设计、生产制造、物流配送、市场营销、客户服务一体化智能转型，形成汽车与新一代信息技术、智能交通、能源、环保等融合发展的新型智慧生态体系。到2020年，智能化水平显著提升，汽车后市场及服务业在价值链中的比例达到45%以上。到2025年，重点领域全面实现智能化，汽车后市场及服务业在价值链中的比例达到55%以上。

（5）国际发展能力明显提升

统筹利用国际国内两种资源，形成从技术到资本、营销、品牌等多元化、深层次的合作模式，企业国际化经营能力显著提升。到2020年，中国品牌汽车逐步实现向发达国家出口。到2025年，中国品牌汽车在全球影响力得到进一步提升。

（6）绿色发展水平大幅提高，汽车节能环保水平和回收利用率不断提高

到2020年，乘用车新车平均燃料消耗量降到5.0L/100km，节能型汽车燃料消耗量降到4.5L/100km以下，新能源汽车能耗处于国际先进水平，汽车可回收利用率达到95%。到2025年，新车平均燃料消耗量乘用车降到4.0L/100km，商用车达到国际领先水平，排放达到国际先进水平，新能源汽车能耗处于国际领先水平，汽车实际回收利用率达到国际先进水平。

该规划还明确了未来几年企业、研究机构、地方政府需要执行的六大重点任务：

（1）完善创新体系，增强自主发展动力

整合优势资源建立跨产业协同平台，融入大众创业、万众创新，形成体系化的技术创新能力，组建汽车领域国家制造业创新中心，联合攻关核心共性技术。

（2）强化基础能力，贯通产业链条体系

推动整车与相关行业企业、零部件企业加强技术和资本合作，发展先进车用材料及制造装备，突破关键零部件技术瓶颈，建立安全可控的产业链体系。

（3）突破重点领域，引领产业转型升级

大力发展汽车先进技术，推广成熟节能技术，形成新能源汽车、智能网联汽车和先进节能汽车等梯次合理的产业格局以及完善的产业配套体系，引领汽车产业转型升级。

（4）加速跨界融合，构建新型产业生态

加快推进智能制造，以互联网应用为抓手，推动汽车后市场及服务业发展，提高绿色发展水平。

（5）提升质量品牌，打造国际领军企业

完善产品质量标准体系，提升企业质量控制能力，加强品牌培育，深化国企改革，鼓励兼并重组，支持优势企业做大做强。

（6）深化开放合作，提高国际发展能力

引导企业把国际化作为未来发展的战略选择，抓住"一带一路"建设、国际产能合作机遇，加快推动中国汽车产业融入全球市场。

由六大重点任务衍生出了"创新中心建设工程、关键零部件重点突破工程、新能源汽车研发和推广应用工程、智能网联汽车推进工程、先进节能环保汽车技术提升工程、'汽车+'跨界融合工程、汽车质量品牌建设工程、海外发展工程"八大重点工程，将工作任务落实到实处。

该规划同时提出了"深化体制机制改革、加大财税金融支持、强化标准体系建设、加强人才队伍保障、完善产业发展环境、发挥行业组织作用"六大保障措施，保障八大重点工程顺利实施。

1.2.2　财政补贴政策

新能源汽车购置补贴政策自 2009 年开始实施，实施时间之长、补助资金规模之大，在众多财税类产业政策中尚属罕见，极大地推动了我国新能源汽车产业发展。但"骗补风波"的发生暴露出行业监管漏洞和部分车型补贴政策有待完善等问题。2016 年，财政部一方面会同有关部委彻底调查"骗补"事件，另一方面结合产业发展的新情况对补贴政策进行了调整，希望以此来积极推动我国新能源汽车产业做优做大做强，提升竞争力，实现产业高质量发展。2019 年 3 月 26 日，财政部联合工信部、科技部和国家发改委下发《关于进一步完善新能源汽车推广应用财政补贴政策的通知》。新政策中对以往新能源汽车（含新能源乘用车、新能源货车、新能源客车）各大细分市场都进行了调整。相比于 2018 年的补贴方法，2019 年的退坡幅度巨大，但是新政的主体结构并未发生变化，补贴金额依然是依据续驶里程、能量密度、车辆能耗三个维度进行计算，总体上实现了"低退高补"的态势。国家对具有长续驶里程、高能量密度电池的车型继续保持扶持态度，而对于短续驶里程、技术指标落后的产品则降低了补贴标准。

新能源乘用车续驶里程补贴标准见表 1-3。在纯电动车型中，与 2017 年、2018 年补贴标准相比，2019 年纯电动汽车补贴额度整体降幅约 50%，准入门槛进一步提高，起步门槛从 2017 年的 100km 提升至 2019 年的 250km。由此可见，无法满足人们出行要求的短续驶里程产品将减少或不再受到政策的扶持。对于续驶里程达到或超过 250km 的产品，分别设有 250 ～ 400km 和 400km 及以上两个档位，续驶里程 250 ～ 400km 的补贴 1.8 万元，大于或等于 400km 的补贴 2.5 万元。而插电式混合动力乘用车中，纯电续驶里程低于 50km 的不再享受国家补贴，纯电续驶里程大于或等于 50km 的补贴 1 万元，在补贴金额上相较前两年退坡较大。燃料电池车型补贴政策与 2018 年基本保持一致。由此可见补贴政策并没有刻意对后两者进行修订，重点还是推动纯电动汽车发展。总体来说，本次补贴标准对续驶里程的门槛要求进一步提高，但对行业车型影响较小。

表 1-3　新能源乘用车续驶里程补贴标准

动力类型	2017 年		2018 年		2019 年		2019 年较 2018 年变化幅度
	纯电续驶里程 R/km	国补/万元	纯电续驶里程 R/km	国补/万元	纯电续驶里程 R/km	国补/万元	
纯电动乘用车	$100 \leqslant R < 150$	2.0	$R < 150$	0.0	$R < 150$	0.0	0
	$150 \leqslant R < 250$	3.6	$150 \leqslant R < 200$	1.5	$150 \leqslant R < 200$	0.0	−100%
			$200 \leqslant R < 250$	2.4	$200 \leqslant R < 250$	0.0	−100%
	$R \geqslant 250$	4.4	$250 \leqslant R < 300$	3.4	$250 \leqslant R < 300$	1.8	−47.1%
			$300 \leqslant R < 400$	4.5	$300 \leqslant R < 400$	1.8	−60.0%
			$R \geqslant 400$	5.0	$R \geqslant 400$	2.5	−50.0%
插电式混合动力（含增程）乘用车	$R \geqslant 50$	2.4	$R \geqslant 50$	2.2	$R \geqslant 50$	1	−54.5%

而对于行业影响最大的，其实是电池系统能量密度门槛的进一步提高。根据中汽中心的分析测算，与 2018 年对比，纯电动乘用车单位电池电量补贴上限降低：由 1200 元 /（kW · h）降至 550 元 /（kW · h）；单车补贴金额相比 2018 年降低约 50%。插电式混合动力车型单车补贴降至 1 万元 / 辆，降幅达 54.5%。参照 2018 年补贴目录，约 90% 以上车型不能获得全额补贴。

2018 年和 2019 年补贴金额计算公式比较见表 1-4。除了按照纯电续驶里程进行各个类型新能源汽车补贴金额划分外，2019 年新能源汽车补贴政策还对新能源乘用车技术要求进行了一系列的划分，分别对电池系统能量密度与车辆能耗的调整系数做了不同程度的调整，见表 1-5。

表 1-4　2018 年和 2019 年补贴金额计算公式比较

2019 年	Min{ 里程补贴标准，车辆带电量 × 550 元 } × 电池系统能量密度调整系数 × 车辆能耗调整系数
2018 年	里程补贴标准 × 电池系统能量密度调整系数 × 车辆能耗调整系数

表 1-5　2018 年和 2019 年新能源乘用车能量密度与车辆能耗调整系数

动力类型	电池系统能量密度 ED/（W · h/kg）	2018 国补调整系数	2019 国补调整系数
纯电动乘用车	$90 < ED < 105$	0	0
	2018：$105 \leqslant ED < 120$ 2019：$105 \leqslant ED < 125$	60%	0
	2018：$120 \leqslant ED < 140$ 2019：$125 \leqslant ED < 140$	100%	80%
	$140 \leqslant ED < 160$	110%	90%
	$ED \geqslant 160$	120%	100%

（续）

动力类型	百公里耗电量 X/（kW·h/100km） 工况条件百公里耗电量门槛标准 Y/（kW·h/100km）	2018 国补 调整系数	2019 国补 调整系数
纯电动乘用车	2018：$Y\times0.95<X\leqslant Y$ 2019：$Y\times0.80<X\leqslant Y\times0.90$	50%	80%
	2018：$Y\times0.75<X\leqslant Y\times0.95$ 2019：$Y\times0.65<X\leqslant Y\times0.80$	100%	100%
	2018：$X\leqslant Y\times0.75$ 2019：$X\leqslant Y\times0.65$	110%	110%
	m 为整车装备质量（kg） 当 $m\leqslant1000$kg，Y=0.0126m+0.45 当 1000kg$<m\leqslant1600$kg，Y=0.0108m+2.25 当 $m>1600$kg，Y=0.0045m+12.33		
动力类型	纯电续驶里程 R/km B 状态燃料消耗量 J/（L/100km） 国家标准燃料消耗量 K/（L/100km）	2018 国补 调整系数	2019 国补 调整系数
插电式混合动力乘用车调整系数	$50\leqslant R<80$ 2018：$J\geqslant K\times0.65$ 2019：$J\geqslant K\times0.60$	0	0
	$50\leqslant R<80$ 2018：$K\times0.60\leqslant J<K\times0.65$ 2019：$K\times0.55\leqslant J<K\times0.60$	50%	50%
	$50\leqslant R<80$ 2018：$J<K\times0.60$ 2019：$J<K\times0.55$	100%	100%
	$R\geqslant80$	100%	100%

如表 1-5 所示，新的补贴政策对新进目录车型提出了更高的技术要求，纯电动乘用车动力电池系统的能量密度不低于 125W·h/kg 才能得到补贴资格，满足 125 ～ 140W·h/kg（不含）范围才能维持原补贴金额的 80%，满足大于或等于 160W·h/kg 范围才能维持原补贴金额不变。这意味着，今后车企的电池系统能量密度再高，也就只能维持基本补贴金额，这反映了国家不再鼓励新能源车企追求高能量密度动力电池系统，毕竟盲目追求高能量密度会给电池带来安全隐患。

而对于纯电动乘用车百公里耗电量来说，新规定将耗电量门槛做了小幅提升。能耗优化不利的车型将面临补贴金额的大幅缩水，至少要把优化比例维持在 20% ～ 35% 才能保住补贴金额不变，想要拿到最高的 1.1 倍补贴要做到 35% 以上的能耗优化。同时新政策规定补贴金额分两次付款，车辆销售上牌后将按申请拨付一部分补贴资金，达到运营里程要求后全部拨付，补贴标准和技术要求按照车辆获得行驶证年度执行。

综上所述，补贴政策的调整将加速国内新能源市场的洗牌，强化具有一定技术基础车企的竞争力。未来，能够降低成本尤其是电池成本的新能源车企，将会具有非常大的优势。

1.2.3 技术创新激励政策

目前我国技术创新支持政策继续坚持以纯电驱动为核心的技术路线。在我国新能源汽车技术水平已取得阶段性进展的基础上，结合产业及研发现状，有关政府部门对智能化、网联化、轻量化、动力电池等关键技术的研发工作进行了一系列的部署和支持。

2016 年 5 月，国家发改委联合工信部下发了《关于实施制造业升级改造重大工程包的通知》，决定组织实施十大重点工程。节能与新能源汽车工程作为高端装备发展工程的其中一项被列入重大工程之中。文件强调要发展新能源汽车整车控制系统、插电式深度混合动力系统、高性能纯电驱动系统，推动新能源汽车车身和结构轻量化、先进动力电池及系统集成等技术进步。重大工程实施周期为三年（2016—2018 年）。针对不同类型项目的特点，分别依托产业联盟、企业联合体、行业骨干企业组织实施。对具有盈利性、竞争性的项目，利用专项建设基金和产业投资基金注资等市场化方式支持。

2016 年 7 月，国务院印发了《“十三五”国家科技创新规划》，对我国未来五年科技创新做了全局谋划，是国家“十三五”规划纲要和《国家创新驱动发展战略纲要》的深度细化落实。该规划强调重点发展电动汽车智能化、网联化、轻量化技术及自动驾驶技术。新能源汽车需实施“纯电驱动”技术转型战略，根据“三纵三横”研发体系，突破六个创新链：电池与电池管理、电机驱动与电力电子、电动汽车智能化技术、燃料电池动力系统、插电／增程式混合动力系统、纯电动力系统的基础前沿和核心关键技术。

2016 年 10 月，工信部印发《产业技术创新能力发展规划（2016—2020 年）》。工业转型升级的关键是加强产业创新能力，节能与新能源汽车是该规划的重点方向之一。掌握汽车低碳化、信息化、智能化、网联化核心技术，支持纯电动汽车、燃料电池电动汽车、智能网联汽车发展，提升动力电池、驱动电机、高效内燃机、先进变速器、轻量化材料、传感器、控制芯片、车载智能终端及操作系统、快速充电等核心技术的工程化和产业化能力，发展整车轻量化技术、低滚阻轮胎、车身外形优化设计，形成从关键零部件到整车的完整工业体系和创新体系，推动自主品牌节能与新能源汽车同国际先进水平接轨。

从“十五”计划开始，中国确定了电池、电机和电控以及混合动力汽车、纯电动汽车和燃料电池电动汽车的发展路线，建立了“三纵三横”总体研发布局并不断完善深化。“十五”863 计划中包含了新能源汽车专项，研发的产品包括纯电动公交客车、纯电动轿车和纯电动市政用车，在对环保有特殊要求的场合中进行了典型应用。

“十一五”期间，按照“三纵三横”的研发布局，在节能与新能源汽车关键零部件、动力系统、整车集成、测试平台、示范推广以及标准政策研究等方面安排课题 270 项，以整车集成为载体、动力系统为核心，重点突破关键零部件瓶颈技术，支撑产业化示范推广，总投入 75 亿元，国内整车及零部件企业、研究机构、大学院校等 432 家单位 1.46 万名科技人员参与研发工作，构建了我国电动汽车产学研联合研发创新体系。通过五年国家科技计划引领，攻克了一大批节能与新能源汽车关键技术，已有各类新能源汽车 350 余款进入国家汽车公告目录，在 25 个示范城市有超过 1.9 万辆自主研发的电动汽车产品进行产业化推广，结合 2008 年北京奥运会、2010 年上海世博会、2011 年深圳大运会等国际大型活动的举办，成功开展了集中化、高强度、大规模的电动汽车示范运行，取得了良好的国际影响。

“十二五”期间，将新能源汽车作为重点发展方向，提出争取到2015年，纯电动汽车和插电式混合动力电动汽车累计产销量达到50万辆；纯电动乘用车、插电式混合动力乘用车最高车速不低于100km/h，纯电驱动模式下综合工况续驶里程分别不低于150km和50km；动力电池模块能量密度达到150W·h/kg以上，成本降至2元/（W·h）以下，循环使用寿命稳定达到2000次或10年以上；电驱动系统功率密度达到2.5kW/kg以上，成本降至200元/kW以下，新能源汽车、动力电池及关键零部件技术整体上达到国际先进水平。

2010年，我国将新能源汽车列为七大战略性新兴产业之一。2012年，国务院发布《节能与新能源汽车产业发展规划（2012—2020年）》，战略导向逐步明确。在诸多政策的扶持下，2015年，我国新能源汽车共计生产37.9万辆，销售33.11万辆，同比分别增长3.8倍和3.4倍，超越美国成为全球第一大新能源汽车市场。纯电动乘用车产品续驶里程超过250km，最高车速超过150km/h，百公里综合电耗低于12kW·h，加速性能、能耗水平等指标大幅进步。同时，锂离子电池单体能量密度超过200W·h/kg，达到国际先进水平。

“十三五”以来，我国贯彻落实国家科技体制改革战略部署，将新能源汽车专项作为科技计划改革的第一个试点项目，统筹基础科学研究、关键共性技术、系统集成技术、产业化技术与示范验证，按照动力电池和电子管理系统、电机驱动与电力电子总成、电动汽车智能化技术、燃料电池动力系统、插电式混合系统和纯电驱动系统的总体框架，一共部署38项研究任务，取得了一些标志性的成果，比如动力电池系统指标显著提升，宁德时代采取高镍正极和硅碳负极开发出能量密度达到304W·h/kg的样品，安全性满足国标要求。

1.2.4 产业管理政策

新能源汽车发展虽已进入成长期，但尚处在初期阶段，长期的巨额补贴不可持续，需要建立长效机制，引导企业生产新能源汽车或节能汽车，抑制企业生产高油耗燃油汽车，从而达到促进产业发展、推动节能减排的目的。

1. 双积分政策

为了促进新能源汽车产业协调发展，有效缓解能源与环保压力，国家于2018年正式实行《乘用车企业平均燃料消耗量与新能源汽车积分并行管理办法》，即“双积分”政策。“双积分”政策不仅对传统燃油汽车油耗降低做出了要求，而且对发展新能源汽车提出了考核办法。

政策补贴退坡之后，“双积分”政策成为推动新能源汽车产业发展的主要驱动力，将进一步加快我国传统燃油乘用车节能技术升级进程，促进新能源汽车快速发展。

（1）“双积分”政策出台的背景

为解决我国能源供应紧张的问题，促使国家节能减排目标的达成，工信部于2014年颁布了GB 27999—2014《乘用车燃料消耗量评价方法及指标》及GB 19578—2014《乘用车燃料消耗量限值》两部油耗标准，提出我国第Ⅳ阶段各种车型油耗的目标值及全国平均燃油消耗量的目标值。自 2016 年起我国开始实行第Ⅳ阶段油耗标准，但相关的奖惩措施一直没有明确规定，没有对车企形成有效约束。同时，各车企新能源汽车产品长期依赖政策补贴销售，对国家财政造成压力，并且催生出了骗补的问题。从 2016 年开始，国家对新能源汽车的财政补贴力度逐年降低，2020 年将完全取消对新能源汽车的补贴，届时新能源汽车企业将面临较大的销售压力。

在这样的背景下，为建立促进节能与新能源汽车发展的长效机制，同时弱化财政补贴退坡产生的负面影响，2016 年 9 月，工信部颁布了“双积分”考核征求意见稿。2017 年 6 月发布更加严格的征求意见稿，2017 年 9 月正式发布“双积分”考核办法《乘用车企业平均燃料消耗量与新能源汽车积分并行管理办法》，自 2018 年 4 月 1 日起施行。该管理办法对乘用车企业提出了 CAFC（平均燃料消耗量）和 NEV（新能源汽车）两种积分并行管理制度，明确说明了两种积分的积累和交换规则，并规定了对未达标车企的惩罚措施，同时制定了新能源乘用车积分技术要求，强调了续驶里程和电能消耗两大技术指标。因此各车企必须对“双积分”有充分的了解才能防止受到处罚，避免影响企业的生存与发展。

（2）“双积分”考核办法

1）考核范围。“双积分”政策主要对 CAFC 积分和 NEV 积分进行考核，考核对象为乘用车企业，具体如下：

① 放宽 CAFC 积分达标要求的企业：年产量少于 2000 辆且产销研均保持独立的乘用车企业；年进口量少于 2000 辆的获境外生产企业授权的进口乘用车供应企业。

② 暂不实施积分核算的企业：年进口量少于 2000 辆的未获授权的进口乘用车供应企业。

③ 设定 NEV 积分比例要求的企业：年产量或进口量超过 3 万辆的传统能源乘用车企；NEV 积分比例要求在 2019 年度、2020 年度分别为 10%、12%，2021 年及以后年度的另行公布。

④ 不设 NEV 积分比例要求的企业：年产量或进口量少于 3 万辆的传统能源乘用车车企。

2）计算模型。

① CAFC 积分计算模型。CAFC（Corporate Average Fuel Consumption）积分计算公式为

$$C_{\mathrm{CAFC}}=(\mathrm{CAFC}_{\text{达标值}}-\mathrm{CAFC}_{\text{实际值}})\times \mathrm{TP} \tag{1-1}$$

式中 C_{CAFC}——CAFC 积分；

$\mathrm{CAFC}_{\text{达标值}}$——CAFC 目标值与该核算年度的 CAFC 要求的乘积；

TP——乘用车生产量或进口量。

根据 GB 27999—2014《乘用车燃料消耗量评价方法及指标》的规定，CAFC 达标值与 CAFC 目标值比值要求见表 1-6。

表 1-6 CAFC 达标值与 CAFC 目标值比值

年度	2016 年	2017 年	2018 年	2019 年	2020 年及以后
比值（%）	134	128	120	110	100

CAFC 目标值计算公式为

$$\mathrm{CAFC}_{目标值}=\frac{\sum_{i=1}^{N}T_iV_i}{\sum_{i=1}^{N}V_i} \tag{1-2}$$

式中　i——乘用车车型序号；

T_i——第 i 车型燃料消耗量目标值，见表 1-7；

V_i——第 i 车型年产量或进口量。

表 1-7　规定的车型燃料消耗量目标值

整车整备质量 CM /kg	小于三排座 CAFC 目标值 /（L/100km）	大于或等于三排座 CAFC 目标值 /（L/100km）
CM ≤ 980	4.3	4.5
980 < CM ≤ 1090	4.5	4.7
1090 < CM ≤ 1205	4.7	4.9
1205 < CM ≤ 1320	4.9	5.1
1320 < CM ≤ 1430	5.1	5.3
1430 < CM ≤ 1540	5.3	5.5
1540 < CM ≤ 1660	5.5	5.7
1660 < CM ≤ 1770	5.7	5.9
1770 < CM ≤ 1880	5.9	6.1
1880 < CM ≤ 2000	6.2	6.4
2000 < CM ≤ 2110	6.4	6.6
2110 < CM ≤ 2280	6.6	6.8
2280 < CM ≤ 2510	7.0	7.2
2510 < CM	7.3	7.5

此外，“双积分”政策还规定：企业 2016—2020 年度 CAFC 较上年度下降 6% 以上的，达标值在规定的 CAFC 要求基础上放宽 60%；下降 3% 以上不满 6% 的，达标值放宽 30%。

CAFC 实际值计算公式为

$$\mathrm{CAFC}_{实际值}=\frac{\sum_{i=1}^{N}\mathrm{FC}_iV_i}{\sum_{i=1}^{N}W_iV_i} \tag{1-3}$$

式中　FC_i——第 i 车型的燃料消耗量；

V_i——第 i 车型的年产量或进口量；

W_i——第 i 车型对应的放大倍数（见表 1-8）。

② NEV 积分计算模型。NEV（Neighborhood Electric Vehicle）积分计算公式为

$$C_{NEV} = \text{NEV}_{实际值} - \text{NEV}_{达标值}$$

$$\text{NEV}_{实际值} = \sum_{i=1}^{N} C_i V_{i-\text{NEV}} \qquad (1\text{-}4)$$

式中 C_{NEV}——NEV 积分；

i——乘用车车型序号；

C_i——第 i 种新能源乘用车车型积分；

V_{i-NEV}——第 i 种新能源乘用车车型年产量（不含出口）或进口量。

表 1-8 车型放大倍数

车型 \ 年度	2016—2017 年	2018—2019 年	2020 年	2020 年以后
纯电动乘用车 插电式混合动力乘用车 燃料电池乘用车（续驶里程≥ 50km）	5	3	2	另行规定
节能汽车（燃料消耗量≤ 2.8L/100km）	3.5	2.5	1.5	
其他车型	1	1	1	1

以纯电动乘用车为例，纯电动乘用车车型积分确定需满足“双 100”条件。即以高于 100km/h 车速持续行驶 30min，续驶里程高于 100km。不符的将不作为新能源汽车，不计算其积分，见表 1-9。

表 1-9 纯电动乘用车车型积分计算

	条件一	条件二	其余条件
$m \leqslant 1000$kg	$Y \leqslant 0.014m + 0.5$	$Y \leqslant 0.0095m + 0.35$	—
1000kg $< m \leqslant$ 1600kg	$Y \leqslant 0.012m + 2.5$	$Y \leqslant 0.0084m + 1.75$	—
$m >$ 1600kg	$Y \leqslant 0.005m + 13.7$	$Y \leqslant 0.0035m + 9.59$	—
车型积分 / 分	$0.012R + 0.8$	$(0.012R + 0.8) \times 1.2$	$(0.012R + 0.8) \times 0.5$

注：m 为整车整备质量（kg）；
R 为续驶里程（km）；
Y 为工况条件下百公里耗电量（kW · h/100km）。

$\text{NEV}_{达标值}$计算公式为

$$\text{NEV}_{达标值} = \beta \sum_{i=1}^{N} V_{i-\text{NEV}} \qquad (1\text{-}5)$$

式中 β——NEV 积分比例要求；

V_{i-NEV}——第 i 种新源乘用车车型的年产量（不含出口）或进口量。

值得注意的是，新能源乘用车标准车型积分上限为 5 分。

3）我国车企积分现状。2018 年，中国有 141 家乘用车企业被纳入“双积分”核算体系中，其中包括国内生产的乘用车和进口的乘用车。总体来看，2018 年燃料消耗量正积分为 987.37 万分，燃料消耗量负积分为 299.03 万分，新能源汽车正积分为 398.79 万分。

112 家境内乘用车生产企业累计生产乘用车 2217.9 万辆，平均燃料消耗量实际值为

4.87L/100km，燃料消耗量正积分为 973.86 万分，燃料消耗量负积分为 266.15 万分，新能源汽车正积分为 389.10 万分。其中燃料消耗量正积分排名前四家分别是上海汽车、比亚迪、奇瑞以及江淮汽车，负积分排名前三家分别是上汽通用五菱、东风、上汽通用。

29 家进口乘用车供应企业进口乘用车 94.36 万辆，平均燃料消耗量实际值为 8L/100km，燃料消耗量正积分为 13.51 万分，燃料消耗量负积分为 32.88 万分，新能源汽车正积分为 9.69 万分。其中燃料消耗量正积分排名前五家分别是特斯拉、沃尔沃、克莱斯勒、保时捷、马自达，负积分排名前三家分别是梅赛德斯－奔驰、福特、捷豹路虎。

4）“双积分”政策下车企发展趋势。“双积分”政策的实施，一方面对传统燃油车的考核更加严厉，另一方面又给新能源汽车指明了方向。在“双积分”政策倒逼下，传统车企宜从以下几个方面早做准备：

① 发展自有新能源产品。2017 年 6 月，国家发改委联合工信部发布《关于完善汽车投资项目管理的意见》，提出将优化传统燃油汽车产能布局，严控现有车企扩大传统燃油汽车产能，引导传统车企向新能源汽车转型。在“双积分”政策的严酷环境下，不少传统车企在新能源汽车的产品及规划上也做出了重大调整。例如，比亚迪在新能源汽车领域总体执行“7 + 4”发展战略；吉利发布“蓝色吉利行动”战略；北汽集团发布“引领 2025 战略”；奇瑞计划 2020 年实现产销 20 万辆新能源汽车；江淮汽车未来将形成经济型（iEV4、iEV6E）、舒适型（iEV7）、高性能型（iEV7S、iEV7T）、高端型（iEV8）四大平台；长安汽车公布香格里拉计划，规划未来推出纯电动产品 21 款，插电式混动产品 12 款。

② 与有量产规模的新能源企业合资合作。“双积分”政策允许关联企业相互结转 CAFC 积分，这一规定使得新能源领域竞争力不足或油耗超标的车企纷纷通过收购、投资新能源生产企业来满足考核要求，防止出现 NEV 积分亏空。例如，CAFC 负积分大户长城汽车通过入股河北御捷 25% 股权，享受到了关联企业的待遇。河北御捷的 CAFC 正积分将全部转让给长城汽车，并且不收任何费用，在同等条件下优先向长城汽车出售 NEV 正积分。

③ 购买 NEV 正积分。新能源汽车发展不足的传统车企，只能通过高价从新能源车企购买 NEV 正积分，以抵扣本企业产生的 NEV 负积分。按照业内人士给出 1000 ～ 3000 元 / 分的 NEV 积分交易价，以 2017 年 CAFC 负积分大户为例，长安福特有 28.8 万 CAFC 负积分，至少需要花费 2.88 亿～ 8.64 亿元来购买 NEV 积分，而广汽菲亚特克莱斯勒、长城汽车也至少需要花费 1.4 亿元购买 NEV 积分。

④ 提高自身节能减排技术。根据规划要求，2016—2020 年传统燃油车的平均油耗目标分别为 6.7L/100km、6.4L/100km、6L/100km、5.5L/100km 和 5L/100km，2025 年将降至 4L/100km 左右。以目前的技术，传统燃油车油耗下降到一定值后将很难再降低。为满足节能减排要求，传统车企可通过采用小排量涡轮增压发动机来满足油耗排放标准，还可享受购置税优惠等政策支持。

⑤ 重视节能技术的研发应用。目前，新能源汽车取代传统能源汽车的平衡点还充满不确定性。新能源汽车规模化集群化生产尚未形成，研发成本高，尚未达到满意的盈利

空间。因此，企业不能放松传统能源汽车技术开发，还应该继续研发发动机、变速器及整车节能技术。随着动力总成技术挖掘接近极限，同时适合传统能源和新能源汽车的整车节能技术的潜力和有效性日渐突出，车企应重视轻量化技术研发，加快产品结构调整，使产品向小型化、轻量化方向发展，拉低企业平均油耗水平，形成应对油耗目标的研发能力。

后补贴时代，“双积分”政策仍是国家的重要产业政策，在未来可以慢慢阻断传统燃油汽车产业的发展，推动新能源、绿色能源的发展，很大程度上改变汽车产业的格局。因此，以“双积分”政策为导向，所有传统乘用车企业都要在尽可能短的时间内进行战略调整，重新确定产品定位及市场分布，不断加大对新能源汽车的研发投入和实现技术的提升，快速转型升级，推进新能源车市场的加速发展。

2. 投资管理政策

在投资管理政策方面则充分体现了国家“简政放权、放管结合、优化服务”的改革要求，大幅下放了汽车投资项目的政府核准权限并计划放开新能源汽车动力电池的外商准入限制。

为贯彻落实《国务院关于发布政府核准的投资项目目录（2016年本）的通知》有关要求，完善汽车投资项目管理，促进汽车产业健康有序发展，国家发改委联合工信部于2017年6月4日发布《关于完善汽车投资项目管理的意见》（以下简称《意见》）。《意见》明确了下阶段传统燃油车和新能源汽车的投资思路，主要从产能角度推动汽车产业调整。一方面，《意见》细化了《国务院关于发布政府核准的投资项目目录（2016年本）的通知》提出的“原则上不再核准新建传统燃油汽车生产企业”的决定，明晰企业可新增传统燃油车产能的条件，允许优质企业在扩充燃油车产能的同时，加快发展新能源汽车。另一方面，《意见》规范了新能源投资项目，设立了新增产能门槛，通过抑制较低水平企业盲目跟进，确保了新能源汽车平稳有序发展。

《意见》同时明确了纯电动企业合资数将不受燃油车合资企业数的限制：汽车行业同一外商在华的合资策略发生转变，指出《汽车产业发展政策》中的合资数目规定仅限于燃油车，而新建中外合资纯电动乘用车企业则按照《新建纯电动乘用车管理规定》办理核准，这意味着同一家外商车企可以通过新建纯电动合资公司的方式来组建第三家合资企业。

《意见》进一步将产能监管工作制度化，通过加强产能预警、下放审批权限强化事中事后的方式来合理引导产能布局。建立汽车产能报送制度，政府根据企业上报的产品产量、建成产能、在建产能等信息分析产能利用率变动情况来帮助企业化解产能过剩的风险。

3. 新能源汽车牌照政策

启用新能源汽车专用号牌，是贯彻国务院促进新能源汽车发展战略、深化公安改革的重要任务，对服务经济社会发展大局和民生需求具有重要意义。2016年11月，公安部宣布自2016年12月1日起在上海、南京、无锡、济南、深圳5个城市率先试点启用新能源汽车号牌。公安交管部门将依据《道路机动车辆生产企业及产品公告》和“机动车整车出厂合格证”（国产车）或“进口机动车辆随车检验单”（进口车）核对标注信息，办理新能源汽车注册登记。

试点期间，对消费者新购买的新能源汽车，在5个试点城市办理注册登记的，将发放新能源汽车号牌；对已经登记的新能源汽车，按照自愿换领的原则，由车主自主选择是否换领新式号牌。为避免集中换牌导致拥挤排队，试点城市将采取互联网服务平台预约办理方式换发号牌，提供网上预约选号、网上预约办理时间和地点等服务。为方便群众申领、安装新号牌，试点城市将增设新能源汽车号牌业务绿色通道或专门窗口，设置号牌现场制作点，提供延时或周六日换牌服务，提供免费安装号牌服务，最大限度地满足群众需求。另外，试点城市公安交管部门同步启用统一的机动车号牌选号系统，保证号牌号码公开、公平、公正发放。

新能源汽车专用号牌（图1-7）长度比普通号牌增加40mm，其中大型新能源汽车后号牌宽度减少80mm。与普通汽车号牌相比，新能源汽车专用号牌外观式样上主要有四个变化：① 突出绿色元素，体现鲜明特点。新能源汽车专用号牌式样底色以绿色为主色调，突出绿色环保的寓意，采用全新的号牌号码字体，整体式样美观新颖、特色鲜明，便于在服务管理中准确识别、明显辨识。② 增设专用标识，展现电动特色。标识整体以绿色为底色，寓意电动、新能源，绿色圆圈中右侧为电动插头图案，左侧彩色部分与英文字母“E”（Electric的首字母）相似。③ 号牌号码升位，增加号牌容量。新能源汽车专用号牌号码由5位升为6位。升位后，编码规则更加科学合理，可以满足“少使用字母、多使用数字”的编排需要。④ 改进制作工艺，提高防伪性能。采用无污染烫印制作方式制作，工艺绿色环保。同时，增加了二维条码、防伪底纹暗记、激光图案等防伪技术，实现号牌唯一性和生产源头追溯，提高了防伪性能。

图1-7　新能源汽车专用号牌

公安部表示自2017年11月起，在前期5个试点城市推广应用的基础上，增加河北保定、吉林长春、福建福州、山东青岛、河南郑州、广东中山、广西柳州、重庆、四川成都、云南昆明10个城市启用新号牌；2017年12月底前，除直辖市、省会城市、自治区首府启用外，各省（区）至少还有1个或2个城市启用新号牌；2018年上半年，全国所有城市全面启用新号牌。

1.2.5　产品准入与安全保障政策

近些年来，我国新能源汽车产业快速发展，新能源汽车保有量快速增长。与此同时，不少生产企业的产品质量管控能力不足，产品安全隐患和风险也相应增加。2009 年 6 月 17 日公布的《新能源汽车生产企业及产品准入管理规则》已经无法解决新能源汽车产业存在的安全风险、准入条件偏低、行业散乱发展趋势加剧等突出问题，工信部在总结近年来产业发展和管理经验的基础上，于 2017 年 1 月制定发布了《新能源汽车生产企业及产品准入管理规定》。

新文件的主要内容有：① 明确了新能源汽车的定义和范围，包括纯电动汽车、插电式混合动力汽车和燃料电池汽车。② 完善了生产企业准入条件和产品准入条件。要求生产企业准入的条件应当是已取得车辆生产企业准入的汽车生产企业或者已完成投资项目手续的新建汽车生产企业；符合相同类别的常规汽车生产企业准入管理规则；具备设计开发能力、生产能力、生产一致性保证能力、售后服务及产品安全保障能力。产品准入条件是应当符合有关法律法规和安全技术条件，符合《新能源汽车产品专项检验项目及依据标准》以及相同类别的常规汽车相关标准，并且经检测机构检测合格。③ 建立了运行安全状态监测制度。要求新能源汽车生产企业应当建立新能源汽车产品运行安全状态监测平台，按照与用户的协议，对已销售产品的运行安全状态进行检测。④ 完善了监督检查措施。明确了工信部负责监督检查《准入审查要求》保持情况、生产一致性情况，省级工信部门负责监督检查生产情况。还要求停产 12 个月的生产企业恢复生产前应当接受保持《准入审查要求》情况的核查。⑤ 强化了法律责任。一切隐瞒有关情况、提供虚假材料申请准入或以欺骗、贿赂等不正当手段取得准入的申请人将受到严厉的处罚。

2016 年 11 月，工信部印发《关于进一步做好新能源汽车推广应用安全监管工作的通知》，分别明确生产企业、地方政府、行业组织的具体责任要求，提出高度重视新能源汽车全产业链、全生命周期的安全问题，把保障安全放在工作首位，加快建立健全安全保障体系。要求新能源汽车生产企业要落实产品质量安全主体责任，地方政府有关部门要切实做好安全监管工作，行业组织要充分发挥行业自律和技术支撑作用。对于存在未按规定建立监测平台、发生车辆产品质量安全事故、虚报瞒报、弄虚作假等问题的企业或车型，视问题性质、严重程度采取公开通报、责令限期改正，暂停或取消新能源汽车推广应用推荐车型目录、车辆生产企业及产品公告等措施。该通知把建立国家、地方、企业三级新能源汽车监测平台作为建立健全安全保障体系的核心。要求自 2017 年 1 月 1 日起，企业监测平台建成并与国家平台完成对接；新申报公告的车型，应完成数据传输测试，公告内车型应于 2017 年 4 月 1 日前完成测试，已销售车型应免费提供车载终端、通信协议等相关监测系统的升级改造服务。

1.2.6 动力电池相关政策

动力电池是关乎新能源汽车性能与安全的核心部件，也是近年来新能源汽车政策的热点词语，2016 年以来出台的政策涉及技术、管理等多个方面。

1. 通过要求生产安全和产能提高规范行业

2016 年 11 月，工信部公开征求对《汽车动力电池行业规范条件（2017 年）》的意见。

《汽车动力电池行业规范条件（2017 年）》征求意见稿是在 2015 年《汽车动力蓄电池行业规范条件》（2019 年 6 月 21 日起废止）的基础上修改形成的。征求意见稿在安全生产、产能、研发人员要求、测试标准、罚则等方面进行了修改：① 强调安全生产要求。增加“建有安全生产、环境保护预案机制和节能管理体系”“安全生产评估或认证认可，并建有完善的消防安全监控和处置系统”“企业近两年内没有出现生产经营和产品应用重大安全事故”等要求。② 大幅提高企业产能要求。锂离子动力电池单体年产能由 2 亿 W · h 提高到 80 亿 W · h，金属氢化物镍动力电池单体年产能由 1000 万 W · h 提高到 1 亿 W · h，超级电容器单体年产能由 500 万 W · h 提高到 1000 万 W · h，系统年产能由 1 万套或 2 亿 W · h 提高到 8 万套或 40 亿 W · h。

2017 年 3 月，工信部、国家发改委、科技部、财政部联合印发《促进汽车动力电池产业发展行动方案》，为整合我国电动汽车动力电池行业，提升并加快其发展水平提出了未来几年的发展方向及明确的目标：将持续提升现有产品的性能质量和安全性，进一步降低成本；2018 年前保障高品质动力电池供应；大力推进新型锂离子动力电池研发和产业化，2020 年实现大规模应用；着力加强新体系动力电池基础研究，2025 年实现技术变革和开发测试。该方案同时提出了两个具体的目标：

（1）产品性能大幅提升

到 2020 年，新型锂离子动力电池单体能量密度超过 300W · h/kg，系统能量密度力争达到 260W · h/kg，成本降至 1 元 /（W · h）以下，使用环境达 –30 ～ 55℃，具备 3C（中国强制性产品认证制度）充电能力。到 2025 年，新体系动力电池技术取得突破性进展，单体能量密度达 500W · h/kg。

（2）产业规模合理有序发展

到 2020 年，动力电池行业总产能超过 1000 亿 W · h，形成产销规模在 400 亿 W · h 以上、具有国际竞争力的龙头企业。

通过具体化的数字要求，该方案一方面引导动力电池行业规范化发展，另一方面也成为动力电池企业提升技术能力的重要依据。

2. 明确各方责任，完善动力电池回收利用暂行办法

动力电池回收利用一直是阻碍动力电池产业链循环健康发展的一个薄弱环节，急需终结以往简单粗暴的回收利用状态，建立一套完整规范化的行业标准体系，推动整个动力电池产业链健康有效的发展。而随着较为完善的国标体系构建，动力电池回收和梯次利用的无序状态有望改变。

2017 年 5 月 12 日，GB/T 33598—2017《车用动力电池回收利用　拆解规范》正式出台，这是由工信部提出的国内首个关于动力电池回收利用的国家标准，明确指出回收拆解企业应具有相关资质，进一步保证了动力电池安全、环保、高效的回收利用。2017 年 7 月 12 日，GB/T 34013—2017《电动汽车用动力蓄电池产品规格尺寸》、GB/T 34014—2017《汽车动力蓄电池编码规则》、GB/T 34015—2017《车用动力电池回收利用　余能检测》三项动力电池标准正式发布。三项新标准于 2018 年 2 月 1 日正式实施。《电动汽车用动力蓄电池产品规格尺寸》标准的制定，表明了我国动力电池的标准意识正在逐步增强，正在逐渐拿回关键零部件标准的话语权，为了更好地适应并跟上新能源电池行业的发展，每

1～2年会做出相应的调整。2018年1月26日，工信部牵头、七部委联合发布《新能源汽车动力蓄电池回收利用管理暂行办法》，该办法明确了动力电池企业设计阶段要求、准入阶段要求、生产阶段要求、回收阶段要求、阶梯利用电池产品要求和再生利用要求等，进一步加强了新能源汽车动力电池回收利用管理，规范行业发展，推进资源综合利用，促进新能源汽车行业持续健康发展。

3. 放宽新能源外资准入限制

2017年6月28日，国家发改委和商务部联合发布了《外商投资产业指导目录（2017年修订）》，解除纯电动汽车合资企业限制以及取消汽车电子和动力电池的股比限制，自2017年7月28日起施行，《外商投资产业指导目录（2015年修订）》同时废止。新版目录取消了动力电池领域的准入限制，允许外商进行投资，不再受50%股比的限制与约束，这意味着国家将不再干预动力电池制造领域的外商投资活动，国内外动力电池企业将面临同等的市场竞争发展机会，对于我国自主品牌来说，竞争对手将越来越多，也会越来越激烈。

1.2.7 基础设施相关政策

完善的充电基础设施体系是电动汽车普及的重要保障，国家对此高度重视，支持政策也不断出台。2018年国补政策明确了未来各地地补将陆续转为支持基础充电设施的建设和运营，而早在2015年10月国务院印发的《关于加快电动汽车充电基础建设的指导意见》就指出，到2020年，基本建成适度超前、车桩相随、智能高效的充电基础设施体系。国家发改委2015年10月印发的《电动汽车充电基础设施发展指南（2015—2020年）》指出，到2020年，新增集中式充换电站超过1.2万座，分散式充电桩超过480万个，以满足全国500万辆电动汽车充电需求。

中央政策通过“土地政策＋设施建设＋互联互通”，多维度化解充电设施建设实际困境。《关于加快电动汽车充电基础建设的指导意见》指出，充电设施建设纳入城市规划，完善独立占地的充电基础设施布局，明确各类停车场充电设施建设比例或预留安装条件。为推进居民小区、企事业单位内部、停车场等区域充电设施建设，国家能源局先后发布系列文件，大力推动电动汽车充电基础设施建设。2016年12月，国家发改委等部委联合发布《关于电动汽车充电基础设施接口新国标的实施方案》，要求2017年1月1日起，新安装的充电基础设施、新生产的电动汽车必须符合新国标。

国家同时通过“充电服务费＋扶持性电价＋补贴”三管齐下，在资金层面助力充电设施建设。2014年7月，国家发改委发布《关于电动汽车用电价格政策有关问题的通知》，指出充换电设施经营企业可向电动汽车用户收取电费及充换电服务费，对电动汽车充换电设施用电实行扶持性电价政策。2016年1月，财政部等部委印发《关于“十三五”新能源汽车充电基础设施奖励政策及加强新能源汽车推广应用的通知》，指出2016—2020年对充电基础设施、运营给予奖补，根据新能源汽车推广情况分区域实行不同的奖励标准，奖补资金最高封顶2亿元。

国家也积极推进充电设施进小区、进单位的工作。2016年7月，国家发改委印发

《关于加快居民区电动汽车充电基础设施建设的通知》，提出要提供供电保障及鼓励充电基础设施安装应用。加强现有居民区设施改造，规范新建居住区设施建设。引导业主委员会支持充电基础设施的安装建设，发挥开发商等产权单位的主体作用和物业部门的积极作用。2017 年 1 月，国家能源局、国资委、国管局下发《关于加快单位内部电动汽车充电基础设施建设的通知》。文件提出：到 2020 年，公共机构新建和既有停车场要规划建设配备充电设施（或预留建设安装条件）比例不低于 10%；中央国家机关及所属在京公共机构比例不低于 30%；在京中央企业比例力争不低于 30%。文件的出台有利于探索创新多方合作模式，形成可复制、可推广的有益经验，从而向全国推广。

第2章　电动汽车使用条件及运用领域

电动汽车的使用会受到外界环境的影响，这使得电动汽车在不同领域的运用特点有所不同。而且随着互联网和5G技术的发展，车联网技术成为当前汽车行业发展的热点之一，车辆电动化与网联化的融合成为趋势。本章详细介绍了气候、道路、运输等外界条件对电动汽车使用的影响以及电动汽车在乘用车和商用车领域的应用，同时还以两个实际项目为例，介绍了车联网相关技术和电动汽车在车联网领域的现状与应用前景。

2.1　电动汽车使用条件

2.1.1　气候条件

电动汽车是由数目众多的零部件构成的复杂系统，各零部件性能易受海拔、温度、盐雾、湿度等气候条件影响，导致电动汽车的使用性能与其气候条件密切相关。

1. 海拔

当电动汽车行驶在高海拔地区时，空气密度会随海拔升高而减小，驱动系统散热能力变差，冷却效力降低。驱动电机系统在高海拔地区运行时的温升比在低海拔地区时高，且爬电距离和电气间隙减少。考虑非基准运行条件和定额时间接冷却绕组在运行点的温升限值的修正规定，参考GB 755—2008《旋转电机　定额和性能》的规定，当电机使用地点海拔（不超过4000m）高于试验地点的海拔时，电机的温升限值应按海拔每升高100m，规定值减少1%。

2. 温度

虽然电动汽车正在世界范围内快速发展，但在某些高温或严寒地区仍难以推广应用，这主要由于目前电动汽车搭载的锂离子动力电池系统对环境温度较敏感，直接影响了电动汽车的使用性能。一般情况下，外界环境温度变化范围为 –30 ～ 60℃，而锂离子动力电池的适宜工作温度在 25℃左右。

锂离子电池工作原理本质上是正负极与电解液之间发生氧化还原反应。在低温环境下，电极表面活性材料嵌锂反应速率减慢，活性材料内部锂离子浓度降低，引起电池平衡电势降低、内阻增大（表 2-1）、放电容量减少（表 2-2），在极端低温情况下甚至会出现电解液冻结、电池无法放电等现象，极大地影响了锂离子电池的性能，造成电动汽车动力性衰减，续驶里程减少。

表 2-1　90% SOC 磷酸铁锂电池在不同环境温度下的内阻

温度 /℃	欧姆内阻 /mΩ	极化内阻 /mΩ
50	1.1	0.5
30	1.9	0.7
10	3.8	2.1
0	7.3	4.2
–10	13.5	7.8

表 2-2　三元材料锂电池不同环境温度下的放电容量及其比率

环境温度 /℃	放电倍率	放电容量 /A · h	放电容量比率	环境温度 /℃	放电倍率	放电容量 /A · h	放电容量比率
25	1*C*	38.493	100%	25	4*C*	41.322	100%
0	1*C*	35.590	92.46%	0	4*C*	39.967	96.72%
–10	1*C*	33.382	86.72%	–10	4*C*	35.607	86.17%
–20	1*C*	33.242	86.36%	–20	4*C*	0	0
–30	1*C*	23.985	62.31%	–30	4*C*	0	0

动力电池的放电倍率（对应放电功率）直接影响电动汽车的输出功率，放电容量则直接影响电动汽车的续驶里程。由表 2-2 可见，三元材料锂电池在 1*C* 倍率下放电，当环境温度在 –20℃以上时，放电容量比率下降较小，–20℃相比 25℃时放电容量比率下降 13.64%；当环境温度在 –20℃以下时，放电容量比率下降明显，–30℃相比 25℃时放电容量比率下降 38% 左右。与三元材料锂电池相比：磷酸铁锂电池在 –20℃、以 0.3*C* 倍率放电时，放电容量相比 25℃下降 50% 左右；锰酸锂电池在 –20℃、以 1*C* 倍率放电时，放电容量相比 25℃下降约 18% 左右。三元材料锂电池具有一定的低温适应性，低温小倍率放电对其放电容量的影响较小，其低温放电性能优于磷酸铁锂电池；当环境温度在 –10℃下，以 4*C* 倍率放电时，其放电容量下降 13.83%；当环境温度下降到 –20℃以下时，无法正常放电。

统计数据显示，目前在北京地区运营的纯电动出租车冬季续驶里程较夏季普遍减少近 40%。在较为寒冷的地区使用电动汽车时，应注意电池系统剩余电量，尽量减小出行距离；在电池低电量状态时，尽量避开爬坡等对电动汽车输出功率要求较高的路况。

电动汽车电池系统在低温充电存在安全隐患方面的问题，也极大地制约着电动汽车在部分严寒地区的推广应用。低温充电时，易在负极表面形成锂沉积，金属锂单质在负极表面的逐渐积累形成的锂枝晶可能会刺穿电池隔膜，造成电池正负极短路，威胁电池的使用安全。同时在低温环境下，电动汽车的充电速度也会下降，甚至出现无法正常充电的情况。

由表 2-3 可见，三元材料锂电池的充电容量随着环境温度的下降而逐渐减少。当环境温度高于 –15℃时，1*C* 倍率下的充电容量比率能保持在 85% 以上；而当环境温度低于 –20℃时，其充电容量下降 21% 左右。锰酸锂电池在 –10℃环境下充电容量相比 20℃时下降了 98% 左右，在 –20℃环境下已经无法正常充电。因而，冬季在北方地区应尽量在室内或者温度较高的地方对电动汽车进行充电，尽量避免采用大倍率快速充电的方式，以免对电池系统造成不可逆的损害。

表 2-3 三元材料锂电池不同环境温度下的充电容量比率

温度 /℃	放电倍率	充电容量 /A · h	充电容量比率
25	1*C*	39.822	100%
0	1*C*	38.643	97.04%
–10	1*C*	36.808	92.43%
–15	1*C*	33.972	85.31%
–20	1*C*	31.296	78.59%
–25	1*C*	28.727	72.14%

锂离子电池长期工作在高温环境下，同样不利于电池的健康。高温环境下，电解液分解，导致电极表面固态电解质界面膜（SEI）加厚，锂离子迁移阻力增大，将会对电池容量造成不可恢复的损失，加速电池容量的衰减。同时由于高温环境下负极 SEI 加厚，电极表面有金属锂析出，可能导致起火、爆炸等热失控事故。

此外，驱动电机系统对环境温度也比较敏感。在驱动电机系统负载条件不变的情况下，工作环境温度升高导致其散热能力变差，相关部件工作温度较高。为了保证驱动电机系统的可靠性，应适当降低系统各部件的温升限值。环境温度过低时，驱动电机系统中的金属材料和非金属材料易发生脆性断裂，绝缘材料变脆，轴承润滑脂易冻结。因此，保证合适的工作温度范围有助于提高驱动电机系统的可靠性。

3. 盐雾

盐雾环境下，电动汽车驱动电机系统的绝缘材料易受到潮湿环境影响，导致绝缘电阻减小，电气性能降低，加速材料老化。同时盐雾中的高浓度钠离子和氯离子也会与金属材料发生反应，生成可以腐蚀驱动电机表面的强酸性金属盐，对电机产生损害。动力电池系统在有盐雾的环境中使用，箱体会出现锈蚀，影响箱体的结构强度与 IP 等级，影响产品的正常功能与使用安全。盐雾也会使电动汽车电路表面发生腐蚀，破坏电路的表面，降低电路的绝缘性能。

4. 湿度

环境湿度过大易导致电动汽车驱动电机系统的绝缘电阻减小，耐压能力降低，电机金属表面易被腐蚀，轴承油脂易变质；相关电子元器件的绝缘电阻和电气性能也会因受潮而下降。

由于驱动电机系统须在全气候环境下运行，按照 GB/T 18488.1—2015《电动汽车用驱

动电机系统　第 1 部分：技术条件》的规定，驱动电机应能承受（40±2）℃、相对湿度为 90% ～ 95%、48h 的恒定湿热试验，恢复常态后，应能在额定电压、持续转矩、持续功率下正常运行。

环境湿度过大也会影响电池的绝缘性能，加剧电池的副反应，减少电池使用寿命。为了满足电池系统高能量密度要求，正极材料从普通三元材料逐渐向高镍三元材料过渡。而高镍材料受环境湿度影响较大，以镍钴铝（NCA）三元材料为例，在电池制备过程中高湿度会加剧电解液在 NCA 材料表面的分解，导致 NCA 材料的容量和库仑效率降低。如果电池表面腐蚀、破裂，电极接触高湿度空气，将会导致电池容量快速衰减。

2.1.2　道路条件

道路条件包括高速公路和城市、乡村道路中一切可能对电动汽车运行效率和通行安全产生影响的道路因素，包括道路设计、物理构造、指示标记、安全设施和道路环境等。快速、安全和舒适的通行条件需要人、车辆、道路及其环境之间相互配合与相互作用。先进的车辆设计、驾驶员驾驶行为的改善，以及道路综合服务水平的提高，都能有效改善车辆的运行安全及运行效率。

汽车运输对道路条件的基本要求是在充分发挥汽车速度的情况下，保证车辆的安全行驶，满足该地区最大通行能力，车辆通行方便，乘员乘坐舒适，同时车辆运行材料消耗最低，零件的损坏最小。

道路条件主要包括：路面质量和平坦度、道路在水平面内和垂直面内的布置（如坡度、弯度及在水平面与垂直面内的曲率半径）、道路的坚固程度等。道路路面的质量决定了车辆的允许载荷；路面平坦度则在保证车辆安全行驶的前提下，限制了汽车的最高车速；道路线形影响电动汽车的动力性、行驶稳定性和续驶里程。

道路条件还决定了电动汽车总成的工况（载荷与速度、传递转矩、电机转速、电池输出功率以及道路不平所引起的动载荷等），从而决定了电动汽车组成元件及机构的磨损进程，影响电动汽车的工作能力。路面质量决定了电机和电池的运行工况，在运行里程相同的条件下，工况越恶劣，电机转速和动力电池系统放电功率变化越大，这将导致电机和电池寿命加速衰减。

道路条件的主要特征指标包括车辆运行速度和通行能力，它们是确定道路等级、车道宽度、车道数、路面强度和道路纵断面的主要依据。

1. 道路等级

道路等级不仅在很大程度上决定了电动汽车的使用效果，同时也影响电动汽车的技术性能，是车辆运用的首要道路条件。对道路的要求：能充分发挥汽车的速度特性，确保车辆行驶安全；能获得道路所能承受的最高通行量，车辆通过方便；舒适性好，运行材料消耗量少，零部件损坏程度小。

根据公路的任务、功能和适应的交通量，我国将公路分为高速公路、一级公路、二级公路、三级公路和四级公路五个等级。

1）高速公路为专供汽车分向、分车道行驶并全部控制出入的干线公路。四车道高速公路一般能适应按各种汽车折合成小客车远景设计年限的年平均昼夜交通量为2.5万～5.5万辆，六车道高速公路一般能适应按各种汽车折合成小客车远景设计年限的年平均昼夜交通量为4.5万～8万辆，八车道高速公路一般能适应按各种汽车折合成小客车远景设计年限的年平均昼夜交通量为6万～10万辆。

2）一级公路一般能适应按各种汽车折合成小客车远景设计年限的年平均昼夜交通量为1.5万～3万辆，为连接高速公路、城乡接合部、开发区经济带以及边远地区的干线公路，可供汽车分向、分道行驶，并部分控制出入。

3）二级公路一般能适应按各种车辆折合成中型载货汽车远景设计年限的年平均昼夜交通量为3000～7500辆，为连接中等城市的干线公路或通往大工矿区、港口的公路，或交通运输繁忙的城郊公路。

4）三级公路一般能适应按各种车辆折合成中型载货汽车远景设计年限的年平均昼夜交通量为1000～4000辆，为沟通县及城镇的集散公路。

5）四级公路一般能适应按各种车辆折合成中型载货汽车远景设计年限的年平均昼夜交通量为1500辆以下，为沟通乡、村等地的地方公路。

2. 公路的技术特性

影响公路使用质量和车辆使用效率的技术特性主要包括：水平面内曲线段（平面路线）的平曲线半径，垂直面（纵断面）内纵坡长度与竖曲线半径，以及横断面内车道宽度、车道数和路肩宽度等。

驾驶操作负荷体现了公路技术特性对驾驶员的影响，即使驾驶员在驾驶过程中达到力学上的安全和顺畅，如果驾驶员承受的负荷过高或过低，则事故率仍可能升高。操作负荷过低（平坦、开阔的直路），驾驶员易感到无聊、厌倦，导致在处理突发事件时可能会操作失误或反应太慢；操作负荷过高（高速行驶、交通拥堵、施工区、标志过多等），驾驶员可能会被过高的工作强度拖累，轻视或忽视意外事件，导致反应过慢或操作不当。因此，在设计道路时为防止驾驶员操作负荷突然变化，应尽量避免视距受到明显的限制、相连的两个路段差异过大、长直路段的尽头紧接一个急转弯等。公路的技术特性对驾驶员的影响见表2-4。

表2-4 公路的技术特性对驾驶员的影响

出现事故的主要原因	导致事故的概率（%）
驾驶员判断失误（如车辆、行人行动意向，制动距离，前方道路走向等）	36
驾驶员操作失误（如没按指示标记行驶，不正确的超车、倒车等）	41
驾驶员状态（如疲劳驾驶、酒后驾驶、带病驾驶等）	50

相关研究表明，速度变化的幅度越大，频率越高，发生事故的可能性越大。运行车速显著高于或低于平均车速的车辆，发生事故的概率也较高。车辆从一个路段行驶到下一个路段（直路到弯路、弯路到弯路）时，会引起速度的降低，这种变化越大，危险度也越高。因此，通过良好的道路几何设计，能够促进行驶车速的一致性，改善通行安全和通行效率。

纵坡对交通安全的影响主要表现在：当坡度比较大时，不仅造成车辆速度差异比较大，还易造成电动汽车上坡动力不足，或下坡制动失灵，进而导致事故发生；下坡路段，由于受重力影响，易造成车辆加速行驶；坡度过大，也增加了驾驶员的操作难度，一旦遇到突发情况则可能酿成事故。此外，驾驶员上坡行驶后，在下坡行驶时，心里放松了警惕，易造成超速行驶而导致事故。道路纵坡对交通安全的影响较大，尤其当坡度较大时，事故率明显增大。表 2-5 是德国学者在高速公路上调查统计得出的坡度与事故率之间的关系，可以看出，当坡度大于 4% 时，交通事故率剧增。

表 2-5　坡度与交通事故率的相关度统计

坡度（%）	0 ～ 1.99	2 ～ 3.99	4 ～ 5.99	6 ～ 8
交通事故率 / 亿辆 · km	1.62	1.86	2.17	2.36

公路的纵坡使汽车动力消耗增大，电池系统耗电量增加。路面质量对汽车的运行工况和安全性有重要影响。路面应具有足够的强度、较高的稳定性、良好的平整度以及适当的粗糙度，以保证汽车的附着条件和最小的运行阻力。路面平整度是路面的主要使用特性之一，它影响汽车运行速度、动载荷、轮胎磨损、货物完好性及乘员舒适性，从而影响汽车的利用指标和使用寿命。

3. 道路景观

良好的景观设计，可以使道路和自然景观融为一体，给驾驶员和乘客创造舒适感和美感。从交通心理学的角度讲，公路景观设计的好坏，会直接或间接地对驾驶员的心理产生影响，从而影响道路行车安全。行车实践表明：在空旷的地段设置长直线线形，因景观单调，不能有效地诱导驾驶员的视线，极易诱发事故。因此，公路的设计应坚持与自然景观相协调的原则，以使驾车环境对驾驶员的驾驶行为从心理和生理两方面产生积极作用，利于行车安全。安全是道路景观设计的基础和前提，景观的布置应突出强调道路行车安全感。

如何消除驾乘人员在行车过程中产生的压抑、恐惧、压迫等不良感受，是线形设计、景观布设、绿化布设的重要内容。例如在高速公路的下坡与转弯处，应在安全视距范围内安排一定的视觉要素，如绿化等，以使驾驶员的视点能随之变化；在高填方弯道外侧边坡植树，既可以使曲线变化非常明显，又可以减轻行车时的恐惧心理，起到增加安全感的作用。

2.1.3　运输条件

电动汽车的功能是运输人员和货物，而电动汽车的运输条件是由运输对象的特点和要求所决定的。根据运输目标的不同，运输条件可分为货运条件和客运条件。

1. 货运条件

货运条件主要包括货物类别、货运量和货物周转量、货物运距、货物装卸条件、货物运输类型等。

（1）货物类别

货物即所运输的物品，一般可以根据货物装卸方法、运输保管条件等方面对货物进行分类。按装卸方法，货物可以分为堆积货物、罐装货物以及以件计数货物三类；按运输保管条件，货物可以分成普通货物和特殊货物两类，其中特殊货物一般是指长大笨重货物、危险货物、鲜活货物等。按一次托运的数量，货物又可分为小批货物和大批货物。小批货物是指食品、邮件和行李等个别少量运输的货物，又可以叫作小宗货物；大批货物是指大批量运输的货物，又可以叫作大宗货物。

（2）货运量和货物周转量

货运中需要完成的货物运输重量称为货运量，通常以t（吨）为计量单位。货物的数量和运输距离的乘积，称为货物周转量，它以复合指标t·km为计量单位。货运量和货物周转量统称为货物运输量。

按托运货物的批量，货运量可分为零担货运量和整车货运量两类。在我国，整车货运量是指一次托运货物在3t以上的货物，而不足3t的称作零担货运量。

大宗货物是需要较长时间和较多车辆才能运完的货物，此外的货物被称作小宗货物。为提高经济效益，大宗货物采用大型汽车运输，而小宗货物宜采用轻型汽车运输，因此汽车运输行业应配备不同吨位的汽车，合理地组织运输，以提高运输经济效益。

（3）货物运距

货物运距是指货物由装货点至卸货点间的运输距离，一般用公里（km）作为计量单位。

根据不同的货物运距，货运车辆的性能要求也有所不同。当运距较短时，要求汽车结构能很好地适应货物装卸的要求，以缩短货物的装卸作业时间，提高汽车短运距的生产率。而运距较长时，应采用长途运输汽车，其运输生产率随汽车速度性能的提高和载重量的增大而显著增加。电动汽车在中短途运输，尤其是城市内运输方面，具有较大的优势。城市内交通拥堵较为严重，传统燃油车遇到交通拥堵时，会将大量的燃油消耗在发动机怠速上，而电动汽车则可以避免这一问题。电动汽车每次起动时，电机的能耗并不会比正常行驶时高出多少，而且低速时良好的动力性也能尽快让电动汽车加速至目标速度，整个起步过程比燃油车更加节能。在每次制动过程中，电动汽车都能回收一定的能量。电动汽车在运行过程中污染物是零排放的，这对于缓解城市的环境污染问题十分有利。同时，电动汽车运输的能源成本要低于传统燃油汽车，这对降低货运成本来说十分重要。综上所述，在城市内运输中采用电动汽车代替燃油汽车，可以节约运输成本，减少能源消耗，改善城市环境。

（4）货物装卸条件

货物装卸条件直接影响货物装卸步骤上所需要的时间、劳动量和费用，进而影响汽车运输成本。在运距较短的货运中，货物装卸条件更应引起重视。

（5）货物运输类型

货物运输可分为多种类型，如短途货运、长途货运、城市货运、城间货运、营运货运、自用货运、分散货运和集中货运等。

若在同一服务区内，多个汽车货运企业或有车单位分别独立地调度汽车，并分散地进行货运，则称作分散货运。对于分散货运的汽车，里程、载重量利用率均较低，从而降低汽车运输生产率，增加汽车运输过程中的成本。

若在同一服务区内，汽车货运企业或有车单位集中由某一机构统一调度，则称作集中货运。这种运输类型可提高汽车的载重量利用率和时间利用率，从而有利于提高汽车运输生产率，降低运输成本。

电动货车的结构应与选择的路线相适应。

2. 客运条件

客运一般可以分为市内客运和城间客运，根据不同的客运需求，应配备不同特点的电动汽车。

市内电动客车有较为宽大的前、后车门，车厢地板较低，方便大量乘客上下车。动力系统方面，市内电动客车由于仅在市内运行，且运行路线相对固定，因此对续驶里程的要求相对较低，而对动力性要求较高，还需要具有较好的操控稳定性。

城间客车需要设计较多的座位，并且座位通常宽大舒适，椅背倾角可调，其他辅助设施较齐全。为适应长途旅行的需要，高级旅游客车还配备卫生间、微型酒吧等设施。此外，还应采用能量密度较高的电池组，以达到较高的行驶速度和续驶里程。

2.2 电动汽车运用领域

我国电动汽车的推广应用大体包含四个阶段：公共交通领域电动化、物流领域电动化、商业运营领域电动化以及私人领域电动化。

第一阶段：公共交通领域电动化，主要以电动公交车代替传统燃油公交车为主。2019年，为促进公共交通领域转型升级，加快公交车电动化，由财政部、国家发改委、工信部、交通运输部四部委发布了《关于支持新能源公交车推广应用的通知》，加速推进公共交通领域电动化，计划到2020年年底，直辖市、省会城市、计划单列市公交车将全部更换为电动公交车。

第二阶段：物流领域电动化。2018年，国务院印发《国务院办公厅关于推进电子商务与快递物流协同发展的意见》，旨在推动电动汽车在物流领域的推广。

第三阶段：商业运营领域电动化。电动汽车在使用成本上具有优势，随着充电基础设施的普及，商业运营领域的电动化全面启动，在网约车、分时租赁、出租车等商业运营方面逐步推广。

第四阶段：私人领域电动化。截至当前，从整个市场来看，私人领域电动汽车普及程度仍然较低，市场以特斯拉为代表的高端车型以及以A00级别为代表的低端车型为主，但随着电动汽车产品结构进一步丰富，基础设施逐步完善，私人领域电动化将迎来高速发展。

2.2.1 乘用车领域

电动乘用车的应用主要聚焦于两大领域：私人领域及共享领域。具体应用如下：

1. 私人领域

随着我国城镇化率的逐步提升和国民经济的快速增长，作为城市交通工具的汽车尤其是家用轿车的数量急剧增加，汽车保有量呈现高速增长的发展态势。2008—2018年，我国城镇化率由45.68%提升至59.58%，同期我国汽车保有量由0.65亿辆提升至2.4亿辆，年均复合增长率达到 14.2%。尽管汽车工业作为国民经济支柱产业之一，以其国内市场潜力大、产业关联度高、带动就业面广、积累资金能力强等特点，为促进国民经济快速发展做出了重要贡献，但是汽车保有量的过快增长也带来了一系列社会问题，如环境污染加剧、道路拥堵严重、交通事故增多、停车困难等。

面对日益严峻的交通拥堵问题，我国部分城市相继出台了限牌和限行措施，通过行政手段严格控制上路汽车数量及其排放。在限牌政策作用下，相关城市的交通拥堵和环境污染问题均得到了一定程度的缓解，但传统燃油汽车销售受到了一定的冲击。电动汽车由于不受限牌限行政策影响，有力推动了其在私人领域的推广应用。

2. 网约车领域

由于电动汽车在运营成本等方面具有的优势，网约车正经历着快速电动化历程，电动汽车在该领域的渗透率快速提升。网约车出行已经成为各地区交通出行的重要组成部分。

在大城市中，公共交通难以满足消费者个性化需求。2012 年，网约车平台开始大规模上线，截至 2018 年年底，中国移动出行用车用户已经达到 4.99 亿人，年复合增长率超 20%。随着网约车管理趋于规范以及各项配套政策逐步完备，作为公共交通、出租车的重要补充，网约车的电动化不仅满足了消费者个性化的出行需求，也将为环境治理做出积极贡献。

3. 分时租赁领域

燃油车的分时租赁已经在很多地区实现，包括法国巴黎及美国各大城市成功运营的 Zipcar 等。

电动汽车在分时租赁领域具有其特有的优势，分时租赁用户一般使用时间较短、旅途较近，且用后需归还至指定地点，在上述车辆归还地点建设充电基础设施，则有助于增加消费者有效使用时间。同时，电动汽车的用电量、充电时间等数据均可实时上传，有助于车辆调配以及统筹管理。

4. 出租车领域

出租车行业对车辆使用成本较为敏感，据测算，由于电能价格相对较低，车辆维修保养费用相对较少，电动汽车在出租车领域的使用成本优势明显，由于出租车的运营里程较长，可达 80 万～ 100 万 km，因此其全生命周期内的成本优势更加突出。

2.2.2 商用车领域

纯电动汽车在商用车领域的应用主要包括三个方面：公交车、物流车和环卫车。

1. 公交车领域

公交车是电动汽车推广最早也是发展最为迅速的领域之一。电动公交车最早是为了响应“绿色奥运”的号召，在北京奥运会期间进行了示范运行。北京奥运会之后，电动公交车迎来了一次发展的高峰期。公交车线路固定，续驶里程需求稳定，市区公交以低速工况为主；公交车属于运营车辆，推广应用电动汽车能够有效降低车辆使用成本，并且具有财政补贴等政策优势；有公交场站的专属停车位用于充电设施建设，通过班次和线路安排合理规划充电时间，可在夜间进行充电。国家各部委也对电动公交车的发展提出了相应扶助政策，预计到2020年，国内主要城市的市内公交车将以电动汽车为主。

2. 物流车领域

物流车也是目前电动汽车发展的主要领域之一，能源安全、环境保护和产业升级是城市推动物流领域电动化的三个重要原因。物流货车活动范围大、载重大、能耗高，在汽车能源消耗中占比较大，威胁着我国能源安全。同时，物流车运行过程中会产生大量排放物，是城市重要污染源之一。此外我国正在推动汽车行业的转型，推动物流车辆电动化是推动汽车产业升级的重要抓手之一。

城市物流车由于其单次运输距离较短，更适合使用电动汽车。在政策激励、市场表现、城市推广、企业应用、模式创新以及车辆技术发展等因素推动下，城市物流车电动化已经初成气候。2011—2017年我国新能源物流车累计产量达到26.11万辆，年均复合增长率高达57%。2018年以来，国务院相关部委出台涉及新能源物流领域推广的政策多达10项。多个城市也提出物流领域车辆电动化目标。例如，2020年郑州物流配送车辆将全部更换为电动汽车等。

3. 环卫车领域

环卫车由于其运行速度较慢，而且附件耗电较多，使用发动机驱动会使发动机长时间工作在低效率区，造成极大的能源浪费。因此，环卫车也成为适合电动汽车发挥其优势的领域。

政府将购买使用电动环卫车作为新能源车推广应用工作计划的重要组成部分。常见的电动环卫车包括电动清扫车、电动洗地车和电动清运车。在垃圾收集转运类车型中，除纯电动车厢可卸式垃圾车外，其他车型在工作过程中均需要频繁地起动和停车进行转场和装载作业，转场作业一般时间较长，车辆长时间处于低速行驶状态，这也促进了电动环卫车的推广应用。

2.3 电动汽车在车联网的运用

近年来，车联网已成为交通体系中具有明确市场需求和产业潜力的领域之一，是信息化与工业化深度融合的重要方向。车联网具有应用空间广、产业潜力大、社会效益强等特点，对促进汽车和信息通信产业创新发展、构建汽车和交通服务新模式新业态、推动自动驾驶技术创新和应用、提高交通效率和安全水平具有重要意义。

车联网逐渐成为国内外新一轮科技创新和产业发展的必争之地，进入产业爆发前的战略机遇期，正在催生大量新技术、新产品、新服务。车辆技术向着智能化、网联化方向演变，车载操作系统、新型汽车电子、车载通信、服务平台、安全等关键技术成为研究热点。车联网产业链条长，角色丰富，跨界融合特征突出。

2.3.1 车联网简介

1. 车联网的定义

车联网即汽车移动物联网，是以车内网、车际网和车载移动互联网为基础，按照约定的通信协议和数据交互标准，在车 –X（X：车、路、行人及互联网等）之间，进行无线通信和信息交互的大系统网络，是能够实现智能化交通管理、智能动态信息服务和车辆智能化控制的一体化网络，是物联网技术在交通领域的典型应用。通过全球定位系统（GPS）、射频识别（RFID）、传感器、摄像头图像处理等装置，车辆可以完成自身环境和状态信息的采集；通过互联网技术，所有的车辆可以将自身的各种信息传输汇聚到中央处理器；通过计算机技术，这些大量车辆的信息可以被分析和处理，从而计算出不同车辆的最佳路线、及时汇报路况和安排信号灯周期等。

车联网大致可以包含远程信息服务或无线数据通信系统、智能交通系统和汽车电子三大板块内容。

车联网通常通过车载智能终端实现联网。车载智能终端是一项新兴的网络技术，可以大幅提高未来交通系统的安全性和效率，并将车辆连接到计算机网络或云服务终端。车载网络能够实现车辆与车辆之间的无线通信，也能够在过路车辆和路边基站之间建立无线通信。车载网络能够利用多跳转发的方式让两个在信号范围之外的车辆也建立通信连接。车载网络将成为未来智能交通系统的重要组成部分。

2. 车联网的构成

车联网系统从整个体系架构上主要分为四个模块，分别是车载智能终端、云端服务平台、无线通信网络以及安全管理系统，本小节在此基础上增加了以充电服务和共享服务为核心的车桩网和共享网的概念。

（1）车载智能终端

车载智能终端是整个车联网系统的信息载体，负责发送车辆的各项信息，同时接收来自外界的信息，并向车辆发送信号，配合无线通信网络完成整个车联网系统的功能。

（2）云端服务平台

分散、庞大、突发拥堵的车辆交通体系与分布式模型十分接近，通过采用分布式模型对其进行处理将大大减小计算量。因此，开发以云计算为核心、以计算机集群与分布式系统为特色的未来车联网的中央信息处理平台，能够适应未来车联网的发展趋势。

（3）无线通信网络

无线通信网络是车载智能终端与数据支持平台信息交互的通道，它将车辆的位置、图像、服务请求等信息准确实时地传回数据支持平台，随后将平台的应答、服务、控制等信息准确及时地传给车载智能终端。无线通信网络采用 CDMA/GPRS/LTE 多种通信方式结合的形式，可根据车辆以及当地网络的实际情况进行选择，从而能够快速、经济、准确地传递信息。随着 5G 技术的发展，车载智能终端与数据支持平台之间能够可靠地传递更多的信息，这也将进一步促进车联网技术的发展。

（4）安全管理系统

车联网信息的安全性制约着车联网的发展。安全管理系统为车联网提供密钥管理和身份鉴别能力，在确保入网车辆信息真实性的同时提供信息安全保护功能，保证数据在传输过程中不被破坏、篡改和丢弃。

（5）车桩网

电动汽车的快速推广运用离不开充电基础设施的有力支撑。充换电能力已成为影响我国电动汽车发展的关键因素之一，因此推进车联网 + 充电基础设施联动，加快建设充换电智能服务平台，完善信息交换协议和服务标准，提升产品服务兼容性，形成统一的充换电应用，成为探索电动汽车与智能电网互动、构筑电动汽车可再生能力、促进智能电网协同发展的必由之路。

（6）共享网

汽车共享理念起源于德国和瑞士，最初的参与者都是熟人和朋友，后来开始进入商业化运作。国外经验表明，车辆共享可以提高高峰期车辆使用效率，缓解交通拥堵。2014 年 1 月，北京市交通委员会发布《关于北京市小客车合乘出行的意见》，鼓励上下班、节假日私家车合乘以缓解交通压力。2016 年 12 月，该意见废止，代之以北京市交通委员会等五部门联合发布的《北京市私人小客车合乘出行指导意见》。目前车辆共享有两种方式：一种是车辆有固定驾驶员，多名乘客具有拼乘权利，称为“座位共享”，如优步（Uber）、滴滴等；另一种是车辆没有固定驾驶员，车辆在不同时段被多名乘客分享，称为分时共享（分时租赁），如 GreenGo、GoFun 出行等。

3. 车联网关键技术

车联网领域是一个高新技术深度融合的领域，车联网领域的关键技术如图 2-1 所示。这些技术相辅相成，共同推动车联网领域的发展。其中，5G 技术的进步是车联网发展的主要推动力。车联网环境中，车辆作为信息发送和接受的智能终端，需要高速、实时传输大量数据，而目前的通信技术很难达到这一要求。5G 技术具有高带宽、低时延的特点，能够满足车联网环境下电动汽车对大量数据传输的要求。毫无疑问，车联网系统的未来，将会面临系统功能集成化、数据海量化和高传输速率的要求，并围绕着智能化、网联化两条路线同步演进，最终走向融合。

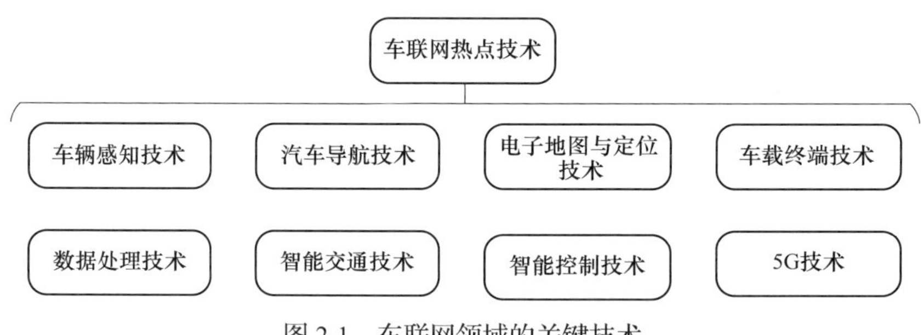

图 2-1　车联网领域的关键技术

2.3.2　车联网的现状与应用前景

1. 车联网产业当前现状

2018 年 6 月，工信部、国家标准化管理委员会发布《国家车联网产业标准体系建设指南（总体要求）》等系列文件，文件指出：针对车联网产业“十三五”发展需要，加快共性基础标准制定，加紧研制自动驾驶及辅助驾驶（ADAS）相关标准、车载电子产品关键技术标准、无线通信关键技术标准、面向车联网产业应用的 5G eV2X 关键技术标准制定，满足产业发展需求；到 2020 年，基本建成国家车联网产业标准体系。

目前，车联网产业布局主要以BAT（百度、阿里巴巴、腾讯）、几大车企、三大运营商以及部分通信行业巨头厂商为主，各个厂商都在开发自己独特的车联网生态体系。2018年车联网排名前十的企业见表2-6。

表2-6 2018年车联网排名前十的企业

排名	企业	综述
1	飞驰镁物	汽车信息服务提供商，可以相对独立地为全部原始设备制造商（OEM）提供车联网服务
2	百度	结合系统研发、地图、大数据等优势，发力车联网产业
3	四维图新	其数字地图、交通信息和车联网服务在业内有极高的认可度
4	皖通科技	少数具有高速公路信息系统建设高端核心软件的企业之一
5	银江股份	交通智能化是公司三大主要智能系统工程产品之一
6	阿里巴巴	结合地图、YunOS等，发力车联网产业
7	星软	从事车联网云服务平台软硬件产品研发和销售
8	启明信息	主营业务包括汽车核心管理软件研发及汽车电子制造
9	宝信软件	宝康电子是宝信软件子公司，是智能交通业界领先者之一
10	华力创通	雷达信号处理仿真系统和高速信号记录仪等拥有独到优势

车联网产业链的架构中，汽车信息服务提供商（Telematics Service Provider，TSP）占据产业链的核心位置，而TSP的核心技术主要包括车载诊断（On-Board Diagnostic，OBD）系统和导航地图。TSP上接汽车、车载设备制造商、网络运营商，下接内容提供商，因而TSP也成为汽车制造商、电信运营商、GPS运营商等争相合作的对象。

互联网公司提出了多种车联网解决方案，例如，百度选择类似苹果CarPlay的手机互联方案CarLife；阿里巴巴则以YunOS为基础，选择Native App路线。

同时，互联网公司与车企之间也开展了广泛的合作，凭借各自的技术优势，全面打造“人工智能＋汽车”生态，将车辆信息安全、图像识别等产品和车载系统深度融合，共同打造一站式车联网产品，在智能车联网平台、车联网服务以及企业社交领域三大方向展开战略合作，共同致力于人工智能、车载应用以及信息安全等相关领域的技术研发工作。

2. 车联网的应用前景

车联网应用发展的目标是要实现动态与静态的双导航系统，在为车辆提供安全保障、事故处理、监控预警以及信息娱乐的同时，也能够在公共交通领域实现流量调度控制、自助电子收费等功能。

（1）导航

静态导航与动态导航结合能够实现两种导航功能：

① 通过车载终端内的电子地图实现终端导航，称作静态导航。由于其事先已将下载完成的地图数据库存入车载终端，此方式不需要联网便可实现导航。

② 通过实时通信技术由后台完成实时动态导航功能，后台结合电子地图信息，以及所有车辆提供的GPS信息，分析出道路车辆的分布情况，根据地图信息及车辆分布情况动态地为用户提供导航线路，此方式需要车辆接入车联网体系。

（2）自动驾驶

自动驾驶是通过车载传感系统以及车与外界间的通信，感知周围环境，规划行车路线并控制车辆行驶。它主要包含环境感知、网络通信、驾驶决策、执行控制等关键技术。目前自动驾驶技术的发展方向日趋明确，技术体系基本形成，ADAS 已经成为自动驾驶商业化的切入点，如前向碰撞预警、车道偏离预警、障碍物预警、智能停车等技术已经开始广泛使用。车联网为自动驾驶技术的发展与应用提供保障。自 2010 年谷歌宣布开展自动驾驶技术研发开始，日本、欧洲国家、中国也相继加大了自动驾驶相关技术的研发投入。

（3）车辆安全

车辆安全可以分为主动安全和被动安全两种。被动安全包括作用在事故发生时的碰撞安全系统和事故发生后起作用的碰撞安全措施。而车联网主要保障车辆行驶过程中的主动安全，如自动紧急制动（AEB），即当车辆与障碍物距离小于一定安全距离时能主动制动；车道偏离预警（LDW），即当检测到汽车偏离车道时，发出报警信号等。车联网将在车道保持系统、碰撞预报系统、辅助驾驶系统、驾驶员监控系统、倒车辅助系统、电子防盗系统、轮胎气压监测系统等方面起到至关重要的作用。

（4）事故救援

车辆在发生事故时，自动定位和紧急求助是事故救援中最重要的功能，通过车内计算机控制技术、无线通信技术和全球卫星定位技术，在车辆发生安全事故时，第一时间向救援机构发出求助信号，并确定汽车所在的正确位置，会给争分夺秒的救援工作带来极大帮助。

（5）智能监控

车辆智能监控融入了 GIS 技术、GPS 技术、无线通信技术、网络通信与信息安全技术等，将人员、车辆的监控管理、指挥调控、目标跟踪、应急报警、信息发布等多种增值服务集于一体，形成集位置监控、报警处理、运输任务调度、运营管理于一体的综合信息管理平台。

（6）信息娱乐

新一代的车辆信息娱乐（IVI）系统通过外置智能平板设备，能与智能手机同步音乐、地图和通讯录等众多人们随时需要的重要信息。在电动汽车上还可以实时显示车辆行驶速度、车身内外温度、电池荷电状态（SOC）以及可行驶里程数、电池寿命状态（SOH）、当前充电状态等一系列车辆参数指标，这些信息也将同步至手机 App 上，方便驾驶员参考并做出相应选择。通过信息娱乐系统还可以独立下载当地的商业内容和多媒体内容，也可以与计算机、手机实现互联共享，通过车载音响显示设备随时随地享受车联网带来的乐趣。

（7）流量调度

车辆调度系统集 GPS、GIS 和现代通信技术于一体，将移动的目标位置（经纬度）、时间、状态等信息实时传送至调度监控中心，并可对目标的位置、速度、运行时间、车辆状态等进行监控和查询，为调度管理提供可视化数据依据。

（8）电子收费

车辆自动电子收费系统是目前较为先进的路桥收费方式，通过车载电子标签与收费站自动收费车道上的专用短程通信，达到车辆不需停车自动交纳路桥费的目的，可大大提高高速公路收费站的通行能力，为广大驾乘人员提供安全快捷畅通的优质服务。

2.3.3 车联网应用实例

本小节以新能源公交车为例简述车联网在实际应用中的管理方案，给出城市新能源公交车车联网规划方案和某公司的公交管理系统解决方案。

1. 城市新能源公交车车联网规划方案

我国公交系统十分发达，主要城市的公交车数量庞大，因此对公交系统的监控与管理十分重要。目前城市公共交通平台系统能够实现安全管理人员对车辆位置、车辆状态、车辆音视频信息的实时监控和调度，车载设备可以实现对车内情况的实时记录。但是目前的城市公共交通平台智能化水平较低，包括实时监控、车辆调度在内等许多功能都需要人工实现，增加了平台管理人员的负担。因此城市公共交通平台急需在监控、调度管理等方面进行智能化升级。新能源公交车车联网规划方案结合电动汽车、大数据和智能网联技术，全面提升新能源公交车监控技术、调度管理和出行服务的智能化水平，打通多源数据交互接口，建立“人－车－桩－网”一体化信息交互平台，实现新能源公交车安全监管与智能调度功能，提升乘客出行效率和乘坐体验，实现客流有序引导和线路科学规划，通过城市智慧出行的创新应用示范，提高城市公交系统的经济效益和社会效益。

该方案实施总体可分为三个阶段：第一阶段重点升级平台融合和服务能力；第二阶段重点拓展平台多元化创新应用；第三阶段基于硬件和应用基础，构建基于公交系统的城市智慧出行体系。

（1）第一阶段

在城市现有平台、数据和终端的基础上，进行公交调度策略、充电行为规划、车辆状态评估、客流分析等平台算法的优化升级，提高车辆可靠性和安全性以及公交系统运行效率。升级终端技术和平台技术，打通“人－车－桩－网”多源数据交互网络，为后期“端－云”结合实现公交调度、运行、充电、预警、服务一体化应用奠定基础。第一阶段主要包括以下工作内容：

1）平台升级与优化。

① 平台模块拓展：根据实际需求，对平台的功能模块进行拓展，增加车辆调度模块、车辆运行状态评估模块、潜在故障诊断模块、图像处理模块、精准充电控制模块等，提高充电管理、运行监控、车辆调度的智能化水平。

② 数据处理能力升级：在车联网环境下，由于各种功能的发挥需要大量信息作为基础，因此数据的采集量、存储量大大增加，城市现有平台不能满足车联网环境下对数据处理能力的需求，因此需要对平台进行升级优化，扩展平台海量多源异构数据融合及数据采集、存储和管理能力，实现数据一体化储存与应用。结合平台与车载终端高效、可靠的数据传输和通信技术，在提升系统效率的基础上，提高平台的稳定性和可靠性。

2）终端升级。

① 通信与计算能力升级：提高终端通信能力，基于边缘计算和云计算的有效结合机制，实现“端－云”一体化。

② 视觉识别和嵌入式图像处理能力升级：基于嵌入式图像高效处理和车辆实时状态评估及故障诊断识别技术，提高终端车辆状态数据、车内外视觉数据等多源异构数据高效

精准采集能力。

3）算法模型升级。

① 公交客车调度优化：基于乘客需求和公交指挥与调度系统，优化公交出发间隔、适配行驶车速等公交排班机制，以减少乘客等待时间；基于车辆状态（剩余电量、位置坐标等）分析，提出针对不同公交线路的精准适配策略，提高车辆利用率。

② 车辆充电行为优化：结合公交线路和公交站点信息，优化公交充电时长和充电时机，提高车辆有效运营时长；基于车辆状态数据（剩余电量、位置坐标等），结合公交站点信息和充电桩布置及状态信息，优化系统级公交车辆充电方式（快充、慢充）、充电时长和充电时机适配策略。

③ 车辆状态实时监测及评估：包括三电系统实时状态评估及潜在故障诊断、车辆行驶安全性实时监测和车辆充电安全性实时评估。

4）车辆客流分析模型，主要是研究分析公交客流量及挖掘客流规律，对乘客乘车需求进行预测；优化车辆调度策略，提高乘客体验。

（2）第二阶段

该阶段结合车辆状态数据和大数据技术，建立动力电池寿命和行驶里程衰退精准评估模型，提高车辆调度适配性与可靠性，实现系统级车辆调度。建立电动公交车辆安全性评价体系，实现系统级量化公交车辆安全状态评价。结合在线预测和离线分析方法，建立充电需求分析模型，规划车辆充电行为，科学指导充电设备建设和电能临时补给调度规划，解决公交车里程焦虑问题。通过视觉识别与处理实现车辆多方面危险预警与防护，提高平台服务能力和公交系统应急能力。基于终端视觉识别和嵌入式图像处理技术，建立“端－云”计算结合的车辆安防管理基础，为排查危险乘客和车辆危险场景、完善安全预警机制、提升公交系统应急能力提供技术支撑。该阶段主要对下列内容进行研究：

1）车辆性能衰退评价。

① 动力电池衰退评价：研究动力电池寿命精准评估方法，提高车辆调度适配性。

② 行驶里程衰退评价：研究评价车辆行驶里程衰退的方法，提高车辆调度适配性与可靠性。

2）充电需求规划。

① 车辆充电需求在线预测：根据车辆剩余电量以及行驶路线规划，提出车辆充电需求在线预测方法，预测结果可用于指导车辆充电规划，解决公交车里程焦虑问题。

② 充电站建设规划及储能配套规划：结合在线与离线分析方法，研究车辆充电需求预测方法，指导充电设备建设及电能临时补给调度。

3）终端视觉数据处理。

① 乘客身份识别：通过人脸识别技术，提取乘客特征，结合安防数据库和云计算，建立危险乘客排查模型。

② 车内危险场景识别：通过图像识别技术，提出车内危险场景，如起火、碰撞等特征的提取方法，完善安全预警机制，提升紧急应对能力。

4）构建公交车辆安全性评价体系，对车辆关键子系统（如三电系统等）的故障等级和发生次数、周期内系统维修次数、动力电池容量衰退水平、电机过载区间利用率等安全性指标进行计算，实现对公交车安全性的综合评估。

（3）第三阶段

深入挖掘用户数据，基于乘客出行行为分析和出行成本分析进行全方位的个性化出行服务，满足乘客多样化的出行需求。结合边缘计算和云计算构建智能安防体系，提高车辆危险场景智能识别能力和预报警能力，完善公交安防管理机制。基于动力电池寿命的精准评估，构建公交车动力电池退役标准体系，面向不同梯次利用场景，实现电池技术状态与梯次利用系统的适配，形成智慧梯次利用解决方案。该阶段主要研究内容如下：

1）基于乘客出行行为分析的服务体系构建。

① 基于出行需求预测的乘客个性化服务研究：全面对接乘客移动端数据，研究客户信息与特征、出行行为、消费习惯等的深度挖掘方法，准确预测乘客出行需求，为其提供定制化出行服务，实现服务精准推送。

② 基于乘客出行成本分析的乘客个性化服务研究：基于乘客多样化出行成本比较，研究定制化出行服务模型，实现公交乘客引流。

2）基于“边缘计算＋云计算”的智能安防体系构建。

① 危险人员身份识别及报警体系：基于安防数据库，结合边缘计算和云计算，研究危险乘客身份初步识别和复查确认方法，建立应急报警机制，提升公共交通安全性。

② 车内危险场景识别及应急处置体系：通过边缘计算对车内场景进行特征提取，结合智能分类算法，研究场景属性画像；基于车辆危险场景数据库，生成危险识别模型训练输入；结合云计算和危险识别模型，对车内危险场景进行特征匹配，研究建立预警触发机制及应急处置系统，提升车辆安全性和可靠性。

③ 车辆事故状态识别及应急处置体系：结合边缘计算和云计算，研究车辆状态及运行场景特征识别和事故特征匹配方法；结合车辆状态实时评估和故障监测功能，研究建立事故预警报警机制及应急处置系统，提升车辆行驶安全性。

3）动力电池梯次利用体系构建。

① 公交车动力电池退役标准体系：基于动力电池寿命等性能状态的精准评估，建立公交车动力电池退役指标标准体系。

② 退役动力电池健康状态评估和残值评估：针对公交车退役动力电池，建立健康状态评估和余能检测方法，实现电池技术状态与梯次利用系统的适配。

③ 梯次利用动力电池应用场景分析和再利用寿命评估：基于退役动力电池健康状态和残值评估，面向不同梯次利用场景，研究评价电池与系统匹配方法，结合梯次利用电池的寿命评估，形成智慧梯次利用解决方案。

2. 典型智能公交管理系统解决方案

近年来，在城市政府的高度重视与大力支持下，城市公交客运公共交通信息化管理得到了快速发展。公交企业运营管理与调度的水平直接影响实际的社会效益与经济效益，因此企业必须利用先进的科学技术手段，建立起能应用于公交日常运营管理的信息系统，从而提高公交企业的运营调度管理水平。该方案结合电动汽车、大数据和智能网联技术，基于公交行业基础业务功能和信息化发展的需求，提出了智能公交运营的整体解决方案。打通了多源数据交互接口，建立“人－车－桩－网－场”一体化信息交互平台，实现了公交车安全监管、智能调度，提高公交企业的信息化、网络化和智能化水平，全面提升了公交车技术监控、调度管理和出行服务技术，实现客流有序引导和线路科学规划，提升了乘客出行效率、乘坐体验和满意度。

（1）智能公交管理系统整体架构

智能公交管理系统整体架构如图 2-2 所示，系统自下而上分为采集层、数据层、组件层、应用层和表现层五层。采集层包括车载智能主机、公交 POS 机、驾驶员操作屏、视频摄像机、GPS 模块、通信模块等设备。数据层包括基础地图数据库、车辆位置数据库、系统业务数据库、数据仓库，以及数据接口等。组件层包括身份认证服务、电子地图服务、数据交换服务、数据分析服务、电子表单服务、流媒体服务、业务流程服务、统一消息服务、监控服务、设备诊断及运维服务、信息发布服务、调度服务等。应用层主要包括业务类系统、便民类系统、基础支撑平台、支撑类系统四类系统。表现层通过监控中心大屏、计算机、便携式计算机、移动手持终端、触摸屏、语音设备、电子站牌等，为政府、企业和公众提供信息展示。

图 2-2　智能公交管理系统整体架构

（2）智能公交管理系统功能概述

基于智能公交管理系统整体架构，运用 GPS 技术、无线网络传输技术、GIS 技术、电子信息技术、自动控制技术、视频传输处理技术、大数据和人工智能技术等高新技术，实现了公交企业营运生产调度信息化、自动化、智能化。该系统的主要功能如下：

1）建立基于海量数据的公交生产要素协同平台，将公交行业人、车、线、站、场、事、物多源生产要素信息进行数据整合，建立数据仓库，整理形成资源目录，根据资源目录对数据进行API㊀化，并对企业内部、外部提供数据共享服务。简而言之，就是数据开放平台提供数据源管理、数据集管理、资源目录管理、数据API化、数据共享等功能。

2）搭建大数据分析平台，主要为其他业务系统提供开放数据接口、可配置报表、交互式多维分析、算法模型库、业务模型等大数据技术支持。大数据分析平台架构如图2-3所示。

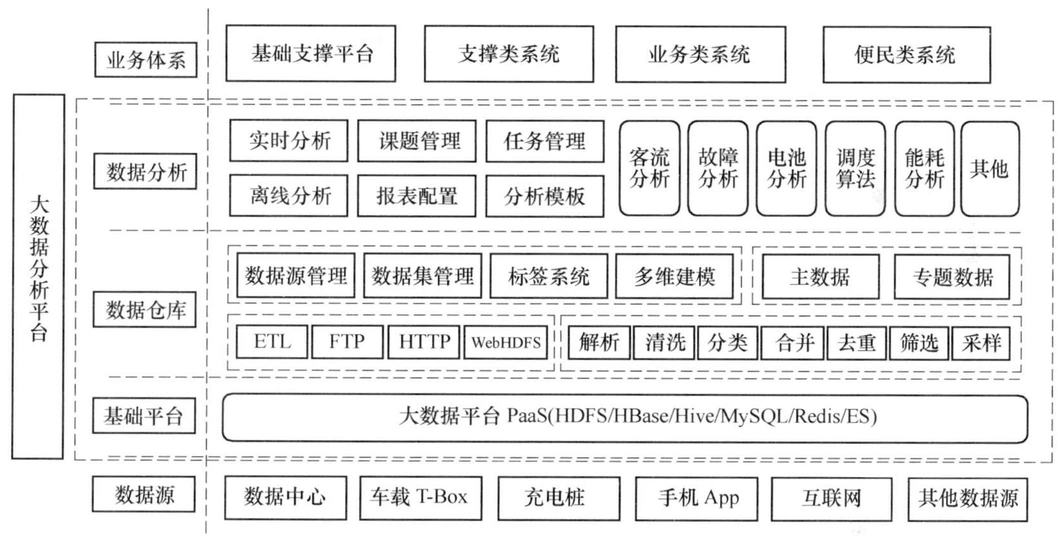

图2-3 大数据分析平台架构

3）建立视频监控管理云平台，集实时视频监控、本地与远程录像播放、报警管理、录像下载计划、图片抓拍计划、系统管理和控制于一体，管理包括车辆、场站、中途站等场景，并能够利用摄像头获取的图像，通过视觉跟踪、目标检测、动作识别等技术实现驾驶员行为分析（DSM）、高级辅助驾驶（ADAS）、盲区检测（BSD）、车厢拥挤度与客流检测等智能分析功能。如图2-4所示，当驾驶员发生疲劳驾驶、接打电话、抽烟、分心驾驶等危险情况时，在系统设定时间内报警以避免事故发生。

4）建立机务管理和远程监控故障诊断系统，对公交车进行远程监控与故障诊断，可以大幅降低机务的成本及对车辆维修人员的技术要求，实现对产品使用者和维护者的技术输出。

5）建立新能源充电监控系统，基于车辆充电与行驶里程预测和优化调度模型，实现新能源车辆充电行为的规划、提醒、监控、预约、统计分析等。弥补现有的公交调度系统没有根据电动公交车充电时间长、车桩距离、地图服务等“车－桩－网”一体化思路进行设计的缺陷，同时提高公交车的利用率。

㊀ API为Application Programming Interface的简写，直译为应用程序编程接口。

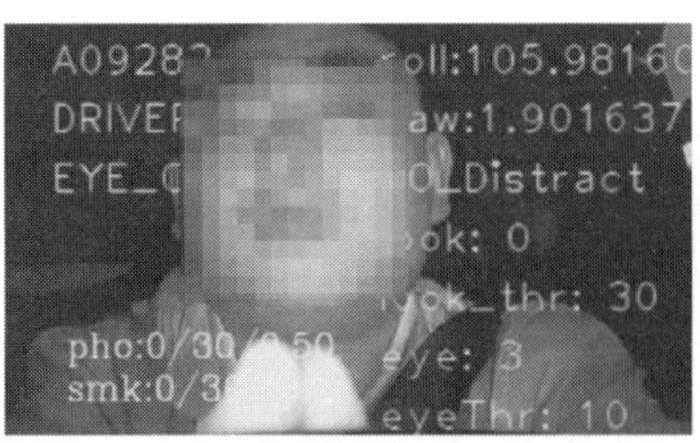

疲劳驾驶

接打电话

抽烟

分心驾驶

图 2-4　驾驶员异常行为检测

6）建立公交企业资源计划（ERP）系统，实现客服管理、机务管理、物资管理、维修管理、安全管理、人力资源管理的统一。以车的管、用、养、修为中心，以单位、线路、车型作为切入点，将公交企业内的各项业务和资源纳入统一体系中，实现资源的共享，改善企业的业务流程，提升企业生产效率和竞争优势。

7）建立行车计划智能辅助编制系统，实现基于客流起始点（OD）数据、行业计划数据、实际运营数据的综合优化分析与评价。

8）建立公交智能调度系统，实现对公交线路、车辆、驾驶员状态等信息实时采集、应用和分析，实现智能化、无纸化运营调度，降低事故率和促进节能减排。同时，公交智能调度系统还可以为公众出行服务提供准确、及时、全面的基础数据，为政府行业监管提供准确有效的决策依据。

9）设计移动调度 App，面对各级人员，通过手机或者平板电脑随时随地地实现员工岗前准备、车辆调度、班次调整、车辆位置查询、轨迹回放和视频监控等功能，在原有公交智能调度系统基础上提升运营调度效率。

10）建立公交收银系统，实现纸币点钞、硬币核算、点钞数据日志管理、结算中心人员信息管理、信息卡基础信息管理、报表管理等公交收银业务的管理。

11）建立公众公交出行服务系统，为市民提供附近站点和线路信息查询、车辆到站距离与时间查询、线路换乘查询、到站时间以及到站提醒等功能。

12）建立公交全支付系统，通过软硬件结合，为公交企业提供多样的支付方式，支持微信、支付宝、银联、IC 卡等多种支付方式，全程安全加密，保证资金安全，同时提供清晰的对账、营收数据分析等功能。

13）设置智能公交电子站牌，采用 GPRS（通用分组无线服务技术）和后台调度中心通信，屏幕上半部分显示车辆预计到达信息，比如“805 路，距 10 站，约 4 分钟”，屏幕下半部分可以发布时间、天气、路况、广告等信息。

第 3 章　电动汽车应用模式

随着互联网技术的深入发展与普及，电动汽车的应用模式获得了更多的想象空间。电动汽车应用模式是在传统汽车应用模式的基础上发展而来的，与此同时，汽车产业技术变革、互联网的发展、政府的政策支持与推动以及金融资本的参与使得电动汽车应用模式不断创新，其内涵更加丰富。在大力推广电动汽车的过程中，电动汽车领域出现了许多不同的应用模式。这些模式在电动汽车产业的一次次变革中诞生并不断发展，推动了电动汽车及其相关产业的技术进步和产业发展。本章将重点对整车出售模式、整车租赁模式和电池租赁模式三种电动汽车应用模式进行介绍。

3.1　整车出售模式

整车出售模式是目前电动汽车市场上广泛采用的应用模式。电动汽车的出售、使用、推广，与整车厂、电池生产商、运营商、政府紧密相连，如图 3-1 所示。整车出售模式中的各个角色都对该模式的顺利运行起到至关重要的作用：整车厂与电池生产商参与电动汽车的生产和销售过程；运营商为整车全生命周期的运营提供相关保障性服务，是整车出售模式的主要推动者；政府对整个销售过程进行监督管理，同时为电动汽车销售体系提供政策性保障和支持。

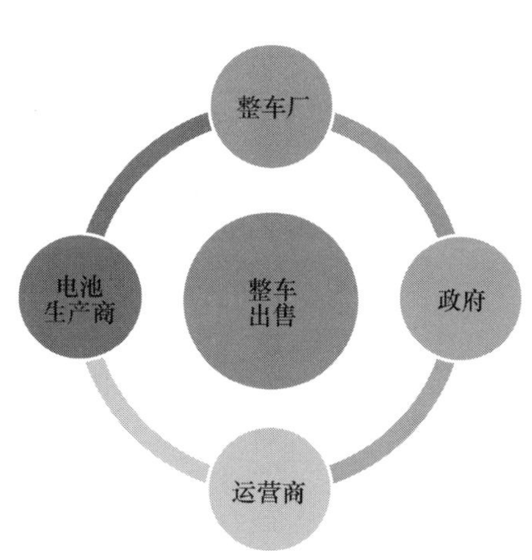

图 3-1　整车出售模式相关链接单位

在整车出售模式中，消费者需要同时支付裸车和动力电池的费用，并且后续需自行对电动汽车进行充电。消费者可以充分利用晚上休息的时间通过电网来给电动汽车补充电能，且充电技术操作简单。但整车出售模式下，消费者一次性支出大，基于目前的批量和零部件价格，在有政府补贴的情况下，消费者的支出与相应级别传统车价格相当。在目前阶段，动力电池寿命比车辆寿命短，加之人工维护制度不完善，动力电池的性能下降较快，因此消费者可能面临因更换电池组而增加使用成本的风险。此外，私人用户大多选择在下班后进行充电，充电时间相对集中，城市电网面临短时间内负荷压力较大的情况。从推广应用电动汽车的角度来说，自充电模式将给能源供给系统的基础建设带来挑战。

整车出售模式的目标客户一般为家庭、商务企业等日均行驶里程不长、当日充电即可满足需求的群体。此需求类型电动汽车一般采用快充、慢充相结合的充电方式。常规充电方式对运营服务商的要求较小，通过与政府部门协同推广，可以适当降低建设成本。但在应急情况下，电动汽车仍然有快速充电的需求。快速充电对场地建设、运营维护以及网络管理都提出了较高要求，仅依靠有限的充电服务费用来实现盈利的难度较大，需要政府对中间运营商的建设和运营提供补贴。只有在电动汽车大规模普及的前提下，电动汽车的销售才会使充电运营商获利成为现实。

2017 年 2 月，商务部发布《汽车销售管理办法》，于 2017 年 7 月 1 日起施行。该办法的实施从根本上打破了汽车销售品牌授权单一体制，为打破品牌垄断、激活市场竞争、创新流通模式创造了条件。汽车供应商能够通过多种渠道售卖汽车，而经销商也可以销售多个品牌的汽车，汽车超市、汽车卖场、汽车电商等模式相继进入社会化销售体系。在电动汽车厂商对其旗下的产品进行大力推广的过程中，出现了许多不同的销售模式。现阶段主要的电动汽车销售模式如下：

1. 进驻传统汽车 4S 店销售

目前市场上有许多电动汽车车型由传统汽车厂家推出，例如比亚迪、吉利、广汽等。此类电动汽车车型依靠现有的经销网络在传统 4S 店销售。当有新车型推出时，厂家会对经销商进行集中培训。从销售到售后，在此销售模式下，电动汽车都可以充分利用传统 4S 店的现有资源。

这种销售模式优势显著，因为传统汽车厂商本身销售体系已经比较成熟，此销售模式不仅可以充分利用已有的经销商网络，节省大量的新建经销网络投资资金，还能够迅速扩大其品牌影响力。现在国内 4S 店的发展已经趋于成熟，电动汽车进驻 4S 店，可以获得从前期销售、保险、上牌，到后期维修、售后一系列的服务，在一定程度上节省了消费者的时间和精力。

但是这种销售模式也存在一定的劣势，如电动汽车在传统 4S 店内销售存在独立品牌形象缺失、营销模式差、消费者身份不突出等问题。消费者进入 4S 店购车的本意可能是购买传统燃油汽车车型，抑制了电动汽车品牌理念的推广。

2. 独立品牌展厅销售

由于近几年电动汽车产业的快速发展，国内涌现了许多新品牌，例如腾势、之诺、蔚来、云度等。此类全新品牌没有制造和销售传统车型的经历，普遍以开发和销售电动汽车为唯一经营目标，其采用的销售模式主要是建立独立的品牌展厅，如图 3-2 所示。

图 3-2 云度新能源品牌展厅

独立品牌展厅销售模式主要面向购买电动汽车车型的消费者，其目标人群明确，有利于品牌传播和短时间在消费者中建立起自身品牌形象。但是这种销售模式往往要花费大量的资金去构建独立的销售网络，若经销商网点覆盖面不够，则可能给消费者购车和售后服务带来不便；若经销网点覆盖过广，又有可能消耗有限的人力和财力，不利于企业的健康发展。

3. 电商平台销售模式

互联网购物平台的兴起为汽车销售提供了全新的模式。以特斯拉为例，如图 3-3 所示，采用了“线上销售 + 线下体验和服务”的电商直销模式。在该模式下，直接将电动汽车从汽车制造商交付至消费者手中，打破了传统代理销售模式。同时，以建立品牌体验店为基础，直接提供产品订单接收、生产、销售等一条龙服务，消费者通过网上预约订购，可在一定程度上实现个性化定制。

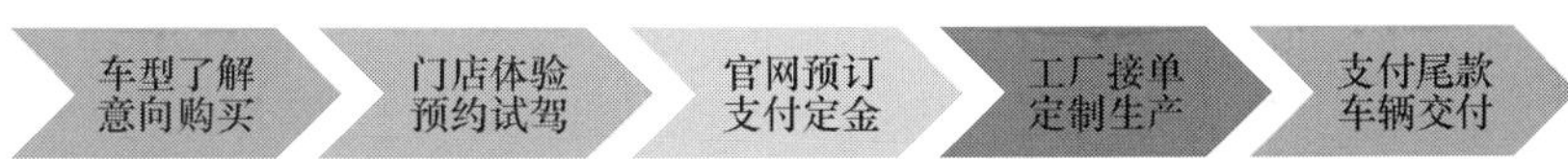

图 3-3 特斯拉电商直销模式流程

这种模式的优势较大，原因在于电商模式的方便性、可操作性让购车变得更轻松。此外，电商平台销售模式实现了直销，它使电动汽车厂商跨越了经销商这堵“墙”，直接面向消费者，省去经销商中间环节产生的费用，为消费者提供更具吸引力的价格。最后，电动汽车技术进步离不开用户的及时反馈，电商平台可以提供厂商与消费者间直接沟通的渠道，有助于电动汽车产品品质的升级优化。

电商销售属于一种新兴销售模式，但汽车不是快销品，它需要一系列的售后服务保障。因此，电动汽车厂商往往通过电商平台实现电动汽车的网上销售，而电动汽车一系列售后服务仍交由经销商处理。

4. 汽车超市销售模式

汽车超市销售模式是将不同品牌的电动汽车集中销售，形成一个大卖场。不同于传统 4S 店销售模式，消费者在电动汽车超市可以享受“一站式”服务，不需寻找各个品牌的 4S 店便可选购不同品牌的电动汽车（图 3-4）。消费者可以在最短的时间内，对在售目录内的绝大多数电动汽车进行全面的了解和比较。

图 3-4 “联合电动”电动汽车超市

电动汽车超市的特点是商品种类多、选购自由便捷。其敞开式的布局、多样化的车型、舒适的购买环境等可以吸引更多潜在客户进店看车。从车辆选购的角度来说，电动汽车超市让不同车型的对比变得更直观。

除了多品牌优势带来的选购省时、试驾便利之外，汽车超市与普通 4S 店的展厅实际上并无本质区别。将超市模式引入电动汽车营销系统，为消费者提供信息咨询、车辆选购、保险、上牌等一站式服务，然而传统的 4S 店也能够提供上述服务，因此从选购流程上来说，电动汽车超市并无特别之处。此外，从电动汽车超市购买的车辆一旦涉及售后，仍需向 4S 店求助。

3.2 整车租赁模式

整车租赁模式是指在约定时间内租赁经营人将租赁汽车交付承租人使用，以取得租赁费用，但不提供驾驶劳务的经营方式。在目前电动汽车售价与传统汽车相比尚无优势的情况下，降低用户承担费用成为电动汽车应用模式发展所关注的一个重要方面。

根据在租赁周期中是否发生期权交易，可以将整车租赁划分为融资租赁模式和共享租赁模式。

3.2.1 融资租赁模式

融资租赁是指个人或企业在购买车辆时只需支付少量的首付款，便可取得新车的使用权，剩余款项可在租赁期内支付并在租期满后获得该车的产权，本质上是一种灵活、高效的消费信贷方式。

1. 融资租赁模式分类

目前针对汽车的融资租赁模式主要包括以下三种：

（1）售后回租模式

融资租赁公司与客户以双方协议价格购买客户现有车辆，再以长期租赁方式回租给客户，并提供必要服务，租期满后，客户获得产权，这样能减轻目标客户的经济负担，有效降低固定资产比例，并能有选择地分解有关费用。售后回租可以设计为融资租赁，也可以设计为经营性租赁。

（2）直接租赁模式

融资租赁公司按照客户指定的车型及技术配置购进新车，并与客户签订融资租赁合同，在客户租用一定的期限后，将车辆的产权转让给客户。在签订租赁合同的同时，承租人应一次交付 20% ～ 30% 的保证金和 3% ～ 5% 的手续费，其余款项按租赁期分期支付。租金总额应等于或超过车辆的价格，租赁期满以后，承租人以名义价格取得车辆的所有权，完成全部租赁过程。

（3）“保值回购 + 融资租赁”模式

保值回购即消费者在购车时厂家承诺在消费者购车后的一定时期内，按照约定的价格对车辆进行回购，锁定残值。整车厂进行残值回购，融资租赁公司辅以融资租赁工具，便可锁定残值风险。

“保值回购”加上“融资租赁”的模式，不仅能够减少消费者对于残值的顾虑，实现电动汽车的批量推广，同时能够产生稳定的二手车车源，有利于建立健康有序的电动汽车二手车交易市场。因此，保值回购与融资租赁的结合是电动汽车大规模推广的一种有效途径。

2. 电动汽车融资租赁模式

电动汽车的融资租赁模式是由充电基础设施运营商、租赁公司和承租人（公交公司或者出租车公司）三方合作进行电动汽车运营。充电基础设施运营商负责出资购买电池，租赁公司出资购买裸车并整车租赁给承租人（公交公司或者出租车公司）运营固定期限，三方参与利益分成。在固定运营期限内，电池厂商承诺电池质保年限，充电基础设施运营商负责电池的正常使用和维护，如图 3-5 所示。

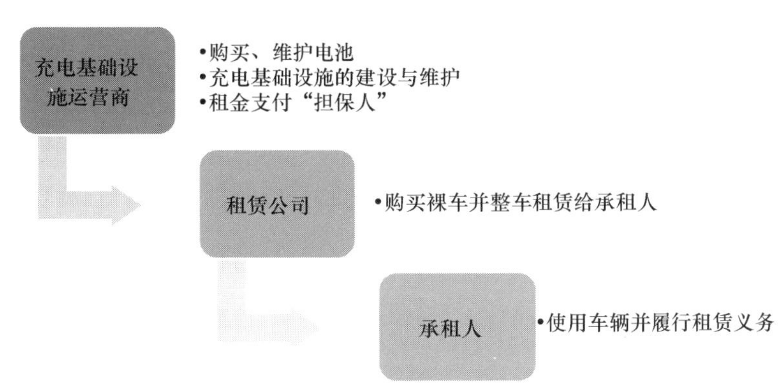

图 3-5　电动汽车融资租赁模式关系图

3. 融资租赁模式发展现状

融资租赁在国外已经发展得较为成熟，面向经营性租赁客户、政府以及大型企业等客户，国内主要汽车厂商也在积极推进该模式，逐步与融资租赁公司开展合作，甚至自行成立租赁公司。2008 年，深圳巴士集团率先采用这一模式，实现了电动公交车的市场化，此后又采取了“车电分离”融资租赁模式，即公交公司只支付购买公交车的费用，剩余的电池购买费用由其他企业来支付，将车辆和电池的所有权分离，从而实现了“充电、维护”结合的运营模式。

4. 融资租赁模式存在的问题

融资租赁模式目前还存在以下几个问题：

（1）租赁物稳定性差，残值不确定

选择新兴产业时，融资租赁公司往往关注多方面因素，如产品通用性、流动性、转让难易程度、维修保养费用等。电动汽车日常应用需要解决车辆的日常维护、动力电池维修保养等问题。而需要长期运营的公共服务领域车辆及其配套的基础设施，存在折旧问题，因此除了在投资建设阶段耗费大量人力和财力外，运营期间也需要投入较多成本。

（2）经营风险高，资金缺口较大

融资租赁业务有 7% ～ 8% 的资金使用成本，还要面临下游客户违约的问题，经营风险较高。从我国现行融资租赁行业及公司的管理体制看，用于融资租赁投资流转的资金大多数来自银行，且大都是以融资租赁公司向银行申请短期贷款为主要的拆借方式。在一定程度上，真正能够获得较大金额银行信贷或者可以直接与银行形成战略合作关系进而享受较低利率的融资租赁公司较少，因此拓宽汽车融资租赁业的融资渠道、引入多元化社会资金显得尤为重要。

（3）征信体系尚不完善

电动汽车的融资租赁模式需要完整方便地获取的客户信用信息。但现有个人征信体系尚不完善，承租人违约风险难以把控。因此需要建立完善的个人信用评估体系，将各商业银行和保险公司等积累的信用资料整合利用，建立起公开、透明的征信体系。

3.2.2 共享租赁模式

车辆的共享租赁包括但不限于传统的汽车租赁和分时租赁，广义上来说顺风车和专车也是一种车辆使用权的租赁形式。

1. 共享租赁模式分类

（1）传统的汽车租赁

汽车租赁是指在约定时间内，租赁经营人将租赁汽车（包括载货汽车和载客汽车）交付承租人使用，但不提供驾驶劳务的经营方式。汽车租赁的实质是在把汽车的产权与使用权分开的基础上，通过出租汽车的使用权而获取收益的一种经营行为，其出租的除了实物汽车以外，还包含保证该车辆正常、合法上路行驶的所有手续与相关价值。

与分时租赁以及顺风车不同的是，汽车租赁理念较为传统。早期的汽车租赁一般由汽车租赁公司购买汽车并持有汽车的产权，然后将使用权进行出租并盈利；后期出现了一些汽车租赁服务提供商在出租汽车使用权的同时提供平台服务的模式，即个人长期闲置车辆可在汽车租赁平台进行登记，同时租车者可在平台选择与自己使用时间和车型需求相符合的车辆。租赁周期遵照 1997 年颁布实施的《汽车租赁试点工作暂行管理办法》中的规定，

分为长期租赁和短期租赁。

汽车租赁对于个人来讲主要有以下优势：首先，消费者可以持续体验最新的车型，汽车作为使用周期较长的产品，购买汽车可能使消费者自身无法及时获得最新车型的性能及外观体验；其次，自购车辆的后期维修和保养会给消费者带来诸多困扰和不便，汽车租赁则避免了这方面的忧虑，而且往往汽车租赁公司都会为消费者提供保险服务，进一步优化了用户的实际体验；最后，私家车即使在不经常使用的情况下仍然会为消费者带来持续的成本支出，如停车费用、保养费用、年检费用等，采用租车的方式实际上间接为消费者降低了使用成本。

（2）分时租赁

分时租赁（图 3-6）与传统汽车租赁类似，用户获得一段时间内汽车的使用权，并为之支付相关费用。分时租赁在价格上具有一定的优势，通过自助消费直接实现车辆调用，方便快捷，与网约车模式相比更符合年轻人的消费习惯；同时分时租赁还具有租还车便捷、灵活等特点，仅需通过手机 App 注册，就可以按需用车、按时计费，满足用户在城市区间内的短途出行需求。20 世纪 40 年代，瑞士开展过分时租赁类似的应用，在全国范围内成立“自驾车合作社”，后来日本、英国等地相继效仿，但均未实现规模化应用。近年来信息技术的发展为分时租赁提供了技术保障，同时也支撑分时租赁业务实现功能扩展。

图 3-6　分时租赁

与传统的汽车租赁不同的是，分时租赁多指短时短途出行，通常限于城市内部使用，而传统汽车租赁多指以天为单位的长期租用，路程和时间跨度均较大。分时租赁所提供的服务方式与传统的汽车租赁有较大差别，分时租赁往往在城市内部设置分布广泛的网点，用户可就近借车、就近还车，利用先进的终端支付、身份认证和平台信息共享技术，省去了烦琐的借还手续。从服务提供商的运营属性上看，分时租赁运营商一般通过融资租赁的方式获得汽车，通常与传统车企进行合作，减少了对固定资本的依赖性，能够充分利用各方资源，依托互联网开展精细化运营；传统的汽车租赁则是重资产产业，业务的扩展和维持均需要大量固定资产，运营成本较高。

分时租赁相对于私家车以及传统的汽车租赁具有更加明显的优势。分时租赁将原来单辆车的购买成本及使用成本进行分摊，使用户出行的费用进一步降低。同时，分时租赁借助互联网和信息技术的优势，简化了借车和租车的程序，在终端进一步优化了用户体验，时刻将最新的有效车辆信息提供给用户群体，使用户能够根据所处位置和使用需求就近选择车辆。分时租赁短时短途的应用场景可以更好地与电动汽车相结合，在停车地点设置充电桩能够实现在无人使用时对车辆进行快速补电。共享纯电动汽车不仅符合当前节能减排的社会需求，也更利于车辆的统一管理。

（3）顺风车

顺风车是指车主捎带与自己出行路线和时间交叠的其他人出行，向同行乘客收取一定费用的出行模式。其实质是打破了单辆车的限制，将车辆划分为若干个空闲座位，满足出行计划相同的乘客需求。顺风车作为一个新兴事物，首先在韩国、希腊以及其他欧美国家兴起，主要以出租车的“合乘制”运行；后期得到了政府和社会的一致认可，中国北京、广州等多个城市率先开展了相关服务的试运营。

与顺风车类似的还有拼车（图 3-7），两者的不同点在于：顺风车以车主为中心，车主利用空余的车位捎带有相同出行计划的乘客，并收取一定的费用。而拼车是指多个出行计划相同的人合租同一辆车，费用由几人共同分担。顺风车按照应用场景可分为市内短途合乘、跨城市长途合乘等。

图 3-7　拼车

顺风车利用出行车辆的空闲座位对零散乘客进行吸收，一方面提升了车辆的满载率，降低了人均出行能耗和排放；另一方面减少了上路的汽车数量，缓解了交通压力，提升了社会运行效率。对于个人来讲，无论是车主还是乘客，都通过分担车费降低了自身的出行成本。

（4）专车

专车是指互联网约车平台为商务出行人群提供的专人专车的优质出行服务。有别于传统的出租车服务，其特色在于主打商务用车市场，一般采用中高档汽车，选用经验丰富的驾驶员，车内配备有各类出行用品，同时提供全程的标准化商务礼仪服务。专车借助于移动互联网技术，满足用户实时预约的功能需求，提供周围可预约的车辆位置信息，并提供经济、舒适、豪华等各类车型以满足不同人群的出行需求。专车以统一的标准化服务、高端的硬件品质以及舒适贴心的出行体验保证了用户的满意度，与传统的出租车进行差异化市场经营，互有补充，丰富了交通市场的内涵。

以上四种模式可总结为图 3-8。

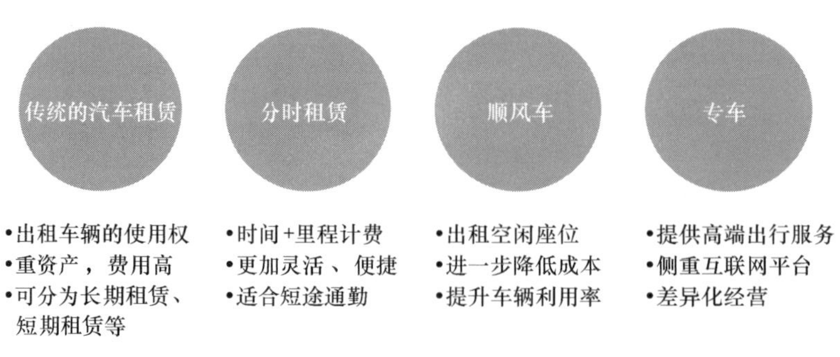

图 3-8　共享租赁模式

2. 电动汽车分时租赁概述

当前机动车出行的需求与日俱增，但是一、二线城市的车辆增长速度远超道路建设速度，致使交通拥堵严重、车辆限号。在出行服务的距离布局上，10 ～ 100km 的出行服务市场仍处于几乎空白的状态，需求亟待满足。在此背景下，汽车的共享租赁，尤其是分时租赁渐渐进入公众视角。分时租赁不仅在经济性和便利性上与 10km 以上出行需求的匹配度最高，同时其使用场景与传统私家车使用场景高度吻合，已经成为主流出行市场。

相比单车租赁市场爆发式的发展，汽车分时租赁属于“重”模式，因此不具备快速传播、高效增长的特点。尽管如此，受到宏观环境多种因素的影响，分时租赁市场仍呈现良好的发展趋势。人们需要多种出行方式来满足多点出行的需求。一方面，年轻群体基于移动互联网的便捷出行需求日益增加；另一方面，大数据和云计算等技术的发展有效促进了供需双方碎片化资源的匹配，加上移动支付的成熟以及互联网征信体系的完善，有力地促进了电动汽车分时租赁行业的健康快速发展。

目前国内的新兴分时租赁企业主要使用电动汽车，原因是分时租赁主要市场为一线城市，如北京、上海等，传统汽车牌照持有成本较高，采用电动汽车进行分时租赁可以有效降低牌照成本，利于业务推广。此外，电动汽车分时租赁能够有效地推动电动汽车的推广和普及，是电动汽车应用中的一个重要环节。

3. 电动汽车分时租赁行业构成

随着互联网技术和智能技术的发展，分时租赁产品的便捷性和整体体验效果均得到了较大提升。分时租赁行业的发展也带动了相关产业的发展，促进了相关产业的技术进步。

图 3-9、图 3-10 所示分别为分时租赁全产业生态图谱及相关产业间联系。分时租赁全产业链中存在众多的参与方，主要有六类服务商：车辆制造商、车辆中间商、分时租赁运营商、软硬件技术提供商、充电设施运营与车位资源商以及第三方服务商。

图 3-9　分时租赁全产业生态图谱

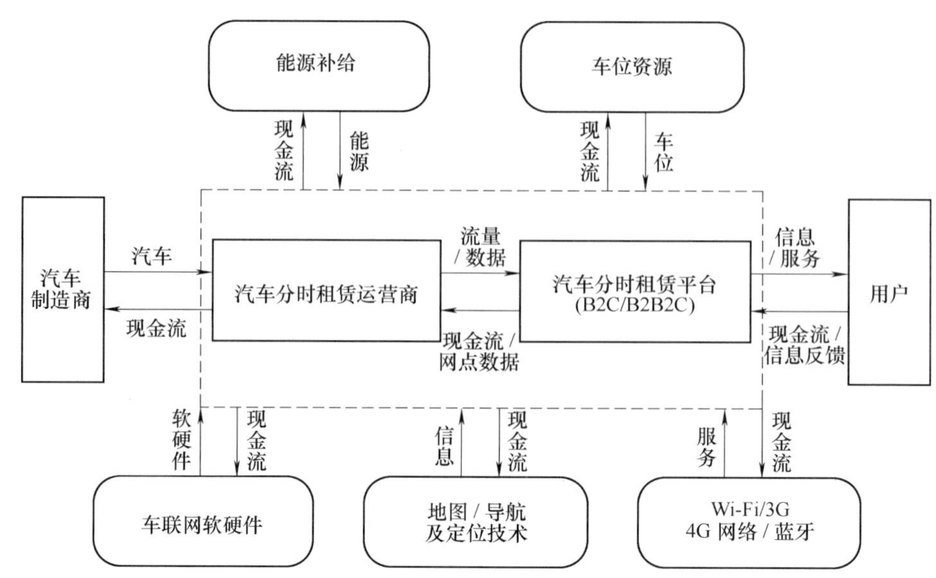

图 3-10 分时租赁相关产业间联系

（1）车辆制造商

汽车分时租赁已成为车辆制造商及分时租赁运营商关注的收入增长点。在国内主要的电动汽车整车生产商中，北汽集团、上汽集团等大型国有汽车制造厂商已推出电动汽车的分时租赁业务。2015 年，北汽集团通过与 GreenGo、宝驾租车达成三方战略合作，开展北汽电动汽车的租赁业务。2015 年，上汽集团成立上海赛可汽车租赁有限公司，主要经营汽车分时租赁业务，随后于 4 月推出该项服务的品牌“e 享天开”；2016 年，“e 享天开”与上海国际汽车城旗下的电动车租赁公司 EVCARD 达成合作，双方合资成立新的分时租赁公司——环球车享汽车租赁有限公司。2016 年，奇瑞汽车也和首汽集团签署了一份长期战略合作协议，双方以资本助力资源整合，共同打造“互联网 + 分时租赁”出行平台。

（2）车辆中间商

车辆中间商是指从事车辆销售或提供汽车融资租赁业务的相关企业。通过传统汽车经销商购买分时租赁运营车辆，需强大的资金实力作为支撑，对初创企业而言，现金流压力大；采用融资租赁模式，分期付款购买车辆，可以缓解运营商的现金流压力。

（3）分时租赁运营商

分时租赁运营商是指从事分时租赁垂直运营或平台运营的企业，是分时租赁运营服务产业链最核心的环节。分时租赁涉及车、桩、位、线下运营等诸多环节，对运营商而言，厘清商业模式、实现用户规模的扩大与运营成本的降低是实现持续发展的关键。分时租赁运营商应根据自身定位及资源优势，选取适合的车辆获取模式，以进一步降低成本，减少现金流压力。

（4）软硬件技术提供商

软硬件技术是分时租赁业务实现便捷化、智能化的技术支撑，可助力运营商提高效率、降低成本。软硬件技术提供商是指为分时租赁业务提供软硬件支持的相关企业，包括车联网软硬件提供商、智能锁提供商、地图与导航服务商和定位服务提供商等。

（5）充电设施运营及车位资源商

充电设施运营及车位资源商是指提供车辆充电设施及停车位资源的相关企业，包括充电设施运营商及车位资源商。当前我国车桩比例不均衡，充电设施发展不完善、市场空间大，企业的资源整合能力和商业模式创新能力成为行业核心竞争力。我国停车位资源缺口大，获取地方政府的支持、与车位资源商开拓新型合作模式成为各汽车分时租赁运营商的重要发力点。

（6）第三方服务商

第三方服务商是指为分时租赁业务提供包括保险服务、网络通信、征信平台、支付渠道等相关服务的企业。我国个人征信体系不完善，没有形成统一量化的标准，分时租赁过程中易出现车辆丢失、车辆被故意破坏等行为。因此，应用技术手段提高车辆监控水平、加强同征信平台合作和减少意外损失成为分时租赁企业降低成本的重要途径。当前分时租赁行业与保险服务合作模式简单，探索同保险服务业的多元化合作模式和提高风控能力是降低运营成本的关键。

4. 电动汽车分时租赁运营模式

分时租赁运营模式主要有以下两种：

（1）以拥有车、桩、位等为主导的重资产模式

此模式的分时租赁大部分资金用来购置车辆以及缴纳汽车保险。此外，车位的租赁、充电桩的配置也是投入的一部分，因此重资产模式前期的投入巨大。同时各商家为了争夺客源，向新老用户提供大量代金券以及免费体验机会，也为电动汽车租赁企业的资金运转带来压力。

重资产模式的特点可以概括如下：

1）所有运营车辆均为企业自有，企业为用户提供配套的充电服务、预约服务等。

2）在运营方面大大节省了人力。

3）灵活性不足，扩张速度较为缓慢。

（2）以车辆、平台为主的轻资产模式

为了避免对企业造成资金压力，不少分时租赁企业采取了和网约车类似的“轻资产、重运营”模式。这种模式打破以往传统概念里自建桩、自买车、自租位的重资产模式，多数以平台为切入点，打通全产业链条，整合电动汽车厂商、能源企业、车位资源企业三大资源，打造利于出行的全生态化平台。不仅如此，此模式还将打破“定点还、定点取”的传统弊端。

轻资产模式的特点可以概括如下：

1）企业提供的车辆以租赁为主，运营方面主要采用集中调配、统一补电的模式。

2）避免了重资产折旧分摊、贬值的风险。

3）在车辆运营方面增加了大量的人工与充电等成本。

根据企业提供分时租赁车辆是否为私家车，轻资产模式还可以细分为两类：采用租赁车辆的模式和私家车模式。

1）采用租赁车辆的模式：分时租赁的车辆来自租赁公司，公司同时提供服务平台。以壹壹出行为例，其主要与租赁公司合作，从租赁公司提车，然后租给用户，在租车市场扮演中介的角色。壹壹出行还与江淮、奇瑞等车企达成合作，结合电动汽车、车联网、远

程智能控制、云计算等技术，实现用车全程自动化和结算智能化。

2）私家车模式：分时租赁的车辆完全采用私家车，分时租赁公司仅仅提供服务平台，即私家车分时租赁，也可以叫作面向个人（P2P）的分时租赁，如图 3-11 所示。与现在的滴滴、优步运营模式类似，P2P 分时租赁的运营商并不需要购买和维护车辆。用于 P2P 分时租赁的车辆是由私家车车主提供的，即私家车车主既可以将自己的车租赁给别人，也可以去租别人的私家车。而运营商只需要遵循“共享经济”的原则，为用户和车主提供管理和协调 P2P 交易的平台及统一的保障措施即可。其他诸如价格、目的地、取还车地、加油（电）等交易细节都通过 P2P 网络进行。

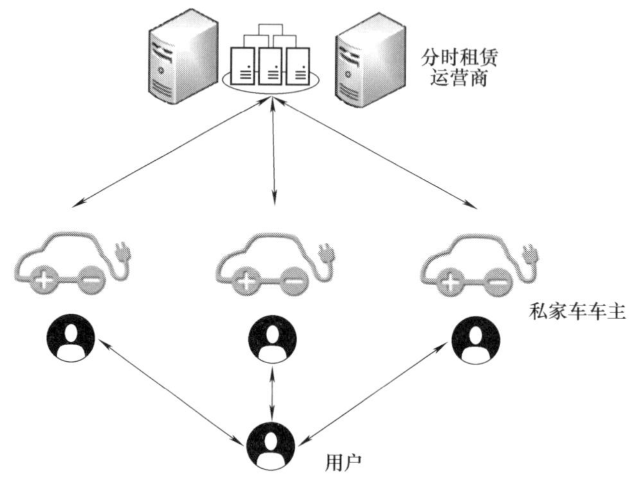

图 3-11　P2P 模式分时租赁示意图

5. 电动汽车分时租赁服务模式

分时租赁的服务模式按照取还车地点是否一致可分为同地取还车模式、异地取还车模式、自由流动模式和半自由流动模式，我国主要是前三种模式。三种主要分时租赁服务模式及代表企业如图 3-12 所示，各种服务模式的特征对比见表 3-1。

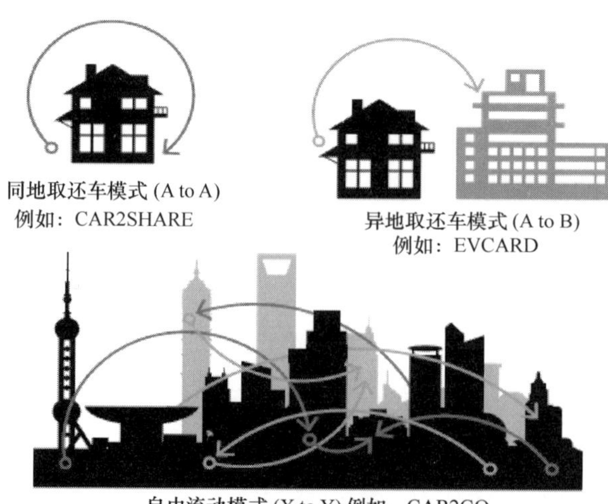

图 3-12　三种主要分时租赁服务模式及代表企业

表 3-1 分时租赁各种服务模式的特征对比

特征项 \ 模式	同地取还车模式	异地取还车模式	半自由流动模式	自由流动模式
取还网点情况	A地取A地还，固定网点取还车	A地取B地还，专属网点取车，可以挑选离自己目的地近的专属网点还车	A地取X地还，专属网点取车，可以到网点或任意合法停车位置还车	X地取Y地还，用户通过手机定位查找专属网点或上一用户停车的其他位置取车使用，可以在任意合法停车位置还车
运营管理成本分析	管理成本低，分布相对集中在核心商业区或者大学高校附近	网点存在车辆积压时会产生调度费用，经营商将承担该费用	1. 当车辆有停车费用时公司将会承担 2. 当停车位置与最近网点距离较远时，用户需额外承担换车调度费用	1. 当车辆有停车费用时，接力用户将会承担 2. 当停车位置与最近网点距离较远时，用户需额外承担换车调度费用
代表企业	CAR2SHARE	GoFun、EVCARD、知豆等	壹壹出行、PonyCar	CAR2GO

6. 电动汽车分时租赁的优势

电动汽车分时租赁之所以是电动汽车推广应用的有效途径，是因为它能够结合电动汽车自身的优势，有效解决电动汽车推广中遇到的种种难题。

推广电动汽车分时租赁的首要问题是解决社会大众对于电动汽车分时租赁的困惑和疑虑，即选择电动汽车的障碍。

1）购置成本。以我国为例，除去补贴后一辆售价在 20 万元左右的电动汽车相对于同级别燃油车的售价一般高出 5 万～ 6 万元（税前）。但是随着动力电池技术的发展，电动汽车的成本也将随之降低。

2）维护费用。在传统燃油汽车中，更换、保养轮胎和更换机油等产生的费用属于合理的维护费用，只要及时公示并告知用户，就能在收取费用过程中有效避免纠纷。但是由于电动汽车相对于传统汽车属于新生事物，用户对于额外养护费用的接受需要一定时间。

3）淘汰率。和很多新兴产品一样，随着时间的流逝，产品会不断更新换代，导致旧产品在短时间内面临淘汰的风险。如果产品迭代速度过快，用户就会普遍产生换代压力，用户对于这种压力的担忧可能会影响他们选择电动汽车。

4）“油”耗。部分消费者并不知道纯电动汽车充电的成本比燃油车加油的成本低。信息不对称也会削减他们购买和使用电动汽车的热情。

5）里程担忧。从运营的角度来说，里程担忧是电动汽车实现大规模推广的主要障碍。电动汽车目前续驶里程仍然较短，充电时间长（相对于加油）且充电不便。尽管汽车制造商已经对绝大多数城市的单次出行里程范围提供了相对科学的估计，消费者还是普遍担心电动汽车单次充电量能否满足其出行需求。

6）充电便利性。理想状况下，短距离出行的电动汽车应该在夜间使用用户家中的充电口充电。而对于长距离出行而言，电动汽车出行则必须依赖充电站。即充电站的覆盖情况直接决定了电动汽车的出行距离和目的地。总之，一旦采用电动汽车进行租赁，充电桩和充电站的配套建设情况直接决定了租赁的服务水平。

7）口碑。消费者倾向于借鉴以往的经验或者亲朋好友的推荐去尝试新产品。如果电动汽车本身没有推广开，则租赁的市场也很难打开。

将电动汽车与分时租赁相结合，主要有下述优势：

1）短期优势：电动汽车分时租赁将直接促使电动汽车投入运营，提高电动汽车使用率。

2）长期优势：电动汽车分时租赁兼顾了分时租赁模式和纯电动汽车对环境的积极影响，具有长远意义。

传统汽车租赁的优势在于减少汽车总数，减少总出行里程以及增加公共交通使用率。而纯电动汽车分时租赁则为增加纯电动汽车使用数量以及充电站的规划修建提供了动力。

结合纯电动汽车分时租赁的几类模式，电动汽车分时租赁的优势总结见表 3-2。

表 3-2 电动汽车分时租赁的优势总结

选择电动汽车的阻碍	分时租赁服务模式				优势描述
	同地取还车模式	异地取还车模式	半自由流动模式	自由流动模式	
购置成本	B	B	B	B	消费者直接使用电动汽车出行，所有电动汽车的固定成本都被转化成了每小时或者每公里的费用。购买电动汽车时的不确定购买、维护和淘汰成本对于分时租赁会员来说都不是主要问题
维护费用	B	B	B	B	
淘汰率	B	B	B	B	分时租赁项目不需要会员拥有汽车，因此电动汽车被淘汰的风险也会减少
“油”耗	A	A	A	A	电费都已经涵盖在每小时的费用中
里程担忧	A	A	A	A	分时租赁的用户大多预先知道自己的出行里程范围是否覆盖在电动汽车续驶里程或者充电里程内，因此能够增加用户在不同行程模式、天气和交通状况下使用电动汽车的次数
充电便利性	A + B	A + B	A + B	A + B	对于同地取还车模式和异地取还车模式的分时租赁，纯电动汽车可以在租赁站点进行充电和养护，减少了传统车用户加油或者保养的麻烦。因此纯电动汽车能够很好地与分时租赁的站点结合起来。 另外，通过在已有和潜在需求区域内修建充电桩，能够为电动汽车发展提供基础保障。通过发展电动汽车分时租赁，充电桩的规划普及也得以发展，又能减缓用户的充电和里程担忧，形成良性循环
口碑	B	B	B	B	相对于购买电动汽车，电动汽车分时租赁更像是一种传统的个性化服务，也更容易被用户接受。同时随着电动汽车分时租赁的推广，越来越多的电动汽车已被投入使用

注：A 表示短期优势，B 表示长期优势。

7. 电动汽车分时租赁的现状

分时租赁作为一种新兴的短租共享模式，在 20 世纪 90 年代兴起于欧美国家，并于 2010 年在我国市场起步发展，如图 3-13 所示。截至 2016 年年初，汽车分时租赁约有 30 余家企业，市场总车队规模约 3 万辆。整个市场以超过 50% 的速度飞快发展。到 2017 年 6 月，国内注册运营分时租赁的企业数量已经超过 300 家。自 2017 年下半年至今，汽车分时租赁已经处于整合期，若干分时租赁企业盈利困难，接连出现违约问题，批量退出市场。资本市场对汽车分时租赁领域趋于冷静，投融资事件大幅减少，如图 3-14 所示。随着时间的推移，分时租赁市场格局逐步稳定，配套设施逐渐完善，法律法规逐渐健全，汽车分时租赁将进入稳步增长期，存活的企业将逐步实现盈利，分时租赁平台将处于完善阶段。

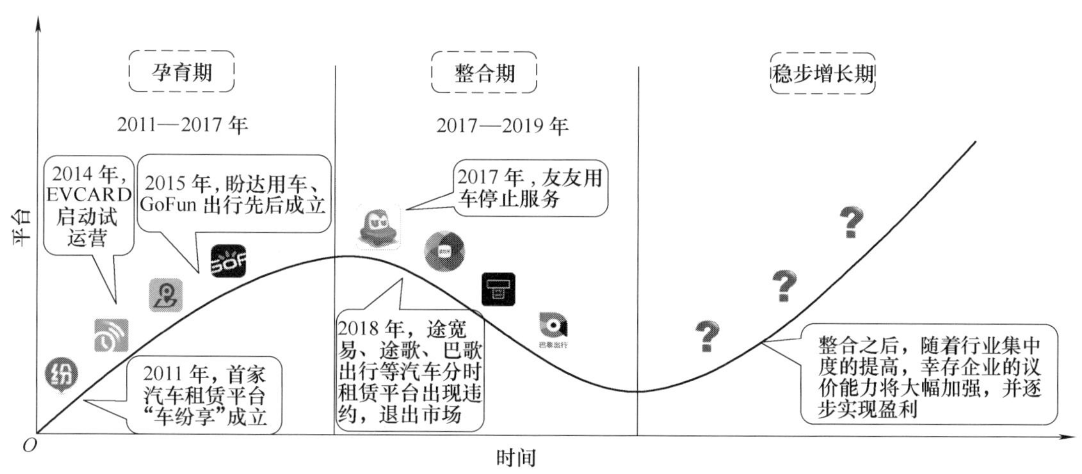

图3-13　汽车分时租赁行业发展历程

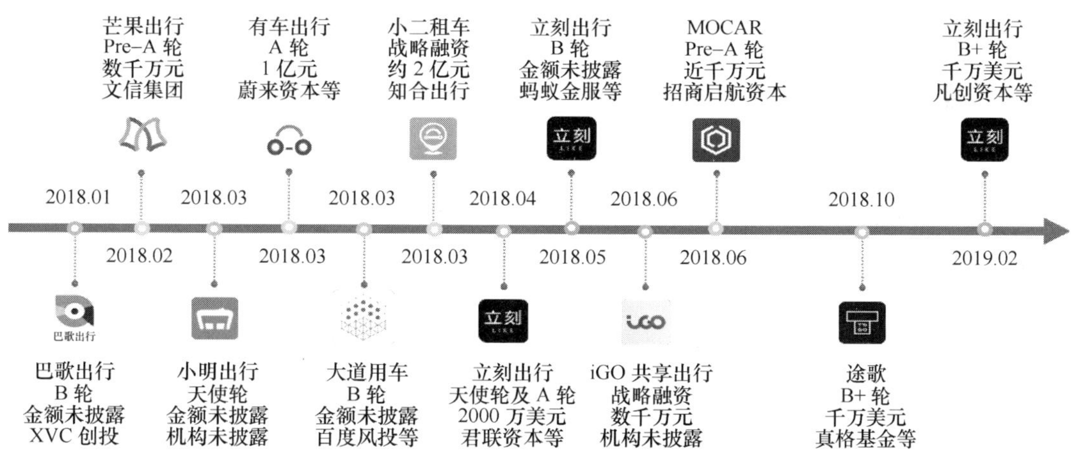

图3-14　汽车分时租赁融资状况

分时租赁进入我国市场的时间点正好是国内电动汽车起步发展期，且电动汽车在使用成本上比燃油汽车更具经济性，同时，一些企业希望通过分时租赁推广自身的电动汽车车型，因此电动汽车成为我国分时租赁市场的绝对主导车型。目前除了个别企业，如戴姆勒CAR2GO使用燃油汽车外，市场上90%以上的分时租赁汽车均为电动汽车。

因为肩负着电动汽车销售和推广的使命，多家整车厂（上汽、北汽、戴姆勒、大众等）均已经开始布局分时租赁市场。据分时租赁车队规模统计，目前77%的车辆出自有整车厂背景的分时租赁企业。各家企业以布局一线城市和个别二线城市为主，未来两年更多的企业将布局二线并涉足三线城市。

目前我国汽车分时租赁平台众多，其中GoFun出行、EVCARD、联动云租车、摩范出行、盼达用车为该行业的佼佼者。截至2019年4月，这五个平台的市场规模占中国汽车分时租赁市场的63.2%，平台投放车辆总和已超过19万辆，其运营现状如图3-15所示。

租赁企业	GoFun 出行	EVCARD	联动云租车	摩范出行	盼达用车
支持 / 合作厂商	首汽集团	上汽集团	观致汽车	北汽集团	力帆汽车
覆盖城市	80+ 个	60+ 个	50+ 个	20+ 个	10+ 个
投放车辆	近 4 万辆	4 万余辆	5 万余辆	2.2 万辆	2 万余辆
总部位置	北京	上海	深圳	北京	重庆

图 3-15　汽车分时租赁前五企业运营现状概览

在这五个平台中，GoFun 出行的市场规模占据榜首，其出行范围覆盖最广，而联动云租车投放的车辆最多。从行业渗透率来看，GoFun 出行与 EVCARD 稳居前两名，如图 3-16 所示。但自 2018 年 11 月以来，联动云租车增长明显，仅用五个月的时间便超过盼达用车和摩范出行。从用户地域分布来看，EVCARD 用户集中于江浙沪，盼达用车在川渝地区用户达六成，联动云租车用户多位于广东，如图 3-17 所示。

行业渗透率 = 该 App 安装量 / 汽车分时租赁 App 总安装量

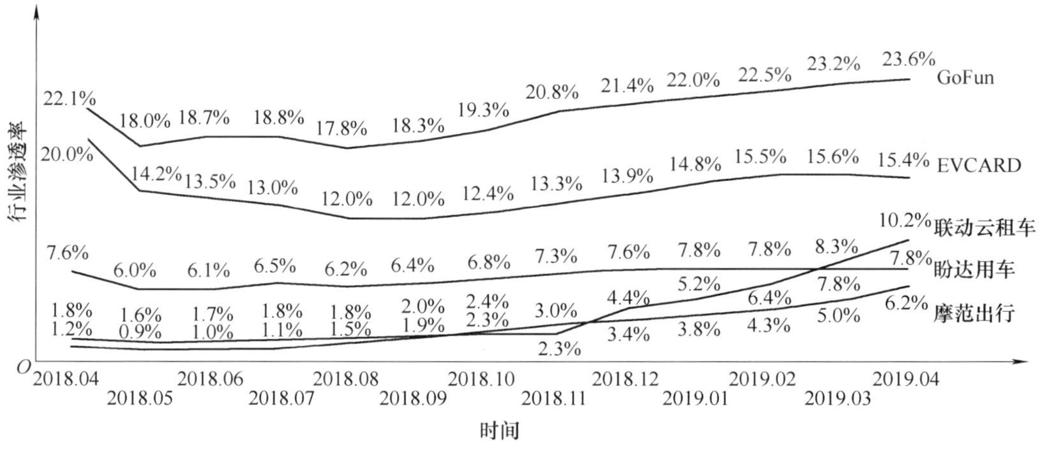

图 3-16　汽车分时租赁前五企业行业渗透率

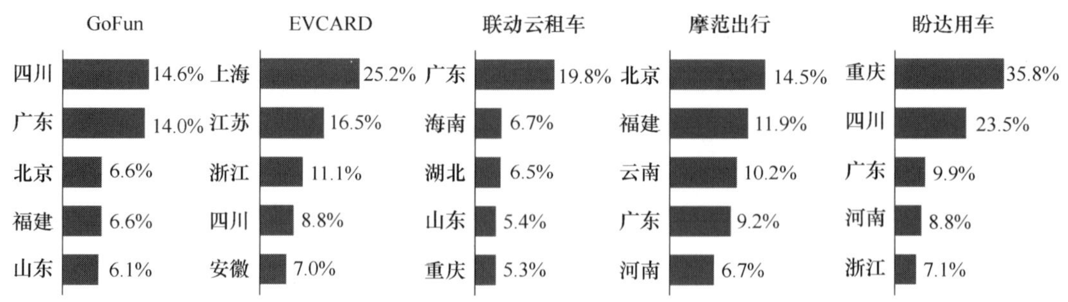

图 3-17　汽车分时租赁前五企业用户地域分布

8. 电动汽车分时租赁的挑战

（1）外部挑战

1）市场竞争激烈。自 2010 年以来，分时租赁业务在我国迅速发展。总体而言，新加入市场的分时租赁企业、新引入分时租赁业务的传统汽车租赁公司和整车厂商是我国从事分时租赁业务的企业主体。尽管电动汽车分时租赁发展尚处于初级阶段，但作为未来我国汽车市场上最具潜力的业务，其激烈的市场竞争形态已初具雏形，存在产品扎堆和同质化现象。截至 2019 年 2 月，我国汽车租赁用户超过 750 万个，已注册的共享汽车企业及单位超过 1600 家，投入运营的汽车数量超过 20 万辆，整体市场规模达 28.5 亿元。

2）用户个人信用制度不完善。目前，我国社会信用体系和评估体系不完善，尽管在上海、北京等一线城市进行了个人信用体系的建立，但体系范围小且不完整。对承租人资格审查程序过于宽松、辅助风险控制手段缺失，导致种种恶劣行为的发生。分时租赁车辆丢失、剐蹭、毁损等风险较高，同时，违章之后用户是否会主动处理等，都会对分时租赁的可持续发展产生影响。

3）行业法规不健全。国家电动汽车分时租赁法律法规尚不健全，尤其是在行业门槛、消费者保护条款等方面缺乏全面的行业规则。此外，部分现行的政策法规条例不利于汽车分时租赁的发展，例如交通费需由租车人承担，租车人违章处罚需由租赁公司承担等。

4）新的产业生态待构建。电动汽车分时租赁产业链条长、投入成本高，我国目前相关行业产业链仍待完善。产业链中车厂、运营商等上下游企业密切合作，打通相应环节，实现资源整合，才能更快地推进分时租赁业务发展。随着信息科技和智能技术的发展，电动汽车分时租赁全新的产业生态仍待构建。

（2）内部挑战

1）电动汽车技术发展限制。整车控制系统、动力电池等方面的核心技术水平严重影响其续驶能力、充电时长等关键性能指标。分时租赁电动汽车在使用过程中出现的充电时间长、电池寿命短、续驶里程短等问题，严重影响了消费者的使用满意度。

2）配套设施不完善。尽管政府和企业都在不断增加对电动汽车基础设施的投入，然而电动汽车分时租赁配套设施投入高、回报慢的特点，仍然造成了充电设施建设落后于市场需求的现状，进而影响了用户的用车便利性。充电设施不完善、可供充电的停车位缺乏已经成为分时租赁规模化应用的瓶颈。

3）运营管理困难。

① 在地方政府层面，部分一线城市仍对分时租赁带来的交通拥堵和对出租车市场的影响存在担忧，因此对分时租赁汽车牌照仍有一定的限制。随着车辆规模的扩大，运营企业牌照获取难度增加将使得运营成本进一步增加。

② 消费者信用欠佳。车内环境脏乱差、消费者驾驶违章通知滞后等问题给分时租赁管理带来难度。分时租赁企业为了快速发展，一般选择自行承担交通事故的车辆修理、赔偿等相关费用，增加了额外的负担。

③ 响应用户不规则的短时即发需求难度大，车辆运营成本高、压力大。消费者在高

峰时期用车难，其余时间车辆大量闲置，车辆有效利用率不足。网点分布不合理时还需要大量人力物力进行车辆的调度。

④ 分时租赁涉及的车、桩、位等多个线下运营环节成本较高。

4）收益困难。从国内外分时租赁行业发展的实际情况来看，企业盈利难题一直困扰着行业的整体发展。运营成本高，订单规模不足，分时租赁企业普遍处于亏损状态。

分时租赁企业的运营成本主要由以下三大部分组成：

① 车辆折旧。车辆折旧成本主要依赖购车成本，相对而言有车厂背景的企业占有一定优势。分时租赁的汽车没有专职的驾驶员，车辆被盗或者租用不还会给企业带来较大损失。

② 停车和调度成本。停车成本高是分时租赁企业面临的主要问题，尤其在一、二线城市核心地段；此外，网点设置的不合理也增加了调度成本。

③ 其他运营成本。其他运营成本主要包含人工、软硬件、营销等方面。受到网点数和使用便捷性等限制，单车订单数较少导致车辆使用频率不高；分时租赁企业在初创期较低的客单价和较高的使用频率也导致整体收入偏低。

综上所述，分时租赁企业在人效、购车成本、调度运营成本上仍有较大改善空间。

3.3 电池租赁模式

电池租赁模式，也称换电模式，是一种把车辆与电池分开销售的思路。汽车制造商仅仅出售电池，而电池的租赁则由电池租赁公司和电池生产商负责。

如图 3-18 所示，电池租赁模式中，汽车制造商仅仅对电动汽车的制造、研发以及推广负责，汽车制造商的利益来源于传统的整车出售及常规零部件的维护保养，该模式中的电池生产商和运营服务商（电池租赁公司）是整个模式中的创新重点。电池生产商在提供电池、回收电池中获得利益，电池租赁公司则可以从用户所用电费、电池租赁费用、电池回收费用中获得利润，用户可根据行驶里程享受政府补贴。同时电池生产商需要为电池购买和电池更换站建设、维护、运营承担费用。这套成熟的体系可以有效地弥补整车出售模式中客户需要为电池寿命不足买单的缺憾。因为客户使用条件不受限制，换电模式的客户群体较多，电池租赁模式具有一定的优势。

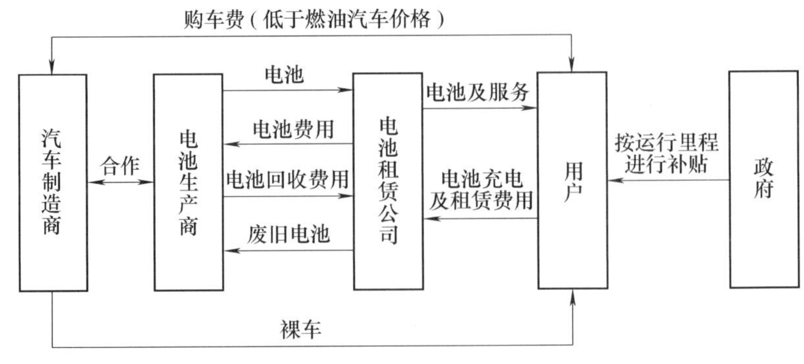

图 3-18　电池租赁模式

3.3.1 电池租赁模式的商业性分析

国内电池租赁模式出现于2008年北京奥运会期间，为了实现服务奥运会的电动客车24h不间断运行，租赁结合集中充电、快速更换电池的模式被提出并采用，如图3-19所示。经过了奥运会的实践检验，快速更换电池系统得到了有效的应用，为奥运会提供了保障，也推动了国内电池租赁模式的发展。目前电池租赁模式也大部分应用于公共交通领域（包括公交车和出租车）。2016年10月29日，由北汽新能源联手奥动新能源、上海电巴以及中石化等机构打造的首批10座充换电站在北京正式交付使用，覆盖了北京中心城区、怀柔、顺义等地区，如图3-20所示。

图3-19 北京奥运会充换电站

图3-20 北汽电动汽车换电站

目前，北汽集团所建设的换电站仅用于市内出租车换电。截至2018年3月，北汽集团已在北京、广州、兰州、厦门四个城市逐步推广换电模式电动汽车，已建成104个换电站，投放 5000 多辆换电出租车。

2017 年，北汽集团推出“擎天柱计划”，计划到 2022 年在全国超过 100 个城市建成 3000 座光储换电站，投放换电车辆 50 万台，梯次储能电池利用超过 5GW · h。该计划拟通过换电和电池再利用技术，深度融合电动汽车、换电站、光伏发电、国家电网峰谷电等，构建“换电 + 储能 + 光伏”的智能微网系统。

1. 出租车

目前国内的换电出租车体系运营良好，为构建以换电为核心的集约、智慧、便捷出行生态提供了强大的支撑。以厦门换电出租车运营情况为例：

（1）换电设施利用率高

北汽在厦门运营的换电系统，日平均换电次数 290 次，最高达到 331 次，每日补电量近 8000kW · h，相当于实现了 70% ～ 80% 的产能利用（单个换电站理论上日补电量上限为 11088kW · h）。

（2）单站服务能力强

单站每天的服务能力在 80 辆出租车以上，每天补电续驶里程达到 4 万 km（每千瓦时电能可行驶约 5km），每月约 120 万 km。

（3）换电出租车运营效率高

厦门的换电出租车采用驾驶员包月的运营形式，每月单班电费成本低至 1650 元，单班成本低至 55 元 / 天，而双燃料出租车单班成本约为 120 元 / 天，换电出租车的使用成本不足双燃料出租车的一半。

（4）换电场景采用集装箱式建设方式，占用土地资源少

北汽 EU 系列换电版车型换一次电池用时低至 2min 46s，用时比燃油车加油更短。换电站可采用集装箱式的建设方式，占地仅需 300m^2 左右，可在 2h 内实现拆装。

2. 乘用车

乘用车方面，国内电动汽车品牌蔚来汽车旗下纯电动 SUV 蔚来 ES8 可选择电池租赁模式。在我国实际的市场环境下，通过换电模式构建封闭商业场景，大幅提高了品牌价值和服务档次。

蔚来 NIO Power 换电站如图 3-21 所示，整个换电过程如下：

图 3-21　蔚来 NIO Power 换电站

1）在车辆停入相应的位置后，换电站的车姿校正装置能快速定位四轮的前后及水平位置，确保拆装电池组的设备能准确定位各螺钉的位置；换电操作在地下进行，可以利用地平面以下的空间。

2）RGV（有轨制导车辆）换电平台推出，准备解锁并回收待换电池。解锁装置具有视觉识别与机械定位功能，其精确度达到毫米级别，保证了拆装电池组的准确性。

3）快速解锁底盘电池，回收并更替满电电池（此操作为同步进行）。

4）锁紧电池，再对车辆的电池、电机和电控系统进行自检，保证车辆在出发前处于最佳状态。

5）换电完成。

整个换电过程仅需 3min 时间，与燃油车在加油站加满油所花的时间相差无几（假设不排队）。

国内外还有许多企业都开展过电池租赁模式运营，例如以色列 Better Place 公司、美国特斯拉公司和我国的众泰公司、青岛薛家岛电动汽车智能充换储放一体化示范电站等。Better Place 公司在商业运作模式方面，采用换电模式的车电分离概念，在以色列全国覆盖建立一个充电网络和一大批换电服务站，向用户提供电池租赁、充电和更换电池服务，并以驾驶公里数为基础向用户收取月租费，如图 3-22 所示。众泰公司的电动出租车采取"快速换电、裸车销售、电池租赁"的运营模式，出租车公司向整车企业购买电动汽车裸车，再向国家电网旗下运营商租赁电池，并在使用中按里程交纳租赁费，运营商则向专业生产厂商统一购买电池、进行集中维护管理。

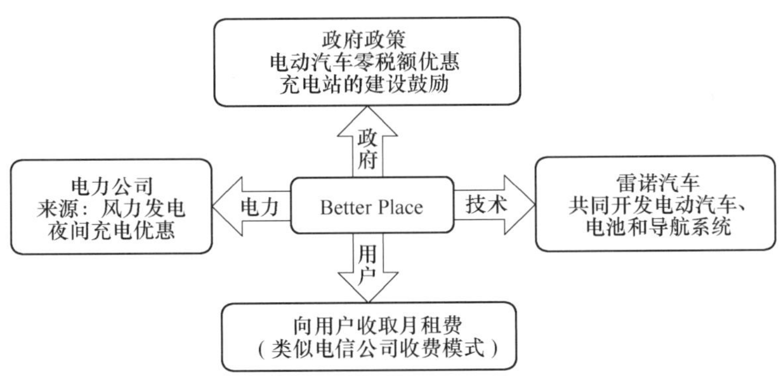

图 3-22 Better Place 商业模式

而对于目前国内的大多数换电站，其主要的服务对象为公交车、出租车、物流车等公共服务性质车辆。此类型车辆的品牌与技术标准相对统一，行驶规律相对明确，能够比较好地进行换电预测与管理，这使得公共电动汽车电池租赁模式能够长期在市场中生存。

然而，高昂的投资建设成本和用户使用成本、单一的电池租赁客户群体、尚未完全规范的管理机制、不断提升的快速充电效率等因素使得个体电动汽车电池租赁模式在现阶段仍然无法很好地适应整个市场。

3.3.2 电池租赁模式的优势与劣势

结合对国内外企业电池租赁模式的分析，可以大致总结出电池租赁模式的优势与劣势。

1. 电池租赁模式的优势

1）以电池租赁的形式代替电池购买，可以降低用户的初始购置成本。电池租赁模式中车辆与电池分开销售。用户在购买电动车辆时无须支付高额比例的电池费用，电池全部由换电站统一进行匹配供应。因此用户无须再对电池的损耗、折旧负责，这不仅降低了用户购置车辆时的成本，而且让用户更加省心。

2）便于集中管理电池，延长电池使用寿命。电池成本在纯电动汽车成本中占据着很大比例，电池容量较大的纯电动公交车的电池成本所占比例更大。车辆长时间运营也会对电池造成较大的损害。而电池租赁模式可以对换下的电池进行集中充电与管理。换电站可以采用更加科学的充电方式对动力电池进行规范化充电，并且可以采取适度浅充浅放等方式来调节电池间的不一致性，恢复电池的使用寿命。一系列的规范化电池管理与保养可以大大提高电池的使用寿命，间接增加了企业的利润。

3）服务效率高，换电时间短。目前，换电过程最快可以在 2min 内完成，采用特斯拉 120kW 超级快充给电动汽车充电也需要超过 1h 的时间。虽然快充的速度正在逐步提升，但是换电的整体效率目前仍遥遥领先于充电。

对于纯电动公交车和纯电动出租车而言，夜间充满一次电的续驶里程难以满足次日线上运营的需求，而中途停车充电则使得持续运营被迫中断，导致运营时间和班次的混乱，使得用户的利益严重受损。采用电池租赁方式后，公交车和出租车驾驶员只需适时在规定的目的地迅速完成电池的更换。例如，公交车可在始发站或者终点站附近的换电站内迅速完成电池的更换，出租车在运营过程中路过换电站即可在站内进行短时间换电，避免耽误日常运营。

4）与电网形成互动，联合可再生能源进行削峰填谷。换电站通常采取将电池集中进行充电与维护的运营模式。站内的大批量电池可以配合电网结合可再生能源（如风能、太阳能等）进行削峰填谷，提高能源的利用率。

2. 电池租赁模式的劣势

1）前期投资建设成本过大，收益回报较慢。在美国，一个附带六个超级充电桩的充电站建设成本大约为 15 万美元，另外每年需要支付约 15 万美元的税费、土地使用费以及电费。而一个换电站仅建设成本就高达 50 万美元，如果算上大批量动力电池的储备费用、电池的充电与维护费用、土地费用、税费等，总体的投资与运营金额将是充电站的数倍。换电站网络要实现充电桩在国家或者地区范围内的同等规模应用，其难度和成本是难以估量的。

同时，换电站的收益回报较慢，大多数换电站适配的车型有限。例如 Better Place 公司所面向的换电群体单一，它向雷诺购买的 10 万辆 Fluence ZE 电动汽车销量不及计划销量的 1%，这使得 Better Place 亏损了 5.6 亿美元。国内的诸多公共换电站也只能对指定车

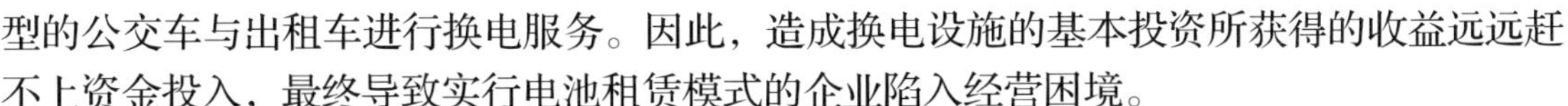

型的公交车与出租车进行换电服务。因此，造成换电设施的基本投资所获得的收益远远赶不上资金投入，最终导致实行电池租赁模式的企业陷入经营困境。

2）安全性模糊与责任界定不明晰。电池租赁模式中，电池作为一个流动对象，在用户与换电站之间不停地进行空间切换。一旦电池在用户使用的过程中损坏，甚至是发生着火爆炸事故，其责任难以界定。

电池损坏存在诸多可能：人为破坏，长时间在某个恶劣的工况或环境下行驶或停放，发生意外交通事故，换电站在充电、维护、更换过程中出现失误，电池本身存在设计与匹配问题等。其中涉及的用户、换电站、汽车制造商三者的责任归属不够明晰，各方的利益也无法完全得到保障。

3）由于行业竞争、电池标准不统一等因素，换电站运营商与汽车制造商难以进行合作。对于全球各大车企而言，电池的续驶能力与耐久性是其核心竞争力。但如果所有电池产品的性能趋于一致，那么对于不同品牌的汽车制造商来说也是无法接受的。加之各个企业的电动汽车技术标准也有所不同，各个企业普遍不愿意共享自己的技术标准，导致换电站无法实现多车型兼容。

4）换电方式费用较高，用户成本较大。用户在选择充电方式时不仅考虑便捷性，充电的费用更是一大主导性因素。这里同样以特斯拉公司的换电站与充电站为例，进行对比分析说明。

2016 年 11 月，特斯拉开始实行新的充电收费政策。在 2017 年 1 月 1 日后下单的特斯拉汽车每年在超级充电站免费充电 400kW・h 后，会对超出的部分进行收费，具体充电费用见表 3-3。

表 3-3 部分国家和地区的特斯拉汽车充电费用

国家和地区	充电费用
美国加利福尼亚州	0.20 美元 /（kW・h）
美国伊利诺伊州	0.15 美元 /（kW・h）
美国纽约	0.19 美元 /（kW・h）
澳大利亚	0.35 澳元 /（kW・h）
日本	16 日元 /min（一级费率） 32 日元 /min（二级费率）
中国香港	1.5 港元 /min（一级费率） 3 港元 /min（二级费率）
中国内地	1.8 元人民币 /（kW・h）

由表 3-3 可以计算出，在美国给一辆电池容量为 85kW・h 的特斯拉 Model S 汽车充满一次电只需花费 12.75 ～ 17 美元。而用户在特斯拉换电站更换一次电池的费用则高达 60 ～ 80 美元。这使得车主大部分情况不愿意花费高昂的费用进行换电服务。

5）大规模的集中充电使得电网的负荷较大，电网匹配较为困难。当换电站内用户换电的频率较高时，大批电池需要进行充电。此时换电站无法配合电网进行削峰填谷，充电的时间节点也是无序的。如果集中充电的时间正好处于电网用电高峰期附近，则会增加电网的负荷峰值，使得峰谷差加大，从而加剧了电网的负荷，也使得电网的配电变得更加困难。

综合来看，目前电动汽车电池租赁模式市场条件尚未成熟，对于个体用户缺乏吸引力；但是对于公共领域用车来说，在国家相关政策的支持下，电池租赁模式仍有一定的发展空间。

第4章 电动汽车性能指标

电动汽车在驱动方式、动力系统布置等方面与传统汽车存在明显区别，其动力系统由驱动电机、动力电池组和传动系统等部分构成。从实际使用角度出发，也可以用传统汽车动力性能评价指标（如最高车速、加速性能和最大爬坡度等）评价电动汽车的性能。此外，电动汽车也存在续驶里程、动力电池系统安全性等特有的性能指标。本章将着重介绍电动汽车的使用性能指标，同时对操纵稳定性、通过性等车辆通用指标参数做简要介绍。

4.1 行驶工况

20世纪中后期，美国加州通过了一项关于汽车排放的法规，促使汽车发动机向高效率、低排放方向发展。该法规中提到了一种可以比较不同发动机性能的测试程序，被称作行驶工况（Driving Cycle），从此在世界范围内拉开了行驶工况研究的序幕。由于评价目标和研究对象的不同，出现了多种类、多用途的工况。这些工况满足了从轻型车到重型车、从汽油车到柴油车等各种类型车辆的性能测试需求。随着工况研究的深入和完善，行驶工况具备典型的道路实际驾驶特征，能够反映车辆真实的操作工况，可用于车辆的研究、认证和检查/维护。

4.1.1 行驶工况的作用

行驶工况统计和分析在电动汽车的设计中起着重要作用。匹配一辆电动汽车的动力系统，首先要确定电动汽车的行驶工况，在工况分析的基础上，提出整车的动力性能指标，然后根据动力性能指标对动力系统进行参数匹配，最后采用计算机仿真的手段对系统的参数匹配结果进行验证并提出优化方案。其具体步骤为：

1. 确定动力性能指标

由于受到成本和性能的制约，电动汽车在设计时必须按照目标行驶工况进行有针对性的设计，提出合理、恰当的整车动力性能指标。

2. 整车参数匹配仿真

匹配整车参数应以实际行驶工况为基础，根据步骤 1 所确定的指标，结合零部件的技术现状，初步确定电驱动系统性能要求，然后对汽车动力性进行校核，评估设计目标达成度，修正部件性能。重复步骤 1、2，直至达到设计目标为止。电驱动系统参数确定后，进行车载电源匹配优化设计与仿真，进而完成整车参数匹配。

3. 整车能量消耗和排放试验

行驶工况的另一个主要用途是进行电动汽车的能量消耗和排放试验，只有按照统一的行驶工况测试，获得的能耗和排放试验结果才具有可比性。试验通常在试验场道路或转毂试验台上进行，试验过程中需要使用行驶工况监测仪进行监测，使被测车辆按照设定行驶工况往返行驶多次，以获得整车能量消耗和排放的平均值。

4.1.2 行驶工况的分类

根据工况调查内容的不同，行驶工况可分为完全工况和非完全工况。完全工况的调查内容主要包括车速、油耗、加速度、制动力、制动次数、档位、换档次数等，以及汽车行驶过程的交通状况，如试验路段上的行驶坡度、立交桥的坡度和长度、红绿灯数量和间隔距离、交通信号灯变换时间、交通流量、主要机动车类型及所占的比例等，还包含当时的风向、风力、气温、气压等气象参数。当行驶工况用途较少，如只需要进行油耗和排放评估，其调查内容要比完全工况少，通常称为非完全工况。

根据用途的不同，行驶工况可分为标准工况和非标准工况。标准工况是由一个国家或地区通过法规形式确立的用于认证和检测等用途的行驶工况。非标准工况则属于一些研究机构和汽车厂商用于特定研究用途的非法规类行驶工况。

根据表现形式的不同，行驶工况又可分为瞬态（Transient）工况和模态（Modal）工况。瞬态工况的速度 – 时间曲线与车辆实际运行过程非常相似，更符合车辆实际行驶特征。模态工况的车速 – 时间曲线主要由一些折线段组成，分别代表匀速、匀加速和匀减速等行驶工况。相比于瞬态工况，模态工况的试验操作比较容易，但往往无法准确描述车辆的实际行驶特征。

4.1.3 常见行驶工况简介

世界上多个国家以标准、指令和法规等形式提出了不同车型在各种应用条件下的标准行驶工况。世界范围内车辆排放测试用行驶工况主要分成三类：美国行驶工况（USDC）、欧洲行驶工况（EDC）和日本行驶工况（JDC），其中又以美国 FTP72 为代表的瞬态工况和以欧洲 NEDC 为代表的模态工况使用最广泛。

1. 美国行驶工况

美国行驶工况种类繁多、用途各异，大致包括认证用（FTP 系）、研究用（WVU 系）

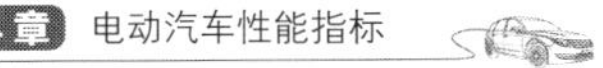

和短工况（I/M 系）三大体系。广为熟知的行驶工况有联邦测试程序（FTP75）、洛杉矶工况（LA92）和负荷模拟工况（IM240）等。

1972 年，美国环保局（EPA）经过调查研究，从一条具有代表性的汽车上下班路线上解析出车辆的速度 – 时间曲线，并用作认证车辆排放的测试程序（简称 FTP72，又称 UDDS）。FTP72 由冷态过渡工况（0 ～ 505s）和稳态工况（506 ～ 1370s）两部分构成。1975 年，在 FTP72 的基础上增加了 600s 热浸车和热态过渡工况（即重复冷态过渡工况），构成了包含四个阶段的 FTP75 工况，持续时间为 2475s，同时可用于车辆热起动排放的测试。图 4-1 所示为美国 UDDS 行驶工况。除此之外，还有 SFTP、LA92、ARB02、HL07、REP05 及 REM01 等几种适用于乘用车和轻型载货汽车测试的典型工况。

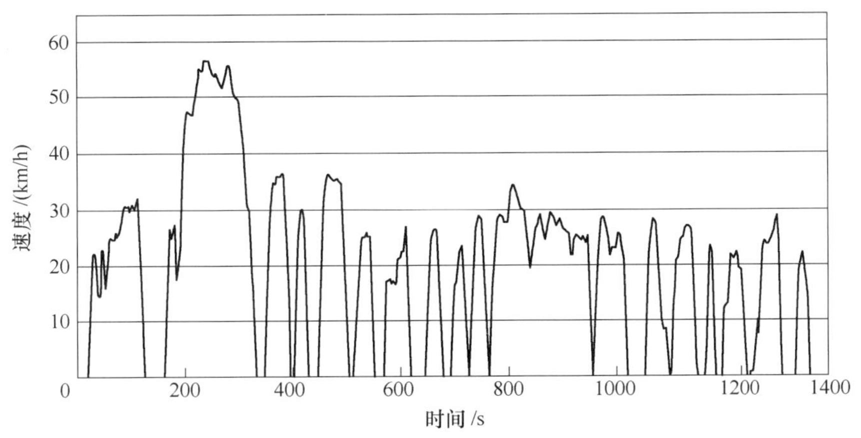

图 4-1　美国 UDDS 行驶工况

近年来，重型车辆的行驶工况研究有向瞬态工况方向靠拢的趋势。其中：用作测试重型车燃油经济性的操作规程（SAE J1376）已经推出；CBD14 成为商业中心区域车辆测试工况；市内测功机测试工况（UDDSHDV）主要用于模拟重型汽油机汽车在市内区域的行驶工况和用于燃油蒸发排放测试；纽约城市工况（NYCC）则代表了大型车辆在市内区域道路的行驶工况。

2. 欧洲行驶工况

用于在底盘测功机上认证轻型车排放的欧洲行驶工况，在欧洲又称为 MVEG-A，现已发展成为新 EDC（NEDC），其持续时间为 1180s，平均速度为 32.1km/h，最大加速度为 1.06m/s^2，如图 4-2 所示。NEDC 包括市内（ECE15）、市郊（EUDC）或市郊低功率工况（EUDCL），其局部行驶速度是恒定的，是一种模态工况。

3. 日本行驶工况

日本行驶工况同样属于模态工况。20 世纪 70 年代以前，日本模拟市内行驶工况所采用的是 10 工况（10-mode），而 1976 年以后则采用了 11 工况，行驶里程共 4.08km，平均速度为 30.6km/h。1991 年 11 月，改用 10-15 工况，它由三个 10 工况和一个 15 工况构成。虽然 10-15 工况并未被国际公认，但行驶工况的相关研究在日本仍得到持续和深入的开展。2011 年，JC08 替代 Japan10-15 成为日本排放测试采用的标准循环工况。如图 4-3 所示，JC08 循环工况是瞬态工况，分为城区、中心城区和高速道路三个部分，反映了车辆在拥挤的城市交通状况下的行驶情况，持续时间 1204s，行驶里程 8.171km，平均车速 24.4km/h，最高车速达 81.6km/h。

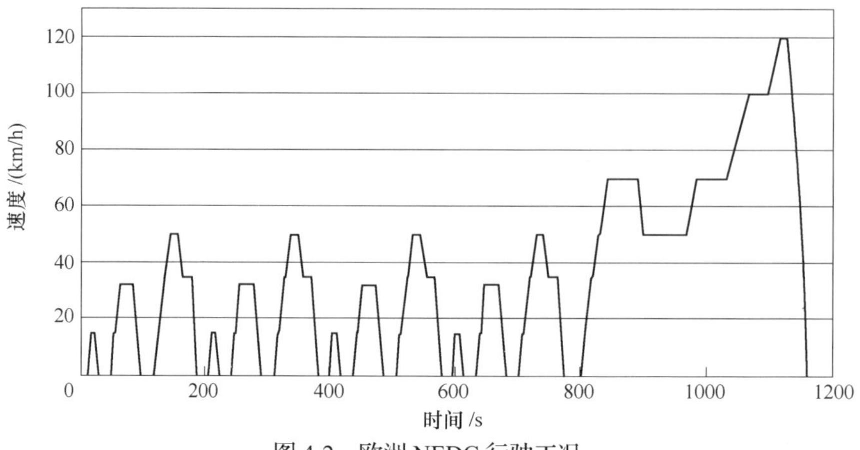

图 4-2　欧洲 NEDC 行驶工况

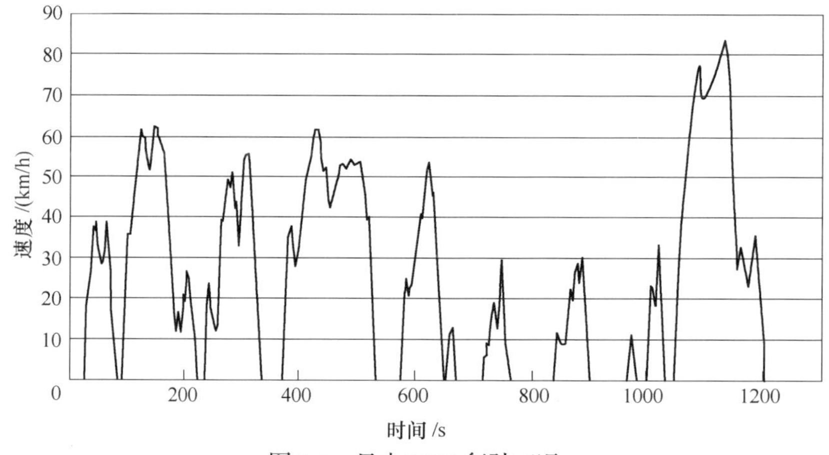

图 4-3　日本 JC08 行驶工况

4. 中国行驶工况

长期以来，我国政府为了促进汽车节能减排技术进步和环境保护，在没有基础数据积累的情况下，直接采用欧洲的行驶工况，实施汽车产品排放和油耗认证，有效地促进了汽车节能减排和相关技术的发展。随着我国汽车保有量的快速增长，道路交通状况发生了很大变化，车辆实际行驶平均车速、油耗、排放与实验室认证结果差距很大；行驶工况作为车辆开发、评价的最基础的依据，对其开展深入研究，制定符合我国实际道路行驶状况的测试工况循环，显得越来越重要。

2015 年，工信部下达了“中国工况”研究任务，委托中国汽车技术研究中心牵头，组织行业单位等共同参与，展开为期三年的深入研究。“中国工况”项目利用 CAN + GPRS 技术实现了 5048 辆车（含乘用车、轻型商用车和各类重型商用车）大规模驾驶数据的实时、同步采集，累积采集了 5539 万 km 的车辆行驶数据。在此基础上形成了全球范围内规模最大的工况开发数据库，并构建了高度契合中国交通实际运行情况的轻重型车中国工况曲线 8 条（2 条轻型车和 6 条重型商用车的工况曲线），如图 4-4 所示。

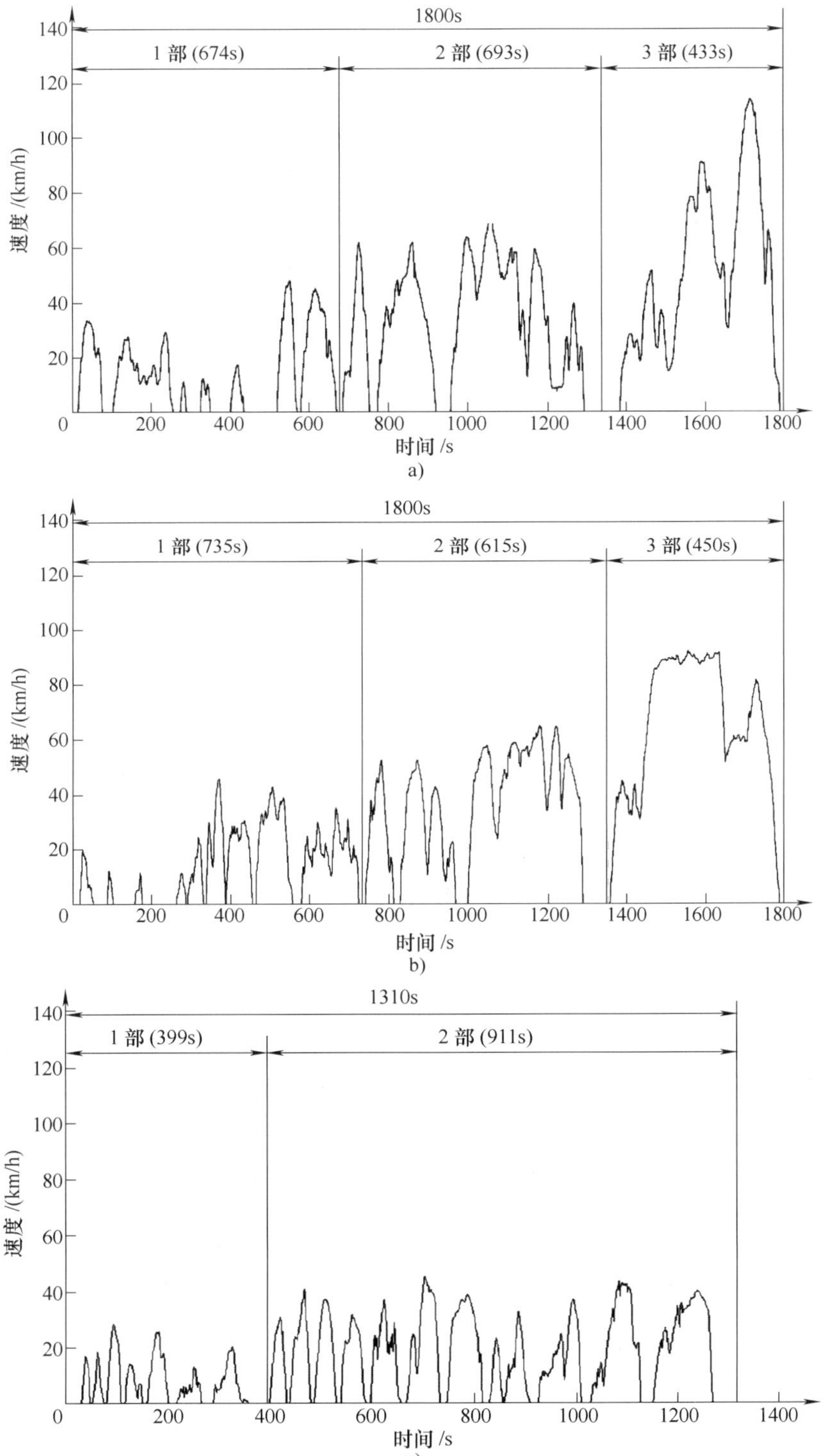

图 4-4 中国汽车行驶工况

a）中国乘用车工况（CLTC-P） b）中国轻型商用车工况（CLTC-C） c）中国城市客车行驶工况（CHTC-B）

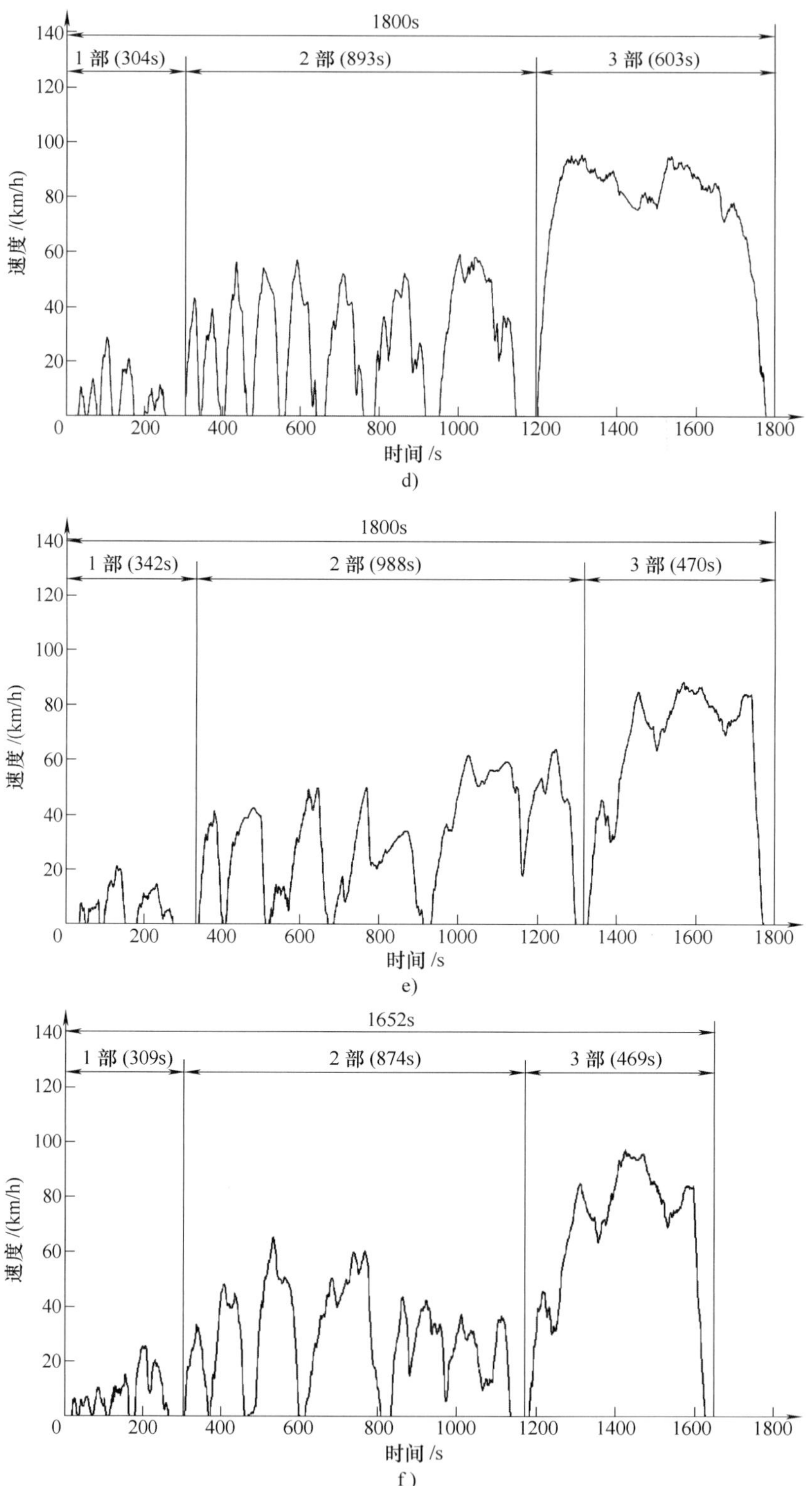

图 4-4　中国汽车行驶工况（续）

d）中国客车（非城市客车）行驶工况（CHTC-B） e）中国货车循环工况（CHTC-HT)(车辆总重 >5.5t)
f）中国货车循环工况（CHTC-LT)(车辆总重≤ 5.5t)

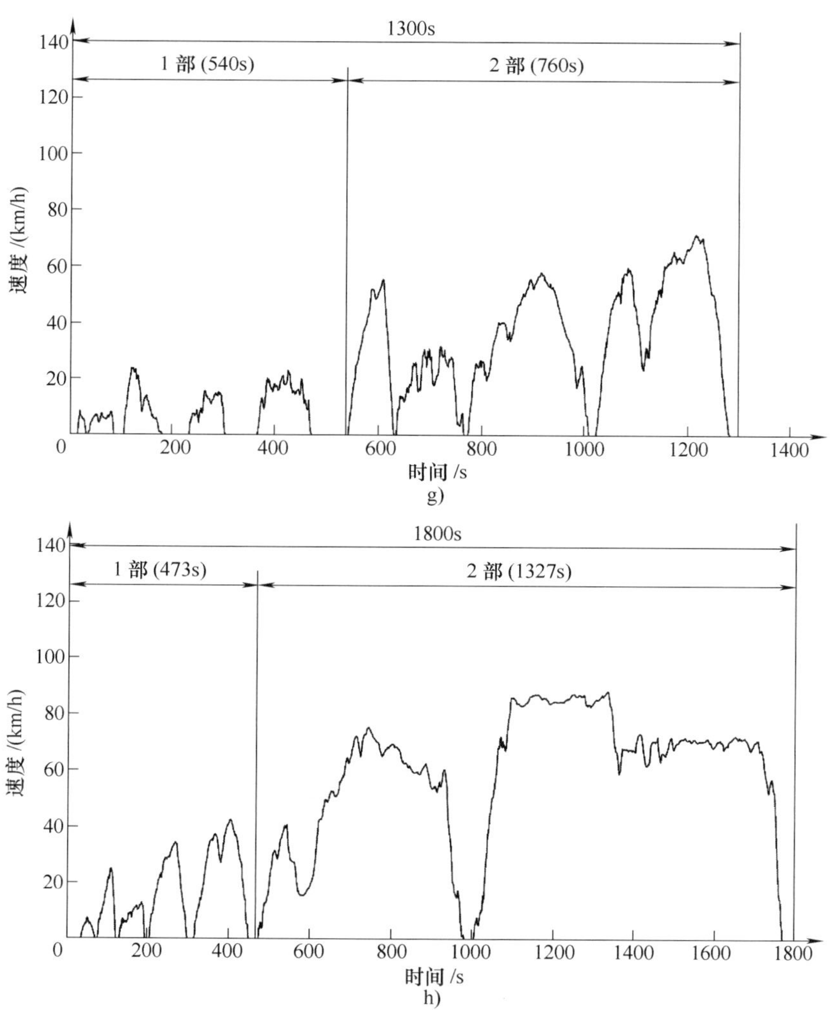

图 4-4 中国汽车行驶工况（续）

g）中国自卸车循环工况（CHTC-D） h）中国半挂汽车循环工况（CHTC-S）

4.1.4 行驶工况特征分析

车辆在道路上的行驶状况可用车速、加 / 减速度、运行时间等参数表示。通过对这些运动特征进行调查和解析，可开发出能够代表运动特征的行驶工况。无论模态还是瞬态，行驶工况最终都表达为速度 – 时间曲线，时间步长通常设为 1s。

对行驶工况的统计分析需要引入一组统计特征值。这些特征值主要有时间（s）、距离（km）、平均车速（km/h）、最高车速（km/h）、最大加速度（m/s^2）、平均加速度（m/s^2）、最大减速度（m/s^2）、平均减速度（m/s^2）、怠速时间比例（%）、匀速时间比例（%）、加速时间比例（%）、减速时间比例（%）和最大特定功率 K_{max}（m^2/s^3）等。其中，特定功率 K（m^2/s^3）定义为 $2va$（v 表示车速，m/s；a 表示加速度，m/s^2）。表 4-1 给出了国内外一些典型行驶工况部分特征值的对比分析，主要包括时间、距离、平均车速、最大加速度和最大特定功率等参数。在选择和使用各种行驶工况时，可以通过研究这些特征值来选择适合各种不同需要的工况。

表 4-1　国内外典型行驶工况部分特征值

工况	时间 /s	距离 /km	平均车速 /(km/h)	最大加速度 /(m/s^2)	最大特定功率 K_{max}/(m^2/s^3)
FTP75	2475	17.69	25.82	1.48	40.15
UDDS	1370	11.99	31.53	1.48	40.15
J10-15	673	4.3	22.71	0.79	8.81
NEDC	1180	10.87	32.12	1.06	18.51
中国乘用车瞬态	1195	7.68	23.14	2.29	51.74
中国乘用车模态	1195	7.66	23.08	1.39	38.58
中国商用车瞬态	1304	5.83	16.10	1.25	19.23
中国商用车模态	1304	5.84	16.12	0.83	17.46

4.1.5　行驶工况的构建

行驶工况是对车辆行驶状态及运转情况最客观的反映和评价，作为台架及道路试验的参考模型，广泛用于车辆选型、设计及性能测试中。对于行驶工况来说，其影响因素有很多，宏观层面如道路条件，微观层面如车辆类型等。因此，城市地区不同、道路类型车辆不同，都会对应不同的行驶工况。工况最早仅用于尾气排放检测，但随着研究对象及考察目标的变化，工况现已形成了覆盖不同车辆类型、不同道路类型、不同用途的工况体系，如燃油车辆和电动车辆的工况、市郊区及高速道路工况、认证研究用工况等。

4.1.6　工况构建方法分类

工况的构建是一套系统性的流程，需要在原始数据或原始模型的基础上，经过特定的数学处理，才能构成一个工况。可以将工况的构建方法分为三类：基于采集数据的工况构建方法；基于计算机模拟的工况构建方法；基于工程判断的工况构建方法。

基于采集数据的工况构建方法，是一种具有数学推导科学性的工况构建方法，现已被各国广泛采用。构建过程中，需要对采集的大量实际测试数据进行数学处理，从而构成具有统计学意义的工况。根据不同的数据处理阶段，可以将此方法分为三个阶段：短行程或行程片段的划分；备选工况的合成；工况的遴选。

基于计算机模拟的工况构建方法，是基于计算机内部建立的由道路交通模型、车辆模型等构成的综合工况模型。通过在计算机内部运行模型，生成仿真测试数据。此种方法对于仿真试验条件的设定较为灵活，但受限于仿真模型以及运算精度等因素，其结果可能会与实际情况有偏差。

基于工程判断的工况构建方法，主要基于人为工程经验。它对基于采集数据的工况构建方法做出补充，用以反映那些出现频率较低，无法在大量统计数据中得以体现，而又对工况整体影响较大的工况片段。

国内现有的工况研究和构建主要基于采集数据，对车辆行驶特征数据大量采集，进行数据分析处理和二次重构，选择最能够代表车辆行驶情况的特征参数，建立相应数学模型并进行计算分析，探究特征参数对行驶工况的影响，最终构建出反映车辆、道路、交通三大主体特点的车辆实际道路行驶工况。

4.1.7 典型工况构建流程

工况构建的典型流程依次由道路试验、数据采集、数据解析和工况合成四部分组成，其中重点是道路试验和工况合成两部分。道路试验方法的选择，又称作道路试验规划，决定了采集的试验数据的有效性和代表性。工况合成是利用数理统计等方法对试验数据进行处理分析，利用计算机拟合出最终代表性工况。工况合成方法的选择决定着最终构建工况的质量好坏。典型道路试验方法主要分为平均车流统计法、车辆跟踪法和自主驾驶法三种。典型工况合成方法主要有短行程片段法、定步长截取法、速度 – 加速度矩阵分析法、马尔科夫分析法四种。道路试验方法和工况合成方法不同，最后形成的工况也不同。

1. 道路试验方法

道路试验是工况构建中最基础的阶段，主要是采集试验数据。试验规划的好坏对采集到的试验数据有着决定性作用，进一步影响最终构建的代表性工况的准确性和合理性，最终会影响利用此工况进行排放、油耗、能耗测试的结果。常用的道路试验方法是平均车流统计法、车辆跟踪法和自主驾驶法。

平均车流统计法，是指驾驶员在规定的试验时间内，按照规划好的试验路线，跟随道路交通流来驾驶试验车辆，且在过程中不刻意地进行加速超车或减速慢行操作。该方法易于实现，便于操作。但是它需要提前根据道路交通条件来对试验时间和路线进行规划；另外，它不能完全反映任意道路的交通情况，且由于其固有属性，易受驾驶员的主观影响。

车辆跟踪法，即对目标车辆进行跟踪行驶的方法。驾驶员选择在一定的视野内的某一车辆作为目标进行跟踪，当该车辆在驾驶员视野中消失时，驾驶员会选定另一辆车进行跟踪。此方法需要驾驶员的驾驶技能较为熟练，但同时其随机性较大，不能对指定道路的交通特性进行测试。

自主驾驶法，即驾驶员按照车辆实际用途对车辆进行驾驶的方法。该方法不需要提前规划试验路线和时间，得到的试验数据更为真实。该方法可以采集不同类型车辆在不同道路的试验数据，且最大限度地避免了驾驶员的主观影响，因此利用此方法构建出的工况更能真实地反映车辆在实际道路上的行驶特性。然而该法所需样本数量大、试验周期长、试验成本高。

2. 工况合成方法

在对道路试验数据进行采集后，需对其进行分析并利用数理统计相关原理合成最终的代表性工况。现有的工况合成方法主要有四种：短行程片断法、定步长截取法、速度 – 加速度矩阵分析法和马尔科夫分析法。

短行程片段法是对运动学片段进行分析并用其构建行驶工况的方法。运动学片段包括一个行驶阶段和一个怠速阶段。此方法首先将采集到的原始试验数据划分成运动学片段，之后利用定义好的特征值求取所有片段的特征，并利用聚类的方法将所有的片段分成具有不同交通特征的片段库，构建各个片段库的代表性工况，最后从各个库中选取相应比例的片段组合成最终的代表性工况，从而使得最终的工况能涵盖所有具有不同的典型特征的片段。该方法适合于采用不选定试验路线的道路试验方法。

定步长截取法首先利用描述片段运动学特性的参数，包括平均速度、平均加速度等，来对试验数据的整体特征进行统计分析。之后选定目标工况的持续时间（通常为 1200s 左右），再按时间将试验数据整理成连续的序列，并从速度时间序列中直接随机截取规定持续时间的片段作为待选工况。最后利用参数求解该备选工况的特征，并将该待选工况特征同试验数据的整体特征进行对比，利用相关系数判断其接近程度。当相关系数达到要求时，说明该备选工况可以有效地反映试验数据整体的特征，可以选定为最终代表性工况，否则将重新进行选取。

速度 - 加速度矩阵分析法可以根据备选工况和试验数据整体的速度 - 加速度概率分布相似程度来判断该工况是否能满足代表性的要求。首先需要对全部试验数据的速度 - 加速度联合概率分布情况进行统计，之后对试验数据进行运动学片段划分并随机组合成备选工况，对备选工况的速度 - 加速度联合概率分布情况进行整理并利用二乘法原理判断其与整体速度 - 加速度联合分布的相似程度，选取相似性最高的工况作为最终的代表性工况。

马尔科夫分析法将行驶工况作为一个由速度片段组成的马尔科夫过程进行研究，根据片段中速度的连续变化情况定义了四种模型事件：加速片段、减速片段、匀速片段和怠速片段。首先利用极大似然估计法（MLE）把试验数据划分成四类模型事件，即四种片段，然后使用极大似然估计法根据平均速度、平均加速度等指标把每类事件再划分到更细的类中，形成模型事件集。马尔科夫是一个随机的过程，此处需要求出模型事件集间的转移概率矩阵。在增加一个模型事件时，需依据上一个模型事件和转移概率矩阵来选取下一个模型事件。同时需满足所选取的下一片段的起始速度与上一片段的终止速度的差异应在一个可匹配的范围内。如此反复进行片段选取，直到达到目标工况的所需长度为止，形成备选工况，再根据备选工况和试验数据的特征值相似程度，选定最终代表性工况。

4.2 动力性及其评价指标

4.2.1 驱动力与行驶阻力

在电动汽车行驶时，动力电池系统将电能输送至驱动电机系统，驱动电机系统的输出功率用于平衡电动汽车机械装置的内阻力以及由行驶条件决定的外阻力所消耗的功率。通常用汽车内机械装置的效率表示其内阻力的影响，用电动汽车行驶阻力来表示其外阻力。从电动汽车行驶时的受力状况出发，建立行驶方程式，这是分析电动汽车行驶性能的基础。

1. 驱动力

电动汽车驱动电机输出转矩为 M，经过减速齿轮传到驱动轴上的转矩为 M_t，使驱动轮对地面产生作用力 F_0，同时，地面对驱动轮产生反作用力 F_t。F_t 与 F_0 大小相等，方向相反。F_t 的方向与驱动轮前进方向一致，是推动汽车前进的外力，定义为电动汽车的驱动力。有

$$M_t = Mi_g i_0 \eta$$

$$F_t = \frac{M_t}{r} = \frac{Mi_g i_0 \eta}{r} \tag{4-1}$$

式中 F_t——驱动力（N）；

M——驱动电机的传输转矩（N · m）；

i_g——齿轮减速器或者变速器的传动比；

i_0——主减速器的传动比；

η——电动汽车的机械传动效率；

r——驱动轮的半径（m）。

电动汽车机械传动装置包括与驱动电机输出轴有运动学联系的齿轮变速器、传动轴以及主减速器等机械装置。机械传动链中的功率损失主要包括齿轮啮合处的摩擦损失、轴承中的摩擦损失、旋转零件与密封装置间的摩擦损失以及搅动润滑油的损失等。由于影响因素较复杂，单独计算各功率损失比较困难。为了简化计算，将各项损失等效合并至齿轮啮合损失内。对于一般机械传动装置效率，可按式（4-2）计算：

$$\eta = \eta_y^n \eta_z^m \tag{4-2}$$

式中 η_y——圆柱齿轮副的效率，$\eta_y = 0.97 \sim 0.98$；

η_z——锥齿轮副的效率，$\eta_z = 0.96 \sim 0.97$；

n——传递转矩时处于啮合状态的圆柱齿轮副数；

m——传递转矩时处于啮合状态的锥齿轮副数。

对于采用行星轮系或行星排的机械传动装置，其效率计算方法则较为复杂，在此不予讨论。单排行星减速器的效率一般取值为 0.97 ～ 0.98，万向传动轴的效率取值为 0.98。

汽车在各种工况下行驶时，所需的转矩和功率是行驶速度的函数，取决于不同车速行驶时所遇到的行驶阻力。驱动电机的转矩 – 转速特性必须满足汽车的行驶需要。假设驱动电机在不同转速时的功率保持不变，则有

$$P_M = \frac{Mn}{9549} \tag{4-3}$$

式中 n——驱动电机转速（r/min）；

M——驱动电机转矩（N · m）；

P_M——驱动电机的输出功率（kW）。

在驱动电机的工作转速范围内，转矩与转速成反比，转矩特性是一条在第一象限内的双曲线。转速低时转矩大，转速高时转矩小，这种特性比较接近汽车的行驶工况。但各类驱动电机的转矩特性与这种理想的特性是有区别的。例如，串励式直流驱动电机的功率与转矩特性如图 4-5 所示，串励式交流驱动电机的功率与转矩特性如图 4-6 所示。

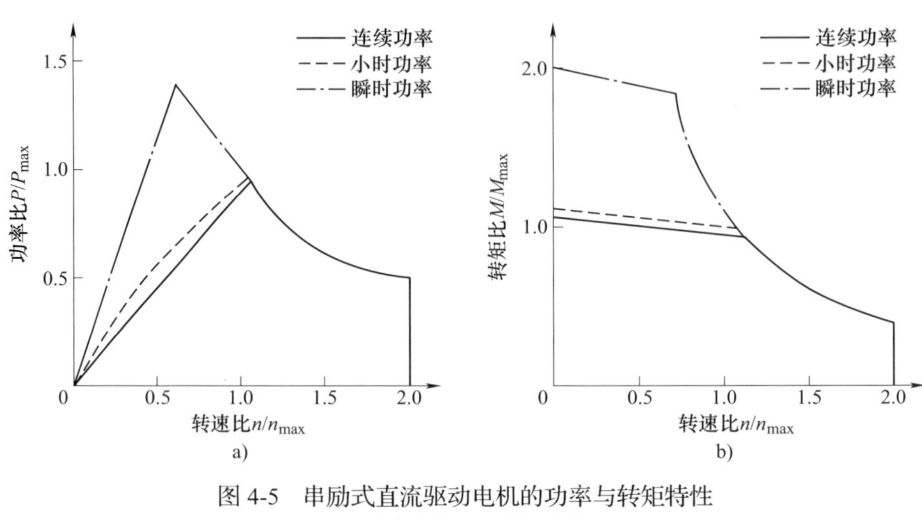

图 4-5 串励式直流驱动电机的功率与转矩特性

a）功率特性 b）转矩特性

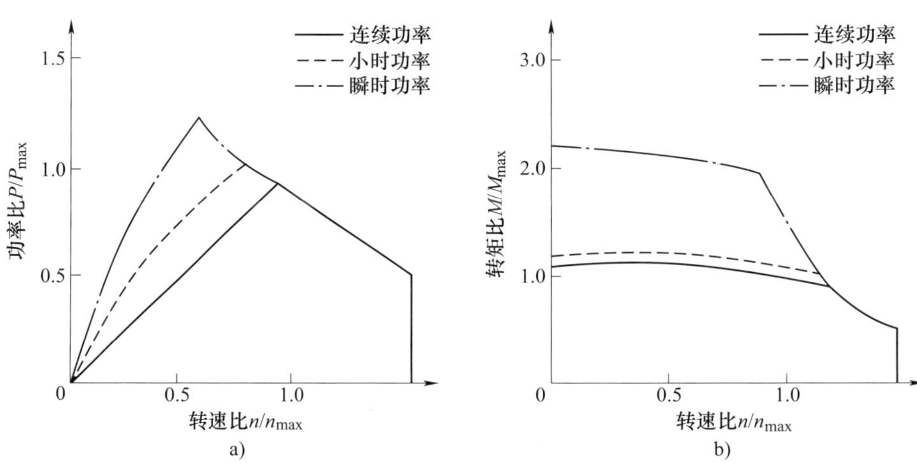

图 4-6 串励式交流驱动电机的功率与转矩特性

a）功率特性 b）转矩特性

这些特性图上有三条曲线，即连续功率、小时功率和起动功率（瞬时功率）。其中，起动功率和小时功率均大于连续功率。由于驱动电机的发热现象，起动功率与小时功率的使用时间受到一定限制。这个特点使得车辆具有在一段时间具有较大加速度或者克服较大坡道阻力的能力，因而得到了广泛使用。

2. 行驶阻力

电动汽车在上坡加速行驶时，作用于电动汽车上的阻力与驱动力保持平衡，可建立如下的汽车行驶方程式：

$$F_t = F_f + F_w + F_i + F_j \tag{4-4}$$

式中 F_t——驱动力；

F_f——行驶时的滚动阻力；

F_w——行驶时的空气阻力；

F_j——行驶时的加速阻力；

F_i——行驶时的坡道阻力。

（1）滚动阻力 F_f

电动汽车在硬路面上行驶时，由于橡胶轮胎的弹性迟滞形成的能量损失，相当于汽车车轮在前进方向上的阻力消耗了汽车的能量。将这个阻力定义为汽车行驶的滚动阻力 F_f，通常它与车轮上的法向载荷成正比，即

$$F_f = fG\cos\alpha \tag{4-5}$$

式中 G——汽车的总重量（N）；

α——汽车在坡道上行驶时道路的坡度角；

f——滚动阻力系数。

滚动阻力系数 f 的数值由试验确定，影响滚动阻力系数的因素很复杂。通常滚动阻力系数与路面的种类、行驶车速和轮胎的材料、构造、气压等因素有关。为了降低滚动阻力系数，可采用低弹性迟滞橡胶、薄胎面、高压子午线轮胎。

（2）空气阻力 F_w

根据空气动力学原理，汽车在行驶过程中受到空气动力，在汽车行驶方向上作用的分力称为空气阻力。空气阻力通常与气流相对速度的动压力成正比。空气阻力可以表示为

$$F_w = \frac{C_D A v_a^2}{21.15} \tag{4-6}$$

式中 C_D——空气阻力系数；

v_a——汽车行驶速度（km/h）；

A——迎风面积（m^2）。

降低空气阻力的主要途径是降低空气阻力系数 C_D 的值。空气阻力系数 C_D 值与汽车表面的结构形状有关，由风洞试验确定。通常，轿车的 $C_D = 0.3 \sim 0.46$，货车的 $C_D = 0.6 \sim 0.7$，客车的 $C_D = 0.6 \sim 0.7$。

（3）坡道阻力 F_i

汽车上坡行驶时，除需要克服滚动阻力与空气阻力外，还需克服坡道阻力 F_i。汽车的重力沿上坡路面的分力阻止汽车前进，此力称为坡道阻力，有

$$F_i = G\sin\alpha \tag{4-7}$$

式中 G——汽车的总重量（N）；

α——汽车在坡道上行驶时道路的坡度角。

道路的坡度角除了用角度表示外，道路工程上还常以坡度表示，其定义为坡度角的正切值，即

$$i = \tan\alpha \tag{4-8}$$

一般路面的坡度角很小，可以近似地认为

$$F_i = Gi \tag{4-9}$$

（4）加速阻力 F_j

设有两个物体的质量均为 m，其中一个物体在运动时有一部分质量可以旋转，并与该物体有一定的运动学联系；另一个物体没有旋转质量。以相同的力作用于两个物体时，两

个物体所得到的加速度是不相等的，而且前者的加速度小于后者。这是由于物体受力的作用做加速运动时，有旋转质量的那一部分除随该物体做平移加速外，还将产生旋转加速度。因此，旋转质量加速旋转形成附加惯性负荷，表现为对该物体整体的阻力。对于有旋转质量的物体，其加速度比没有旋转质量的物体的加速度要小一些。可以设想有旋转质量的物体，其质量比无旋转质量的物体增加 δ 倍，δ 称为质量增加系数，或者质量换算系数，用牛顿第二定律表示为

$$F=\delta ma \tag{4-10}$$

电动汽车加速行驶时的加速阻力则可以表示为

$$F_{\mathrm{j}}=\frac{\delta G}{g}\frac{\mathrm{d}v}{\mathrm{d}t} \tag{4-11}$$

电动汽车的质量换算系数通常由试验确定，由于电动汽车没有内燃机和飞轮，其质量换算系数会相对小一些。

3. 驱动力与行驶阻力的平衡

在电动汽车行驶过程中，其驱动力与行驶阻力始终保持平衡。结合式（4-1）、式（4-4）~式（4-7）和式（4-11），可将这种平衡关系表达为

$$\frac{Mi_{\mathrm{g}}i_0\eta}{r}=fG\cos\alpha+\frac{C_{\mathrm{D}}Av_{\mathrm{a}}^2}{21.15}+G\sin\alpha+\frac{\delta G}{g}\frac{\mathrm{d}v}{\mathrm{d}t} \tag{4-12}$$

根据式（4-12），可以利用行驶方程式通过解析法或者图解法分析电动汽车的动力性能。

绘制给定电动汽车的驱动力和行驶阻力平衡图时，已知条件包括驱动电机输出的转矩特性、汽车的总质量、减速器与主减速器的传动比、传动效率、车轮半径、汽车空气阻力系数和汽车迎风面积。利用式（4-1）即可计算车轮上的驱动力，车速可根据式（4-13）利用驱动电机的转速推算，即

$$v_{\mathrm{a}}=0.377\frac{nr}{i_{\mathrm{d}}i_0} \tag{4-13}$$

式中 i_{d}——减速器或者变速器的传动比；

i_0——主减速器的传动比；

n——驱动电机转速（r/min）；

r——驱动轮的半径（m）。

利用上述计算结果，即可画出驱动力图。

电动汽车等速行驶时，由式（4-4）得

$$F_{\mathrm{t}}=F_{\mathrm{f}}+F_{\mathrm{w}} \tag{4-14}$$

将不同车速下的滚动阻力和空气阻力加起来画在驱动力图上，如图 4-7 所示。由驱动力曲线与 $F_{\mathrm{f}}+F_{\mathrm{w}}$ 曲线的交点即可求出电动汽车的最高车速。特别要注意这个交点处于驱动电机的连续工作区还是瞬时工作区，电动汽车的最高车速只有处于驱动电机的连续工作区才有意义。

令

$$F_{\mathrm{fw}}=F_{\mathrm{f}}+F_{\mathrm{w}} \tag{4-15}$$

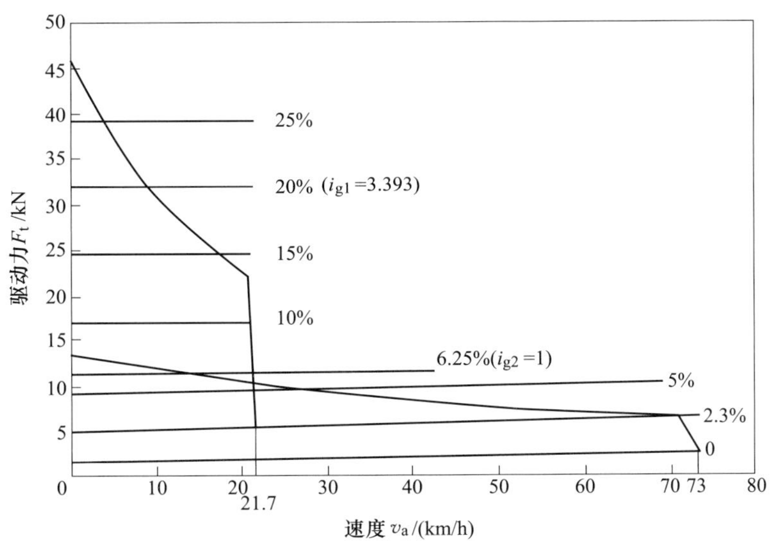

图 4-7　驱动力 – 行驶阻力平衡图

将式（4-4）改写为

$$F_i + F_j = F_t - F_{fw} \tag{4-16}$$

汽车在坡道上以速度 v 等速行驶，$F_j = 0$，则

$$i = \frac{F_t - F_{fw}}{G} \tag{4-17}$$

由式（4-17）可求出电动汽车以速度 v 等速爬坡行驶时的坡度 i。当速度 $v = v_{min}$ 时，此时可求得电动汽车的最大爬坡度 i_{max}。注意此处 F_t 应该取短时间工作的转矩曲线对应的 F_t。

当汽车在平直的良好硬路面上加速行驶时，$F_i = 0$，有

$$F_j = F_t - F_{fw} \tag{4-18}$$

$$\frac{dv}{dt} = \frac{g}{\delta G}\left(F_t - F_{fw}\right) \tag{4-19}$$

利用式（4-19），再经过一些数学处理后，可由计算机编程计算汽车的加速性能。

4.2.2　功率平衡

在电动汽车行驶时，驱动电机传递至驱动轮的输出功率与等效到驱动轮的阻力功率始终保持平衡，有

$$P_M = \frac{1}{\eta}\left(\frac{Gfv_a}{3600} + \frac{C_D A v_a^3}{76140} + \frac{Giv_a}{3600} + \frac{\delta G v_a^3}{3600g}\frac{dv}{dt}\right) \tag{4-20}$$

用曲线图表示上述功率关系，将驱动电机的输出功率、汽车经常遇到的阻力功率 $\frac{1}{\eta}\left(\frac{Gfv_a}{3600} + \frac{C_D A v_a^3}{76140}\right)$ 与车速的关系归置在直角坐标系中，得到电动汽车功率平衡图，如

图 4-8 所示。

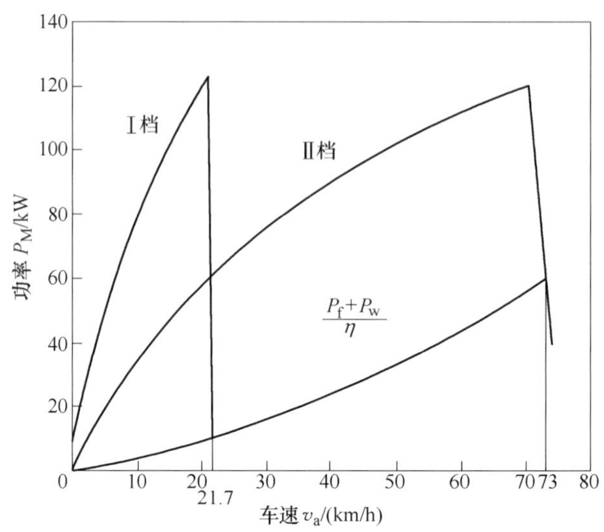

图 4-8　电动汽车功率平衡图

从图 4-8 中阻力功率与连续工作的驱动电机输出功率曲线的交点，求出电动汽车的最高车速为 v_{amax}。在平直的良好路面上加速行驶时，$i=0$，车速为 v_a 时的加速度为

$$\frac{dv}{dt}=\frac{3600g\eta}{\delta Gv_a}\left[P_M-\frac{1}{\eta}\left(\frac{Gfv_a}{3600}+\frac{C_DAv_a^3}{76140}\right)\right] \tag{4-21}$$

汽车等速上坡行驶时，加速度 $\frac{dv}{dt}=0$，车速为 v_a 时的爬坡坡度为

$$i=\frac{3600\eta}{Gv_a}\left[P_M-\frac{1}{\eta}\left(\frac{Gfv_a}{3600}+\frac{C_DAv_a^3}{76140}\right)\right] \tag{4-22}$$

应当指出，利用功率平衡图求最高车速时，应取连续功率曲线上的点求取加速度；求最大爬坡度时，则可取持续 1 ～ 5min 工作的功率曲线上的点。

4.2.3　动力性影响因素

通过前面的分析，对于由电机驱动的电动汽车来说，影响汽车动力性的主要因素包括以下几方面：

1. 驱动电机特性

驱动电机的最大功率、最大输出转矩及其调速性能是决定电动汽车动力性的主要因素。在地面附着条件允许的前提下，驱动电机的功率和转矩越大，汽车动力性就越好。但过大的电机功率会造成更高的成本以及更大的车载质量与体积，而电动汽车的车载能源是有限的，应设法充分发挥驱动电机已有的技术优势，使得电机具有较大的起动转矩和较强的短时过载能力。

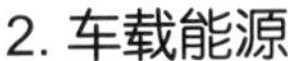

2. 车载能源

根据电动汽车的类型不同，其车载能源可以是动力电池、超级电容器、飞轮储能器以及燃料电池等。对于提高汽车动力性来说，主要要求有较大的功率密度，即能瞬时提供大电流、大功率给驱动电机。因此为改善动力性，可采用功率密度大的超级电容器或飞轮储能器与一般功率密度较小而能量密度较大的蓄电池组合构成复合电源系统。

3. 汽车结构参数

传动效率直接影响汽车的动力性，传动效率越高，传动功率损失越小，电机传至驱动轮的有效功率越大，汽车的动力性就越好。因此可在充分发挥电驱动技术优势的同时，采用适当的传动比增大电机输出转矩，并通过改善机械传动的润滑条件提高其传动效率。

空气阻力的大小与车速的二次方成正比，可见对高速行驶的汽车来说，空气阻力对动力性的影响是非常显著的。而汽车的滚动阻力、坡度阻力和加速阻力都与车载质量成正比，因此车载质量对动力性的影响也很大。现代汽车多采用轻金属材料和非金属材料来减轻汽车自重以提高其动力性。汽车驱动力与车轮半径成反比，而行驶车速与车轮半径成正比，可见轮胎的尺寸与结构对汽车的动力性也有影响。对于一般结构的汽车来说，轮胎半径的减小有利于降低汽车的质心高度。而采用轮毂电机驱动时，由于去掉了机械差速器和贯穿于车轴的左、右半轴，轮胎半径与汽车质心高度以及影响汽车通过性的最小离地间隙几乎无关。而轮胎半径的增大有利于增大电机的安装体积。因此，可按需求通过多方面的权衡来确定各参数。

4. 汽车使用条件

汽车使用条件主要是指道路条件和气候条件等。道路的附着系数越大、滚动阻力系数越小、弯道越少，汽车的动力性就越好。如在恶劣路况下，路面与轮胎间的附着系数减小，会使汽车动力性变差。风、雨、雪、高温、严寒等气候条件对汽车的动力性也有非常大的影响。另外，对汽车的正确维护保养和合理调整也有利于提高汽车的动力性。现代电动汽车应尽可能通过微机智能化控制来充分发挥电驱动技术的优势及其各项有利因素，减少对人工技能的依赖性。

4.2.4 动力性评价指标

从获得尽可能高的车辆平均行驶速度的基点出发，汽车的动力性指标可以由最高车速、加速时间和最大爬坡度构成。

1. 最高车速

最高车速与试验条件（如路面、载荷等）有关。在我国，最高车速是指汽车在风速不大于 3m/s 的条件下，在干燥、清洁、平直的良好路面（混凝土或沥青）上满载行驶所能达到的最高行驶速度（km/h）。

2. 加速时间

车辆加速能力常用加速时间来表示。汽车加速时间是指汽车在风速不大于 3m/s 的条件下，在干燥、清洁、平直的良好路面上，满载时由某一低速加速到某一高速所需的时间（s）。常用原地起步加速时间和超车加速时间来表示车辆的加速能力。

原地起步加速时间是指车辆由 1 档或 2 档起步，并以最大的加速强度（包括选择适当的换档时机）逐步换档至最高档后达到某一高速所需的时间。一般常用 0 ～ 100km/h 的秒数来表明车辆的原地起步加速能力。

超车加速时间是指用最高档或次高档由某一较低车速全力加速至某一高速所需的时间。对于超车加速能力尚无一致的规定，一般采用最高档或次高档由 30km/h 或 40km/h 全力加速至某一高速所需的时间。

3. 最大爬坡度

车辆的上坡能力是用满载时车辆在良好路面上行驶的最大坡度表示的。汽车的类型不同，则对其爬坡度的要求也不一样。货车在各种路面上行驶，故要求其具有较高的爬坡能力。一般货车的最大爬坡度在 30% 左右。轿车通常在较好的路面上行驶，故一般不强调其爬坡能力。车辆最大爬坡度对在山区行驶车辆的平均行驶速度有很大的影响。

4.3 行驶性及评价指标

4.3.1 稳定性

电动汽车的操纵稳定性，简称稳定性，是指在驾驶员不出现过分紧张、疲劳等情形的条件下，汽车能够遵循驾驶员通过转向系统以及转向车轮给定的方向行驶，且当遭遇外界干扰时，汽车抵抗干扰而保持稳定行驶的能力。操纵稳定性不仅决定了驾驶员驾驶汽车的难易程度，更是确保电动汽车安全性的重要指标。在电动汽车飞速发展的今天，其操纵稳定性日益受到重视。

电动汽车的运动状态是由图 4-9 所示的固结于汽车上的车辆坐标系 $Oxyz$ 来描述的。原点 O 与车辆质心重合，xOz 处于汽车左右对称的平面内，xOy 平面为水平面。车辆在水平路面上静止时，x 轴平行于地面指向前方，z 轴通过质心指向上方，y 轴指向驾驶员的左侧。与操纵稳定性有关的主要运动参量：车辆角速度在 z 轴上的分量——横摆角速度 ω_r，车辆质心速度在 y 轴上的分量——侧向速度 v，汽车质心加速度在 y 轴上的分量——侧向加速度 a_y。

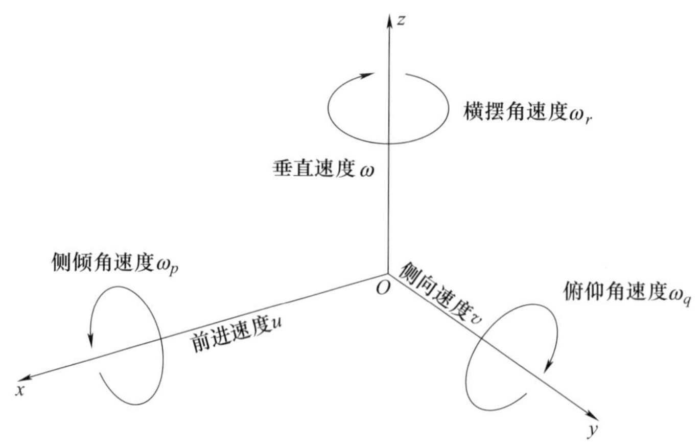

图 4-9　车辆坐标系与汽车的主要运动形式

汽车操纵稳定性涉及的问题较为广泛，它需要采用较多的物理参量从多方面来进行评价。表 4-2 给出了汽车操纵稳定性的基本内容及评价所用的物理参量。

表 4-2 汽车操纵稳定性的基本内容及评价所用的物理参量

序号	基本内容	主要评价参量
1	转向盘角阶跃输入下进入的稳态响应——转向特性 转向盘角阶跃输入下的瞬态响应	稳态横摆角速度增益——转向灵敏度 反应时间、横摆角速度波动的无阻尼圆频率
2	回正性	回正后剩余横摆角速度与剩余横摆角、达到剩余横摆角速度的时间
3	横摆角速度频率响应特性	共振峰频率、共振时振幅比、相位滞后角、稳态增益
4	转向盘中间位置操纵稳定性	转向灵敏度、转向盘力特性——转向盘转矩梯度、转向功灵敏度
5	转向半径	最小转向半径
6	转向轻便性： 原地转向轻便性 低速行驶转向轻便性 高速行驶转向轻便性	转向力、转向功
7	直线行驶性能： 直线行驶性 侧向风敏感性 路面不平敏感性	转向盘转角和（累计值） 侧向偏移 侧向偏移
8	典型行驶工况性能： 蛇行性能 移线性能 双移线性能——回避障碍性能 …	转向盘转角、转向力、侧向加速度、横摆角速度、侧偏角、车速等
9	极限行驶能力： 圆周行驶极限侧向加速度 抗侧翻能力 发生侧滑时的控制性能 …	极限侧向加速度 极限车速 回至原来路径所需时间

在汽车操纵稳定性的研究中，常把汽车作为一个控制系统，求解汽车曲线行驶的时域响应与频域响应，用以表征汽车的操纵稳定性能。

汽车曲线行驶的时域响应是指汽车在转向盘输入或外界侧向干扰输入下的侧向运动响应。转向盘输入有两种形式：给转向盘作用一个角位移，称为角位移输入，简称角输入；给转向盘作用一个力矩，称为力矩输入，简称力输入。驾驶员在实际驾驶车辆时，对转向盘的这两种输入同时存在。外界侧向干扰输入主要是指由于侧向风与路面不平产生的侧向力。

1）转向盘角阶跃输入下进入的稳态响应及转向盘角阶跃输入下的瞬态响应，就是表征汽车操纵稳定性的转向盘角位移输入下的时域响应。

2）回正性是一种转向盘力输入下的时域响应。

3）横摆角速度频率响应特性是转向盘转角正弦输入下，频率由 $0 \to +\infty$ 时，汽车横摆角速度与转向盘转角的振幅比及相位差的变化规律。它是另一个重要的表征汽车操纵稳定性的基础特性。

4）转向盘中间位置操纵稳定性是转向盘小转角、低频正弦输入下汽车高速行驶时的操纵稳定性。

5）转向半径是评价汽车机动灵活性的物理参量。

6）转向轻便性是评价转动转向盘轻便程度的特性。

7）汽车的直线行驶性能是评价汽车操纵稳定性的另一个重要方面。其中，侧向风敏感性与路面不平敏感性是汽车直线行驶时在外界侧向干扰输入下的时域响应。

8）典型行驶工况性能是指汽车通过某种模拟典型驾驶操作的工况的性能。它们能更如实地反映汽车的操纵稳定性。

9）极限行驶性能是指汽车在处于正常行驶与异常危险运动之间的运动状态下的特性。它表明了汽车安全行驶的极限性能。

4.3.2 平顺性

1. 概述

电动汽车的平顺性是衡量电动汽车运行过程是否舒适的重要指标，是现代电动汽车的一项重要性能。它是指使汽车在行驶过程中产生的振动和冲击环境对乘员舒适性的影响保持在一定界限之内的能力。对于载客汽车，平顺性主要依据乘员的主观感受来评价，而对于载货汽车，还可依据货物保存是否完好来评价。

在电动汽车行驶过程中，影响平顺性的因素有很多，如路面的不平度、传动系等旋转部件所导致的振动等。其中，路面不平度是振动的主要来源和输入，频率在 0.5 ～ 25Hz 之间。

图 4-10 展示了“路面 – 汽车 – 人”系统的框图。汽车振动系统的输入为路面不平度、车速两种因素。而轮胎、悬架、座椅等弹性阻尼元件构成的振动系统可以传递这种输入，最终输出则是悬架质量或被人体感受到的加速度。人体对这种加速度产生的反应可以用来评价汽车的平顺性。在对汽车平顺性进行优化时，还应将车轮与路面间的动载和悬架弹簧的动挠度纳入考虑范围，它们分别影响行驶安全性和撞击悬架限位的概率。

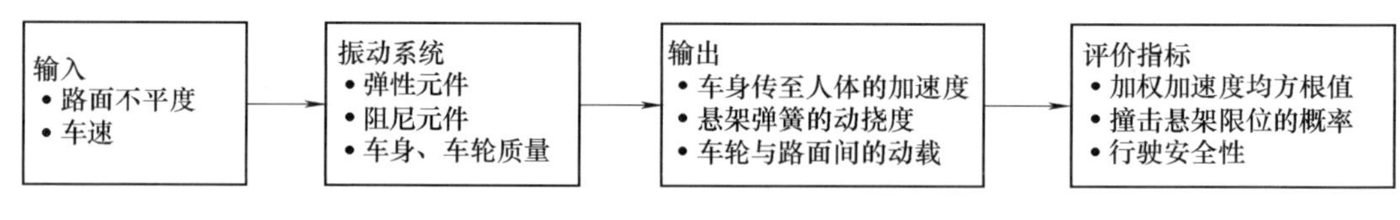

图 4-10 “路面 – 汽车 – 人”系统的框图

对平顺性进行研究，可以有效控制汽车振动时的动态特性，使得在给定工况的“输入”下振动的“输出”不超过一定界限，以保持乘员的舒适性。

2. 平顺性评价方法

国际标准 ISO 2631 推荐了 1/3 倍频程分析对比法和总加权值评价法两种方法。ISO 2631 所采用的基本物理量是 1/3 倍频程带宽加速度均方根值，它的优点：① 考虑了整个 1 ～ 80Hz 频率范围内振动对人的影响，这个频率范围的振动对汽车平顺性的影响最大；② 考虑了人对不同方向（水平、垂直）的振动所能承受界限的不同；③ 以加速度均方根值作为物理量，加速度是低频范围内对平顺性影响最大的因素，而均方根值既能反映加速度的大小，又反映了振动能量的强弱，是个综合物理量；④ 定量地给出了三级强度（暴露极限、疲劳 - 工效降低界限、舒适性降低界限）的承受极限值。下面就这两种方法进行简单的叙述。

（1）1/3 倍频程分析对比法

1/3 倍频程分析对比法比较适合于窄带随机振动的评价。当有几个 1/3 倍频程的振动同时作用于人体，则认为主要是由人体感觉最突出的那个频带的振动对人体产生明显干扰，其余频带的振动对人体的感觉效果不产生明显干扰。1/3 倍频程带宽加速度均方根值是根据 1/3 倍频程带宽分析得到的对应于中心频率 f_i 的加速度均方根值，它表示与中心频率 f_i 对应的第 i（$i=1，2，3，\cdots，20$）个 1/3 倍频程带宽的加速度有效平均值，其计算公式为

$$a_i=\sqrt{\int_{f_{ci}}^{f_{ui}}G_{\ddot{q}}(f)\mathrm{d}f} \tag{4-23}$$

式中　a_i——中心频率为 f_i 的第 i（$i=1，2，3，\cdots，20$）个 1/3 倍频程带宽加速度均方根值；

f_{ci}——中心频率为 f_i 的 1/3 倍频程带宽的下限频率，$f_{ci}=0.89f_i$；

f_{ui}——中心频率为 f_i 的 1/3 倍频程带宽的上限频率，$f_{ui}=1.12f_i$；

$G_{\ddot{q}}(f)$——传至人体的加速度自功率谱密度。

将对人体最敏感频率范围以外的其他频带的振动加速度有效值进行频率加权，等效折算为最敏感频率范围的振动加速度有效值，并称作加权加速度有效值，用 a_{wi} 表示。a_{wi} 与原 1/3 频程 a_i 的关系为

$$a_{wi}=w(f_{ci})a_i \tag{4-24}$$

式中　$w(f_{ci})$——频率加权函数。

对于垂直振动：

$$w(f_{ci})=\begin{cases}0.5\sqrt{f_{ci}}, & 1<f_{ci}\leqslant 4\\ 1, & 4<f_{ci}\leqslant 8\\ 8/f_{ci}, & 8<f_{ci}\end{cases} \tag{4-25}$$

对于水平振动：

$$w(f_{ci})=\begin{cases}1, & 1<f_{ci}\leqslant 2\\ \dfrac{2}{f_{ci}}, & 2<f_{ci}\end{cases} \tag{4-26}$$

1/3 倍频程分析对比法对应的评价指标的计算公式为

$$a_{\max}=\max(a_{wi}) \tag{4-27}$$

（2）频率加权法——总加权值评价法

总加权值评价法认为各频带振动相互联系，对人体产生影响的主要用 20 个 1/3 倍频程带宽加权加速度均方根值分量的方和根值——总加权加速度均方根值来评价，其计算公式为

$$a=\sqrt{\sum_{i=1}^{20}(a_i)^2} \tag{4-28}$$

4.3.3 通过性

汽车通过性是指汽车在一定的装载质量下，能够以足够高的平均速度通过各种坏路及无路地带和克服各种障碍的能力，如通过松软地面（土壤、沙漠、雪地、沼泽）、坎坷不平地段和各种障碍（陡坡、侧坡、壕沟、台阶、水障）等。通过性可以分为支承通过性和几何通过性两类。电动汽车通过性好坏的影响因素又可分为汽车自身结构参数和外界环境性质两种。此外，电动汽车通过性还与动力性、稳定性、平顺性、机动性等具有紧密的联系。

1. 电动汽车通过性牵引支承参数

电动汽车通过性的牵引支承参数是以电动汽车附着力、驱动力和行驶阻力来反映汽车通过性能的参数。目前，常采用牵引系数以及牵引效率指标来评价汽车的支承通过性。

（1）牵引系数 TC

牵引系数是指单位车重的挂钩牵引力（净牵引力）。它可以衡量汽车在松软地面上加速、爬坡及牵引其他车辆的能力。其表达式为

$$TC = F_{\mathrm{d}} / G \tag{4-29}$$

式中 F_{d}——汽车的挂钩牵引力；

G——汽车重力。

（2）牵引效率（驱动效率）TE

牵引效率是指驱动轮输出功率与输入功率之比。它反映了车轮功率传递过程中的能量损失，这部分损失是由于轮胎橡胶与帘布层间摩擦生热及轮胎下土壤的压实和流动而造成的。其表达式为

$$TE = \frac{F_{\mathrm{d}}}{T_{\mathrm{w}}}\frac{u_{\mathrm{a}}}{\omega} = \frac{F_{\mathrm{d}} r\left(1-s_{\mathrm{r}}\right)}{T_{\mathrm{w}}} \tag{4-30}$$

式中 u_{a}——汽车行驶速度；

T_{w}——驱动轮输入转矩；

ω——驱动轮角速度；

r——驱动轮动力半径；

s_{r}——滑转率。

2. 电动汽车通过性几何参数

由于汽车与地面间隙不足而被地面托住、无法通过的情况，称为间隙失效。当车辆中间底部的零件碰到地面而被顶住时，称为“顶起失效”；当车辆前端或尾部触及地面而不能通过时，则分别称为“触头失效”和“托尾失效”。显然，后两种情况属同一类失效。

与间隙失效有关的汽车整车几何尺寸，称为汽车的通过性几何参数。这些参数包括最小离地间隙、纵向通过角、接近角、离去角、最小转弯半径等，如图 4-11 所示。

1）最小离地间隙 C，是指汽车在停止、满载时，汽车中间区域最低点与支承平面之间的距离。它可以反映汽车通过地面突起时不发生碰撞的能力。

2）纵向通过角 D，是指汽车在停止、满载时，分别经过前后车轮的外缘做垂直于汽车纵向对称平面的切平面，当两切平面交于车体下部较低部位时所夹的最小锐角。纵向通过角可以表征车辆通过拱桥、小型突起时不发生碰撞的能力。

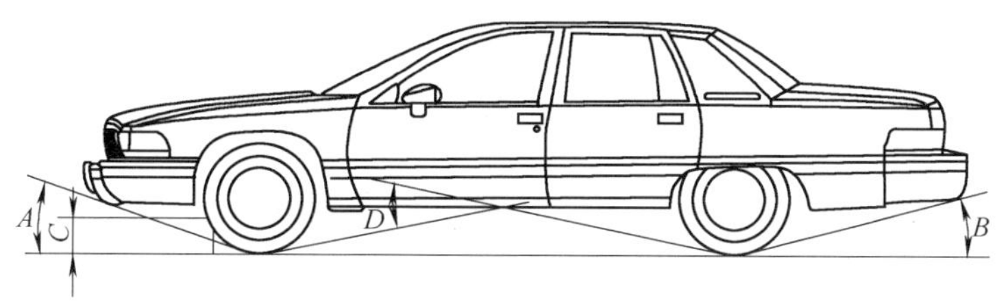

图 4-11　汽车的通过性几何参数

3）接近角 A，是指汽车在停止、满载时，前端突出点向前轮所引切线与地面间的夹角。A 越大，越不易发生触头失效。

4）离去角 B，是指汽车在停止、满载时，后端突出点向后轮所引切线与地面间的夹角。B 越大，越不易发生托尾失效。

5）最小转弯半径 d_{min}，是指汽车在稳定低速转向时，转向盘旋转至极限位置，外侧转向轮的中心平面在支承平面上转过的轨迹圆的直径。最小转弯半径有效地表征了汽车通过狭小地带时转弯和掉头的能力。d_{min} 越小，汽车的机动性越好。

对于以动力电池为主要动力源的电动汽车，其电池包的体积、质量一般均较大，因此常被放置在车辆底盘处，当车辆发生“间隙失效”或“顶起失效”等失效形式时，会导致电池包受挤压、碰撞，进而产生变形、漏液等现象，严重时还会起火和爆炸。因此，通过性几何参数的好坏直接关系到电动汽车的行驶安全性。

4.4　安全性评价指标及影响因素

汽车的安全性是用户安全使用车辆的重要保障，目前一般通过对汽车进行一系列的碰撞试验，即使汽车以一定的时速撞向事先设置的障碍物，测量并记录相关的数据，然后根据各种测试数据来判断车辆的安全性，最终为车辆的安全性能评出分数等级。电动汽车作为近年来快速发展的产业，要完全取代传统燃油汽车，除需考虑续驶里程和动力性等因素外，其自身的安全性也尤为重要。与传统燃油汽车相比，电动汽车由于装备了大容量的动力电池组，其安全性的要求更高，除了碰撞安全性、制动安全性等指标以外，还涉及电池安全、高压安全、电磁兼容性等一系列电动汽车所特有的安全性影响因素。

4.4.1　电池因素

2019 年《中国电动汽车市场研究报告》中对中国电动汽车的安全事故进行了不完全统计和梳理。统计结果显示，2017 年和 2018 年中国电动汽车发生安全事故分别为 14 起和 34 起，涉及的车辆分别为 103 辆和 51 辆。统计发现，电动汽车发生安全事故的主要原因仍与动力电池相关，且大部分车辆是在充电过程中发生自燃。随着电池材料和电池成组技术的不断发展，电动汽车动力电池的安全性有了显著提高。目前，锂离子动力电池以其能量密度高、循环寿命长、无记忆性、无污染等特性成为电动汽车动力电池系统的首选。然而，能量密度高的材料普遍热稳定性低，容易引发电动汽车热失控等安全性问题。在众多安全事故的压力下，许多国家都严格出台了有关锂离子动力电池使用安全的测试规定，例如美国电气制造商协会制定的 C18.2M 测试标准、美国汽车工程师学会制定的 J2464 测试标准、国际电工委员会出台的 IEC-62133 和 IEC-62281 测试标准、国际电池安全组织制定的 BATSO-01 测试标准以及我国汽车标准化技术委员会制定的 GB/T 31485 测试标准等，但经过了标准测试的锂离子动力电池仍然会有突发的热失控现象产生。在锂离子动力电池的生产和使用过程中，如果电池单体的一致性较差，则易造成电池容量较小的单体出现过充电或过放电，特别是过放电时电池组中容量较小的电池单体出现反极现象（电池的正极变负极，负极变正极），从而使正极的金属锂形成易燃易爆物质；同时，锂电池在充放电过程中碳负极与正极析出的氧反应易生成易燃气体 CO；另外，由于动力电池设计时追求高能量密度，往往将正负极间的隔膜设计得较薄，增加了电池内短路的风险；电池组电池单体之间、电池单体与其他物体之间也可能会发生相互摩擦、碰撞、挤压，导致电池接线脱落、导线磨损或电池破裂电解液泄漏：以上因素均可能造成动力电池组甚至是电动汽车的燃烧或爆炸，总的来说可以归结为锂离子动力电池的三类滥用行为，即机械滥用行为、电滥用行为以及热滥用行为。机械滥用可以引发电池短路；电滥用的一个常见特征就是电池内短路，电池内短路会释放大量热量并引发热滥用行为；热滥用时，锂离子动力电池被加热到极高的温度，从而引发热失控行为。

为避免动力电池的热失控，需要根据电池热失控机理及传播原理，通过电池单体热失控安全技术和电池成组热失控安全技术对可能存在的热失控产生因素及扩展路径进行针对性的控制和防护。如针对电池单体热失控的电解液改进，正极材料改进，隔膜改进以及表面涂覆等；针对电池成组热失控的结构安全设计［热传播阻断设计、阀泄通道设计、正的温度系数（PTC）电阻及熔断器设计等］，电池管理系统（BMS）安全改进（参数检测、BMS 均衡技术等），冷却系统设计（空气冷却、液体冷却、相变材料冷却等）以及主动安全技术（灭火、防爆设计等）等。

4.4.2 高压系统因素

为延长续驶里程，给车内提供舒适的温度环境，电动汽车设计时会选用大容量、高电压的动力电池，这就使得电动汽车的高压安全隐患和其造成的高压电伤害高于传统燃油汽车。一旦高压电路发生绝缘失效、短路及漏电等情况，将直接危及驾乘人员的生命安全。作为驱动电动汽车行驶的动力源，需要保证足够的安全性能。目前，电动汽车电池组的总电压普遍高于 100V，纯电动大客车电池整组电压甚至高达 600V，远远高于 36V 的人体安全电压。电动汽车在行驶过程中的颠簸、振动可能使高压电缆磨损从而造成短路，也可能造成电池组高压放电，此时，车辆起步瞬时会出现极高的电流，高压线缆极可能因发热而引起短路，除此之外，雨天行车也可能造成高压漏电等一系列安全问题。

从 2016 年开始，工信部就在积极推动新能源汽车尤其是电动汽车安全标准的制定和修订工作，目前已经完成《电动汽车安全要求》《电动汽车用动力蓄电池安全要求及试验方法》《电动客车安全要求》三项强制性国家标准的制定工作，标准中对电动汽车高压系统的标记、直接接触防护、间接接触防护和防水性能做出了规范要求。其中，直接接触防护要求中指出：如果通过遮栏或外壳提供触电防护，则带电部分应当布置在外壳里或遮栏后，防止从任何方向上接近带电部分；高压连接器在不使用工具的情况下应当无法打开；同时，高压带电部分要满足相应的防护等级要求。间接接触防护要求中指出：在最大工作电压下，直流电路绝缘电阻的最小值应大于 100Ω/V，交流电路应大于 500Ω/V；同时，对绝缘电阻的监测提出了要求，在车辆未与外部电源传导连接时，该装置能够持续或者间歇地检测车辆的绝缘电阻值，当该绝缘电阻值小于厂家规定的阈值时，应通过一个明显的信号（例如声或光信号）装置提醒驾驶员。此外，防水性能要求指出：车辆应该具备一定的防水性能，车辆在遇水之后应该仍能满足标准中的绝缘电阻要求，标准中同时给出了车辆模拟清洗和模拟涉水的整车防水测试方法。

目前已有针对电动汽车高压电系统安全防护、故障处理及碰撞安全的设计方案，通过高压系统自身绝缘设计、碰撞断电设计、高压互锁设计以及电磁兼容设计，从硬件层面保障了电动汽车高压系统的安全性；同时电动汽车上的软硬件安全监测系统能够对车辆关键部件和重要数据进行实时监测，结合故障处理策略能够最大限度地保障电动汽车的安全使用。因此，高压系统在电动汽车上的安全使用能够得到较为完善的保障，并且随着技术的发展和进步，电动汽车上的高压系统的安全性能会越来越可靠。

4.4.3 电磁干扰因素

随着消费者对汽车舒适性、安全性要求的提高和现代电子技术在汽车上的广泛应用，汽车越来越智能化、电子化，这些电子元件、电气产品给汽车的使用带来了舒适和便利，但同时其产生的电磁干扰也会在一定程度上影响汽车的安全性。电动汽车与燃油汽车相比，没有燃油汽车的点火系、起动机、发电机等，但电子元件、电气产品比燃油汽车多得多，如高频电源、交流电源、强电设备、各类电机、接触开关触点、继电器触点、总线、线束、传感器和单片机系统等。从内部结构来看，电动汽车各部分电气集成化程度很高，各系统如电机驱动系统、电池管理系统、车载电子设备系统等不同系统内部本身电气结构十分复杂，大多会用到一些容易产生电磁干扰的高频率、高电压大功率的控制设备，如：车辆变频电机系统会产生较大的电磁干扰电流和电压，易影响车内低压设备；同时又会通过电路间的传导或者辐射对车载其他敏感设备造成影响；此外，外界环境的强电磁干扰也可能对车上的电磁设备造成影响。如此恶性循环，干扰能量会越来越大，而这些系统间的相互关联耦合串扰也使得整个电动汽车内部电磁环境变得十分复杂。如果不针对性地优化结构，对电磁干扰加以抑制，必然会导致一些车载敏感电子设备工作时受到干扰，轻则影响其使用寿命，重则在工作中发生故障，而这些设备当中的一部分是车辆运行的重要器件，如电机控制器、驱动器、电池管理系统、转向系统、制动系统、安全气囊等，一旦在电动车行驶过程中因受扰而发生故障失灵，将会导致交通事故的发生。

电磁干扰按干扰途径的不同分为传导干扰、感应干扰和辐射干扰三大类。其中，传导干扰是通过电路的共用导体传播，如共用电源线和共用搭铁线，任意一个设备的电流变化都会对共用导体的线路中其他设备的电压变化产生干扰；感应干扰是指电感应和磁感应干扰；辐射干扰由天线发射，汽车上通电的导线和电缆被视为等效天线。电磁干扰按干扰源的频率不同分为低频和高频两类，按干扰源的不同分为车外电磁干扰、车体静电干扰和车内电磁干扰三类。纯电动汽车和燃油汽车都有车外电磁干扰、车体静电干扰、车内电磁干扰三类电磁干扰。对电动汽车来说，解决电磁兼容问题，抑制电磁干扰是保证车辆安全的重要保障之一。GB/T 18655—2018《车辆、船和内燃机　无线电骚扰特性　用于保护车载接收机的限值和测量方法》明确规定了 150kHz ～ 2500MHz 频率范围内的无线电骚扰限值和试验方法，适用于任何用于车辆、挂车和装置的电子 / 电气零部件。该标准规定，只有根据车辆限值进行的整车试验才能被用于最终评价零部件的兼容性。

在电动汽车的设计中可采用以下措施避免电磁干扰：

1）将电源的负极与车架或发动机相连接，汽车电器和电子元件均与发动机或车架连接，整个汽车的大结构在电气方面连成一个整体，从而有效抑制电器元件、汽车部件因静电感应引起的电磁干扰。

2）金属屏蔽，将容易产生火花的电器用金属网遮掩起来。对于低频电磁干扰，采用编织屏蔽网；对于高频电磁干扰，采用箔层屏蔽；对于高低频混合的电磁干扰采用箔层加编织网屏蔽。

3）单片机系统的硬件防干扰：① 在单片机输入通道通过光耦器件传输信号将单片机系统与各传感器、开关、执行机构从电气上隔离开；② 长线传输数字信号时用双绞线，并在发送和接收信号端串入末端电阻，且双绞线与阻抗匹配；③ 单片机系统采用 RC 低通滤波器进行硬件滤波。

4）单片机系统的软件防干扰，用数字滤波来消除单片机系统输入信号的电磁干扰。若程序运行混乱进入“死循环”时，通过“看门狗”等程序运行监视系统对程序进行出错处理，从而脱离“死循环”。

4.4.4　机械制动与电制动联合制动因素

为了提高新能源车辆的经济性，新能源车辆大都具备制动能量回收能力，这就决定了车辆的制动方式是机械制动与电制动联合制动（机 – 电复合制动）。汽车的制动性是指在行驶时能在短距离内停车且维持行驶方向稳定性和在下长坡时能维持一定车速的能力。因此，机 – 电复合制动应主要满足三个要求，即短距离停车、制动行驶方向稳定性以及下长坡能维持一定车速。要满足以上要求，必须保证机 – 电复合制动强度不仅能够满足制动距离的要求，还应做好制动能量回收系统与现有的 ABS/ESP 等汽车电子产品的协调控制，以及在下长坡时能量回收系统的回收功率不能过小；同时，还要考虑能量储存系统的容量大小，在能量储存系统满电情况下机械制动能够单独工作且满足制动需求。此外，制动能量回收系统的工作不应受磁场或电场的影响，并且机 – 电复合制动的感受应综合考虑驾驶员驾驶习惯以及乘员舒适性。制动性直接关系到交通安全，重大交通事故往往与制动距离太长、紧急制动时发生侧滑等情况有关，因此保证机械制动与电制动联合制动的性能至关重要。

为了保证车辆的制动性能，我国已制定了相关标准。在 GB 7258—2017《机动车运行安全技术条件》中，明确规定了各类车辆的制动距离和制动稳定性测试要求，还对制动减速度、制动踏板力、制动气压进行了规定。在 GB 12676—2014《商用车辆和挂车制动系统技术要求及试验方法》中，详细规定了制动系统的技术要求以及试验规程。其中，明确指出了下坡工况试验对于缓速制动系统的性能要求，对于必须进行此项测试的电动车辆，电力再生式制动系统必须满足此处缓速制动系统的要求；对于装备电力再生式制动系统的车辆，应由防抱死制动系统控制电力再生式制动系统。该标准还规定装有电力再生式制动系统的车辆，应检查行车制动系统输出的电动部件完全失效和失效状态导致电动部件产生最大制动力两种失效条件下的制动性能。在 QC/T 1089—2017《电动汽车再生制动系统要求及试验方法》中，专门针对电动汽车再生制动系统提出了技术要求及试验规程，除了需满足制动距离和制动稳定性的要求外，明确规定汽车在紧急制动情况下，制动能量回收功能开启与关闭时，制动效能应不发生巨大变化，并提出了试验指标。该标准还用制动能量回收效率和制动能量回收系统续驶里程贡献率衡量再生制动系统的制动能量回收效果。

制动能量回收系统参与制动，改变了汽车原有的制动特性。为了保证汽车的制动安全性和稳定性，在再生制动与常规的制动系统相匹配过程中，必须综合考虑以下因素：驾驶感受、制动距离及制动减速度等关于制动强度的指标、与现有的 ABS/ESP 等汽车电子产品的协调控制和前后轴制动力分配等关乎制动稳定性的因素、能量储存系统容量和电机回收功率等关乎下长坡工况的性能指标、能量回收率等关乎经济性的指标，以及回收系统失效和回收系统产生最大制动力等突发情况安全性等。基于以上因素，进行再生制动策略的制定，以及确定机械制动与电制动联合工作的运行机制。

4.5 经济性及评价指标

4.5.1 电动汽车使用经济性

电动汽车因其具有的清洁、环保、保养成本低等优点逐渐被市场所接受。然而，其初始购置成本高的问题也让很多消费者望而却步。同级别的车型中，纯电动或混动版本一般比燃油版本贵 30% ～ 80%。因此，在对汽车的经济性进行评价时，应考虑其全生命周期成本，并对不同运营模式下电动汽车的使用成本进行比较分析。本节通过建立燃油汽车和电动汽车百公里行驶总成本模型，更加系统地判断当前市场下电动汽车在经济性上的可行性。燃油汽车百公里总运营成本包括能耗成本、折旧成本、运营维护成本、其他项目成本，可以用式（4-31）表示：

$$C_{\rm o}=P_{\rm o}Q_{\rm o}+\frac{S_{\rm o}}{D_{\rm o}}\times 100+C_{\rm om}+\sum_{i=1}^{n}C_{{\rm o}i} \tag{4-31}$$

式中 $C_{\rm o}$——燃油汽车百公里运营总成本；

$P_{\rm o}$——燃油汽车燃油单价；

$Q_{\rm o}$——燃油汽车百公里油耗量；

$S_{\rm o}$——车辆购置价格；

$D_{\rm o}$——寿命期内运营总里程数；

$C_{\rm om}$——燃油汽车百公里维护成本；

$\sum_{i=1}^{n} C_{oi}$——燃油汽车其他项目成本，主要包含燃油汽车管理费用、工作人员的工资及福利等。

电动汽车百公里成本模型可用式（4-32）表示：

$$C_e = P_e Q_e + \frac{S_e}{D_e} \times 100 + C_{em} + \sum_{i=1}^{n} C_{ei} \quad (4\text{-}32)$$

式中 C_e——电动汽车百公里运营总成本；

P_e——电动汽车充电电价；

Q_e——电动汽车百公里耗电量；

S_e——车辆购置价格；

D_e——寿命期内运营总里程数；

C_{em}——电动汽车百公里维护成本；

$\sum_{i=1}^{n} C_{ei}$——电动汽车其他项目成本，主要包含电动汽车管理费用、工作人员的工资及福利等。

电动汽车相较于燃油汽车可节约成本可用式（4-33）表示：

$$\Delta C = C_o - C_e + C_E \quad (4\text{-}33)$$

式中 ΔC——电动汽车替代传统汽车后可节约的百公里运营总成本；

C_o——燃油汽车百公里运营总成本；

C_e——电动汽车百公里运营总成本；

C_E——燃油汽车排放尾气的环境成本。

以某品牌传统燃油车和相应的纯电动汽车版本进行综合成本比较，成本控制明细见表4-3。

表4-3 成本控制明细

指标		电动汽车	燃油汽车
性能指标		最高车速：140km/h	最高车速：175km/h
		电机最大功率：120kW	发动机排量：1.5L
		一次充电续驶里程：400km	一次加油续驶里程：约550km
		每百公里耗电：12kW·h	每百公里耗油：10L
		每次充电时间：4～8h	每次加油时间：约5min
成本	购买成本 a	13.58万～23.83万元	5.88万～9.88万元
	使用成本 b	按照0.4883元/（kW·h）的电价进行计算	油价6.77元/L
		每百公里成本=百公里耗电量×电价/充电效率=（12×0.4883/0.9）元=6.51元	每百公里成本=百公里油耗×油价=10×6.77元=67.7元
	维护保养成本 c	对电机、电子控制系统及机械等进行维护保养，0.5元/100km	更换机油、清洗滤清器，动力系统及机械等维护保养，4元/100km
	折旧成本 d	约为95元/100km	约为33.33元/100km
	百公里综合使用成本 $e=b+c+d$	102.01元/100km	105.03元/100km

由表4-3可知，电动汽车在使用过程中展现出较好的使用经济性，尤其是通过利用夜间“谷电”充电可以有效减少其使用成本。但电动汽车仍面临一系列问题：① 整车购置

成本高；② 充电时间过长；③ 电池组的寿命较短，动力电池的可靠性有待提升。因此，要降低电动汽车综合成本，一方面需要加强电动汽车相关技术研发，降低整车价格和能耗率；另一方面要开发低成本、长寿命、高能量密度的动力电池。

4.5.2　电动汽车能耗经济性评价指标

车辆能耗经济性评价常用指标都以一定的车速或循环行驶工况为基础，以车辆行驶一定里程的能量消耗量或一定能量使车辆可行驶的里程来衡量。为了使电动汽车能耗经济性评价指标具有普遍性，其评价指标应该满足三个条件：① 可以对不同类型的电动汽车经济性进行比较；② 指标参数数值与整车储存能量总量无关；③ 可以直接从参数指标进行能耗经济性判断。下面分别介绍常用评价参数。

1. 续驶里程

电动汽车的续驶里程是指动力电池组充满电后可以持续行驶的里程数。续驶里程不足是当下制约电动汽车快速发展的一个重要因素。因此，如何降低不同行驶工况下电动汽车的能量消耗率、提高电动汽车效率、增加续驶里程是发展电动汽车必须解决的重要课题。

（1）续驶里程计算方法

电动汽车的续驶里程在不同试验工况下会得到不同的试验结果。一般采用电动汽车在道路上滑行试验的方法，通过求取汽车的滚动阻力和空气阻力来计算电动汽车续驶里程。试验采用五轮仪记录汽车在滑行过程中的速度 – 时间（$v-t$）曲线，如图 4-12 所示。

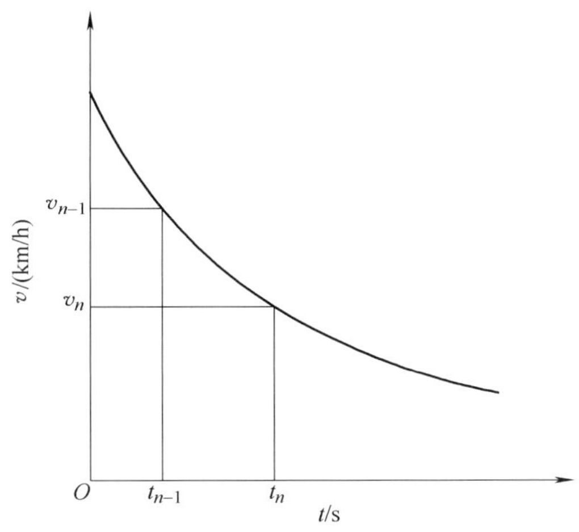

图 4-12　电动汽车滑行试验的 $v-t$ 曲线

汽车滑行时的滚动阻力和空气阻力之和为

$$F_f + F_w = \frac{G}{g}\frac{dv}{dt} - \frac{M_m}{r} \tag{4-34}$$

式中　M_m——传动系统作用于驱动轮的摩擦阻力矩；

G——汽车总重量（N）；

r——驱动轮半径（m）。

在式（4-34）中可忽略 M_m 项，并对计算结果进行修正。将式（4-34）两端乘以平均速度，克服道路滚动阻力和空气阻力消耗的功率 P 为

$$P=P_f+P_w=\frac{m}{3.6^2\times1000}\frac{v_n+v_{n-1}}{2}\frac{v_{n-1}-v_n}{t_n-t_{n-1}} \tag{4-35}$$

式中 P_f——克服滚动阻力所消耗的功率；

P_w——克服空气阻力所消耗的功率。

经过单位换算后简化为

$$P=3.86\times10^{-5}m\frac{v_n^2-v_{n-1}^2}{t_n-t_{n-1}} \tag{4-36}$$

式中 m——电动汽车质量（kg）;

v——电动汽车速度（km/h）;

t——时间（s）。

电动汽车克服道路滚动阻力和空气阻力消耗的能量 E 为

$$E=FS \tag{4-37}$$

式中 F——电动汽车驱动力；

S——电动汽车行驶里程。

电动汽车行驶单位里程消耗的能量 e 为

$$e=\frac{FS}{S}=\frac{P}{v} \tag{4-38}$$

电动汽车滑行时的平均车速 $\bar{v}$ 为

$$\bar{v}=\frac{v_{n-1}-v_n}{t_n-t_{n-1}} \tag{4-39}$$

因此，电动汽车在平均车速下，克服道路滚动阻力和空气阻力的单位里程消耗的能量为

$$e=\frac{m}{3.6\times3600}\left(\frac{v_{n-1}-v_n}{t_n-t_{n-1}}\right) \tag{4-40}$$

设电动汽车行驶时单位里程能耗为 e（kW · h/km），电动汽车总质量为 m（t），则每吨（t）的比能耗 e_0［kW · h/(km · t)］为

$$e_0=\frac{e}{m} \tag{4-41}$$

设电动汽车的动力电池组充满电的总能量为 E（kW · h），则可以计算电动汽车的续驶里程 S 为

$$S=\frac{E}{e}=\frac{E}{e_0m} \tag{4-42}$$

然而实际情况并不像式（4-42）那么简单，由于动力电池在不同放电深度、放电电流时具有不同的放电效率，加上电池的自放电现象，有的动力电池每天自放电率高达 1% 以上，这些都会影响动力电池组的输出总能量。另外，行驶工况的差别等因素都将影响电动汽车的续驶里程，因此，式（4-42）仅能近似地估算电动汽车的续驶里程。

（2）续驶里程的主要影响因素

影响电动汽车续驶里程的因素比较复杂，续驶里程与电动汽车在行驶过程中的能量消耗紧密相关，这些因素可以分为电动汽车行驶的外部条件与自身的结构条件（内部条件）两类。

1）外部条件。

① 环境状况。在相同的车辆条件下，道路与环境气候影响着电动汽车的能量消耗，道路状况较差、交通拥挤等都会使车辆的能量消耗增加，从而降低电动汽车的续驶里程；反之，道路状况良好、交通畅通等就会相对降低车辆的能量消耗进而增加电动汽车的续驶里程。

② 环境温度。环境温度对电动汽车的续驶里程有着重要的影响。首先，温度对动力电池的性能影响较大，在不同的温度下，动力电池组的实际放电能量及内阻差别较大。温度过低时，电池能量和容量大幅减少，动力电池的内阻也会呈非线性增长，严重制约了电动汽车续驶里程。其次，电动汽车内部各润滑部分、气泵、转向油泵的工作效率以及空气阻力等都与环境温度有一定的关系。资料表明，温度由 25℃降低到 0℃的过程中，电动汽车的阻力增加 10%，从而增加了电动汽车的能耗，使得续驶里程大为减少。

2）内部条件。

① 整车参数。电动汽车整车质量 m、滚动阻力系数 f、空气阻力系数 C_D 都会对汽车的续驶里程造成影响。在满足车身刚度和强度要求的情况下，应力求车身轻量化，并通过相应措施降低滚动阻力系数和空气阻力系数，以求达到更高的续驶里程。

② 动力电池性能。动力电池的性能参数主要是指动力电池的能量密度、额定容量、放电效率、放电电流、放电深度、内阻和一致性。特别地，动力电池组的一致性是影响电动汽车的能量消耗和续驶里程的重要因素。充放电过程中，电池的不一致性可能导致单体电池的过充电和过放电，进而影响动力电池的输出功率和续驶里程。

③ 驱动电机参数。驱动电机参数中，效率 η 对续驶里程的影响较大。以直流电机和交流异步电机为例：直流电机在额定工况下的效率和其他工况下的效率差别很大，而交流异步电机的高效率区域很宽。因此交流异步电机与直流电机相比，其各种车速下的续驶里程都有很大提高。对电动汽车用驱动电机而言，不仅要求电机具有较高的额定效率，而且要求其具有尽可能宽的高效率区域，这样才能在各种行驶工况下充分利用有限的能量，提高续驶里程。

④ 辅助装置的消耗。电动汽车上许多装置需要辅助电机驱动，例如制动系统的空气压缩机、转向系统的油泵。此外，照明、音响、通风、取暖、空调都需要消耗动力电池的电能。除空调之外，这部分能量消耗占电动汽车总能耗的 6% ～ 12%。

2. 单位里程能量消耗

单位里程能量消耗又可以分为单位里程电网交流电量消耗和电池组直流电量消耗，单位为（kW · h）/km。其中，交流电量消耗受不同类型充电设备的效率影响；直流电量消耗仅以车载电池组的能量状态作为标准，不受充电设备影响，可以比较直接地反映电动汽车的经济性。

3. 等速能耗经济特性曲线

通常以测出速度间隔为 5km/h 或 10km/h 的等速行驶能耗量为标准，将在速度 – 能耗曲线图上连成的曲线称为等速能耗经济特性曲线，但这种评价方法不能反映汽车实际行驶中受工况变化的影响，特别是市区行驶中频繁出现的加速、减速、怠速及停车等行驶工况。

4. 比能耗、比容耗

纯电动汽车总质量因车型不同会有较大差别，因此单位里程能量消耗相差很大。为了进行不同车型间的能耗水平分析和比较，引入直流比能耗的概念，即单位质量在单位里程的能耗，单位为（kW・h)/(km・t)。此参数可以体现不同车型间传动系统匹配优化程度和能量利用效果。

在电压等级相同的情况下，与比能耗指标评价类似，可以引入比容耗的概念，即单位质量在单位里程的容量消耗，单位为（A・h)/(km・t)。

5. 电动汽车能量利用率

车辆的动力性和能耗指标是相互矛盾的，为了增加动力性，要求车辆具有更大的后备功率，但后备功率大，必然降低动力系统的负荷率，从而使能耗经济性变差。因而不能片面追求动力性或能耗经济性，必须达到车辆动力性和能耗经济性之间的平衡。上述经济性参数都是单纯考虑能耗所得到的评价指标。综合考虑车辆的动力性，定义电动汽车的能量利用率 Z_E 为

$$Z_E = E_e / E_b \tag{4-43}$$

式中 E_e——消耗在电动汽车上的有效驱动能量；

E_b——电池组在行驶过程中消耗的总能量。

E_e 的计算公式为

$$E_e = \int_T G_e f_s v(t) \mathrm{d}t \tag{4-44}$$

式中 G_e——电动汽车的有效载重量；

f_s——车轮滚动阻力系数；

v——车辆行驶速度；

t——车辆行驶时间。

令 E_d 为电动汽车车轮上的驱动能量，则

$$Z_E = \frac{E_d}{E_b}\frac{E_e}{E_d} = Z_{te} Z_{uw} \tag{4-45}$$

式中 Z_{te}——电池组能量经电机和传动系统传至驱动轮上成为驱动能量的效率，

$$Z_{te} = Z_b Z_m Z_t$$

Z_b——电池组放电效率；

Z_m——电机效率；

Z_t——传动系统效率；

Z_{uw}——在一定汽车行驶工况下，电动汽车驱动功中有多少变为有效驱动能量 E_e，

$$Z_{uw} = \frac{E_e}{E_d} = \frac{\int_T G_e f_s v(t)\mathrm{d}t}{E_d} = \frac{f_s}{h}\frac{G_e}{G_t}\frac{\int_T h G_t v(t)\mathrm{d}t}{\int_T \left[G_t h + \frac{k C_D A v(t)^2}{21.15} + \frac{W G_t}{g}\frac{\mathrm{d}v(t)}{\mathrm{d}t} \right] v(t)\mathrm{d}t}$$

式中 G_t——电动汽车总重量；

h——道路阻力系数；

k——汽车以非稳定工况行驶时空气阻力损失比等速行驶时空气阻力增加的程度，$k=1+(\Delta v/v_a)^2$；

g——重力加速度；

C_D——空气阻力系数；

A——汽车前迎风面积；

W——电动汽车旋转质量换算系数。

令$Z_g=\dfrac{f_s}{h}$为道路阻力利用系数，是汽车在一个行驶循环中所需的驱动功与克服实际道路阻力所做的功之比。

令$Z_\varepsilon=\dfrac{G_e}{G_t}$为汽车的重力利用效率，是汽车克服载重量产生的道路阻力所做的功与克服汽车总重力产生的道路阻力所做的功之比。

令$Z_d=\dfrac{\int_T hG_t v(t)\mathrm{d}t}{\int_T\left[G_t h+\dfrac{kC_D A v(t)^2}{21.15}+\dfrac{WG_t}{g}\dfrac{\mathrm{d}v(t)}{\mathrm{d}t}\right]v(t)\mathrm{d}t}$为电动汽车驱动力利用效率，是汽车克服总重量产生的道路阻力所做的有用功与汽车驱动轮产生的驱动力所做的功之比。在汽车等速行驶情况下，$\mathrm{d}v(t)/t=0$，$k=1$，Z_d可简化为

$$Z_d=1/\left(1+\frac{C_D A v^2}{21.15hG_t}\right)$$

由上，电动汽车能量利用率Z_E也可以表示为

$$Z_E=Z_b Z_m Z_t Z_g Z_\varepsilon Z_d \tag{4-46}$$

从能量利用率Z_E的推导过程可看出，该指标已经把电池组、电机、传动系统的固有特性与电动汽车实际使用条件相结合，因此用它作为电动汽车动力传动系统匹配和经济性的综合评价指标，既反映了电动汽车动力传动系统与使用工况的匹配程度，又反映了电动汽车的经济性。

4.5.3 温度及行驶工况对经济性的影响

1. 温度对经济性的影响

电动汽车的经济性受环境因素影响，而温度是其中的主要影响因素。各种电池都有其最佳工作温度，环境温度不同时，动力电池系统放出的能量及其内阻差别很大。除此之外，电池的安全性、循环使用寿命等性能也会受温度的影响。以锂离子电池为例，试验表明，-10℃时它可放出的能量仅为30℃时的2/3，而其内阻却增加了一倍。另外，由于电动汽车各润滑部分、气泵、转向油泵等部件的固有特性，其工作效率同样受环境温度影响。

以某车型为例，测试其在不同环境温度下的容量消耗率及能量消耗率，测试过程中保持同一路线的运行情况，试验结果见表 4-4。结果表明，电动汽车在不同的环境温度下能量消耗差别较大，温度较低时其能量消耗更大。

表 4-4　温度对电动汽车能耗的影响试验结果

温度 /℃	容量消耗率 /（$A \cdot h \cdot km^{-1}$）	能量消耗率 /（$kW \cdot h \cdot km^{-1}$）
–15 ～ –5	2.43	0.98
0 ～ 10	2.16	0.88
15 ～ 25	2.05	0.84
25 ～ 35	1.96	0.81

2. 行驶工况对经济性的影响

行驶工况反映了电动汽车实际道路驾驶状况。在不同的行驶工况下，试验路段的行驶坡度，立交桥的坡度及长度，交通信号灯的数量、间隔距离、变换时间等环境参数差异较大，因此，电动汽车在上述不同试验路段行驶时的加速度、车速、制动力、制动次数、起步次数等状态参数有着较大的差别。

以北京市公共交通为例探究行驶工况对电动汽车经济性的影响。北京市公共交通总体上有着平均车速低、平均行驶周期短、等速行驶比例小等特点。针对同一时段不同路段，分别选取市区公交路、环线路、市郊公交路各两条，选取测试时间为上午 9:00—10:00，探究某电动客车不同路段下的行驶能量消耗率，测试结果见表 4-5。可以看出，在市郊等车流量、人流量均较小的工况下，电动客车大部分时间以经济车速行驶，因此其能量消耗率最低；环线路公交车站密度、客流量均比市郊公交路大，因此其能量消耗率略高于市郊工况。而对于市区公交路，车流量、人流量较大，交通信号灯数量较大，电动客车需要频繁制动、起步，因此其能量消耗率最大。而两条市区公交路的能量消耗率也因其不同路段具体工况不同而有着较大的差异。

表 4-5　行驶工况对经济性的影响测试结果

运营路段	行驶距离 /km	能量消耗 /（$kW \cdot h$）	能量消耗率 /（$kW \cdot h \cdot km^{-1}$）
市区公交路 1	6.700	8.072	1.204
市区公交路 2	8.200	8.463	1.032
环线路 1	7.300	6.717	0.920
环线路 2	10.500	10.194	0.961
市郊公交路 1	13.600	11.976	0.882
市郊公交路 2	6.100	5.322	0.858
ECE15 工况仿真	11.022	9.493	0.861

4.6　转毂测试

随着电子技术和机械工业的发展，作为现代制造技术的重要组成部分，检测技术在传统检测方法的基础上逐步发展成现代汽车诊断与检测技术。在汽车行业内，一般利用转毂测功机对汽车动力性指标、经济性指标、多工况排放指标等性能进行测试。转毂测功机使用简便、性能可靠，在不拆解汽车的前提下，能够准确快速地检测出各个系统、部件的使用性能。转毂测试可进行如下试验：最高车速试验、加速性能试验、最低稳定车速试验、滑行试验、牵引性能试验、爬陡坡试验、燃油 / 能量消耗试验、动力辅助系统匹配试验、新能源整车控制策略匹配试验、新能源整车下坡能量回收试验、循环工况试验等。

4.6.1 转毂测功机结构

转毂测功机又可称为底盘测功机。底盘测功机试验用于车辆道路行驶阻力模拟，其中交流电机通过具有固定速比的变速器驱动转毂以模拟道路情况。通过由整车实际道路滑行数据拟合而成的模拟数据，真实地模拟车辆在道路上所受的各种阻力，精准地再现道路上车辆的行驶情况。通过确定轮毂面上的力和速度，使车辆在转毂上的工况与在道路上的工况保持一致。

一套完整的转毂测功机主要包括钢制转毂、变速器、交流电机总成、作用力测量及标定系统，如图 4-13 所示。此外，还应有配电和馈电系统（ABB 变频柜）、模拟冷却风机、轮胎冷却风机、油耗仪、多通道数据采集及处理系统、轮胎爆裂和车辆位置监测装置、速度测量 – 编码器、控制系统等。

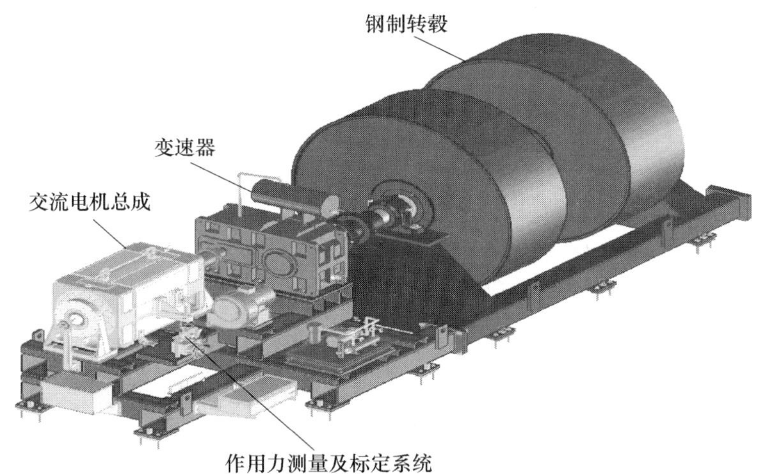

图 4-13　转毂测功机结构

为了保持车辆在转毂测功机上的工况与在道路上的工况一致，转毂测功机必须实时测量作用力与速度，并根据预先设定好的工况，对车辆所受的作用力进行补偿。作用力测量模块机械地固定在电机上，在轮毂面上产生的力将会通过电机传递到作用力测量模块进行测量。作用力测量模块的工作原理类似弹簧，其自身长度根据受力大小而改变，通过长度变化及阻尼系数，即可以得到力的大小，用于测量驱动单元发出或受到的力。速度是由固定在钢制转毂转轴上的速度传感器测量的，一般采用光学传感器，并且配有两套独立的测量装置，用于提高精度和加快系统响应速度，同时也作为备用组件，在其中一个测量装置失效的时候，保证系统仍能正常工作。

4.6.2 转毂测功机原理

转毂测功机模拟的目标是在任何时刻都能使汽车在滚筒上受到的总阻力 F_c 与在道路上受到的总行驶阻力 F_t 相等，即使 $F_c = F_t$。

道路模式：

$$F_t = F_f + F_w + F_i + F_j \tag{4-47}$$

式中 F_t——总行驶阻力；

F_f——滚动阻力；

F_i——坡道阻力；

F_w——空气阻力；

F_j——加速阻力。

转毂模式：

$$F_c = F_b + F_d + F_p + F_g \tag{4-48}$$

式中 F_c——汽车在滚筒上受到的总阻力；

F_b——测功机的制动加载力；

F_d——测功机的系统内阻；

F_p——车轮和转毂间的滚动阻力；

F_g——汽车传动系统的摩擦阻力。

一般通过恒速试验法测量 F_d、F_p 与 F_g 三者之和，即测功机带动转毂，使汽车和转毂加速到某固定车速后开始滑行，此时电机与转毂脱档，即不施加力，使得汽车仅在内阻作用下滑行，测得内阻 - 速度曲线。

在任何时刻下测功机的制动加载力为

$$F_b = F_c - (F_d + F_p + F_g) = F_t - (F_d + F_p + F_g) \tag{4-49}$$

主要通过控制测功机的制动加载力，保证在任何时刻下汽车在滚筒上受到的总阻力与道路上受到的总行驶阻力相等。

第 5 章 电动汽车节能技术

电动汽车节能技术是指在电动汽车完成相同运输任务（运量或周转量）的前提下，减少其能量消耗的措施。当前影响电动汽车能耗的主要因素包括整车结构、使用和维护方法以及动力装置效率等。整车结构方面的因素主要有整车的材料、底盘设计、车身设计以及电器设计等；使用和维护包括行驶车速、电器的开启状况以及日常故障诊断与维护等；动力装置效率包括充电桩效率、电池充放电效率、氢反应堆效率等。本章将重点对电动汽车制动能量回收技术和电器节能技术进行介绍。

5.1 制动能量回收技术

电动汽车的制动能量回收，又称作回馈制动或再生制动，是指利用电机的电气制动产生反向转矩使车辆减速或者停车。在进行制动能量回收时，驱动电机工作于发电状态，电机产生制动转矩将车辆的部分动能转化成电能给电池充电，同时将电机转矩作用于驱动轴从而实现对车辆的制动。

通过驱动电机系统实现制动能量回收是电动汽车与传统燃油汽车最重要的区别之一。特别是在一些复杂的城市循环工况下，车辆需要进行频繁地起动和制动，回馈制动具有非常大的节能潜力。制动能量回收是提高能量利用效率和降低电动汽车能耗的一大重要技术。

表 5-1 列举了几种典型城市循环工况下制动能量所占总能量的比例。数据表明，在城市工况下有 1/3 ～ 1/2 的能量被消耗在制动过程中，若能对这部分耗散的制动能量加以回收利用，则可大大提高车辆经济性。丰田研究报告称，制动能量回收是提高能量利用效率

最为关键的因素，Prius THS（丰田混合动力系统）的制动能量回收系统使车辆能量利用效率提升了大约 35%。制动能量回收技术最早应用于电力机车上，从 20 世纪 60 年代开始，电动汽车也开始逐渐使用该技术，电动汽车制动能量回收技术在设计理论和控制方法等方面均取得了长足的进步。目前，制动能量回收技术的研究正在成为电动汽车技术研究的一个重点。

表 5-1　不同工况下电动汽车制动消耗能量与总能量的对比关系

工况	美国城市动态工况（UDDS）	日本道路工况（Japan1015）	欧洲城市低速 + 城郊高速工况（ECE+EUDC）
驱动能量 /kJ	23310	82110	15590
制动能量 /kJ	46840	16050	43600
制动能量占比（%）	49.8	51.2	35.8

5.1.1　系统结构

根据电动汽车驱动轮所处位置的不同，可以将制动能量回收按照结构分为前轮制动能量回收、后轮制动能量回收和全轮制动能量回收，如图 5-1 所示。

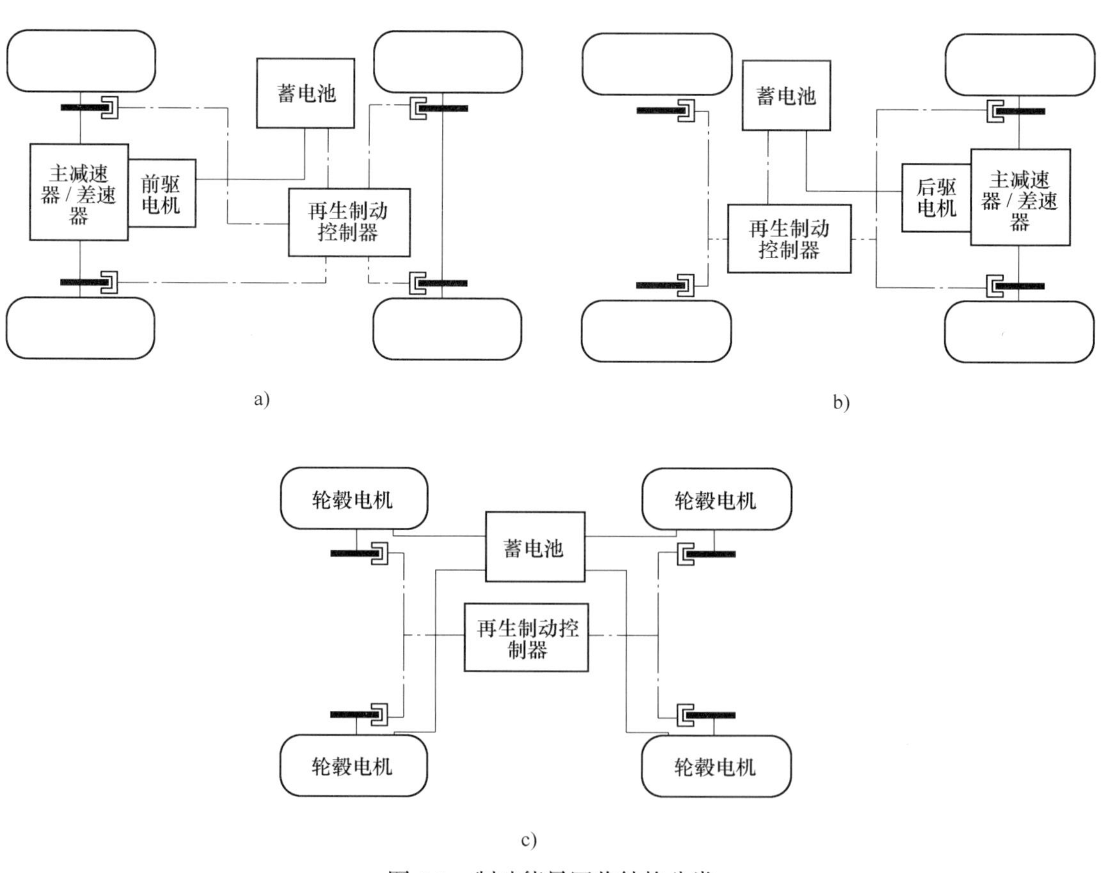

图 5-1　制动能量回收结构分类

a）前轮制动能量回收　b）后轮制动能量回收　c）全轮制动能量回收

图 5-1a、b 所示为单轴驱动制动能量回收系统的构成，制动能量回收的力矩只在单轴驱动轮上，其制动力矩大小与电机制动系统产生的再生制动力矩和机械制动系统产生的摩擦制动力矩有关。踩下制动踏板后，电动泵使制动液增压产生所需的制动力，制动控制与电机控制协同工作，确定驱动轴上的再生制动力矩和前后轮上的液压制动力矩。再生制动时，再生制动控制模块回收再生制动能量并回馈到电池中。其原理是在制动时将汽车行驶的惯性能量通过传动系统传递给电机，电机以发电方式工作，将电机转子轴上的动能转变为电能，此能量经过逆变器的开关器件回馈到直流侧为电池充电，实现能量的再生利用。与此同时，产生的电机制动力矩又可通过传动系统对驱动轮施加制动，产生制动力。电机内部将发生以下变化过程：电机转子的旋转速度超过给定频率下的同步转速，也即超过电机内部同步旋转磁场的转速，造成转子切割磁力线的方向反向，转子导体上感应电势及感应电流的方向反向。转子电流中的励磁分量不会发生变化（电机不可能使励磁电流反向，因为它需要从变频器侧吸收励磁电流以建立电机内部磁场，维持电机的运转），所变化的只是转子电流中的转矩分量，而转子电流转矩分量的变化又会引起定子电流转矩分量的变化。其结果是：定子电流的合成量（即平时所说的定子电流）和电机的转矩反向，能量由电机侧回馈至变频器直流环节。

图 5-1c 所示为全轮制动能量回收系统。由于驱动电机在较低车速下无法回收能量，因此该系统在车速低于 8km/h 时不起作用，此时只有通常的液压制动系统工作。当车速高于 8km/h 时，驾驶员踩下制动踏板，制动主缸中的压力传感器产生一个与制动系统压力成正比的电信号。当制动系统压力未上升到计量阀导通压力时，电信号输入驱动电机的电控单元（ECU），主 ECU 触发旁通阀导通，此时 ECU 制动能量回收系统控制各个驱动电机进入发电状态，产生与传感器信号值成正比的反向转矩，阻止车轮运转。驾驶员通过调节制动踏板力来调节控制转矩及车速。这时汽车处于“电力制动”状态。随着制动踏板力的增大，系统最后达到最大制动能量回收状态。当压力增大至设定阈值时计量阀开启，制动液进入液压制动系统中，液压制动和电力制动共同作用。当汽车减速至 5km/h 以下时，ECU 切断旁通管路，断开制动能量回收系统，液压制动系统以全压力工作，此时为纯液压制动。制动踏板放松，ECU 不再起作用。

车辆制动时会引起前、后轮法向载荷转移，即前轮上的法向反作用力增加、后轮上的法向反作用力减小，也就是通常所说的汽车“制动点头”现象，因此，不同结构的制动能量回收会影响制动能量回收率、制动能量回收方式和制动能量回收策略。一般情况下，全轮制动能量回收能够获得更优的制动效率和制动性能。对于不同结构的制动能量回收系统，为了提高制动能量回收率，一般都在保证制动安全性的前提下，尽量提高驱动轴上电机制动力的分配比例，从而将尽可能多的能量转化为电能，这可以通过不断地改进制动力分配策略来实现。

对于制动能量回收子系统的研究主要集中在两个方面：机电复合制动系统和能量源系统。

纯电动汽车制动能量回收一般需要由电机制动和机械制动共同完成。如果电机制动与机械制动协调不善，就会显著地影响车辆的制动性能、能量回收效率和驾驶员制动感受。具有能量回收功能的复合制动系统中，机械制动系统开发涉及加工能力等多个方面，因此，现阶段机械制动系统开发主要由国外大型汽车零部件公司完成。其中，已经初步应用到实车上的产品有丰田旗下爱德克斯公司的 ECB 电控制动系统、博世公司的 HAS-HEV 制动能量回收系统、日立公司的电机驱动智能制动系统（ED-iB）等。除此之外，研究人员也开发了许多采用不同方法的机电复合制动系统，例如，使用真空助力器和电子稳定控制系统（ESC）开发的基于车身电子稳定系统（ESP）/ESC 技术的制动能量回收液压控制系统；使用螺杆式电子机械制动器（EMB）开发的用于制动能量回收的新型线控机械制动器，利用电机产生制动力，避免了液压制动器在释放时有残余压力，因此能够快速响应并实现制动能量回收的控制。

车辆制动过程时间较短、回收能量较多，故要求能量存储系统必须具备高能量密度和高功率密度的特性。但是当前单一的电池等储能元件不能同时满足以上两个要求，故需要将两个或更多个存储元件组合成复合能量源，相互利用各自的优点。现阶段研究主要集中于电池和超级电容器组成的复合能量源系统。其中，电池和超级电容器之间的功率协调分配和优化是研究的重点，当前运用的技术方法主要包括：用于实时系统的基于规则的方法、给定循环的基于优化的方法、基于模糊自适应整定比例积分微分（PID）的主回路 DC/DC 变换器控制策略、动态规划算法等。

5.1.2 制动能量回收控制策略

制动能量回收控制策略在很大程度上影响制动能量回收性能的优劣。目前的研究主要集中于两个方面：① 制动时的整车控制，在保证整车制动稳定性和平顺性良好的情况下，合理地增加再生制动力矩在整车制动力矩中的比例，从而提高整车的能量利用效率，主要的控制策略包括并行再生制动控制策略、理想制动力回收控制策略、最大制动能量回收控制策略等；② 关键部件的控制策略，以电机绕组电流最优为控制目标，实现电流充分回收，包括最大再生回馈功率制动、最大再生回馈效率制动、恒值电流制动等。

1. 并行再生制动控制策略

并行再生制动控制策略，又称作比例制动力分配策略，是指制动控制系统将需求的制动力矩直接按一定比例进行分配。整个系统在不改变传统汽车制动系统的基础上，额外加入一个制动电机，即以电动汽车驱动电机作为制动力矩的来源，通过反拖电机发电来进行制动能量回收。并行制动系统的驱动轴在制动时采用机械制动系统与再生制动系统联合制动，非驱动轴仅采用传统的机械制动。

在再生制动不能满足要求时，制动力矩大小可根据实际情况做一些调整。当要求的制动力很小，没有达到制动能量回收条件时，只有机械制动力施加在驱动轮上；当需求制动力矩较大时，驱动轴上机械制动力与再生制动力以固定比例同时增加；当需求制动力矩过大、电机的最大再生制动力矩无法满足固定比例时，电机只提供最大再生制动力矩，其余制动力由机械制动来补充。

并行再生制动控制策略是在传统汽车前、后轴制动力分配策略的基础上初步改装而成的，对制动系统的改装很小，没有对汽车的前、后轮制动力分配方法进行修改，是最易于实现的制动力分配策略。但再生制动回收的能量占总制动能量的比例较小，制动能量回收效率较低。

2. 理想制动力回收控制策略

理想制动力回收控制策略的控制目标是在保证车辆具有最佳前后制动力分配（最佳制动性能）的前提下尽可能多地回收制动能量，其控制策略如下：

1）制动强度 $z < 0.1$ 时，只有再生制动系统工作。

2）制动强度 $z \geqslant 0.1$ 时，前后轴制动力被控制在 I 曲线（理想制动力分配曲线）上。

控制系统通过电机特性和车载电池的荷电状态（SOC）来决定驱动轴制动力是由再生制动系统单独提供还是由机械制动系统和再生制动系统联合提供。

理想制动力回收控制策略的优点是能充分利用底面附着条件，制动距离较短，制动时汽车的方向稳定性好且能量回收效率较高；然而其缺点是需要精确检测前、后轴的法向载荷，控制系统较为复杂，但可以通过与防抱死制动系统（ABS）技术进行整合来实现。

3. 最大制动能量回收控制策略

最大制动能量回收控制策略是指在电动汽车的制动力需求全部由驱动轮提供的状态下，依然满足前、后轴都不抱死时制动力矩全部由驱动轮提供。同时，充分发挥电机的发电能力，由再生制动系统提供全部制动力，最大限度地回收能量。当制动力要求超出电机的提供范围时，由机械制动力补充；当电动汽车的制动力需求全部加在驱动轮上会造成驱动轮抱死时，根据理想制动力曲线分配前、后轮的制动力，后轮制动力依然按照上述策略进行分配。最大制动能量回收控制策略在不同路面条件下的控制策略如下：

1）若制动强度小于路面附着系数（假设路面附着系数为 0.8，而电机能够为电动汽车提供的最大制动强度为 0.5），则最大制动能量回收控制策略具体如下：

① 当电动汽车制动强度 $z < 0.5$ 时，后轮提供全部制动力矩，且制动能量回收系统为电动汽车提供全部制动力矩。此时，前轮不提供制动力矩。

② 当电动汽车制动强度 $0.5 \leqslant z \leqslant 0.8$ 时，后轮提供全部制动力矩，制动能量回收系统为电动汽车提供最大再生制动力矩，剩余部分由摩擦制动力提供。

③ 当电动汽车制动强度 $z > 0.8$ 时，前、后轮制动力按理想制动力分配曲线分配，后轮制动力部分由制动能量回收系统提供最大制动力矩，剩余部分由摩擦制动提供。

2）若制动强度需求大于路面附着系数时（假设路面附着系数为 0.5，而电机能够为电动汽车提供的最大制动强度为 0.8），则最大制动能量回收控制策略具体如下：

① 当电动汽车制动强度 $z < 0.5$ 时，后轮提供全部制动力矩，且制动能量回收系统为电动汽车提供全部制动力矩。此时前轮不提供制动力矩。

② 当电动汽车制动强度 $z \geqslant 0.5$ 时，前、后轮制动力按理想制动力分配曲线分配。若后轮制动强度 $z' \leqslant 0.8$ 时，后轮制动力矩全部由制动能量回收系统提供；若后轮制动强度 $z' > 0.8$ 时，制动能量回收系统为电动汽车提供最大再生制动力矩，剩余部分由摩擦制动力提供。

通过上述分析发现，最大制动能量回收控制策略对控制系统要求较高，需要同时对再生制动力与摩擦制动力进行精确的控制，且对电动汽车原有的前、后轮制动力分配曲线有严重的影响，在路面附着系数发生变化时可能发生单个车轮先抱死的情况，因此在实际应用中要求对实际路面的附着系数进行精确检测。该策略整体技术难度过高，开发成本较高。

5.1.3 制动能量回收的影响因素

在实际应用中，并不是每次进行制动都可以进行能量的回收再利用，制动能量回收受到许多外在与内在因素的制约。

1）在纯电动汽车和混合动力汽车上，只有驱动轴才能进行能量的回收，非驱动轮上进行的制动只能通过机械制动来实现。

2）制动能量的回收受到车载电池充电功率的限制，制动回收的功率不能超过当前电池可以接受的最大充电功率。

3）电池的荷电状态（SOC）决定是否能够进行制动能量回收，若制动时电池处于较高的 SOC，为了防止电池出现过充电，控制系统会拒绝接收来自制动时收集到的能量。

4）制动能量回收受到电机发电能力的限制，电机制动产生的最大制动力矩不能超过当时转速和功率下电机的发电能力。当制动强度较大时，由于车速过快容易导致电机再生制动无法满足制动要求的情况。

5.1.4 制动能量回收技术存在的问题与展望

制动能量回收技术虽然取得了重要的进展，但仍存在以下几个问题：

1）车辆制动是一个十分短暂的过程，因此对制动实施有效控制难度很大，如何快速准确稳定地控制制动过程是急需解决的难题之一。

2）随着车辆内部电控单元数量的逐渐增加，加入的制动能量回收控制单元如何与其他电控单元进行合理匹配，实现高效协同共同工作已经成为一项研究热点。制动能量回收与现有的 ABS/ESP 等汽车电子产品的协调控制对汽车安全性影响较大，现阶段关于两者的协调控制技术还仅仅停留在理论阶段，需要做进一步深入的研究。

3）采用何种制动回收策略能够更加高效地回收制动能量已经成为技术研发的重点。此外还要兼顾能量存储装置，解决高制动能量回收率下能量最优存储的问题。两者必须相辅相成才能实现能量回收最大化。

4）制动能量回收与传统机械制动系统给驾驶员的制动感受不同，会给已经习惯传统机械制动的驾驶员带来不适，可能导致制动安全隐患。下一步需要对制动能量回收对制动感受的影响进行充分研究。

由于现阶段电动汽车储能技术存在着发展的瓶颈，制动能量回收技术已成为当前提升电动汽车续驶里程最具潜力的关键技术，也成为众多研究者关注的焦点。制动能量回收技术需要在产品化方面进行更多的研究与开发投入，制动能量回收系统的可靠性问题也将成为研发的重点，制动能量回收系统与 ABS/ESP 等汽车电子安全系统进行深入融合也将成为一种发展趋势，采用制动能量回收系统改善制动效能也是未来重要的发展方向。

5.2 车用电器节能技术

相比于传统燃油汽车，纯电动汽车上的电器几乎全部由动力电池提供所需的电能，车用电器的能耗水平关乎整车的续驶里程。车用电器包括汽车电气系统中用来产生电能、储存电能和使用电能的各种设备。车用电器的使用使得汽车节能、环保、安全和舒适的性能得到不断提升。目前绝大多数现代汽车的动力传动系统、安全系统、信息多媒体交互系统和舒适系统中都采用了功能各异的电器设备，并且随着功能需求更加多样化，更多的电器设备将陆续装配在车辆上。汽车电器设备的增长使得汽车电气系统的电功率需求不断提高，成为影响整车能耗的主要因素之一，因此车用电器节能技术是提升整车节能的重要手段。

5.2.1 车用空调节能技术

与传统汽车的空调系统类似，电动汽车车用电动空调的功能就是把车内的温度、湿度、空气清洁度及空气流动性维持在使人舒适的状态，为驾驶员和乘客提供良好舒适的乘车环境。

1. 电动汽车空调使用的特点

与室内空调装置相比，电动汽车空调用于移动的小空间范围，具有以下几个特点：

1）电动汽车空调使用的是直流电气系统，可靠性高，维护方便，结构紧凑无噪声，容易实现能量的连续调节。

2）汽车空调系统安装在运动的车辆上，需要不断地承受剧烈又频繁的振动与冲击，要求汽车空调系统零部件结构具备足够的强度和气密性能。

3）汽车内高低不平并且布置着座椅，气流组织分配较为困难，无法像大空间室内那样做到气流分布均匀，这对气流出口的布置提出了一定的要求。

4）电动汽车空调安装在车辆上，其风口、风道是汽车内饰的一部分，布置设计时需要与车内其他内饰相协调，保证整车内饰的统一、完美。

5）车内乘员所占空间比较大，产生的热量较多，热负荷较大；汽车车身隔热层较薄，门窗多，玻璃面积大，隔热性能差，导致车内外热交换较为强烈，需要车内空调具有快速制冷的能力。

6）受开门的次数以及在行车中车速、光照、怠速等因素的影响，空调湿热负荷极大。整个空调系统都需要适应这种多因素的变化以确保车内环境的舒适性要求，因此空调变工况控制系统较为复杂。

7）电动汽车有足够的电能可以驱动电动空调压缩机工作以制冷，但电池提供的直流电是电动汽车唯一的动力源，没有足够的余热用于车内采暖。因此，电动汽车无法使用现有的燃油汽车空调系统。

2. 电动汽车空调使用的优势

相对于传统燃油发动机驱动的汽车，电动汽车总的能量利用率更高。电动汽车的能量利用率大约为 17.8%，燃油汽车的能量利用率大致为 10.3%，而空调系统是电动汽车功耗最大的辅助子系统，它的功耗占所有辅助子系统的 60% ～ 70%，因此电动汽车空调的使用相对提高了能量利用率。据资料显示，在酷暑天气条件下，由电机驱动的空调装置所消耗的能量要比发动机驱动的空调装置少 20%。图 5-2 所示为电动汽车空调系统。同时，电动汽车空调系统在环境保护、前舱结构布置以及车厢舒适性等各项指标上均具备一定的优势，总结如下：

1）电动汽车空调的压缩机靠电机驱动，因此可以通过更加合理精确的控制以及在常见热负荷工况下的高效率运行来降低空调系统的能耗，从而提高整车系统的经济性。如表 5-2 所示，电动压缩机相对于传统机械式压缩机效率更高，也可以减少能量消耗。

2）一体式电动压缩机由于取消了发动机与压缩机之间的传送带，没有了张紧件的质量，相对于传统结构减小了整车质量。

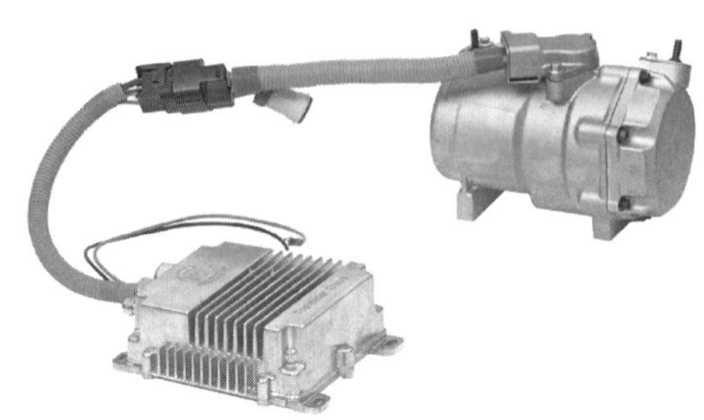

图 5-2　电动汽车空调系统

表 5-2　电动压缩机与传统机械式压缩机的比较

机型	传输效率（%）	容积效率（%）	其他效率（%）	总效率（%）
机械式压缩机	95	40	75	29
电动压缩机	65	90	75	44

3）电动压缩机空调系统主要使用 R407C 制冷剂，该制冷剂的特性是制冷量大、能效比相对较高。

4）采用电驱动的方式，噪声较低，可靠性高，使用寿命长，故障率低。

5）可以在上车前遥控起动电动空调，对车厢内的空气进行预调节，使用更加便捷舒适。

3. 电动汽车空调系统的类型

电动汽车与传统汽车在系统构成上存在着差别，不同类型的电动汽车又有不同的特点。纯电动汽车没有发动机作为空调压缩机的动力源，也没有发动机余热可以利用以达到取暖、除霜的效果。燃料电池电动汽车也没有发动机作为空调压缩机的动力源，但是燃料电池发动机可以产生比较稳定的余热。对于混合动力电动汽车来说，发动机由其控制策略决定是否能随时作为制冷压缩机的动力源。根据电动汽车的特点，目前可以选择的制冷空气调节方式主要有热电制冷、余热制冷和电动压缩机制冷。其中，余热制冷可以考虑在燃料电池电动汽车上采用。

（1）热电制冷空调系统

热电技术源于 20 世纪 50 年代末，其理论基础是泊尔帖 – 赛贝克物理效应。其原理是通过金属导流片连接 N 型和 P 型半导体，当电流由 N 通过 P 时，电场使 N 中的电子和 P 中的空穴反向流动，来自晶格的热能使之产生能量，于是导流片吸热，另一端放热，从而产生温差。其因具有独特的优点而得到了广泛的应用，解决了许多特殊场合的空气调节问题，满足了人们在特种场合的需要。目前，该项技术已经应用到汽车冰箱、核潜艇空调器、宇航员及坦克乘员的空调服等方面。我国在 20 世纪 60 年代开始对热电技术进行了研究，并生产出了性能良好的热电材料。

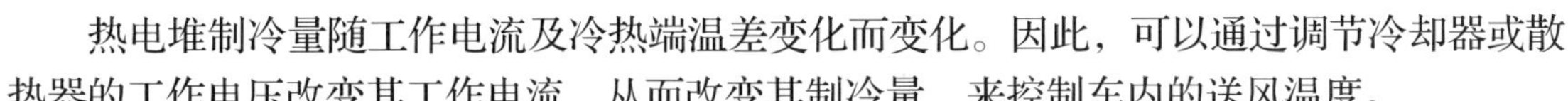

热电堆制冷量随工作电流及冷热端温差变化而变化。因此，可以通过调节冷却器或散热器的工作电压改变其工作电流，从而改变其制冷量，来控制车内的送风温度。

该项技术具有很多适合电动汽车使用的特点。与传统机械压缩式空调系统相比，热电空气调节具有以下特点：

1）热电元件工作需要直流电源。

2）改变电流方向即可产生制冷、制热的逆效果。

3）热电制冷片热惯性非常小，制冷时间很短，在热端散热良好、冷端空载的情况下，通电不到 1min，制冷片就能达到最大温差。

4）调节组件工作电流的大小即可调节制冷速度和温度，温度控制精度可达 0.001℃，并且容易实现能量的连续调节。

5）在正确设计和应用条件下，其制冷效率可达 90% 以上，而制热效率远大于 1。

6）体积小、重量轻、结构紧凑，有利于减小电动汽车的整备质量。

7）可靠性高、寿命长并且维护方便。

8）没有转动部件，因此无振动、无摩擦、无噪声且耐冲击。

国内学者为电动汽车设计了太阳能辅助热电空调系统，该系统采用热电制冷系统进行降温，利用高效加热元件进行采暖和对风窗玻璃进行除雾霜。其中的热电制冷系统，冷却器及散热器均由若干组热电堆组成。冷却器位于传统汽车空调系统蒸发器的位置，用于除去被调节空气的热量及水分，并将热量传给系统中的载热介质。散热器则位于传统汽车空调系统冷凝器的位置，吸收冷却器放给载热介质的热量，并将该热量排放到环境大气中。传递热量的载热介质可以采用乙二醇与水的混合物，与汽车水箱中使用的工质相同，价格便宜且对环境没有任何污染。另外，由于热电制冷效率的高低取决于热电堆冷热端的温差，而强化热端的散热与强化冷端的冷量散发有利于降低热电堆冷热端的温差，故在车内外热电堆处均采用了风扇进行强制对流，以增加冷量的传递和制冷效率的提高。

对于采用热电制冷的空调系统来说，热电材料的优值系数值越高，热电制冷效果越好。但是，目前比较理想的热电材料的优值系数 $Z=(3.4\sim3.6)\times10^{-3}K^{-1}$，如果要使热电制冷的经济性能达到和机械压缩式制冷一样，必须使优值系数达到 $13\times10^{-3}K^{-1}$，故热电制冷和机械制冷之间的差距很大，仍需要极大地提高优值系数。目前，热电制冷的效率只有机械压缩式的 50% 左右，在热电制冷材料的优值系数没有突破之前，热电制冷只能在小体积和微型化上优于传统的机械压缩式制冷。

另外，常见的热电元件由四种元素构成，其中铋、碲为主要成分，还有少量的硒、锑。在这四种元素中，铋、硒及锑的来源广、储量大，但碲元素的可用量有限，其主要是从炼铜废料中得到的，碲的可利用量与工业对铜的需求量密切相关。大约有 10% 的碲元素用于半导体的生产，其中大部分用于制作热电材料。如果这 10% 的碲元素全部用来制造热电堆，最多可做出 800 万组热电堆。如果热电汽车空调系统能够产生与现有的蒸汽压缩式空调装置相同的舒适水平，那么每辆汽车约需要 400 组热电堆，这样每年大约能为 20000 辆汽车安装热电空调。因此热电空调的生产及应用还受到碲产量的制约。

（2）余热制冷空调系统

目前利用余热的空调制冷技术主要有氢化物制冷空调、固体吸附式制冷空调以及吸收式制冷空调，其工作原理、特点、系统组成不尽相同。氢化物空调是指利用金属氢化物作为工质，通过在不同温度下金属氢化物释放或吸收氢气而实现制冷。固体吸附式制冷是利用某些固体物质在一定温度、压力下能吸附某种气体或水蒸气，在另一种温度、压力下又能把它释放出来的特性，通过吸附与解吸过程产生压力变化，从而起到压缩机的作用。吸收式制冷也是以热能为动力，利用由两种沸点不同的物质组成溶液具有的气液不平衡特性来完成制冷循环，溴化锂和氨水吸收式制冷是最常见的吸收式制冷。

燃料电池电动汽车用燃料化学能转化成的电能作为动力，但是燃料电池的化学能转化效率只有 50% 左右，其余的能量都转化为余热白白排放掉，导致燃料电池汽车能耗非常大。而汽车空调系统需要消耗能源，若能利用燃料电池的余热制冷，一举两得，将大大提高燃料电池的能源利用效率，为燃料电池汽车的发展和应用提供技术上的支持。

国内一些学者对利用燃料电池客车废热的吸收式制冷空调系统可行性进行了研究。他们设计的系统将燃料电池热管理系统的主换热器直接通入吸收式制冷的发生器中，避免了二次换热的能量损失，同时换热器上部接一个带有变频水泵的旁通支路，当燃料电池的热量多于吸收式制冷所需的热量时，多余热量通过旁通支路从辅助换热器排出，从而确保燃料电池在允许温度范围内工作。为简化设备，吸收式制冷的冷凝器、吸收器和燃料电池的辅助换热器共用一套冷却系统，通至车外的风冷式换热器中。

通过计算，该吸收式制冷的热力系数为 0.762，燃料电池的发热量能够满足吸收式制冷所需的热量，但是还存在以下不足：

1）吸收式制冷设备体积大，需要占用较大空间；系统复杂，对结构安装要求较高，并且对路面和汽车的减振要求较高。

2）质子交换膜燃料电池的稳定工作温度为 80℃，这一温度对于吸收式制冷来说属于最低的要求，只能采用单效吸收式制冷机组，因此该系统的热力系数比较低。燃料电池需要稳定的工作温度，因此燃料电池的热管理系统要求精确控制，使用吸收式制冷之后，该制冷系统与热管理系统相耦合，因此对于电池控制系统的要求提高。

3）溴化锂吸收式冷水机组运转一段时间后，在传热管内壁与外壁将逐渐形成一层污垢，使传热性能变差，机组制冷量下降，故需要定期清除污垢。

总之，余热制冷技术在燃料电池电动汽车上的应用尚不成熟，需要更进一步的研究与完善。

（3）电动压缩机制冷空调与电加热器混合调节系统

对于电动汽车以及其他拥有高压电源的汽车来说，均可以采用电动压缩机制冷空调系统。该系统的基本原理为：电池组的直流电经逆变器为空调压缩机驱动电机供电，空调电机带动压缩机旋转，从而形成制冷循环，产生制冷效果。制热则可以由专门的加热装置来实现。

电动压缩机制冷空调系统相对于传统汽车空调系统的改变量最小，在结构上只是将压缩机驱动动力源由发动机变为驱动电机。目前最成功的混合动力车型丰田普锐斯的制冷系统采用的就是这种系统方案，其主要部件有冷凝器、压缩机、空调（A/C）逆变器、蒸发器、加热器和鼓风机等，如图 5-3 所示。传统空调系统的压缩机由曲轴通过传动带驱动，而轿车的电动压缩机由空调逆变器驱动，该空调系统可以在发动机不起动的情况下正常运行，制冷迅速，满足乘员的舒适性要求。该电动压缩机比传统室内空调电动压缩机体积小 40%，质量小 70%，因此可将压缩机直接安装到发动机上。

图 5-3 丰田普锐斯混合动力汽车前舱布置

4. 电动汽车空调系统的选择

电动汽车空调系统的选择应该是一个系统的工程，主要通过以下几个因素决定：

1）整车热负荷。整车热负荷大，只能选择制冷量大的制冷方式。如果整车热负荷小，就有可能选用多种制冷解决方案。为减小整车热负荷，可以在设计电动汽车车型时，尽量采用低透射率的玻璃材料增强车身的密封性，并且采用热导率小的隔热材料。

2）空调系统的制冷能力。

3）空调系统控制模式的节能性能。

4）空调系统的技术成熟度以及复杂性。

5）空调系统的通用性。

对于以上五个因素，整车热负荷需要在整车设计时进行确定，而现有电动汽车车型大多是在企业已有车型的基础之上进行改装的，因此在进行电能驱动空调系统匹配时主要考虑后四个因素。

在上述介绍的三种系统类型中，对于热电制冷空调系统，目前存在着热电材料的优值系数较低、制冷性能不够理想、热电堆产量受到构成热电元件的碲元素产量的限制等问题。对于余热制冷空调系统来说，体积大，系统复杂，对燃料电池汽车整车以及电池管理系统要求较高，需定期除垢；并且它仅仅匹配在余热热源比较稳定的燃料电池电动汽车上才具有可行性，不具有解决电动汽车空调系统问题的通用性。

总之，热电制冷空调系统方案以及余热制冷空调系统的制冷性能、节能性以及技术成熟度均不如电动压缩机制冷空调系统，这使得电动汽车空调系统更倾向于选用由电动压缩机制冷空调系统进行制冷的解决方案。该方案对于不同类型的电动汽车通用性较好，并且对整车结构改变较小，制冷工况的实现通过采用电动压缩机取代机械式压缩机即可。

5.2.2 车灯节能技术

汽车车灯按用途分类可分为照明灯和信号灯两大类。车用照明灯包括车内照明灯和车外照明灯，车外照明灯包括前照灯、牌照灯和前雾灯等；车内照明灯包括车内阅读灯、仪表盘背光灯等。车用信号灯也分为车外信号灯和车内信号灯，其中车外信号灯包括转向指示灯、制动灯、尾灯、侧标志和轮廓灯、倒车灯等；车内信号灯包括组合仪表指示灯、空调面板指示灯、音响系统指示灯等。

1. 车灯技术发展历程

在初始阶段，采用电能的各种汽车车灯都采用白炽灯作为光源。当时普通的真空白炽灯采用熔点高的发光钨丝，使用中钨丝容易蒸发出微粒，微粒逐渐聚集在灯泡内表面使灯泡发黑，不但降低照明效果，同时灯泡使用寿命也被缩短。由于白炽灯质量的不稳定导致很多车祸发生，真空白炽灯也逐步被淘汰。

为了提高灯丝发光效率，延长白炽灯寿命，20 世纪 50 年代人们先是使用充填氩气和氮气混合惰性气体的白炽灯作为汽车前照灯光源。为了进一步提高灯的寿命和照明效果，60 年代又推出了充填含卤素（如碘、溴等）的惰性气体的卤素（Halogen）灯泡作为汽车前照灯的光源；卤素灯发光效率比白炽灯高 20% 以上，同时具有体积小、耐高温、使用寿命长等优点，很快取代了前者，在汽车前照灯中得到了广泛应用并一直沿用至今。但是卤素灯的弊端就是耗电量太大，灯泡散发的热量也大，易使得车灯外罩的玻璃发生破裂。

20 世纪 90 年代初以来，最新的汽车前照灯照明技术是光电子气体放电照明技术，也称为高强度放电（High Intensity Discharge，HID）技术。光电子气体放电系统灯泡里没有灯丝，取而代之的是装在石英管内的两个电极，管内充有氙气及微量金属或卤化物，在电极上加上短时的 5000 ～ 12000V 电压后，气体因电离而导电发光，随后电压可以在一个接近车载电源电压的范围内维持灯泡发光。光电子气体放电灯可靠性较高，不会受到车上电压波动的影响，提高了夜间行车的安全性。由于不用灯丝，没有了传统灯丝易脆断的问题，使用寿命比普通卤素灯长很多。通常一个 35W 的氙气灯比一个 55W 的卤素灯光通量大 2 ～ 3 倍，光效提高 4.5 倍，功率消耗降低 1/3 左右，使用寿命甚至超过 10 倍。

至此汽车的前照灯光源技术经历了白炽灯、卤素灯、光电子气体放电灯等阶段，而其他汽车车灯多是以白炽灯为主。随着汽车节能需求的不断提高，传统灯源已经快要无法满足能耗需求，人们开始对汽车照明节能技术进行不断地探索，其中利用固态光源发光二极管（Light Emitting Diode，LED）的汽车车灯系统获得不断发展并投入广泛的运用。

2. LED 照明技术

1964 年首先出现红光 LED，第一款商用发光二极管诞生，效率仅为 0.1lm/W，比白炽灯低 100 倍，而售价却为 45 美元 / 只。1968 年 LED 取得突破性进展，效率可以达到 1lm/W，并且能够发出红光、橙光和黄光。直到 1994 年，蓝光、绿光 LED 才研制成功，且利用 AlGaInP 技术使得 LED 效率达到 100 lm/W。20 世纪 80 年代后期随着 LED 流明值提高，LED 开始应用于汽车信号灯，典型事件就是 1988 年日产汽车首次应用红色高亮度 LED 作为汽车高位制动灯。从此 LED 就开始正式进入汽车照明市场。20 世纪 90 年代后期，LED 材料不断发展，使得发光效率以及能力不断提高，尤其是白光的出现，使得 LED 应用于汽车照明灯具成为可能。1997 年中村修二和美国人修博特先后研制出白光 LED，当时效率不足 10 lm/W，但以此为开端，2000—2006 年日亚公司报道了光效从 15 lm/W 白光 LED 到 100 lm/W 的跨越。紧接着美国 CREE 公司研制出 130 lm/W 白光 LED，同年日亚公司研制出光效达 150 lm/W 白光 LED，其效率超过节能灯，实现了真正意义上的节能。

半导体发光二极管是 LED 照明的核心，而半导体发光的核心就是 PN 结。其工作基本原理为：在 PN 结正向偏置的条件下，进入对方区域的少数载流子（少子）一部分与多数载流子（多子）通过注入器件有源区的电子空穴对复合辐射，将电能转化为光能，即产生发光。

LED 属于电流控制型半导体器件，在正向导通之前，LED 几乎无电流流过；当正向电压超过开启电压时，电流就急剧上升，发光亮度 L 与正向电流 I 近似成正比：$L = KI$。其中，K 为比例系数，故可以通过控制 LED 的电流来控制其发光亮度。因此，为了保证其亮度的一致性，通常采用恒流源驱动电路。

车用 LED 驱动电路的集成化和智能化程度越来越高。类似 PMU（电源管理单元）的芯片及封装的小型化将逐渐取代多个单一功能电路进行组合的方法，以适应板级空间非常有限的车载应用。同时，由于单片机、数字信号处理（DSP）等控制芯片以及嵌入式技术的不断发展，可通过软件技术实现车用照明系统的自动化，这样 LED 的恒流驱动精度以及亮度的自动调节会更加准确。智能化控制已经成为新一代车用 LED 驱动器的设计理念。

3. LED 在汽车灯具上运用的优势

1）LED 光源节能环保。LED 光源属于一次光源，在发光过程中，电能直接转化为光能，仅有很少一部分热量损失。在与普通白炽灯保持同样亮度的情况下，其耗电量大大降低，见表 5-3。而且传统光源使用的荧光灯、汞灯等光源中含有危害人体健康的汞，而 LED 生产过程中不需要汞，也不需要充气，因此可以说 LED 是一种无污染的绿色光源。用 LED 光源取代卤素灯将会降低整车的耗能，对整车能耗经济性的改善将起到很大的作用，同时还能有效降低汞等有害金属对人体的伤害。

表 5-3　车辆信号灯用 LED 和白炽灯能耗对比

名称	功耗 /W		节电效果（%）
	LED 光源	白炽灯	
制动灯	2.5 × 2	21 × 2	88
转向灯	3 × 2	21 × 2	85
位置灯	1 × 2	5 × 2	80
高位制动灯	1.5	21	92
宽度灯	1	10	90
后雾灯	3	21	85

2）LED 光源使用寿命长，响应时间快，免维护。一般来讲，普通白炽灯的寿命约为 1000h，而 LED 的寿命可以达到 100000h。而且因为 LED 是半导体器件，即使开关操作频繁，也不会影响其使用寿命，若应用于汽车制动灯上，将会降低制动灯损坏概率，减少维护费用。LED 的响应时间快，比普通灯泡响应时间要快大约 250ms。若将 LED 应用于汽车的制动灯或者转向灯上，据测算，在高速公路上可以为驾驶员争取到 4 ～ 7m 的制动距离，将大大地降低事故发生的概率。

3）LED 光源体积小，便于设计布置。LED 是用环氧树脂封装的固态光源，其结构不像白炽灯有玻璃泡、灯丝等易损坏部件，而且体积很小，应用于灯具，将会更加有利于灯具的设计布置，使造型设计以及光学设计更加自由化，以使其达到“只见灯光不见光源”的效果。车展上许多概念车的灯具均采用 LED 这一特点设计。

4）LED 光源受电压变化的影响远小于普通灯泡，显示出高安全性和可靠性并且容易控制。

5）LED 灯结构简单，耐振动和耐冲击性能远优于普通灯泡。

6）LED 灯显色性高，能让驾驶员尽早发现前方道路状况，提高行车安全；具有防眩特性，可以减少灯光对驾驶员眼睛的伤害，使之不会因为光照刺激而感到眼睛疲劳，从而降低因驾驶员眩目而产生的交通事故。

7）LED 的冷光特性，使灯具不会因长期受热而变形，从而提高整套灯具的寿命。

4. LED 应用中的难点

LED 灯具在汽车外部信号灯及车内氛围灯上的应用已经相当成熟，并且已形成产业化规模，但是还有一些因素制约 LED 大量应用于前照灯，主要有：

（1）成本因素

高功率的 LED 现阶段价格较高。前照灯的亮度要求：近灯 900 lm，远灯 1100 lm，整体为 2000 lm，约是 Lumiled 公司的 40 个 1W 的 Luxeon LED 在 25℃时的总光源输出。这类 LED 当环境温度升至 50℃时，效率会降至 80%。为提高亮度，需要更多数量的 LED，这不仅会引起成本增加，而且会使 LED 的故障率增加。而且，由于 LED 芯片技术难度大，目前中国市场上大多为进口，国内厂家企业大多仅为树脂封装加工，未掌握核心科技，这也是目前国内 LED 价格较高的一个原因。

（2）散热问题

高功率 LED 作为前照灯，最难解决的就是散热问题。LED 对比卤素灯一个巨大的劣势就是存在光衰，而且结温越高，光衰就越厉害，到达一定温度，LED 就会衰减甚至损坏。另外，温度越高，产品寿命周期就越短，而且效率变低，由此可能导致车辆无法满足配光需求。LED 产生的热量无法有效排到灯具外部，主要集中在芯片大小的器件上，因此要求有很好的散热技术，必须采用有效方法控制 LED 发热所引起的因温度升高而导致的光强下降问题。

（3）光学设计

采用 LED 作为光源设计灯具，需要将传统的柱光源变为面光源。为得到需要的流明输出，LED 需要较大的封装面积，致使光学设计难度增大。在目前一些概念车上，都以模块化设计取代现有的单一灯室设计，利用多组灯光源来达到传统灯具的照明水平，从而减小了光学设计难度，并增加了车体造型设计感。

随着 LED 技术不断进步，新光源光效越来越高，甚至达到 HID 水平，同时凭借自身体积小等特点，使得汽车灯具造型设计更具有灵活性，更符合灯具制造商的需求，只要大功率的 LED 成本能够继续减少，同时散热问题得到很好解决，就可能引起一场汽车灯具变革，使得 LED 全面取代传统汽车光源。

5.2.3 动力系统高压化技术

新能源乘用车驱动系统高压化是未来的重要发展趋势之一，对于相同功率需求的驱动电机，电压等级越高则各相电流越小，由此产生的铜损也相对较小，因此电机效率可获得一定程度的提升；同时高压电机输出转矩大，可获得更好的运行稳定性；降低后的工作电流对各外围器件性能需求和成本也将造成较大的影响，器件可以工作在轻负荷的状态，可靠性也会提高；较小的工作电流也将带来缓解减轻复杂电磁干扰和电磁兼容问题；配合采用芯片级功率元器件还将提升控制器效率；此外，更高的电压等级也为电池组储存能量的提升创造了空间。

目前，国际厂商中大部分仍然沿用 400V 以下的电压等级体系，日产 LEAF 电池组电压为 360V，三菱的 i-MiEV 采用的电压等级为 300V，特斯拉采用了 7000 颗 18650 单体电池构成了 400V 的母线电压输出等级。但相比国外厂商，国内电动汽车厂商已经向更高的电压等级迈进，例如比亚迪秦的电池是 560V，而唐的电池组电压是 700V，比亚迪、江淮、北汽等国内主流电动汽车厂商还在往 1000V 及以上的电池组发展。

高电压等级对 IGBT 等功率器件提出了更高的要求，宽禁带半导体开关器件的研发应用提升了控制器的耐压能力，为动力系统的高压化进程创造了基础。作为最具潜力的第三代宽禁带半导体材料，碳化硅在新能源汽车上的应用得到了广泛的关注。采用碳化硅功率器件可有效提高其驱动系统，获得更高的击穿电压、更低的开启电阻、更大的热导率，并且能保证在更高温度下可以稳定工作。除了为高压化控制器奠定基础，与使用硅功率电源装置相比，碳化硅功率模块体积与重量会减小 40% 以上，同时由开关损失引起的功率损耗可降低为原来的 1/5 左右，进一步体现了其对电动汽车应用场景的巨大优势。

但在动力系统高压化过程中仍然存在部分关键问题有待于突破。动力系统高压化的源头在于动力电池直流母线电压的升高，在当前动力电池单体材料体系不变的情况下，意味着需要增加串联单体电池个数，导致动力电池成组设计、电池系统管理、电池均衡系统难度的增加，设计出有效而且可靠的 BMS，才能保证电池组的安全运行。高压系统安全应用问题在高压化过程中将越发重要，需要增强高压控制器及电机本体的安全防护设计，优化绕组结构设计，提高结构设计耐压水平，提升绝缘材料性能，需要开发更为完善的供电线路和电池监测感应线路保护方案。

5.3 结构设计优化与匹配

5.3.1 空气动力学优化设计

由于电动汽车驱动系统效率远高于传统内燃机汽车，空气动力学性能对电动汽车的节能效果影响更加显著，尤其在高速巡航工况下，空气阻力在行驶阻力中的占比将进一步增加。相关研究发现，对于电动汽车，高速公路上空气阻力可以达到总驾驶阻力的 48%。通过合理的车体流线形设计和气流引导控制，减少空气阻力并优化电动汽车的空气动力学性能，可显著提升车辆的经济性，增加汽车的续驶里程。

在汽车的发展过程中，各地的整车制造商致力于在保证系统布置空间和乘坐空间的前提下不断降低整车空气阻力系数 C_D。20 世纪 20 年代，菲亚特、迈巴赫和奥迪分别基于多年的飞艇空气动力学研究经验和“半流线体”风阻测试结果开发出各自的低风阻车型方案。20 世纪 50 年代，意大利汽车制造商菲亚特发布了一款名为菲亚特 Turbina 的概念车，其 C_D 值低至 0.14，如图 5-4a 所示。1989 年欧宝公司发布了欧宝 Calibra，其 C_D 值为 0.26，成为当时市场上空气阻力系数最低的车型，如图 5-4b 所示。20 世纪 90 年代中期以后，制造商开始注重对混动汽车和纯电动汽车的研究，美国通用汽车在 1996 年发布了纯电动汽车 EV1，采用流线形车身及完全封闭的前后舱盖，使其空气阻力系数仅为 0.19，如图 5-4c 所示。2016 年，特斯拉公司发布的 Model S 的 C_D 值为 0.24，采用了气动轮圈、隐藏门把手和浮动 C 柱，这些可减少车辆的尾迹，如 5-4d 所示。

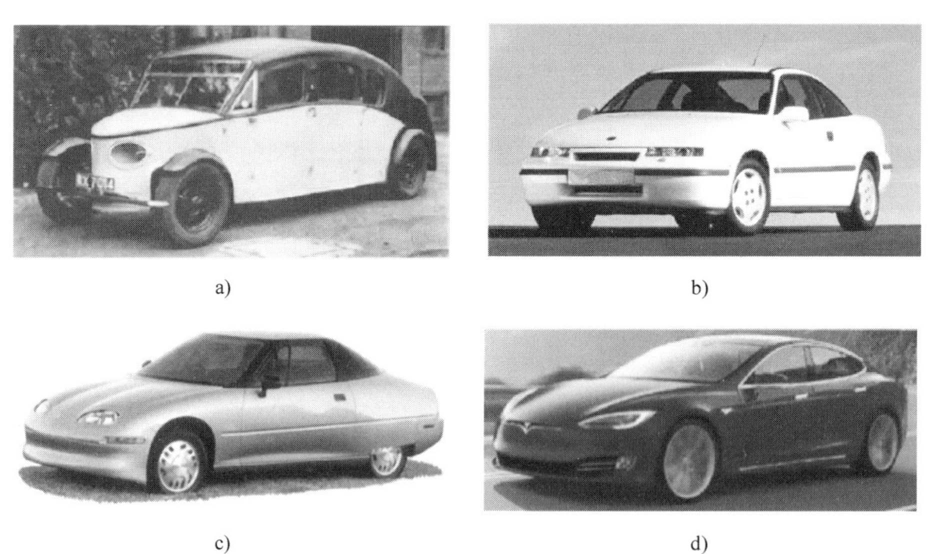

图 5-4 电动汽车代表车型

a）菲亚特 Turbina b）欧宝 Calibra c）通用 EV1 d）特斯拉 Model S

电动汽车相对于传统内燃机汽车在空气动力学设计上具有更加显著的优势。首先，电动汽车采用电机驱动，规避了发动机的进气需求，为进气格栅的设计提供了更高的自由度以降低风阻，甚至可以采用封闭式格栅；其次，电动汽车动力系统更为简洁，集成化程度高，电机舱占用空间小，甚至采用分布式驱动系统将所有驱动系统布置于轮侧或轮内，车辆前部将提供更大的造型空间，可采取更为先进的流线形设计，车头高度能够更低，进而得到更好的空气动力学性能；此外，电动汽车由于底部经常布置为电池包，因为结构方面的特点非常容易被做成光滑底板，对底部气流的阻碍作用更小。上述优势为电动汽车空气动力学设计提供了更加便利的条件，结合隐藏式门把手、电子后视镜、主动扰流器等降风阻设计，可进一步提升车辆动力学性能，增强节能效果，提升电动汽车续驶里程。

5.3.2 轮胎节能匹配设计

滚动阻力是轮胎能量损耗的主要来源，轮胎在行驶过程中与路面接触，因承重所产生的变形会导致组成部件变热，从而损耗了一部分由动力系统传输来的能量。而低滚动阻力轮胎的出现，通过更低的滚动阻力减少所需驱动力，从而降低汽车的能耗。有研究表明，滚动阻力每降低 10%，整车的能量消耗可降低 1% ～ 2%。

影响滚动阻力的因素有很多，可通过轮胎设计制造和消费者使用情况两个角度进行探讨。

1. 轮胎设计制造

轮胎设计制造包括结构设计和配方设计两大方面。

（1）结构设计

1）轮胎子午化和无内胎化。斜交胎是早期出现的一种轮胎结构，它的优点是胎体坚固、负荷变形小、胎侧不易损伤、转向与制动性能良好等。但同时因为结构所限，斜交胎耐磨性能较差，导致滚动阻力比较高，因此并不能满足快速发展的汽车对轮胎提出的性能要求。子午线轮胎的结构特点是胎体帘线与轮胎径向成 0° 角，相邻层的帘线不是相交而是相互平行，胎面与胎体之间有起箍紧作用的带束层。相对于斜交轮胎，子午线轮胎具有耐磨、抓着性能好、行驶温度低及使用寿命长等优点。从全球来看，目前欧美、日本等发达国家轿车轮胎的子午化率已达 100%，载重轮胎子午化率也已达 90% 以上。随着经济发展和汽车产业日益严苛的要求，我国轮胎的子午化率也在不断提升，从 2009 年的 45.4% 增长至 2017 年的 72.4%。

无内胎轮胎没有内胎，因此轮胎整体质量减小，滚动阻力降低。试验表明，无内胎轮胎的滚动阻力平均降低 10%。另外，无内胎轮胎由于其接地压力比较均匀，偏磨现象少，因而可以延长轮胎的使用寿命。对于无内胎轮胎来说，空气只能经由胎体渗漏。当轮胎被扎破后，空气只能从被刺穿的胎孔中泄出，因而漏气较慢，压力并不会急剧下降，这样轮胎在短时间内仍能安全地继续行驶，安全性能更好。目前在我国，有内胎轮胎已经基本退出轿车市场，而货车、客车轮胎的无内胎化也在逐步增长。

2）新型骨架材料。开发高性能新材料，是实现轮胎轻量化非常重要的一个层面。其中钢丝是轮胎中用量最大的骨架材料，也是轮胎轻量化的主力军。可以从两个方面着手，一方面提高钢帘线强度，通过对比可以发现，高强型钢帘线的强度比普通型钢帘线的强度高 15%，超高强型钢帘线可以提高 25%，极高强型钢帘线可以提高 34%。提高钢帘线强度，可以适当减少钢丝用量，减轻轮胎的重量。另一方面是开发高强度胎圈钢丝，比如采用 1.55 的强度，每条轮胎可减少 0.45kg 左右的胎圈钢丝用量，这相当于轮胎质量的 4% 左右。

此外，很多轮胎公司已尝试将芳纶材料应用于高性能轮胎中，在提高轮胎性能的同时，可使轮胎重量降低 10%，进一步降低滚动阻力。因此芳纶也是近些年应用增长最快的骨架材料之一。

（2）配方设计

配方设计主要可以从两方面考虑，一方面可以采用新材料替代常规材料进行优化，另一方面则可使用完全不同的先进高分子材料替代轮胎某个部件来降低重量。

1）橡胶、填料。

过去的轮胎配方主要使用乳聚丁苯橡胶（E-SBR）、镍系顺丁橡胶（NiBR）、天然橡胶作为橡胶体系，炭黑作为填料体系。20 世纪 80 年代初，日本首先开发出相对分子质量可调的溶聚丁苯橡胶（S-SBR），这种橡胶在微观结构、苯乙烯含量、相对分子质量及其分布以及乙烯基含量等方面都比乳聚丁苯橡胶有更大的变化范围。这种分子特性使其滚动阻力比乳聚丁苯橡胶低，因而已被广泛应用于低滚动阻力轮胎的胎面胶中。另外稀土顺丁橡胶相较于普通镍系顺丁橡胶，具有抗湿滑、低生热及滚动阻力低的特点，近些年也逐渐在低滚阻轮胎的胎面和胎侧被应用。

炭黑多年来一直是橡胶制品的重要补强剂。20 世纪 90 年代初，米其林通过用高分散性白炭黑替代胎面胶中的炭黑创立了低滚动阻力的概念。从此之后，白炭黑被逐渐广泛应用于轮胎行业，是推进低滚动阻力轮胎发展史上的重要功臣。白炭黑作为补强材料，最主要的优点是提高并平衡轮胎的滚动阻力与湿地抓地力。除了可以应用在胎面，白炭黑也被应用于轮胎胎侧来降低滚动阻力。

2）新型材料的应用。

除了在传统材料选择方面可以进行调整外，有一些厂商推出了创新性的材料概念，可以替代传统材料，达到轻量化目的。

美国埃克森美孚（ExxonMobil）公司开发出了一种新型热塑性弹性体，是名为埃驰固的 DVA 树脂。该树脂由尼龙和 Exxpro 特种弹性体动态硫化而成，埃驰固动态硫化合金的主要终端应用是替代传统轮胎气密层，它独特的材料特性能够实现优异的渗透性，提高轮胎耐用性并促进轮胎轻量化。目前大部分轿车车胎的卤化丁基橡胶气密层厚约为 0.8mm，质量约为 1kg。采用新材料替代这一设计，使用吹膜工艺，就像塑料袋一样，制造出的气密层又薄又轻。这种新型气密层可使传统的气密层部件减重近 80%，而且在气密性方面表现更佳。利用它可以生产出更轻、更耐用的轮胎，同时可更好地保持胎压。

2. 消费者使用

除去生产环节中的轮胎设计等影响因素，在实际使用中，消费者的使用习惯也会对轮胎的滚动阻力产生影响。

（1）轮胎的选择

选择尺寸和规格符合车辆设计的轮胎。一般来讲，轮胎与地面接触面积越大，摩擦阻力也就越大，车辆行进的动力也就越大。选用更宽的轮胎，增加了接触面，虽然操控性能可以有一定程度的提升，但滚动阻力必然也会增加。因此不能盲目加宽轮胎，要协调好车辆的动力性和经济性。

（2）保持合适的胎压

胎压对于轮胎实际使用中的滚动阻力有着至关重要的影响。因为胎压高低直接决定轮胎的接地面积，也就是接触面的大小。如果轮胎气压不足将导致行驶阻力增加，造成能耗上升。而如果轮胎气压过高，虽然一定程度上有利于降低能耗，但会导致轮胎胎面异常磨损，并且影响行驶安全。确保最佳胎压要注意以下几点：首先要了解适合的胎压，一般胎压提示牌位于驾驶室门框处；其次必须在轮胎冷却条件下测量胎压，车辆行驶后胎压会因轮胎温度上升而上升；最后应定期检查胎压，使其保持在合适的范围内。

（3）使用氮气

轮胎内部结构的老化主要是因为空气中的氧气与之反应氧化所引起的，老化后强度变差甚至出现龟裂现象，这是造成轮胎使用寿命缩短的原因之一。氮气化学性质极不活泼，分子比氧气分子大，不易热胀冷缩，变形幅度小，其渗透胎壁的速度只有空气的30% ～ 40%，因此可减缓轮胎老化速度，提高轮胎的保气性能，保持稳定的胎压，降低滚动阻力，达到节能减排的目的。

5.3.3 轻量化结构设计

相较于传统燃油汽车，电动汽车动力电池的能量密度较小，受限于续驶里程等因素，电动汽车动力电池的质量和体积普遍较大，且用于装载动力电池系统的电池箱体过于厚重，这在一定程度上造成了电动汽车整车质量的增加。电动汽车轻量化设计可以通过采用轻质材料、进行结构优化拓扑、进行工艺革新等方法来减小整车质量，进而降低整车能耗并提升电动汽车的续驶里程。针对电动汽车轻量化技术，可从电池系统轻量化、电驱动系统轻量化、车身系统轻量化及其他零部件轻量化四方面来描述。

1. 电池系统轻量化

以提高电池系统的能量密度和功率密度为目标实现动力电池的轻量化，是目前电动汽车动力电池领域的研究重点之一。在满足用户续驶里程需求的前提下尽可能实现电池系统的轻量化，对于提升能效比具有重要意义。锂离子电池占据了电动乘用车市场最大的份额，其能量密度和功率密度均比铅酸电池及镍氢电池高。而在锂离子电池中，国产电动汽车以磷酸铁锂电池和三元材料锂电池为主，三元材料锂电池能量密度更高，具有更广阔的市场发展前景。此外，固态锂电池技术采用锂离子导体固态电解质取代以往锂电池的电解液，并可以使用金属锂作为负极材料，在大大提升锂电池能量密度的同时保证了电池包的安全性，成为电池材料发展的重要方向。

除了采用新型电池材料，电池单体结构优化也成为关键影响因素，特斯拉 Model 3 将原来的 18650 改成了 21700，电池的能量密度提升约 20%（250W·h/kg → 300W·h/kg），增大了单体的尺寸，进而使整包轻量化。方形电池外壳一般为铝质，可通过减薄外壳的厚度来实现减重。例如，将铝壳的材料壁厚由 0.8mm 调整为 0.5 ～ 0.6mm，进而单个铝壳可减重 20% 以上。

此外，在电池箱体材料上，采用铝制箱体、热成型钢、铸铝、碳纤维、泡沫铝等新型材料替代传统的钢制箱体，在保证电池系统抗冲击、振动、挤压安全性以及密封耐蚀性的同时，可实现电池包的整体减重，对于电池系统轻量化也具有显著的意义。

2. 电驱动系统轻量化

电动汽车的电驱动系统主要包括驱动电机、减速器及传动轴等零部件。电驱动系统的轻量化技术与整车轻量化息息相关。尤其对于分布式驱动电动汽车，若电驱动系统质量较大将引入较大的非簧载质量，不利于行驶平顺性和操纵稳定性。驱动电机是电动汽车电驱动系统的核心部件，应选取功率密度和转矩密度较大的电机来实现电驱动系统的轻量化。目前，电动汽车上使用的驱动电机主要有永磁同步电机及交流异步电机两种。

对于永磁同步电机，可通过选用剩余磁通密度、矫顽力和最大磁能积较大的永磁材料来提高其转矩密度及功率密度。但因其转速较高，高转速工作时电机定子离心力较大，这对高速转子结构的机械强度提出了很高的要求。交流异步电机中，可采用高导磁低损耗的铁心材料和较薄的硅钢片来降低铁心中的磁感应强度，进而降低电机的铁耗，可采用高导电率的导线，如银铜线来降低定子铜耗，可选用纯铜作为异步电机转子材料来提高电机效率。特斯拉电动汽车异步驱动电机采用冷压铜条工艺，端环与整个铜条冷压在一起，两端加保护环固定，使电机转子能够承受较高的离心力。

高功率密度电机具有高速高频的特性以及较高的电磁负荷，导致电机单位体积的损耗增大，电机各部件的温升偏高，因此需要更为有效的冷却方式。此外，对电机壳体结构进行优化设计同样可以达到轻量化目标。可采用轻质合金来减轻电机壳体质量；对电机转子可以采用空心轴结构，在磁路允许的情况下，以转子铁心开孔的方式减重。同时，可通过集成化设计实现电驱动系统的轻量化。如米其林公司研发的电动车轮，该车轮集成了制动系统、驱动系统、传动系统及悬架系统，很大程度上减轻了整车重量，如图 5-5 所示。

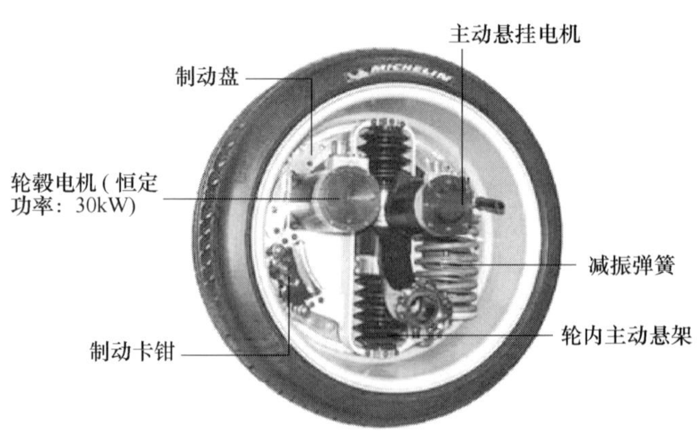

图 5-5　米其林电动车轮

3. 车身系统轻量化

电动汽车车身质量占据整车质量的较大比例。在动力电池取得较大突破之前，车身系统轻量化是实现整车轻量化的重要途径。可通过采用轻质材料，如高强度钢、轻质合金材料（如铝合金和镁合金）、复合材料的方式进行车身轻量化。以轻质铝合金材料为例，可有效降低30%～40%的车身质量。同时，通过CAE技术对车身进行拓扑优化设计可提高材料利用率，进而达到车身轻量化目的。轻量化制造工艺如车身连接新工艺、复合材料连接新工艺等都为车身轻量化提供了可能。因此，在保证车辆行驶安全的前提下，对车身系统进行轻量化设计是实现整车轻量化的有效途径。

4. 其他零部件轻量化

通常通过采用轻质材料的方式来进行其他零部件的轻量化。如用镁合金或铝合金锻压轻量化轮毂以减轻非簧载质量，可改善加速和操控性能；用镁合金制造仪表板骨架、座椅、转向柱部件、中控台、变速器壳体、转向盘及电池壳体；利用长玻璃纤维注射成型（LFI）复合材料制造加速踏板、塑料齿轮变速器及电器插接盒等。

5.3.4 电机变速器匹配设计

目前电动汽车多采用电机加固定传动比主减速器的驱动模式，虽然电机依靠其自身低速区域恒转矩、高速区域恒功率的驱动特性，以及宽调速范围、大高效区间的效率特性，通过匹配单级主减速器已经能够较好地满足汽车的日常行驶需求，但在高转速和低转速的两端工作区域平均效率水平仍然较低，为了实现电动汽车更佳的经济性，为电动汽车匹配可变减速比的减速器成为提升车辆续驶里程的有效途径。此外，通过匹配低档位大速比和高档位小速比，可以有效提升加速性能、最高车速和最大爬坡度，从而提升整车动力性。

多档位变速器的引入将从设计上实现经济性和动力性的均衡，降低车型开发难度。在传统电动汽车的车型设计中，运动型电动汽车往往在常规工况下难以取得良好的经济性表现。以追求高转矩和高转速的特斯拉Model S为例，即使在巡航状态下，电机仍然长时间工作在临界状态，对电机工作效率不利，作为对比，采用了47.5kW·h电池容量的腾势电动汽车续驶里程为250km，Model S在采用了85kW·h电池容量的情况下，续驶里程只是达到了400km，在能效比方面明显处于劣势。

除了整体效率水平的提升，电机与变速器的匹配技术还将带来其他诸多优势：由于电机本身工作转速范围非常广，在高转速情况下，噪声和振动仍然不可避免，使用两档或多档变速器，可以将使用转速控制在一定范围内，使电机和减速器噪声进一步优化；在电机本身性能不变的情况下，进一步提升电动汽车的整体性能。电动汽车依托动力电机在起步阶段的恒转矩特性可实现快速起步，但在稳定行驶阶段，进行二次加速时就会产生后劲不足、加速乏力的现象，这是由于最大功率一定的电机在高转速情况下已无法提供更大的转矩，为电动汽车匹配变速器并通过在高速巡航工况下的档位切换可实现高速动力性的进一步提升；此外，在起步时的低转速工况下，通过变速器的低档位可缓解大加速度起步时造成的大电流，降低电机供电电路的设计成本。

由于电动汽车自身的优良驱动特性，过多的变速器档位对动力性和经济性的提升已经不具备明显意义，反而会增加整车整备质量，增加车辆能耗，挤占电机舱空间，增加设计难度。两档变速器被认为是能充分发挥电机性能的较好方案，如图 5-6 所示，两档变速器相对于单一主减速器方案，高效工作区间得到了一定程度的扩展，最高车速和最大转矩也得到了显著的提升，动力性和经济性得到了明显改善。

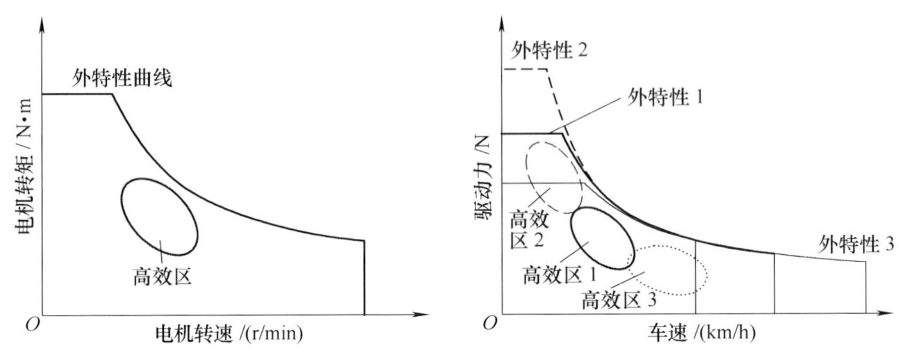

图 5-6　单级和两档减速器外特性

国内外行业内针对电动汽车两档变速器的匹配和集成化设计开展了广泛的研究，并形成了相关产品体系，采用共油冷却大大缩小了产品体积，提升了动力系统的功率密度。精进电动公司从 2015 年起就开始了电机和减速器深度集成的一体化设计，并于 2017 年实现了“二合一总成”的批量应用，2019 年推出适用于新能源乘用车及轻型商用车的“3000 系列深度集成三合一纯电驱动系统”，将 OD220 平台电机、高速两档减速器、高功率密度电机控制器三大件深度集成。舍弗勒计划基于双离合器技术开发三合一电驱动系统，在电机和减速器间加双离合器，在换档过程中做到没有动力中断，并将两档减速器在纯电驱动上的应用作为未来的发展趋势。

5.3.5　分布式驱动技术

在由内燃机汽车向电动汽车的过渡过程中，传统的驱动链结构和设计规范很大程度上被保留下来，目前上市销售的电动汽车基本仍采用集中驱动式传动结构，电机产生的动力经由主减速器、差速器再到驱动半轴最终输出至轮胎侧，期间经过了多级的能量损耗，最终只有约 85% 的能量传递至车轮用于驱动车辆，冗长的驱动系统在一定程度上增加了整车的能耗，如图 5-7 所示。

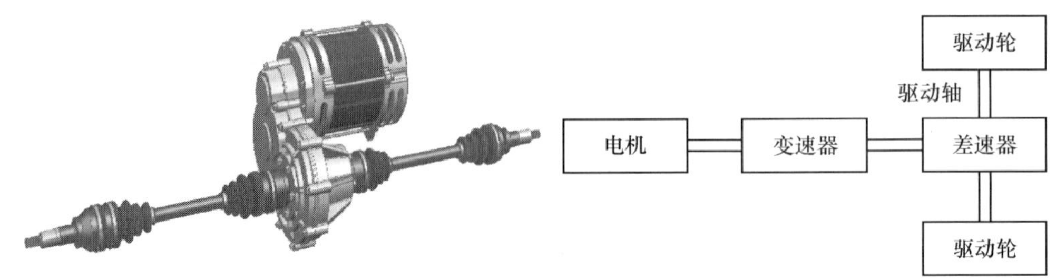

图 5-7　集中式驱动系统

随着电机功率密度和转矩密度的提升以及设计水平的提高，轮毂电机和轮边电机得到了长足的发展，以此为基础实现了整车的分布式驱动架构。分布式驱动电动汽车主要结构特征是将驱动电机直接安装在驱动轮内（轮毂）或者驱动轮附近（轮边），具有驱动传动链短、传动效率高、结构紧凑等突出优点。分布式驱动系统可实现动力源直接向车轮传递力矩，大幅减少或直接省去了在动力传递过程中的能量损失。

轮边电机将电机本体布置于簧上各车轮侧附近，可配合高集成度行星齿轮组结构实现各个车轮的直接驱动，省去了电机到车轮的传动链，降低了能耗损失。轮毂电机则在轮边电机的基础上进一步进行优化，将电机直接内置于轮毂内，采用内定子、外转子的方式直接驱动车轮，内定子与悬架硬点连接，外转子通过高强度螺栓与轮辋固定，取消了主减速器，电机输出转矩将直接作用于车轮，如图 5-8 所示。分布式驱动系统更好地发挥了电机设计灵活的优势，传动链短，规避了动力在传动过程中的能量损耗，提升了驱动效率，同时免去了驱动轴、差速器等驱动部件，在一定程度上减小了整车整备质量。

相对于集中式驱动车辆动力源唯一的缺点，分布式驱动车辆具备多驱动系统多控制自由度的典型特点，利用其冗余驱动特性，结合各个电机效率图，通过转矩的合理最优分配，在满足动力需求的同时，可实现整车驱动效率的最大化，进一步提升车辆行驶经济性，增加续驶里程。建立整车综合效率计算函数，采用最速梯度下降法、搜索遍历法或遗传算法可快速寻求前后桥电机转矩分配的最优控制比例，综合控制各个驱动电机尽可能工作在高效区间，实现车辆的经济性控制，从控制角度入手，优化整车的节能效果。

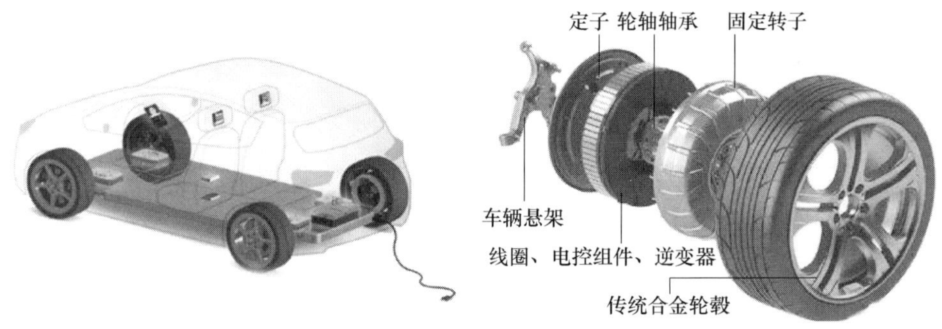

图 5-8　搭载轮毂电机的分布式驱动汽车

作为分布式驱动技术的主流发展方向和重要组成部分，轮毂电机相关技术难点的突破成为关键，目前轮毂电机的发展及应用仍存在散热优化、簧下质量控制、一致性校准和车辆动力学控制等难点。由于轮毂电机将电机主体甚至电机控制器高度集成于轮毂内，对驱动模块提出了更高的散热要求，不良的散热设计将导致电机寿命和稳定性的恶化；大量部件质量被转移至非簧载部分，簧下质量的增加将导致整车幅频特性的变化，对悬架系统的优化和主动控制提出了更高的要求；由于各个轮毂电机的转速和转矩独立受控，在出厂标定时对电机的一致性校准提出了更高的要求；此外，从整车角度出发，多驱动电机和多控制自由度为整车协调控制提出了更高的要求。

轮毂电机及其控制技术得到了广泛关注，全球范围内开展了大量的研发工作。从产业层面来讲，目前占据主导地位的是欧美国家的轮毂电机公司，其中以英国的 Preotean（已被中国恒大全资收购）、荷兰的 e-Traction（已被湖北泰特全资收购）、加拿大的 TM4 以及欧洲的 Elaphe 最具有代表性。法国的米其林公司于 2008 年推出了一款集成驱动电机、主动悬架、制动系统于一体的轮毂电机系统，优化了电机搭载之后的平顺性。在整车验证方面，日本的清水浩教授团队开发了 SIM 系列分布式驱动纯电动汽车，2016 年，梅赛德斯 - 奔驰发布了“ UrbaneTruck”纯电动货车，该车配备电动后桥，搭载三组电池、两套轮毂电动机，续驶里程达 200km。国内吉林大学、同济大学、北京理工大学等多所高校也先后开展了多轮分布式驱动电动汽车样车验证。

第6章 电动汽车运行监控与管理技术

随着电动汽车的快速发展，对电动汽车实施监控与管理尤为重要。本章主要从电动汽车安全监管体系、电池系统安全预报警、电动汽车里程核算及节能减排、电动汽车数据传输符合性测试与检验四个方面来介绍对电动汽车监控与管理技术。

6.1 概述

能源与环保近年来逐渐成为中国乃至世界各国面临的重要课题，而交通领域作为能源消耗与环境污染主要来源之一，也在积极寻求一场清洁能源的变革。因此，以电动汽车为代表的新能源汽车应运而生。在节能减排和绿色环保理念的推动下，我国的新能源汽车产业获得了快速发展。

目前，我国电动汽车产业正处于发展关键时期，电动汽车推广应用的安全问题既涉及人民群众的生命财产安全，也关系产业持续健康发展大局，电动汽车安全事故频发已经成为制约其推广应用的短板，没有安全就没有电动汽车的未来，对电动汽车进行质量监管势在必行。

随着互联网经济的发展，汽车制造企业正在历经从传统制造企业发展模式向服务型制造企业发展方式的转变，车联网与大数据相结合的“互联网+新能源汽车”模式，是未来汽车行业的发展方向。通过“国家、地方、企业”三位一体管理体系可以搭建全方位、多维度的电动汽车大数据生态圈，对相关数据进行挖掘与分析，不仅可以优化产品设计和质量，提高安全性，还可以与消费者产生持续互动，有助于深入理解消费者行为模式，及时满足消费者的需求，提高产品的综合竞争力。新能源汽车三位一体的安全管理体系如图 6-1 所示。

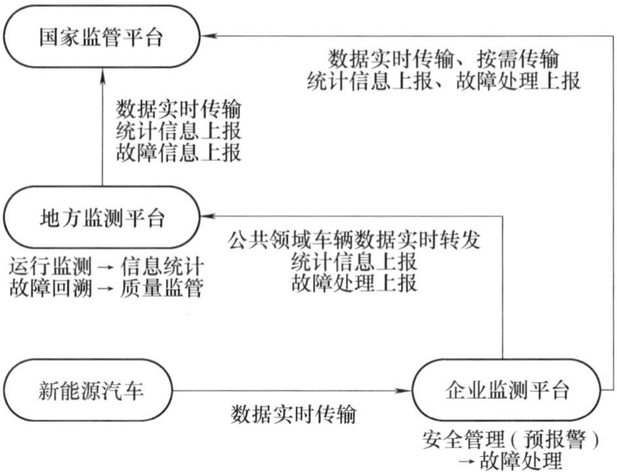

电动汽车安全监管体系明确了企业是第一责任主体，生产企业对其生产的全部电动汽车安全问题负总责。所有电动汽车数据的发送源是企业监测平台，通过企业监测平台对电动车辆实现 100% 的实时监测，并对发现的风险及时采取措施予以控制。

地方监测平台对公共服务领域的新能源汽车安全负监管责任，通过接受企业监测平台转发的实时数据，掌握公共服务领域电动汽车的运行状况，督促生产企业对其产品落实安全监控。

图 6-1　新能源汽车三位一体的安全管理体系

国家对全国电动汽车的推广应用和安全工作负监管责任，通过国家监管平台监督和检查企业监测平台、地方监测平台的运行情况。国家监管平台的责任主要有三个方面。第一是验证车载终端是否满足 GB/T 32960—2016《电动汽车远程服务与管理系统技术规范》的要求，只有从车企到政府都按照该国家标准完全执行并贯通，才能确保整个监管体系的执行。第二是对企业数据以及地方平台数据进行抽检。第三是从整个政府的管理层面就安全问题、补贴问题以及在运行过程的效益进行监管。

6.2　电动汽车安全监管体系

6.2.1　国家监管平台

国家监管平台即新能源汽车国家监测与管理中心，可以获得新能源汽车“产、售、购、役”等相关数据，为行业政策制定、动态安全管理、新能源产业合理布局、财政补贴的公平公正发放提供了数据支撑，从宏观层面掌握全国新能源汽车产业现状，从需求层面掌握用户的使用习惯和实际需求，实现新能源汽车行业供给侧和需求侧的全面信息对接，解决了政府对供需统筹、供需对等、供需协调的管理问题，有效地提升政府的产业支撑与服务能力。

1. 新能源汽车国家监管平台历史沿革

2003 年，北京理工大学电动车辆国家工程实验室首次在北京市公交 121 路实现了新能源汽车及其充电监控系统示范运行。

2006 年，北京理工大学电动车辆国家工程实验室建立了 2008 年北京奥运综合调度管理平台，成功承担了北京奥运车队保障任务，实现了奥运期间奥运电动客车的零抛锚行驶和智能调度管理，受到了党和国家领导人的表彰。

2011 年，在“十城千辆”推广过程中，北京理工大学电动车辆国家工程实验室建成了北京市电动汽车运行监控与服务中心，实现了对北京市区域内电动公交车、电动环卫车、电动出租车以及电动乘用车的电池状态、车辆状态和地理位置等信息的全天候实时监控，完成了对故障信息的预报警处理，对车主信息、车辆信息、厂商信息以及位置信息的集成化处理。

2013 年，北京市电动汽车运行监控与服务中心服务能力突破 1 万辆，主持编制了国内首个新能源汽车监控地方标准。

2014 年，在万辆级平台的基础上，进行了监控系统软件升级，完成了数据多路转发系统的开发工作，实现了单一来源数据的多向传输。

2015 年，北京理工大学电动车辆国家工程实验室牵头制定 GB/T 32960—2016《电动汽车远程服务与管理系统技术规范》。

2016 年，完成了 GB/T 32960—2016《电动汽车远程服务与管理系统技术规范》的制定，启动了新能源汽车国家监管平台建设工作。

2016 年 11 月，按照国家监管体系要求，进行了平台的优化与完善。在此基础上，完成了新能源汽车国家监管平台的试运行工作。

2016 年 12 月，启动了国家标准符合性测试工作，截止到 2019 年 6 月 3 日，累计通过“平台符合性检测”的整车企业平台 484 个，通过“车辆符合性检测”的车型 6275 个。

2017 年，平台服务能力提升至 160 万辆，由于采用分布式系统架构，基于其高可用性和灵活的线性扩展，将服务器的服务能力线性拓展至 PB 级。

2018 年 7 月，新能源汽车国家监管平台接入量突破 100 万辆。

2019 年 3 月，新能源汽车国家监管平台接入量突破 200 万辆。

2. 国家监管平台的任务

1）搭建新能源汽车国家监管平台软硬件体系，构建地方监测平台及企业监测平台的数据汇聚接口。

2）实现对推广应用车辆的静态配置信息和动态运行信息的监测与管理，具备运行里程统计等功能，为补助资金清算审核提供数据支撑。

3）做好全国地方监测平台、整车企业监测平台及新能源汽车数据对接和接入服务，为整车企业免费提供企业监测平台和车型符合性测试认证服务。

4）开展新能源汽车国家监管平台日常运营管理，对新能源汽车运行数据进行统计分析，评估新能源汽车安全运行状态并定期编制信息简报。

5）针对发生的新能源汽车质量安全事故，协助开展事故分析和调查。

6）协助开展面向地方政府和企业的政策、标准及相关要求的宣传、贯彻与培训。

3. 国家监管平台的架构

新能源汽车国家监管平台采用 Hadoop 体系架构，与阿里、京东等公司的大数据技术同步，同时具有更强的灵活性和可扩展性。如图 6-2 所示，该平台主要分为五个层次：最底层是采集层，负责平台数据的采集，平台的数据来源有车载终端、省级平台、日志流以及第三方平台的数据；采集层之上是大数据层，大数据层对采集层采集的数据进行分类集群，采集层的数据首先进入大数据层的高速服务总线，然后由大数据层对其进行实时计算并存入缓存集群，或通过数据层的统一接口存入 Hadoop 分布式文件系统（Hadoop Distributed File System，HDFS）集群、索引数据集群及关系数据集群；大数据层之上是分析层，可对大数据层传来的数据进行分析计算，分析层功能强大，具有实时计算、离线计算、图计算、机器学习等多个引擎，拥有进行业务规则建模，标签规则建模，清洗、结构化、统计建模的能力，可进行数据清洗以及充电行为、续驶能力、驾驶行为、故障追溯、车辆画像的分析；分析层之上是服务层，可利用分析层的处理结果提供多项服务，服务层包含多个云平台，包括用户云、监控云、故障云、运维云和专家决策云，可提供容器托管、镜像仓库、服务管理等多项功能；平台还设有展示层，主要有大屏幕展示、微信展示、PC 展示以及通过平台研发分别适用于安卓系统和 IOS 系统的 App 展示。

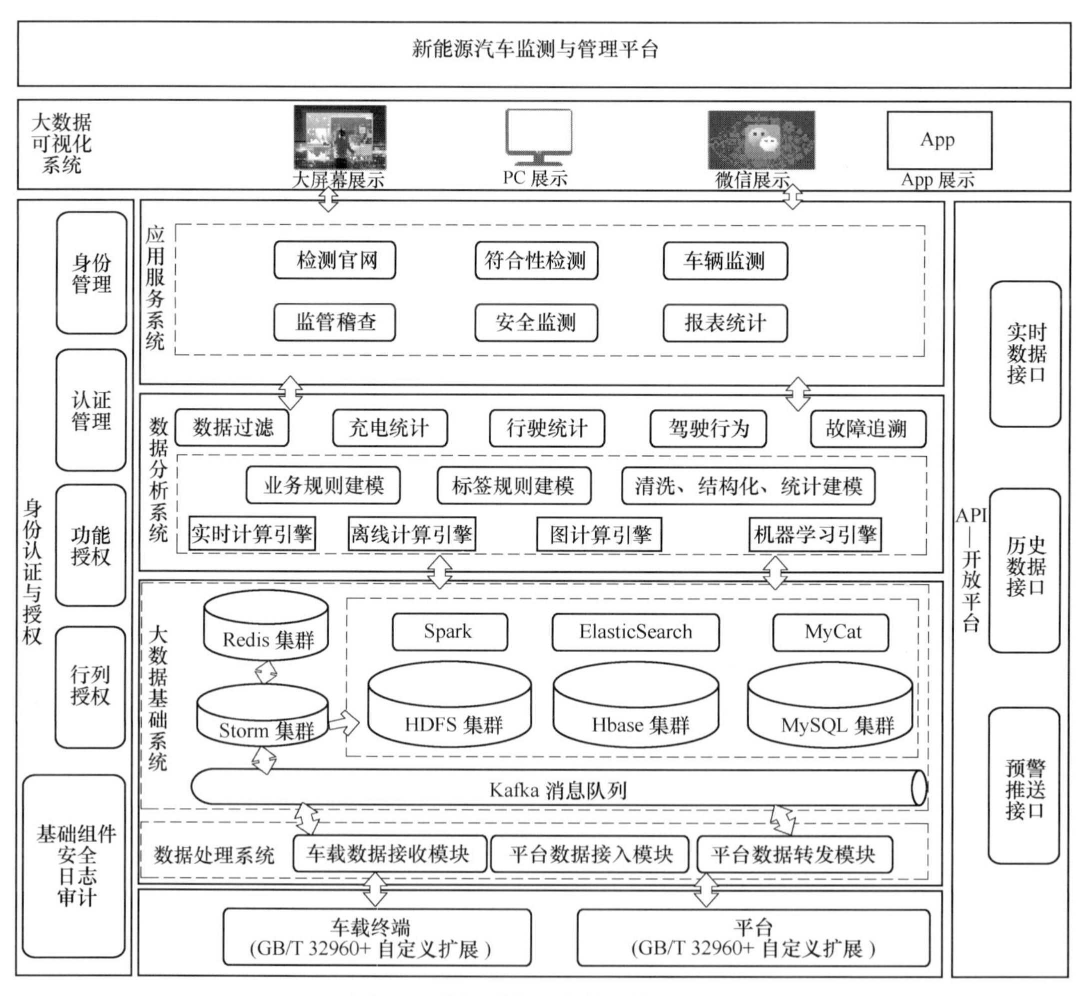

图 6-2　数据采集、存储、挖掘流程

目前，该平台已经掌握了新能源汽车海量数据接入、数据分析、大数据处理、分布式计算、数据可视化展示等核心技术，实现了海量可横向扩展的设备接入能力、海量可横向扩展的大数据存储能力、多种针对新能源特性的数据挖掘与分析能力以及多样化新能源汽车生产智慧服务能力。基于数据挖掘，可提供面向不同用户群的差异性、个性化数据分析和技术服务。基于大数据平台的对外开放 API，可实现与其他平台间的数据互联互通。

4. 新能源汽车国家监管平台服务能力与数据展示

（1）新能源汽车国家监管平台服务能力

1）接入与处理能力。平台严格按照 GB/T 32960—2016 的规范标准，设计通讯数据结构和数据项字段，实现了数据接口标准化。其主要功能模块包含：

① 基于 GB/T 32960.3—2016 附录 B 标准协议实现车载终端数据的接入接口功能。

② 基于 GB/T 32960.3—2016 标准协议的平台接入接口功能。

③ 基于 GB/T 32960.3—2016 标准协议的平台转发接口功能。

2）存储能力。新能源汽车国家监管平台基于 HDFS，开发了分布式 HDFS 文件数据存储模块，主要采用 parquet 列式格式进行存储，满足灵活化数据扩展及挖掘需求，可以横向扩展满足百万 PB 级别的数据规模存储。目前，该平台可满足 200 万辆公共服务领域新能源汽车的数据存储需求，具备 200 万辆公共服务领域新能源车辆 3 年内数据的存储能力，具有动态存储管理和扩展功能。

3）命令响应能力。目前，新能源汽车国家监管平台可以实现在 100 万辆电动汽车在线情况下，系统平均响应时间和常规界面打开时间不超过 3s，GIS 界面打开时间不超过 5s。在进行大数据统计分析时，资源检索反应时间不超过 15s，报表统计结果反馈时间不超过 60s 等。

4）数据抽查与管理能力。目前，新能源汽车国家监管平台具备不少于 50 个地方监测平台、不少于 300 个企业监测平台、不少于 200 万辆电动汽车车载终端的数据抽查能力。

5）稳定运行与保障能力。新能源汽车国家监管平台不但可以满足不同平台、不同网络接入点的数据接入，还可以同时满足多路网络融合需求，提高链路可靠性，具备联通、移动、电信通信带宽分别不低于 100Mbit/s 的能力，具备 10Gbit/s 以上海量攻击防御能力，平台可靠性可以达到 99.9% 以上。

（2）新能源汽车国家监管平台数据展示

1）大屏幕首页展示内容。根据三级架构管理体系，新能源汽车国家监管平台宏观展示包括入网车辆统计总数、累计运行里程、节能减排统计、当前抽检车辆总计等宏观数据，以及全国新能源汽车平均指数（安全性指数、经济型指数、可靠性指数、环境适用性指数）。平台首页如图 6-3 所示，

2）接入平台一站式展示界面。企业入网信息界面提供生产企业的总注册个数、过检企业个数及过检车型总数的数据展示，并对接入车型情况进行分类统计，对企业的全国分布情况及接入情况进行汇总及分类展示。

企业展示界面提供包括企业的累计销售量全国区域分布统计情况、平均指数计算情况、实时运营状况（包括当前在线车辆数、当前在线率、当前故障车辆数、当前充电车辆数）、静态信息统计情况（包括车辆总数量、累计行驶里程、累计耗电量、累计碳排量）、车型分类占比等信息。

3）全国分布展示。全国地图展示界面提供全国的录入车辆数、监控车辆数、车辆在线数、累计行驶里程、累计节油量、累计碳排量、累计耗电量信息等的统计展示，并可查

看各个省、自治区、直辖市区域的车辆数。

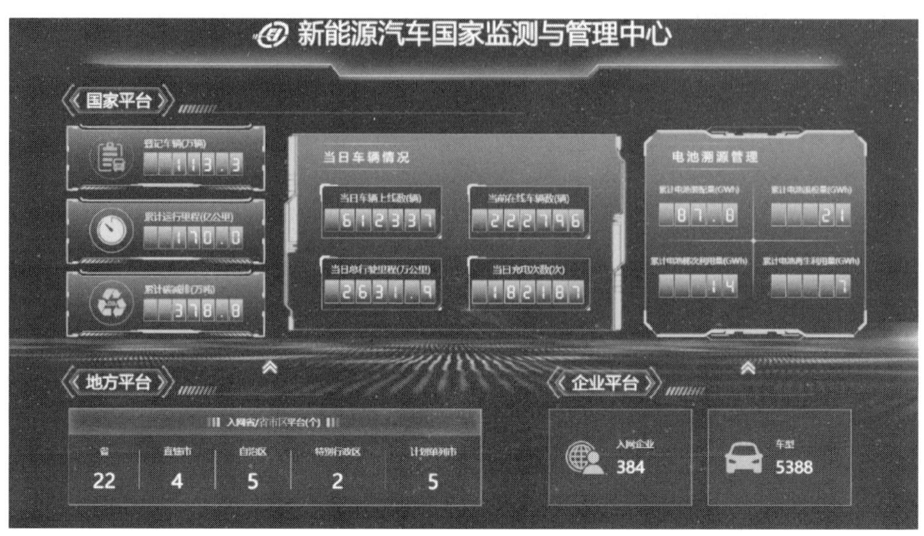

图 6-3　新能源汽车国家监测与管理平台首页

通过全国地图界面，单击区域可链接到区域展示界面，可展示省、自治区、直辖市内的录入车辆数、监控车辆数、车辆在线数、累计行驶里程、累计节油量、累计碳排量、累计耗电量等信息，并可查看省、自治区、直辖市下各个区县的车辆数。

4）平台提供面向接入平台的全方位信息展示功能，可以在统一的操作界面上集中查看接入平台的全部信息，并支持历史信息的挖掘及可视化。

区域平台展示功能包括对全国地方政府平台的建设及接入情况，区域平台节能减排情况、充电情况、车辆里程情况、能耗监测情况等进行统计分析。

5）平台提供面向车辆的全方位信息展示功能，可以在统一的操作界面上集中查看车辆的全部信息，并支持历史信息的挖掘及可视化。

区域平台节能减排界面提供节能减排统计信息，包括累计行驶里程、累计节油量、累计碳减排、累计耗电量及车辆聚合点地图展示等。

通过地图的车辆标注点可以进入单车数据展示功能，其中包括车辆的整车数据、驱动电机、发动机、燃料电池、报警、定位、极值、登入登出、单体温度、单体电压、速度、荷电状态（SOC)、位置等详细信息的展示，如图 6-4 和图 6-5 所示。

系统提供历史轨迹功能，实现在指定的时间范围内对车辆历史轨迹的数据追溯，提供快进、暂停、回退并且可按照指定的行驶行为进行回放，回放轨迹提供了针对故障点进行标注的功能，如图 6-6 和图 6-7 所示。

6）平台提供面向车辆的全生命周期展示功能，可根据车牌号码进行快速检索，系统汇总展示车辆的仪表总里程、核查里程、总行驶次数、总上线时长、累计充电次数、充电量总计等汇总数据，并可以在时间轴上展示车辆从零部件采购环节的电池、电机、电控数据，生产环节的所在地及生产企业信息，销售环节的销售及发票信息，到使用环节的充电、行驶统计数据、报废等相关信息，具备车辆的全生命周期的信息展示功能，如图 6-8 所示。

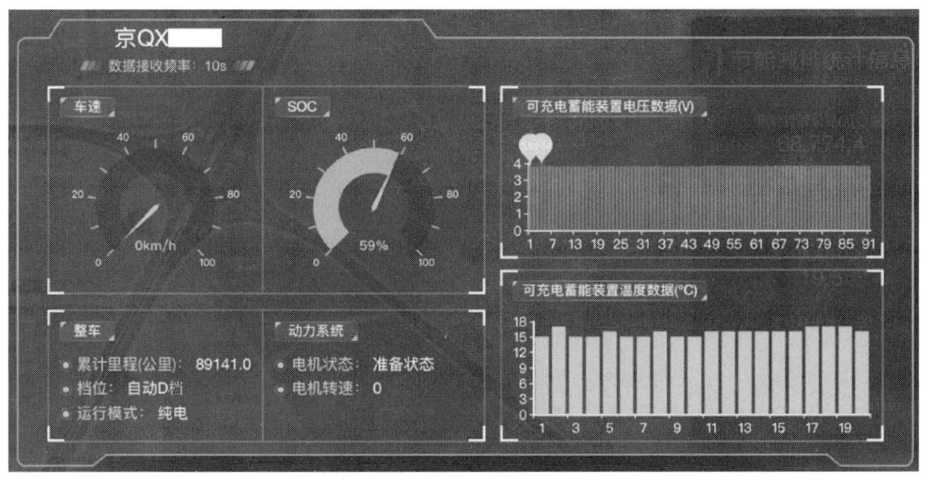

图 6-4　单车概况信息

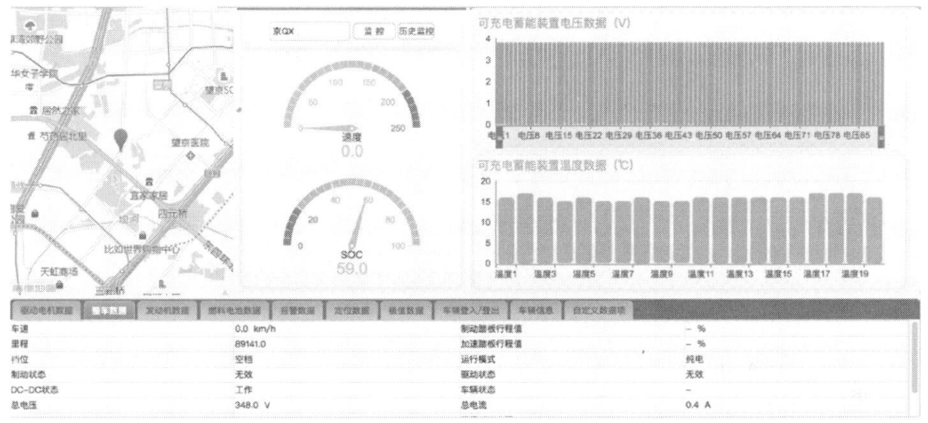

图 6-5　单车详细信息

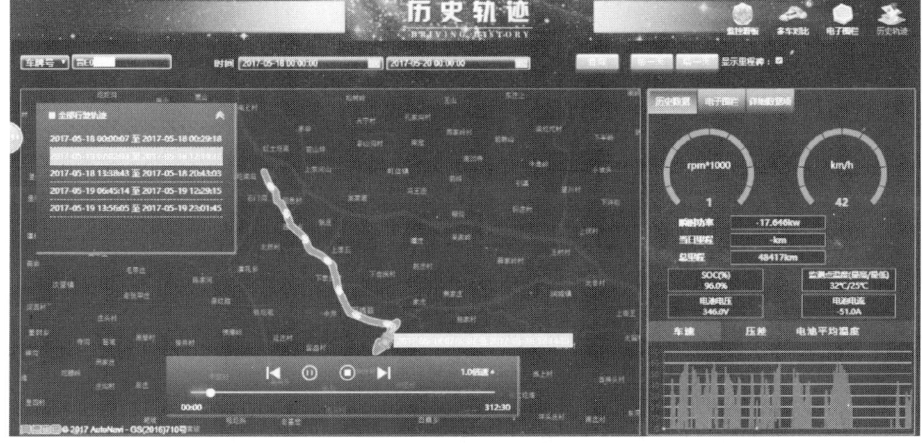

图 6-6　单车历史轨迹回放 1

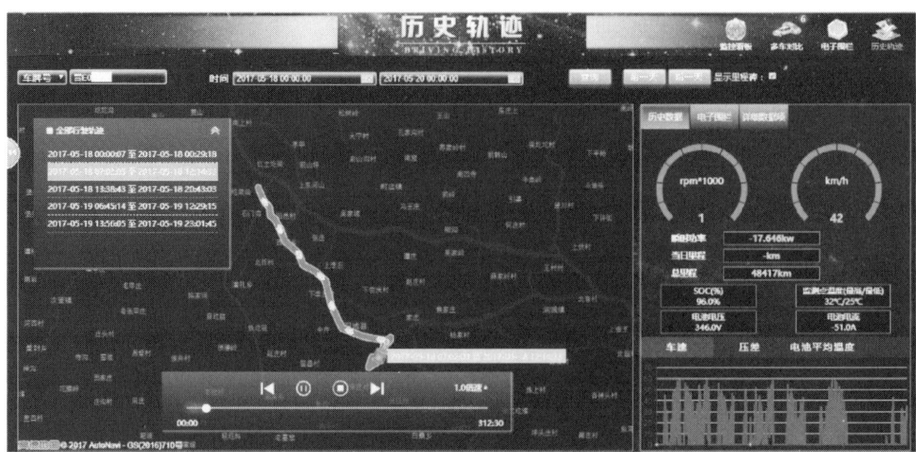

图 6-7　单车历史轨迹回放 2

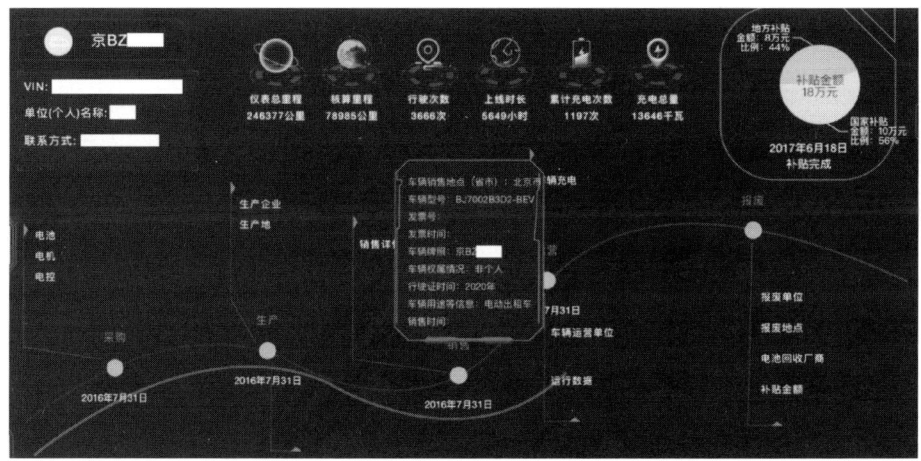

图 6-8　单车全生命周期信息

5. 新能源汽车大数据应用领域

电动汽车大数据的应用领域主要划分为政府、商业、用户三个层次，如图 6-9 所示。

政府需要对国家安全、车辆安全、交通管理、公共安全、产业政策、环境保护方面进行管理。通过大数据的挖掘与分析，有助于及时、准确地掌握新能源汽车行业发展动态，为相关政府部门对新能源汽车的宏观管理和政策制定提供可靠的依据，有利于推动政府宏观调控的科学化和管理的精细化，对于推动新能源汽车产业化和应用、加快培育新能源汽车发展动态、形成汽车产业发展新动力具有重要意义。

商业领域主要包括公共服务、商业服务、商业金融、汽车企业四个方面。在公共服务方面，通过挖掘大数据中的潜在信息，可提供更优质的公共服务，例如建立更全面高效的充换电基础设施，提供充分的保养维修服务等。而对于商业服务，大数据在市场中的应用能够实现更加精准的用户细分、更加高效的工作效率，以及更加个性、优质的服务体验。在汽车金融方面，可以让汽车保险定价更合理、让理赔定损更简单等。至于汽车企业，合理运用车辆大数据，可实现设计优化、车间通信、无人驾驶等功能，除此之外，对维修企业与汽配电商而言，大数据的应用可以让配件查找更精确快捷。

用户领域主要包括智能控制、交通服务、车辆信息等方面，可以将这些方面内容集成在App终端上，通过App终端的下载与应用，为用户提供车辆信息及交通服务，对车辆进行智能控制，帮助用户更好地驾驶车辆，从而提升驾驶体验。

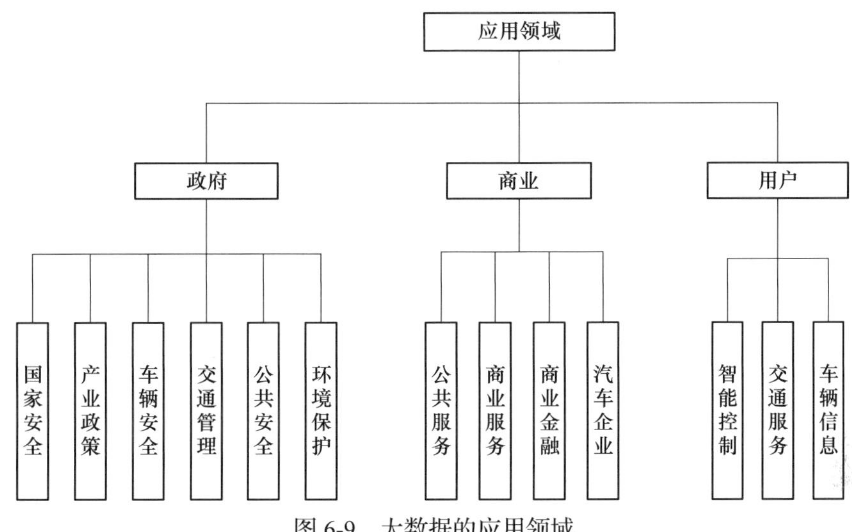

图6-9 大数据的应用领域

6.2.2 地方监测平台

根据工业和信息化部《关于进一步做好新能源汽车推广应用安全监管工作的通知》的要求，地方政府要加强组织领导，加大安全监管力度，建立健全地方监测平台，及时发现安全隐患；建立安全事故处理机制，对出现的安全问题要及时启动调查机制。地方监测平台主要服务于地方政府，方便其履行对公共服务领域新能源汽车安全监管的责任，地方监测平台接收企业监测平台转发的实时数据，包括动态统计信息、故障报警及处理信息等，掌握公共服务领域新能源汽车的运行状况。下面以北京市的监管平台为例进行说明。

为了保障公共领域电动汽车的运营安全，推动电动汽车与“互联网+”的深度融合，北京市科学技术委员会组织并委托北京理工大学建立了北京市电动汽车运行监控与服务中心，全面负责北京市区域内的公交、环卫、出租、物流、共享租赁等领域应用的纯电动汽车远程数据监控与安全预警工作，旨在建设成北京市电动汽车基础信息平台，为各行业的商业化应用提供实时的基础数据服务和运营安全保障。

作为全国第一个省级监控平台，该平台对电动汽车的电池状态、车辆状态和地理位置等信息予以全天候实时监控，对故障信息进行报警处理，并实现车主信息、车辆信息、厂商信息以及位置信息的集成化处理，同时将监控数据转发至各生产企业、运营企业以及其他相关单位，实现车辆信息的实时共享与动态交互。该平台具备市域电动汽车的宏观监控与展示、车辆实时数据监控显示与存储、运行故障判断与集成化处理、故障信息高效联动、车辆运行数据统计与分析、数据转发与信息共享等功能。

目前，该平台具备全项抽样监控、核心项全样监控以及多频与变频采样监控等多样化监控能力，实现了10万辆电动汽车的全项全样实时监控，并可动态调整至50万辆的多频采样监控以及平台间数据的实时交互，已接入科学技术部、市科学技术委员会等政府部门以及多个车辆生产和运营企业监测平台，并为国家机关事务管理局、工业和信息化部、科学技术部、应急管理部等中央国家机关的电动汽车共享租赁示范运营提供了基础数据服务。

经过多年的建设和发展，该平台已经成为全国接入车型最多、接入厂家最多、接入企业最多、接入领域最多的第三方政府级基础信息平台，已初步建成电动汽车大数据中心，实现了一套系统多个车型、一个平台多个企业的多源信息融合与集中监控，具备通信协议统一、接口统一以及接入点统一的一站式查询与服务，为多车型运营企业提供全系列车型的基础数据支持，也为电动汽车的政府监控与管理提供了技术支撑。

截至2019年6月30日，监控中心可监控纯电动车辆总计216362辆，其中新能源环卫车3307辆，新能源公交车11214辆，新能源乘用车182030辆，新能源商用车19811辆。自2013年1月1日，新能源汽车累计运行总里程483929.2万km，累计耗电96785.8万kW·h，节油48392.9万L，减排107.7万t。

6.2.3 企业监测平台

工业和信息化部《关于进一步做好新能源汽车推广应用安全监管工作的通知》同时指出，新能源汽车生产企业是安全第一责任人，应做到100%的实时监控，对整车产品负总责。要牢固树立质量安全责任意识，从研发制造、运行监控、维护保养等各环节严格管控，确保推广应用的新能源汽车产品质量安全及生产一致性。生产企业要建设和完善新能源汽车企业监测平台，与用户充分沟通并签订保密协议，自2017年1月1日起对新生产的全部新能源汽车安装车载终端，通过企业监测平台对整车及动力电池等关键系统运行安全状态进行监测和管理，按照GB/T 32960—2016《电动汽车远程服务与管理系统技术规范》的要求，将公共服务领域车辆相关安全状态信息上传至地方监测平台。企业监测平台应设置国家监管平台接口，接受国家监管平台的监督抽查，在接到国家监管平台实时数据调用指令时，应当按指令要求将对应车辆的相关安全状态信息上传至国家监管平台。

2017年11月16日，中机车辆技术服务中心发布《关于落实企业监测平台与国家新能源汽车监管平台平稳对接的通知》，要求2017年之后注册登记的新能源汽车产品需要上传运行数据，接受国家监督。其中，非个人购买的新能源车辆、个人购买的商用车及专用车，按照国家标准要求上传相关数据；个人购买的新能源汽车，在整车车辆状态、充电状态、运行模式发生变化时上传相关数据，但不包括定位数据。

企业监管平台是新能源汽车三位一体安全管理体系的数据入口，新能源车辆运行数据的实时性、有效性、完整性、准确性是整个安全管理体系的基础。各个新能源汽车生产企业有义务严格按照国家标准要求，充分重视企业平台的建设，以实现新能源车辆的全生命周期安全监管。

6.3 电池系统安全预报警

动力电池是电动汽车中较容易出现故障的部件，做好动力电池系统的预报警工作，对于减少动力电池的事故以及降低动力电池事故所造成的人员财产损失具有重要的意义。

6.3.1 故障预报警的基本要求

1）能有效及时判断电池单体或系统的故障，包括但不限于电池过电压、欠电压、过温、过电流、绝缘能力降低等，并能以可靠的通信方式通知整车，采取相应的措施。根据电池类型标定不同的故障阈值，根据电池的使用环境、不同的生命周期调整合适的故障阈值和检测时间，确保系统安全。

2）BMS 对电池故障的检测周期或消抖时间应满足安全需求，即在整个故障的检测、通信、处理周期完成前，电池系统不会发生对整车或乘员的危害。

3）在发生故障的条件下，若非绝对必要，电池系统应先通过声光报警等方式提醒驾驶员采取必要措施，如通知驾驶员减速靠边等，再进行断电保护处理。

4）发生故障后，应在确认故障消失或足够安全余量后，才能允许对电池系统继续操作。对于电池系统的永久性故障，如电池单体严重过放电至 1V 以下等，BMS 宜具备故障锁存记录功能以防止对电池系统继续操作，避免后续的安全问题。

5）BMS 应具备故障存储功能，能够记录电池系统发生过的所有故障代码，并可在维护时通过外部操作清除；能够根据厂家需要记录发生故障前 2min 和后 5min 的详细数据，包括电池的单体电压、温度、电流等信息。

6.3.2 典型故障信号处理策略

1）阈值的设定通常由电芯企业及整车企业根据电芯特性及整车控制要求确定，不同电池系统的阈值不同。典型故障可参考 QC/T 897—2011《电动汽车用电池管理系统技术条件》。

2）应根据故障特点，细化故障处理策略，对故障进行分级管理，不同级别的故障采用不同的对应策略，例如，告警、限功率、下高压、提醒用户远离车辆等，应尽量避免行驶过程中的直接高压下电。

3）故障阈值设置、判断时间、恢复时间应充分考虑电池系统的能力及车辆运行需求，避免漏报和误报。

6.4 电动汽车里程核算及节能减排

6.4.1 里程核算

动力电池耐久性和续驶里程真实性是用户最关心的两个问题，电池容量和续驶里程不但是电动汽车价格高低的关键因素，还主导了消费者的购车意愿。正因如此，有关车企开始在续驶里程上进行虚标，为了最大限度地刺激消费者的购买欲望，试图通过“伪”里程提高产品竞争力，吸引消费者的目光。在购车后暴露出来的续驶里程问题，给日常生活带来了不便。因此，为了规范电动汽车行业的发展秩序，加强对电动汽车续驶里程真实性的监管，减少骗取国家补贴行为的出现，新能源汽车国家监管平台发布了《新能源汽车国家监管平台车辆运行里程核查方法（2018）》，主要对车辆里程数据的真实性和完整性进行核查，以防造假。

1. 新能源汽车里程核查数据源

里程核查数据源分为两类：第一类是针对近两年未及时将数据上传到国家监管平台的车辆，由车辆所属车企提供；第二类是已经接入国家监管平台并实时监控的车辆，数据由国家监管平台提供。

2. 新能源汽车里程核查流程

里程核查主要对车辆数据的真实性、完整性进行检测，测评周期内车辆数据经过里程核查流程后会得到5个输出量，分别为上线里程、数据无效率、数据异常率、GPS里程、有效里程。由这5个结果，对最终核查里程进行判定。里程核查流程如图6-10所示。

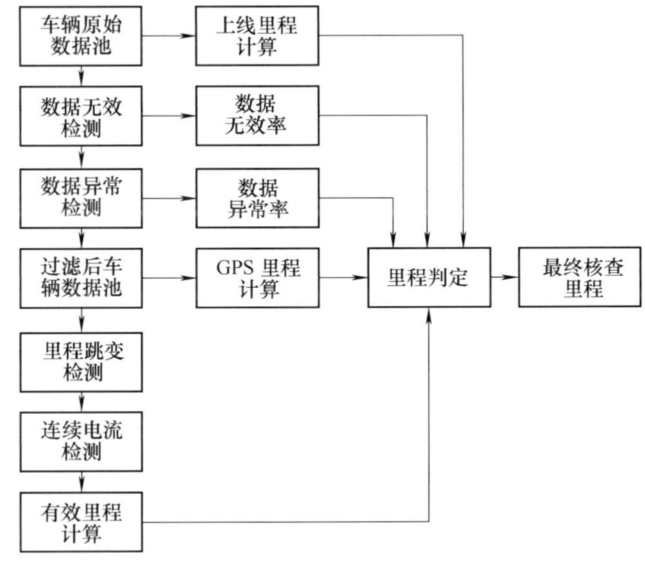

图 6-10　里程核查流程

里程核查流程如下：

1）对符合GB/T 32960—2016中关于车辆远程传输协议的车辆数据进行数据协议解析。

2）从此次测评的原始数据池中检索第一帧和最后一帧有效数据，得到此次上线开始的仪表里程数值及结束的仪表里程数值。

3）对解析后的数据依次进行无效检测和异常检测，得到车辆数据无效率、数据异常率。

4）对经过无效检测和异常检测过滤后的车辆数据池，进行GPS里程计算，得到车辆在测评周期内的GPS里程。

5）对过滤后的车辆数据池依次进行里程跳变检测、连续电流检测。计算得到里程跳变需扣除里程和连续电流检测需扣除里程。

6）计算有效里程。有效里程计算方式为上线里程减去里程跳变需扣除里程和连续电流检测需扣除里程。

3. 数据无效检测

里程核查数据无效检测是对GB/T 32960.3—2016中7.2.3.1整车数据及GB/T 32960.3—

2016 中 7.2.3.5 车辆位置数据进行数据无效检测，具体检测形式为 GB/T 32960.3—2016 中的 0xFF。车速、仪表里程、总电压、总电流、GPS 经纬度、SOC，这 6 项数据中只要有任意一项数据缺失，则记为无效数据。若故障率过高，则直接判定为不合格；若故障率存在并较低，则将无效位置向前的第一帧有效值和向后的一帧有效值作为标记点，两标记点之间的里程记为 0，并重新进行里程计算。

4. 数据异常检测

里程核查数据异常检测是对 GB/T 32960.3—2016 中 7.2.3.1 整车数据及 GB/T 32960.3—2016 中 7.2.3.5 车辆位置数据进行数据异常检测，具体检测项目如下：

- 车速∈［0，200］
- 里程∈［上线开始里程，上线结束里程］
- 总电压∈（0，1000］
- 总电流∈［总电流均值 -100，总电流均值 +100］
- SOC ∈［0，100］
- 经度∈［73，135］
- 纬度∈［4，53］

5. 仪表里程跳变检测

仪表里程跳变检测用于检测车辆在行驶过程中有无仪表里程的突变，对有突变超过阈值（一般为 2km）的里程进行标记并计算得出测评周期内因仪表里程跳变需扣除里程。

选取连续 60s 数据集作为最小单位，若平均速度小于或等于 55km/h，则不允许 60s 内发生 2 次公里数跳变；若平均速度大于 55km/h 且小于或等于 120km/h，则 60s 内不允许发生 4 次公里数跳变；若发生，则记为故障。

6. 连续电流检测

连续电流检测主要用于对上传的新能源车辆动力电池数据是否真实进行检测。检测中若有总电流大于阈值（一般为 5A）的情况下，连续 3 帧及以上总电流数值连续相同，需对这种现象进行标记。对于测评周期内总电流连续 3 帧相同现象频次大于阈值（一般为 0.1%）的情况，将对应连续 3 帧数据内发生的里程跳变进行计算，得到测评周期内连续电流检测扣除里程。

6.4.2 节能减排

伴随着城市机动化进程的进一步发展，城市交通面临着巨大的能耗排放压力，为了降低城市的能耗和排放，按照中国汽车产业发展战略的要求，新能源汽车的推广使用成为最有效的措施之一。

交通领域新能源汽车是按照以行业示范带动私人领域的思路推广的，但是目前由于车辆本身技术性能、基础设施建设规划、资金成本等因素在一定程度上制约了新能源汽车的推广，行业车辆实际的推广数量与规划目标差距较大，因此应该对行业新能源汽车推广现状进行评估并发现问题，以提出解决方案。此外由于私人领域新能源汽车的推广会产生一定的节能减排效益，为了量化并预测新能源汽车推广带来的节能减排效益，需要建立节能减排效果测算模型。

新能源汽车国家监管平台包括车辆相关状态信息的采集模块、大数据中心信息处理模块和对外服务模块。大数据中心接收由车载数据采集终端按照标准化数据传输协议处理的车辆电池信息、车辆运行状态信息和车辆地理位置信息，对新能源汽车能耗信息进行分析挖掘、存储和展示，计算新能源汽车节能减排指数，可以实现能耗预测以及分析新能源汽车推广所带来的节能减排效益，从而为新能源汽车监控与管理提供有力依据，并指导新能源汽车产业向更加清洁化的发展。

1. 能耗预测模型搭建

为了实现宏观预测的目的，影响车辆能耗预测的关键参数主要有车辆能源类型、保有量、行驶里程、速度、能耗因子等。

在能耗预测中，主要考虑速度对能耗因子的影响，预测计算方法如下：

$$E=\sum_{i=1}^{n} V_i S_i e_{v_j} \tag{6-1}$$

式中 E——路网消耗总能耗（L）；

n——车辆类型数；

i——第 i 种车辆；

V_i——第 i 种车辆的车辆保有量；

S_i——第 i 种车辆的行驶里程（km）；

e_{v_j}——速度为 v_j 下的能耗因子（L/100km）。

2. 能耗效益核算

基于北京交通发展研究院监控平台的汽油车工况数据，可以得到不同排量汽车的油耗率 – 比功率（VSP）关系，不同排量的汽车油耗率 – 比功率变化如图 6-11 所示，可以看出不同排量汽车的油耗存在较强的相关性。

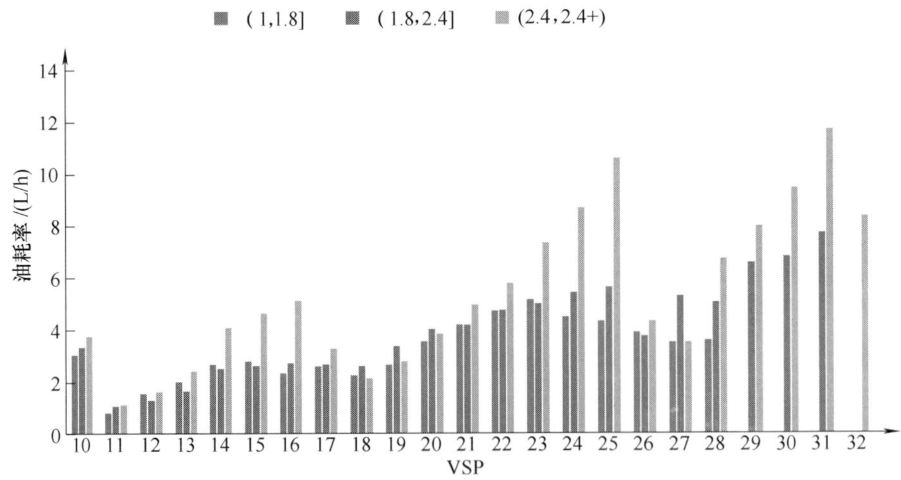

图 6-11 不同排量汽车的油耗率 – 比功率变化

通过统计学方法，计算不同排量汽车油耗率的相关系数，可以得出，相关系数都大于

0.6（表 6-1），说明不同排量汽车的油耗率存在显著相关性。

表 6-1 不同排量汽车的油耗率的相关系数

	(1, 1.8]	(1.8, 2.4]	(2.4, 2.4+)
(1, 1.8]	1.00	0.91	0.79
(1.8, 2.4]	0.91	1.00	0.88
(2.4, 2.4+)	0.79	0.88	1.00

由机动车排放数据可以得到不同行业、车辆类型、燃料类型、排放标准、行驶里程各 VSP 的平均排放率，由交通数据可以得到不同平均速度、道路类型的 VSP 分布，结合上述两方面结果，可以得到相应的排放因子：

$$EF_k=\left(\sum_i ER_i\cdot VSP_{\mathrm{bin}_i}\right)/(3600v) \tag{6-2}$$

式中 EF_k——第 k 个平均速度区间的排放因子（g/km）；

ER_i——第 i 个 VSP 的平均排放率（g/s）；

VSP_{bin_i}——第 k 个平均速度区间第 i 个 VSP 的分布值；

v——第 k 个平均速度区间的中值（km/h）。

根据车速以及与其相对应的能耗因子，节能效果可以用图 6-12 所示的方法计算。此计算卡可以用来核算电动汽车的综合节油量和节能量。

能耗量测算模型

汽车行驶速度				30		km/h	
汽油车保有量	15 万辆	能耗因子	7.992864974 L/100km	新能源车保有量	16.67 万辆	能耗因子	21.88128939 kW•h/100km
汽油车行驶里程	10万km	能耗总量	11.98929746 亿L	新能源车行驶里程	1.4 万km	油耗总量	5.106655319 亿kW•h
		能耗总量	1.306833423 万tce			能耗总量	0.151310197 万tce
总能耗量				1.45814362		万tce	

图 6-12 新能源汽车推广节能效果计算卡

2019 年日本群马大学学者进行了电动汽车与内燃机汽车的能量利用效率比较研究，纯电动汽车从原油到车辆车轮驱动的能量转换效率是内燃机汽车的 1.5 倍，计算过程如图 6-13 所示。若采用其他方式发电，电动汽车的能量利用率将更高。

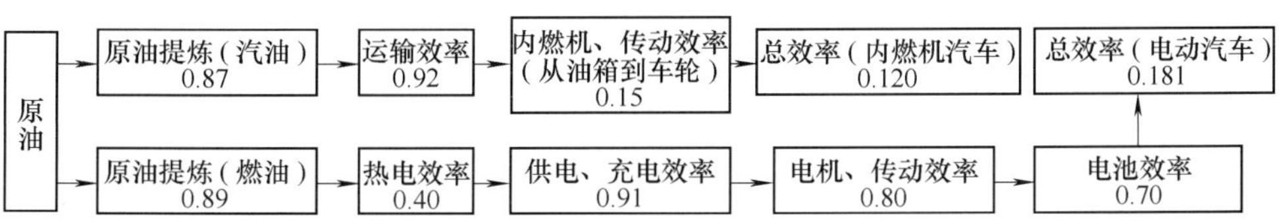

图 6-13 电动汽车与内燃机汽车能量转换效率比较

3. 基于生命周期的电动汽车碳排放

汽车碳排放不仅限于汽车使用过程中二氧化碳的排放量，它涵盖了汽车生产、使用以及报废等全生命周期中的碳排放。在进行汽车碳排放效益分析时采用全生命周期评价，详细分析汽车产品生命周期内各单元过程的碳排放，包括原材料资源化、开采、运输、制造加工、分配、利用与再利用、维修和报废物处理。其核心理论基础是能量守恒和物质不灭定律，对汽车生产、使用和报废过程中的物质、能量的使用和消耗进行平衡计算。

电动汽车生命周期主要分为三个阶段：生产阶段、使用阶段和后处理阶段。

（1）生产阶段

电动汽车生产阶段主要分为三个部分：汽车生产、火力发电和电池生产。在汽车生产部分，主要考虑原材料的生产以及汽车生产工艺不同造成的影响；在发电部分，主要考虑火力产电量占所有方式产电量的比例的影响，其次还需要考虑在传输电能的过程中，输电效率、厂用电率、充电机损耗率等；在电池生产部分，主要考虑原材料制备和电池组装两个环节，由于电池组装工艺繁多且很难确定单工序耗电量，因此经常采用电池组装厂年度耗电量与年度产品总量的比值来进行分析计算。

（2）使用阶段

电动汽车使用阶段，碳排放主要依据电动汽车的每百公里耗电量进行分析，即排放的二氧化碳量与生产相应电能所产生的二氧化碳量一致。在计算电动汽车减排量时将燃油车每百公里耗油产生的二氧化碳量与电动汽车每百公里电耗产生的二氧化碳量作差值。

（3）后处理阶段

电动汽车后处理阶段，主要考虑材料从生产加工到汽车制造阶段的损失和汽车报废回收过程中材料的收集效率、粉碎效率以及物料回收比等。

4. 减排效益分析

下面以一辆车为单位进行电动汽车替代燃油汽车的 CO_2 减排计算，过程中综合考虑了电动汽车节油的直接减排、节约的燃油在生产炼制过程中减少的 CO_2 排放以及电动汽车消耗的电能在发电过程中的 CO_2 排放量。

由于纯电动客车和乘用车在使用过程中不使用汽油（柴油），因此其节油率为 100%。根据北京市混合动力电动客车应用的实际情况，混合动力电动客车平均节油率为 20.4%，文中按照 20% 进行计算。

计算结果：每台纯电动公交客车年综合减排 CO_2 为 48t，节油 24000L；每台混合动力电动公交客车 CO_2 减排可达到 16.8t，节油 4800L ；每台纯电动乘用车年综合减排 CO_2 为 6.7t，节油 3000L。

计算依据如下：

1）根据相关资料，每升汽油燃烧在汽车尾管中产生 2.35kg 的 CO_2，每升柴油燃烧在汽车尾管中产生 2.63kg 的 CO_2。由于公共领域用车以柴油车居多，以下计算参考柴油的标准进行。

2）考虑公交客车的实际运行情况，根据不同季节、不同时段的平均，12m 长的纯电动公交客车按油耗 40L/100km，纯电动乘用车按 10L/100km 进行计算。

3）公交客车运行按每车 200km/ 天、300 天 / 年进行年统计计算，乘用车运行按每车

100km/天、300天/年进行年统计计算。

4）根据相关资料进行综合平均，汽柴油生产过程的CO_2排放，按照每升汽柴油生产产生0.878kg CO_2进行计算，发电过程CO_2排放按每发出1kW·h电能需产生0.5kg CO_2进行计算。

电动汽车节能减排的比较见表6-2。

表6-2 电动汽车节能减排的比较

指标	纯电动公交客车	混合动力电动公交客车	纯电动乘用车
节油率	100%	20%	100%
日节油量/L	80	16	10
日减少CO_2排量/kg	210	42.1	23.5
年减少CO_2排量/t	63	12.6	7.1
年节油量/L	2.4×10^4	4.8×10^3	3.0×10^3
汽柴油生产CO_2减排/t	21	4.2	2.6
百公里电耗/（kW·h）	120	—	20
年耗电量生产的CO_2排放/t	36	—	3.0
综合年CO_2减排/t	**48**	**16.8**	**6.7**

6.5 电动汽车数据传输符合性测试与检验

为完成新能源汽车监控与管理体系架构和工作要求，由北京理工大学、中国汽车技术研究中心、东软集团股份有限公司等单位牵头起草了GB/T 32960—2016《电动汽车远程服务与管理系统技术规范》，其中规定了61项常规数据和12项故障情况下的数据，如图6-14所示。该标准自2016年10月1日正式开始实施。

图6-14 国家标准规定平台所需上传的实时数据项

除规定了数据项外，该标准还对车载终端、企业平台、公共平台的建设方式及技术要求做了规定。电动汽车以及企业平台、地方平台在接入国家平台之前，要进行数据传输符合性测试与检验。

6.5.1 车辆符合性测试

车辆符合性测试包含车辆直连检测和平台转发检测两个阶段，每个阶段的检测都要经过以下 7 个步骤：

1）执行车辆登入、登出操作，共计执行 5 个循环，如图 6-15 所示。

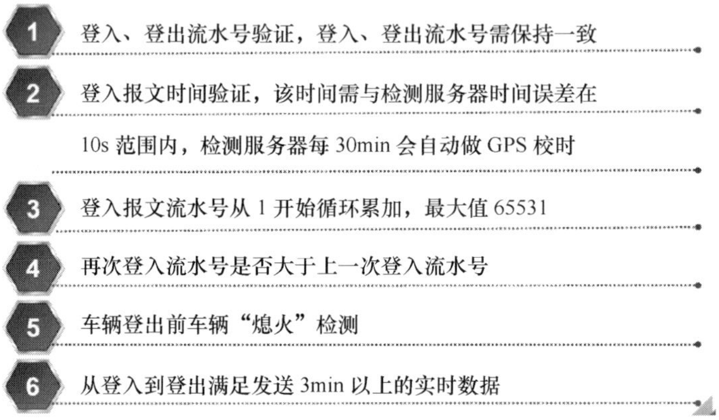

1 登入、登出流水号验证，登入、登出流水号需保持一致

2 登入报文时间验证，该时间需与检测服务器时间误差在10s 范围内，检测服务器每 30min 会自动做 GPS 校时

3 登入报文流水号从 1 开始循环累加，最大值 65531

4 再次登入流水号是否大于上一次登入流水号

5 车辆登出前车辆“熄火”检测

6 从登入到登出满足发送 3min 以上的实时数据

图 6-15 车辆登入、登出过程详解

2）发送车辆报警数据，需维持三级报警并持续发送 5min 以上，如图 6-16 所示。

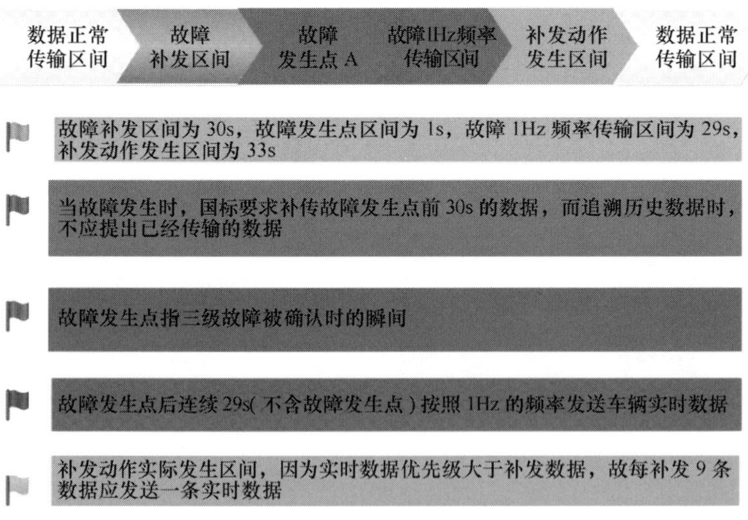

图 6-16 报警测试过程详解

3）发送车辆补发数据和车辆离线状态数据，应维持 10min 以上，如图 6-17 所示。

注：车辆补发数据指车辆与企业平台断开连接时产生的数据。

4）发送车辆报警补发测试和车辆离线状态数据，应维持 15min 以上，如图 6-18 所示。

测试过程中车辆的每次登入后台会自动记录登陆流水号
计时开始时间为车辆离线前最后一帧实时数据时间
计时的结束时间为车辆再次登陆报文时间
后台自动验证离线时长，离线需满足 10min 以上
后台自动检测登陆报文流水号的自增情况

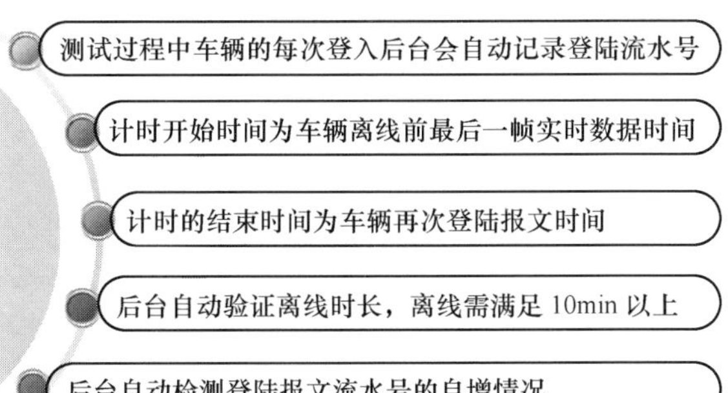

图 6-17　补发测试过程详解

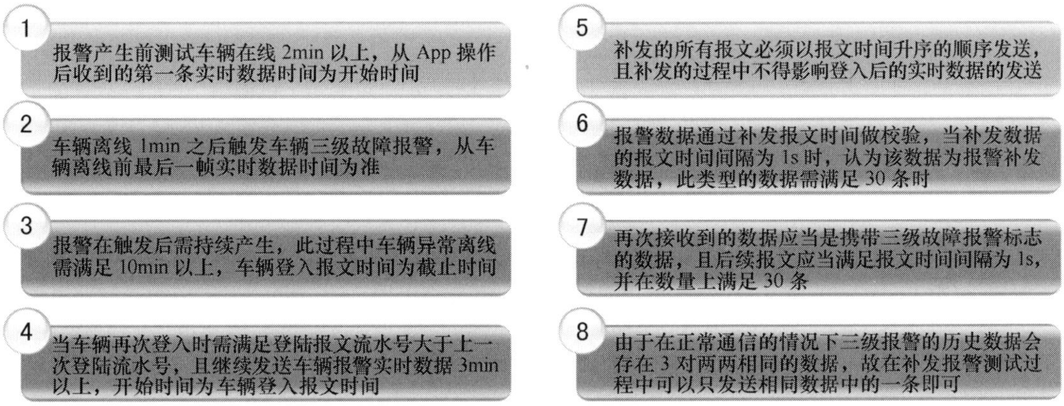

1
报警产生前测试车辆在线 2min 以上，从 App 操作后收到的第一条实时数据时间为开始时间
2
车辆离线 1min 之后触发车辆三级故障报警，从车辆离线前最后一帧实时数据时间为准
3
报警在触发后需持续产生，此过程中车辆异常离线需满足 10min 以上，车辆登入报文时间为截止时间
4
当车辆再次登入时需满足登陆报文流水号大于上一次登陆流水号，且继续发送车辆报警实时数据 3min 以上，开始时间为车辆登入报文时间
5
补发的所有报文必须以报文时间升序的顺序发送，且补发的过程中不得影响登入后的实时数据的发送
6
报警数据通过补发报文时间做校验，当补发数据的报文时间间隔为 1s 时，认为该数据为报警补发数据，此类型的数据需满足 30 条时
7
再次接收到的数据应当是携带三级故障报警标志的数据，且后续报文应当满足报文时间间隔为 1s，并在数量上满足 30 条
8
由于在正常通信的情况下三级报警的历史数据会存在 3 对两两相同的数据，故在补发报警测试过程中可以只发送相同数据中的一条即可

图 6-18　报警补发测试过程详解

5）发送车辆行驶数据和车辆行驶状态数据，维持发送 1h 以上，如图 6-19 所示。

车辆状态
加速踏板行程值
制动踏板行程值
总电流
充电状态
经纬度
累计里程
整车相关
单体个数检测
总电压差值检测
温度探针个数检测
电池相关
单体电压跳变检测
单体电压精度检测
极值信息检测
其他
数据来源检测：即根据服务器接收数据的来源来验证检测车辆发送的数据是否符合当前测试流程
报文时间检测：实时数据报文时间与服务器时间误差不得超过 10s，如果超过 10s 表示该报文数据异常，达不到实时性要求
驱动电机状态、控制器温度、转速、转矩、温度、控制器输入电压、控制器直流母线电流，都应该有值
纯电动模式运行时表示驱动电机在工作，发动机不应有数据，如发动机有数据，则提示
当只有发动机在工作时车辆运行模式应为“燃油”；如果发动机与驱动电机都在工作时，车辆运行模式应为“混动”
电机相关
丢包率检测：计时开始时间以车辆登入报文时间为准，结束时间以 App 自动结束时间为准，开始、结束时间差要求大于 55min，以每 10s 一帧实时数据的频率计算获得理论数据帧数，行驶测试期间丢包率不能大于 1%，允许存在补发数据，如果行驶过程中产生三级故障报警，则按照规则累加报文条数

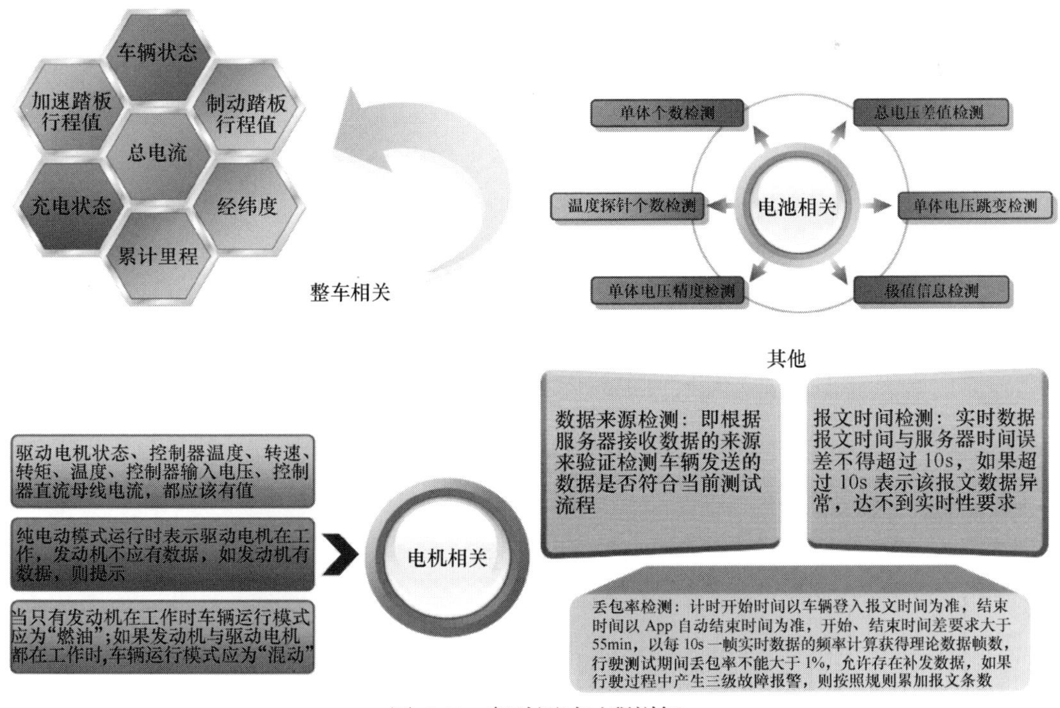

图 6-19　行驶测试过程详解

6）发送车辆充电数据和车辆充电状态数据，维持发送 1h 以上。

7）发送车辆 SOC 为 100% 时车辆充电状态数据，维持发送 5min 以上，如图 6-20 所示。

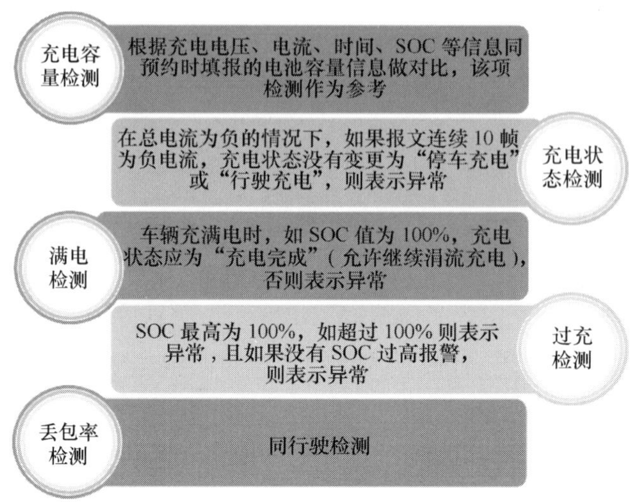

图 6-20　充电测试过程详解

为满足大量企业的数据接入测试，减少企业测试过程中的成本压力，根据测试真实性和可靠性的考量，新能源汽车国家监测与管理中心开发了自动化测试功能模块，企业测试可采取 App 智能测试终端程序与车辆测试过程进行一致性校验，实现预约平台与自动化测试平台的实时校验以及数据自动化审核。“翼测” App 测试界面示意图如图 6-21 所示。

图 6-21　“翼测” App 测试界面示意图

6.5.2 平台符合性测试

检测可使用实车或模拟数据进行过检，但模拟的车辆数据必须符合正常车辆运行数据变化。测试步骤如下：

1）执行平台登入、登出操作，共计执行 5 个循环。

注：平台登入唯一识别码传输采用以下规则：城市邮政编码 +VIN 前三位 + 两位自定义数据 + “000000”；每次登入、登出之间要求至少进行 2min 以上的数据传输。

2）执行单一车辆登入、登出操作，共计执行 5 个循环。

注：每次登入、登出之间要求至少进行 2min 以上的数据传输。

3）发送单一车辆行驶数据和车辆行驶状态数据，维持发送 15min 以上。

4）发送单一车辆充电数据和车辆充电状态数据，维持发送 15min 以上。

5）发送单一车辆 SOC 为 100% 时车辆充电状态数据，维持发送 5min 以上。

6）发送单一车辆报警数据，需维持该报警并持续发送 5min 以上。

7）发送单一车辆补发数据和车辆离线状态数据，应维持 10min 以上。

8）发送平台补发数据和平台离线状态数据，应维持 10min 以上。

9）向国家平台工作人员提供两个新的 VIN，系统录入后，工作人员会反馈第二条链路用户信息，至此方可进行以下测试。

① 多车单链路：企业平台应通过同一条 TCP 链路发送不同运行状态下（行驶、充电、停止）的不同车辆数据到国家平台，车辆数不应少于 3 台，数据应维持发送 15min 以上。

② 多车多链路：企业应通过两条链路发送不同运行状态下（行驶、充电、停止）的不同车辆数据到国家平台，车辆数不应少于 3 台，数据应维持发送 15min 以上，即 3 辆车在两条链路上均衡传输数据。

为了保证测试与接入的数据的一致性，按照有关部委要求，国家平台于 2017 年 3 月

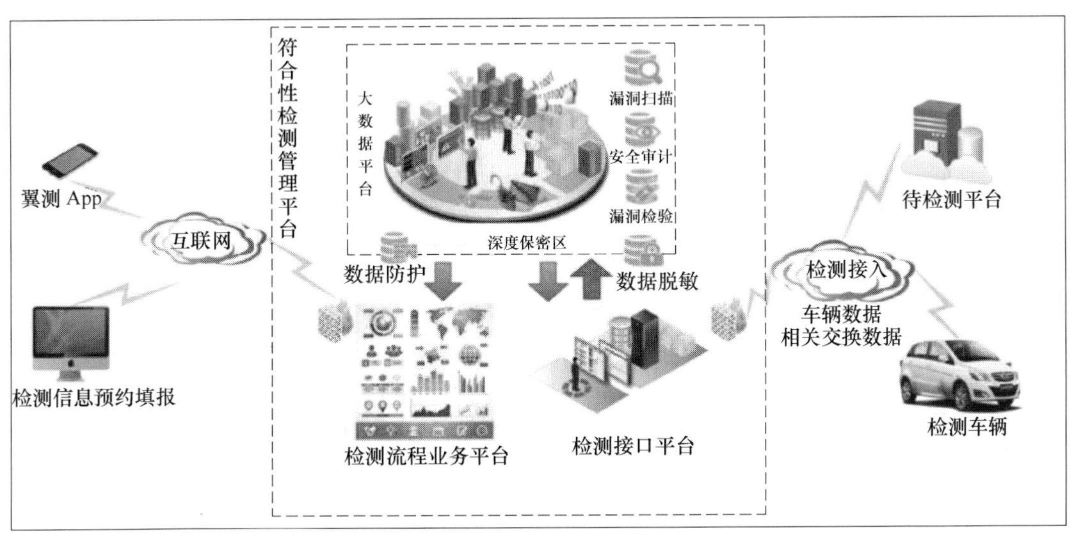

图 6-22 符合性检测平台

启动了符合性检测平台（图 6-22）检测开放接口的开发工作，以实现平台共享、权限分离、独立检测的多检测机构协同检测任务，如图 6-23 所示。

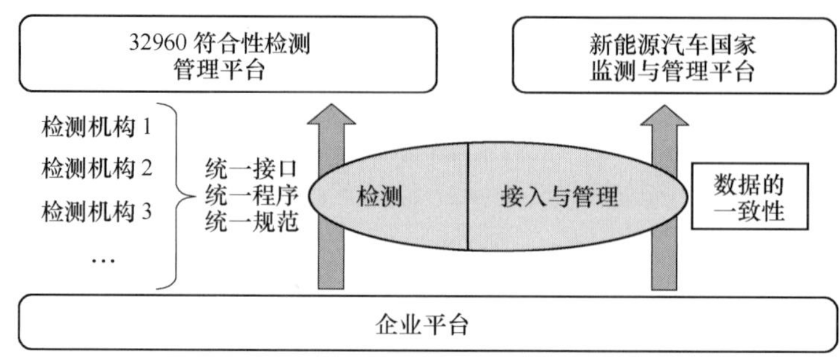

图 6-23　多检测机构协同检测

第 7 章　电动汽车应用安全技术

随着电动汽车的快速发展，不可避免地会发生一些电动汽车安全事故，因此研究电动汽车的应用安全技术尤为重要。本章主要从电动汽车安全技术、电动汽车安全性能检测、运营车辆安全管理规范、电动汽车安全事故防范与处理四个方面来介绍电动汽车应用安全技术。

7.1　电动汽车安全技术

本节通过介绍电动汽车安全及其影响因素，基于电动汽车安全技术法规与标准，着重对电动汽车主动安全技术与被动安全技术进行介绍，同时引入国内外电动汽车安全性测试的内容。

7.1.1　概述

电动汽车安全性主要包括主动安全性、被动安全性、事故安全性和生态安全性，电动汽车安全技术可以分为动力电池安全技术、整车安全技术及充电设施与充电安全技术三个部分。

1. 电动汽车安全及其影响因素

汽车安全一直以来是人们关注的焦点，如果在车辆行驶过程中驾驶员操作不当，极易发生危险。自第一辆汽车问世以来，全球每年死于交通事故的人数逐年增加。截至 2010 年，交通事故所导致的累计死亡人数约 5300 万人，相当于第一次世界大战死亡人数的

3 倍以上，也接近第二次世界大战的死亡人数。

由于电动汽车发展过快，电动汽车安全试验往往不够充分，使得电动汽车安全问题成为人们不容忽视的问题。2011—2015 年年底，全球电动汽车累计销量约为 130.89 万辆，我国电动汽车累计销量约为 44.7 万辆，其中电动客车约为 12 万辆。据不完全统计，在此期间全球共发生电动汽车安全事故 39 例，事故发生概率为万分之 0.3；我国发生电动汽车安全事故 24 例，事故发生概率为万分之 0.54，其中电动客车安全事故 20 例，事故发生概率为万分之 1.7，如图 7-1 所示。而仅 2019 年 1 月至 7 月，我国共发生 85 起新能源汽车起火事故，涉及 102 辆车，其中客车 5 起涉及 8 辆车、乘用车 48 起涉及 55 辆车、专用车 32 起涉及 39 辆车。我国电动汽车尤其是电动客车的事故发生率高于世界平均水平，因此对电动汽车安全影响因素分析，提出针对性的技术发展建议，具有十分重要的意义。

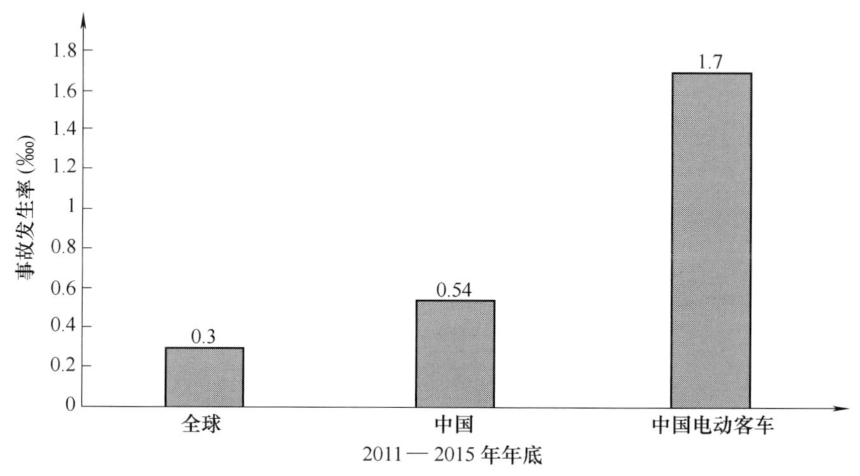

图 7-1　2011—2015 年年底电动汽车事故发生率

影响电动汽车在生产、使用以及回收等环节安全性能的因素主要可以分为动力电池安全、整车安全和充电设施与充电过程安全三个方面。

（1）动力电池安全技术

动力电池作为高能量载体，在不需要外部能量输入的情况下，本身就能够因能量非正常释放而产生巨大破坏力，因此，动力电池安全技术是电动汽车安全技术的重中之重。据统计，自 2010 年以来，电动汽车起火事故中有近 2/3 为动力电池系统起火，起火原因既有电池系统自身故障，也有人为使用不当。

以 2015 年为例，据不完全统计，2015 年我国累计发生 9 例新能源客车安全事故。9 例安全事故共造成 13 辆新能源客车整车烧毁，2 辆新能源客车部分烧毁，5 辆传统客车被引燃。在这 9 例事故中，有 5 例是在行驶过程中发生，有 1 例是在充电过程中发生，有 3 例是在停放状态下自燃，如图 7-2 所示。其中，行驶过程中的 1 例事故造成 9 人受伤，另 1 例造成附

停放状态　3
行驶过程　5
充电过程　1

图 7-2　安全事故发生时的车辆状态

近变压器损毁，并导致周边小区停电。停放状态下的 1 例事故中，1 名相关工作人员灭火时倒地死亡，死亡原因不明。

（2）整车安全技术

电动汽车整车安全主要包括碰撞安全、电气安全、功能安全和维修安全等。

碰撞是电动汽车最为重要的安全问题之一，与传统内燃机汽车相比，电动汽车动力系统较为特殊，因此，需要更加复杂的安全系统设计。电动汽车在充电或行驶过程中，可能出现碰撞、倾覆等事故，进而导致动力系统短路、漏电，极易发生燃烧甚至爆炸等事故，对车内人员造成一定的伤害。当车辆发生碰撞时，碰撞过程中以及碰撞后都要保证相关人员的人身安全。电动汽车既有传统燃油车的一般碰撞安全问题，又有纯电动汽车的高压碰撞安全问题，因此，对于纯电动汽车来说，除了具有传统汽车的相关保护需求之外，还应当满足碰撞发生时的电气安全条件。

高压电气系统是纯电动汽车的重要组成部分，它正常工作时，电流即可达到几十甚至数百安培，若出现短路，瞬时电流更会加倍。高电压和大电流会对车上的电器元件正常工作造成严重的影响，也会对车内人员人身安全造成威胁。因此，电动汽车高压电气系统设计必须充分确保车辆运行安全性因素，设计完善的安全保护措施。

功能安全主要包括为了防止汽车出现期望之外的运动，在汽车的安全系统中加入的转矩安全管理系统、充电时的安全控制、电控系统在故障情况下保持工作的能力，以及电磁兼容性（EMC）安全等几部分。

维修安全是纯电动汽车安全系统设计的一个重要内容，主要指的是高压安全。工作人员在对汽车进行操作的时候，必须要确保汽车本身的电压是处于安全范围内的，以防对汽车的使用人员产生影响。为此，在这个系统的设计上，要注意安装维修开关，当汽车的维修开关断开的时候，汽车的电力输出就处于中断的状态，可有效地防止出现高压危险。

（3）充电设施与充电安全技术

充电设施与充电安全包括充电设施安全、充电策略安全、冗余保护安全，见表 7-1。

表 7-1　充电设施与充电安全

充电设施安全	安全防护、建设规范等
充电策略安全	车辆充电策略安全、充电基础设施充电策略安全
冗余保护安全	对控制系统冗余保护机制

2. 电动汽车安全性的分类

电动汽车安全性由主动安全性、被动安全性、事故安全性和生态安全性四方面组成。

（1）主动安全性

主动安全性是指汽车通过自身性能来达到预防或减少交通事故、安全事故发生概率的能力。汽车的主动安全性与多种因素相关，例如汽车尺寸、动力性、操作稳定性、通过性、制动性能、驾驶员驾驶舒适性等。

（2）被动安全性

电动汽车被动安全性是指事故发生后，减轻车内和车外人员伤亡和减少车辆损失的能力。电动汽车被动安全技术的重中之重是如何在交通事故发生后最大限度地降低人员伤害。汽车发生碰撞时，大量零件之间产生复杂的相互作用，产生形变，这是一个复杂的非线性物理过程。经过一代又一代汽车工程师的努力，发明了多种装置来吸收和缓冲汽车碰撞时产生的能量，保护乘员安全。

汽车被动安全性可以分为内部被动安全性和外部被动安全性。

内部被动安全性是指在事故中减轻车内乘员受伤和货物受损的能力。车内安全包括事故发生后使乘员具有足够的生存空间、减轻碰撞所产生的加速度和力对人员带来的伤害、确保人员被安全救出所需要的车辆装置不受损坏等方面的措施。比较典型的装置包括安全气囊、安全带、护膝垫、头枕、吸能式转向柱等。

汽车外部被动安全性是指减轻对事故所涉及的其他人员和车辆的损害的性能。凡是用来降低交通事故后汽车对行人、摩托车、自行车以及其他车辆上的人员的伤害而设计的装置和措施都可以称作外部被动安全性。

汽车被动安全性的好坏与车身强度、结构、空间尺寸等因素密切相关。

（3）事故安全性

事故安全性是指汽车能减轻事故后果的性能，具体指能否迅速消除事故后果并避免新的事故发生的性能。

（4）生态安全性

此外，生态安全性主要是指汽车行驶时减轻噪声和电磁干扰等对生态环境造成的影响的能力。

7.1.2 电动汽车安全技术法规与标准

电动汽车在使用过程中，可能由于自身零部件问题导致安全事故，也可能由于交通事故或一些外部原因造成安全事故。电动汽车由于结构的一些特点，其安全技术跟传统汽车存在较大的区别。高能量的动力电池系统是主要危险源之一，它存在起火、爆炸的可能性，是传统汽车所没有的。电池质量较大，其结构安全一旦出现问题，可能会侵入驾驶舱，对乘员产生比较大的影响。同时，电池作为一种化学品，有产生可燃气体和有害气体的可能；而且高压电系统涉及很多安全问题，对人类有较大影响。

面对日益严峻的电动汽车安全问题，许多国家都制定了相关的汽车安全法规。但由于各国汽车技术的发展以及交通事故的状况存在差异，安全标准或法规的侧重点和发展也并不相同。

对电动汽车整车以及关键零部件建立一套完整的标准与法规，不仅有利于提高行业产品总体质量，还可以减少甚至避免安全事故的发生。

1. 国际电动汽车安全标准

国际上建立较早的电动汽车安全相关标准主要有 ISO 标准、欧盟标准、美国标准（SAE 标准和 FMVSS 标准）以及日本工业标准（JIS 标准）。

ISO 现行的关于电动汽车整车安全要求方面的标准有三个：ISO 6469-1:2009《电动道路车辆　安全性规范　第 1 部分：车载储能装置》、ISO 6469-2:2009《电动道路车辆　安全性规范　第 2 部分：功能安全方式和故障防护》和 ISO 6469-3:2011《电动道路车辆

安全规范　第 3 部分：人身防电击保护》。该系列标准是在 2001 年第 1 版的基础上修订形成的，其中 ISO 6469-3:2011 在结构上相对于第 1 版变化较大。

欧盟在电动汽车整车安全要求方面的标准制定得比较早，现行的标准主要有三个：EN 1987-1:1997《电动道路车辆　特殊安全要求　第 1 部分：车载储能装置》、EN 1987-2:1997《电动道路车辆　特殊安全要求　第 2 部分：功能安全和故障防护》和 EN 1987-3:1998《电动道路车辆　特殊安全要求　第 3 部分：人员触电防护》。该系列标准在安全要求方面的结构和内容与 ISO 标准比较接近。

美国电动汽车整车方面关于安全要求的标准有 FMVSS 305《电动汽车：电解液溢出及电击防护》和 SAE J2344—2010《电动汽车安全导则》。在安全要求方面，美国标准与 ISO 标准以及欧盟标准结构区别较大，其中，FMVSS 305 主要是针对车辆碰撞后电解液泄漏、动力电池保护以及电绝缘方面的要求，与其他几个标准相比更具针对性。

日本电动汽车安全系列标准等效采用了 ISO 6469 的第 1 版，一共分为三个标准：JIS D 5305-1:2007《电动道路车辆　安全性规范　第 1 部分：车辆蓄能器》、JIS D 5305-2:2007《电动道路车辆　安全性规范　第 2 部分：功能安全方法和失效防护》和 JIS D 5305-3:2007《电动道路车辆　安全性规范　第 3 部分：人员的电危险防护》，因此，该系列标准与其他几个国家和地区标准要求比较接近。

2. 国内电动汽车安全标准

我国电动汽车安全标准采用了 ISO/DIS 6469（2000 年第 1 版），在适用范围上根据我国当时电动汽车行业发展情况对最大工作电压做出了调整，该系列的三个现行标准分别为 GB/T 18384.1—2015《电动汽车　安全要求　第 1 部分：车载可充电储能系统（REESS）》、GB/T 18384.2—2015《电动汽车　安全要求　第 2 部分：操作安全和故障防护》和 GB/T 18384.3—2015《电动汽车　安全要求　第 3 部分：人员触电防护》。随着近几年我国电动汽车行业质量和技术水平的迅速提升，我国电动汽车产品标准也需要及时更新，因此，我国已经开始了电动汽车安全标准的修订工作，新标准在安全指标要求方面与 ISO 最新标准更接近。

此外，针对层出不穷的锂离子动力电池安全事故，国家从标准制定层面对动力电池的安全性做了强制要求。2018 年 1 月，国家工业和信息化部网站公布了国家强制标准《电动汽车用锂离子动力蓄电池安全要求（征求意见稿）》，公开向社会征求意见。《电动汽车用锂离子动力蓄电池安全要求》对近几年国内外电动汽车安全事故的经验进行了总结，对电动汽车的安全失效与防范机制有了深入理解，是对 GB/T 31485—2015《电动汽车用动力蓄电池安全要求及试验方法》和 GB/T 31467.3—2015《电动汽车用锂离子动力蓄电池包和系统　第 3 部分：安全性要求与测试方法》的修改、合并，并升级为强制性标准。该标准将对规范电动汽车的持续、健康、稳定、安全发展意义重大。

7.1.3　电动汽车主动安全技术

1. 自适应巡航控制系统

自适应巡航控制（ACC）系统是巡航控制技术的延伸，它连接着监测车前后交通状况的前方障碍物侦测系统、巡航控制系统、制动系统。自适应巡航控制系统的主要目的是改善驾驶员的舒适度，减轻工作负荷。它包含 ABS、牵引力控制系统（TCS）及强化车辆稳定性（VSE）系统。驾驶员即使没有踩下制动踏板，ACC 系统也会自动完成制动。

ACC 系统需要多传感器协同工作，并配合多种控制器，实现智能化的自动控制。其中，传感器和控制器主要包括雷达传感器、轮速传感器、制动控制器、电机控制器等。雷达传感器一般置于车头的进气格栅内，探测距离为 200m 左右；轮速传感器置于前后轮毂上，用于测算汽车行驶速度；电机控制器与整车控制器共同作用，可以检测并调节电机输出转矩；制动控制器可以自动实现制动效果。传感器、控制器在车载计算机的协调下，实现自适应巡航的功能。

自适应巡航控制系统的优点如下：

① 利用 ACC 系统，汽车可以根据路况自主进行一部分驾驶行为，减轻了驾驶员负担。

② 自适应巡航控制属主动安全技术，系统通过各种传感器，在汽车周围产生一个雷达安全区域，计算机根据雷达传感器传输的信息，分析和判断道路情况，通过控制器调整汽车的行驶状态。

③ 汽车上的各种传感器不断收集汽车、道路和周围环境等方面的信息，通过计算机来调整汽车的运行状态。它能够准确地判断汽车四周的安全情况，自动采取措施回避危险或者选择安全的行车路线和工作状态。

④ ACC 系统可以自动控制与前车之间的距离，并根据环境状况选择合适的行车速度。驾驶员一般需要预先设定期望的行驶速度，随后系统可以根据周围路况，在保证行车安全的前提下尽量满足期望速度要求，并自动调整与前车的间距。若前车行驶缓慢，系统会自动减速，确保安全。在系统开启的全过程中，驾驶员都可以通过踩踏加速踏板和制动踏板干预系统的运行，并根据个人意愿加减速，保证了驾驶员的最高控制权。

⑤ ACC 系统中配置有雷达传感器，当需要跟车行驶时，车辆通过电机控制器和制动控制器将车速设定至与前车相同，以保持稳定车距。根据前车速度的变化，本车控制器会缓慢地提高或降低车速。同时，驾驶员可以通过按钮自行设定巡航车速。

2. 电子稳定装置

电子稳定装置（Electronic Stablity Program，ESP）是一种有效的牵引力控制系统，它最早在奔驰汽车上开始使用。不同于其他牵引力控制系统，ESP 不仅能够控制驱动轮，也可以对从动轮施加控制。

ESP 系统是 ABS 和 ASR（驱动防滑）系统的集成以及延伸，它由传感器和控制单元共同组成。其中，传感器的信号传给控制单元进行计算与分析，并将指令回传给各动作执行机构。不同于 ABS 和 ASR 的被动响应，ESP 可以主动预防车辆可能出现的循迹错误，并加以修正。ESP 在转向过程中的作用如图 7-3 所示：转向过度时，ESP 对曲线外侧前轮施加制动力，以平衡将产生的甩尾倾向；转向不足时，ESP 对曲线内侧的后轮制动，产生反偏航转矩，使汽车回到正确的轨道上。

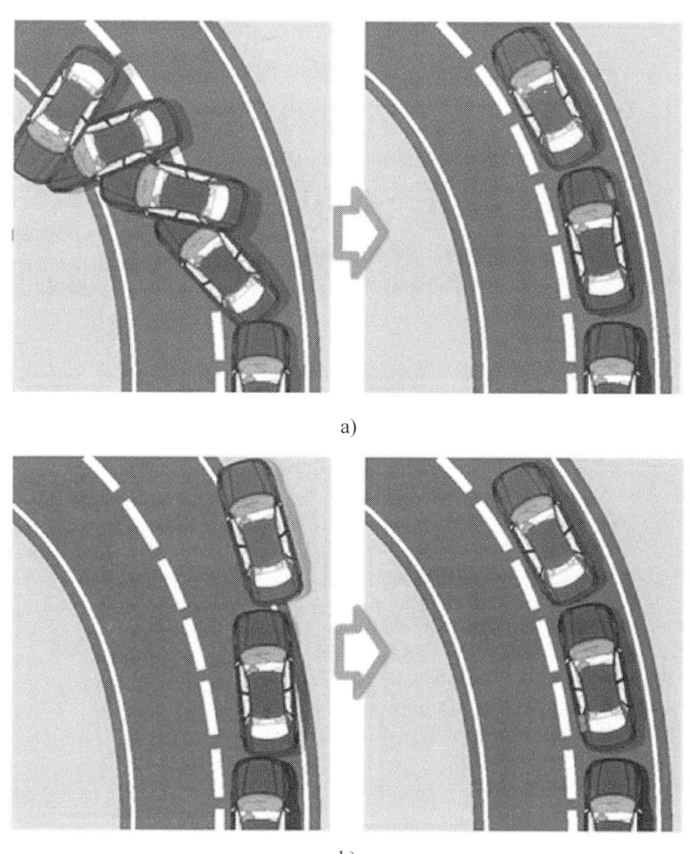

a)

b)

图 7-3 ESP 工作示意图
a) 过度转向 b) 转向不足

ESP 由以下三部分组成：

（1）传感器

传感器包括转向传感器、轮速传感器、侧滑传感器、横向加速度传感器、转向盘转角传感器、加速踏板传感器、制动踏板传感器等。其功能是采集车辆行驶动态数据。

（2）运算单元

传感器所采集的数据一般通过车辆 CAN 总线传输给中央运算单元，并与预设值进行对比。若超出预设报警值，则传递命令给执行器，确保车辆稳定性。

（3）执行器

ESP 主要靠四个轮胎的制动系统作为执行器。与没有配备 ESP 系统的车型相比，装备 ESP 系统的车辆具有蓄压功能，可以根据行车计算机计算的结果，在驾驶员没有进行制动的时候提前向某车轮的制动油管加压。

3. 防抱死制动系统

汽车的制动过程如下：

在制动时由于制动力矩的作用，地面给车轮一个制动力。随着制动力矩的增大，制动压力增大，车轮速度开始降低，滑移率和车轮转矩增大。可以认为在最优滑移率之前，车轮转矩和制动力矩同步增长，这就是说，在该阶段车轮减速度和制动力矩增大速度成正比，且在该区域制动主要是滑转。但是，继续增大制动力矩，滑移率超过最优滑移率后进入不稳定区域，车轮的滑移程度不断增加，制动附着系数将减少，侧向附着系数将迅速降低，最终使车轮速度大幅度减少直至车轮抱死，这期间的车轮减速度非常大。轮胎印迹的变化经历了车轮自由滚动、制动和抱死三个过程。

防抱死制动系统（Anti-lock Brake System，ABS）能使车轮维持在转动状态，防止车轮抱死，提高紧急制动稳定性以及在较差路面下的制动性能。ABS 首先检测各个车轮的转速，结合车速信息，计算出车轮滑移率，再与设定的滑移率阈值比较，最终判断是否需要增大或减小制动器制动状态。ABS 的组成如图 7-4 所示。

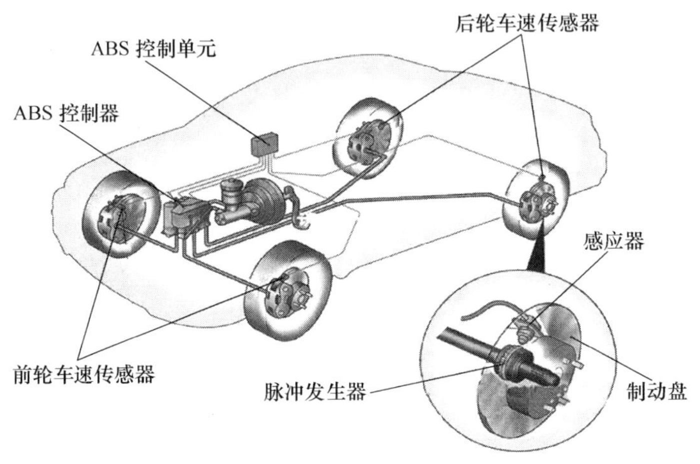

图 7-4　ABS 的组成

在制动时轮速传感器测量车轮的速度，如果一个车轮有抱死的可能，那么车轮减速度会增加较快，车轮开始滑移。如果该减速度超过设定的值，控制器会发出指令，让电磁阀停止或减少车轮的制动压力，直到抱死的可能消失为止。为防止车轮制动力不足，必须再次增加制动压力。在自动制动控制过程中，必须连续测量车轮运动是否稳定，并通过调节制动压力（加压、减压和保压）使车轮保持在制动力最大的滑转范围内。

4. 驱动防滑系统

驱动防滑（Automated Speech Recognition，ASR）系统即牵引力控制系统，其系统组成如图 7-5 所示。在汽车加速时，ASR 系统能够将滑转率控制在一定的安全范围内，防止驱动轮的滑转，其主要功能是在提高牵引力的同时保持汽车行驶的稳定。若车辆没有配置 ASR 系统，加速时驱动轮容易发生打滑现象，打滑时后驱车会产生甩尾现象，而前驱车则会发生方向失控。装备 ASR 系统后，汽车加速时的轨迹偏移现象将会明显减弱。

ASR 系统的基本工作原理：若整车控制器（VCU）检测到某个驱动轮发生打滑现象，则会降低电机输出转矩，同时对打滑的车轮采取制动措施，直至车轮转动正常。

由于 ASR 系统和 ABS 的工作原理相似，经常将两者组合使用，构成同时具有驱动防滑功能和制动防抱死功能的 ASR/ABS 系统。该系统由 VCU、轮速传感器、执行器等部件组成。汽车起步和加速运行过程中，VCU将计算的驱动轮滑移率与设定好的阈值进行对比，若超过阈值，则进入防滑转过程。这时，VCU通过控制电机控制器，使电机输出转矩减小。若需要对某驱动轮进行制动，则VCU会将信号传递给执行器，从而对驱动轮滑动进行有效控制。

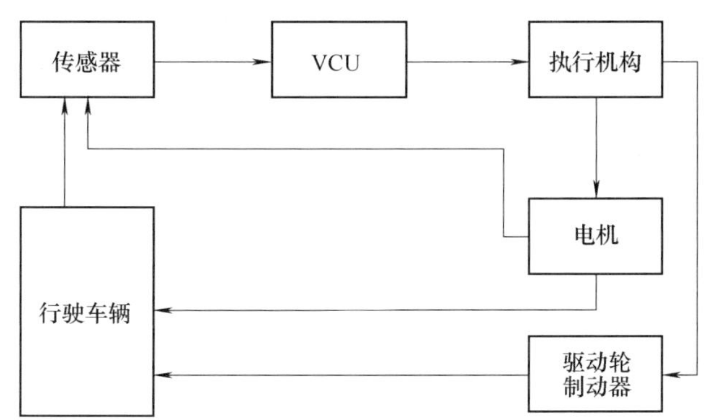

图7-5 ASR系统组成

5. 动力电池安全性技术

动力电池是电动汽车中的重要部件，由于其高压、高能量密度的特点，极易发生过热、起火甚至爆炸的危险。因此，在动力电池的设计制造阶段，需要采取相应的安全技术来降低安全风险。常用的方法有PTC限流、设置安全阀、选择热稳定性高的材料等。从预防的机理来看，主要分为防止电池内部短路、防止过充电、防止过热、防止自燃等方向，通过各方向的技术共同为动力电池建立完善的安全保护机制。

（1）短路保护

动力电池组使用过程中的振动、环境等因素可能导致电池短路的发生。为防止短路，可以使用陶瓷隔膜制成的保护涂层，或使用负极热阻层等。

（2）过充电保护

为防止动力电池过充电现象，可以添加氧化还原剂，当电池电压达到安全上限时，抑制电极与电解质的反应。添加剂可以使电池容量保持相对稳定。此外，还可以使用对电压敏感的隔膜，使正负极形成导电桥，成为充电电流的旁路，避免电池过充电。

（3）热失控防制

为防止动力电池热积累导致的热失控，可以使用PTC电极。常温下，导电炭黑接触良好，运输电子顺利；高温下，PTC涂层电阻瞬间增大，切断电流，防止电池继续反应，防止电池因热失控导致事故。

7.1.4 电动汽车被动安全技术

1. 安全气囊

电动汽车被动安全技术中，安全气囊（Airbag）是极为重要的技术之一，其防护效果较高，得到了业界的公认。20 世纪 70 年代就有厂商着手研制车内安全气囊，用来减轻汽车发生碰撞时人员所受到伤害的程度；到了 20 世纪 80 年代，安全气囊逐渐被各个厂商所使用；再到 20 世纪 90 年代，安装安全气囊的车辆数大幅上涨；21 世纪以来，安全气囊成了现代汽车的标配，如图 7-6 所示。

图 7-6　安全气囊

汽车安全气囊作为辅助安全装置，需要与安全带一起使用，以达到防护效果的最大化。调查显示，单独使用安全气囊可以使事故死亡率降低 18% 左右，而配合安全带之后，这一数字可以直接提高至 47%。

安全带与安全气囊一起使用可以大大提高安全性的原因如下：车辆碰撞时，安全带可以将乘员牢牢约束在座椅上，使乘员身体位置保持稳定，不会撞到转向盘、前风窗玻璃等部位，避免了二次碰撞；此时，安全气囊由于汽车受到瞬时撞击，会引发内置的类似小剂量炸药爆炸的化学反应；平时收缩的安全气囊将在瞬间充气弹出，将乘员的身体与车上尖锐物品隔离，起到很好的缓冲作用，减轻身体受到的冲击力。

安全气囊的主要组成部分有传感器、微处理器、气体发生器和气囊等。发生碰撞时，传感器将车辆碰撞程度信号传递至微处理器，微处理器判断并做出指示，气体发生器根据指示产生点火动作，使内部的固态燃料点燃，并向气囊充气，使其迅速膨胀。安全气囊一般都设有安全阀，当充气至气囊内压力超过阈值时会自动放掉部分气体，防止气压过大使乘员挤压受伤。

车内安全气囊根据保护对象不同主要可以分为驾驶员安全气囊、前排乘员安全气囊和后排乘员安全气囊等。驾驶员安全气囊一般置于转向盘内，用来在碰撞发生时防止驾驶员与仪表板、前风窗玻璃等部件发生碰撞；前排乘员安全气囊一般置于前内饰面板中，防止副驾驶乘员与前风窗玻璃的碰撞；后排乘客安全气囊一般安装在前排座椅的靠背上后部或头枕内部，防止乘员与前排座椅发生碰撞。

2. 汽车防盗器

汽车防盗器的功能是降低车辆被盗的风险，增加盗车的难度，延长盗车所用的时间，并发出警报提醒车主。现在的汽车防盗器可以分为机械式、电子式和网络式三类。

机械式防盗装置有钩锁、转向盘锁、变速器锁等基本的锁止装置，它们主要是通过一些机械结构来锁定离合器、制动器、转向盘、变速器等装置来达到防盗的目的，但它只有一定的防盗功能，并不能起到报警作用。

电子式防盗器主要有插片式、按键式和遥控式等，它可以锁定点火或起动程序，以此实现防盗。电子式防盗器还可以发出警报提示音。

网络式汽车防盗系统在电子式防盗器的基础上增加了全球定位系统（GPS）模块，同样可以锁定点火和起动装置，以此防止窃贼非法起动车辆。此外，若检测到车辆被非法入侵，防盗系统还会通过 GPS 将报警信息及车辆所处位置信息上传至报警中心。

随着电子技术的发展，市场上逐渐流行起了一种遥控式汽车防盗器。它具有振动监测、门控保护和红外探头等功能，由于其可靠和方便的特点，受到了广泛欢迎。近年来，遥控式汽车防盗器还增加了遥控门锁、遥控空调开关、遥控开启行李舱等实用功能。

汽车防盗器一般由以下几部分组成：

1）感应侦测部分：它由感应器或探头组成，最为常见的是振荡感应器，微波及红外探头应用较少。

2）主机部分：防盗器的核心和控制中心。

3）门控部分：包括前盖开关、门开关及行李舱开关等。

4）报警部分：喇叭。

5）辅助部分：配线、不干胶、螺钉及继电器等配件和使用说明书及安装配线图等。

遥控式汽车防盗器主机与遥控器间通过相同的发射和接受频率进行通信，同时还需要密码来进行验证。防盗器的密码可以记录防盗器的唯一识别码，也可以记录一些功能指令资料，负责完成开启或关闭防盗器的功能。

7.1.5 电动汽车安全性测试

1. 电动汽车整车被动安全性测试

电动汽车具有与传统汽车相似的车身结构以及底盘形式，因此，其被动安全测试方法也与传统汽车相似。

1970 年 2 月，美国运输部公布了试验安全车（Experimental Safety Vehicle，ESV）计划，试验目的是以车速 50mile/h（1mile = 1609.344m），正面碰撞固定壁面时能够确保乘员的生存安全，并开发具有高度安全性能、车重 4000lb（1lb = 0.453kg）的试验样车。ESV 计划的实施开创了汽车安全技术研究的新时代。

汽车整车被动安全性测试的目的是评价汽车的被动安全性能，研究汽车在发生撞车事故时的安全特性以及乘员的受伤情况，为改进和提高汽车的被动安全性提供参考基础。汽车整车被动安全性测试应尽量再现典型的公路撞车事故，测试中需要测量车辆的变形、减速度及负荷。必要时在车内设置测试用假人，测定有关部位的负荷及变形情况。

尽管碰撞安全技术已经有了长足的进步，但车辆碰撞所造成的伤害仍然严重，因此，汽车碰撞安全性也成为车辆被动安全性中最重要的内容之一。改善车辆碰撞安全性涉及车身结构、方向系统结构、汽车总体布置设计和车身附属装置性能等，主要体现在汽车开发阶段。碰撞试验要求是对制造厂家制造产品的基本要求，也是汽车型式认证的主要内容之一。

如前所述，汽车工业发达的国家都有自己的汽车被动安全标准（法规），且都形成了各自的标准体系。从内容上看，各国的标准不尽一致，因此，其性能的评价方法与使用的设备也不完全相同。但归纳起来，被动安全性测试有几种分类方法：根据测试对象的不同，可以分为实车碰撞测试、台车碰撞测试和零部件台架测试三种；根据测试所采用的方式不同，又可以分为实物测试和计算机虚拟分析测试两种；根据测试目的不同，还可以分为以比较产品安全性能为目的的比较性测试和以改进产品性能为目的的性能分析测试等。

为了降低安全事故发生率，提高汽车的安全性，目前各国政府普遍使用新车碰撞测试（New Car Assessment Program，NCAP），如图 7-7 所示。这是最能考验汽车安全性的测试。

图 7-7　新车碰撞测试

NCAP 最早是 1979 年在美国市场开始使用的。美国高速公路交通安全协会（NHTSA）对汽车厂商生产出来的汽车进行安全测试，1979 年 5 月 21 日第一次进行正面碰撞测试，当时的车速是 56km/h。

欧洲从 1997 年导入 NCAP，其中，英国是最早实施的国家，此后其他欧洲国家都采用了英国的测试方法。欧洲 NCAP（Euro NCAP）的评价体系与美国基本相同。此后大洋洲、日本、美洲其他国家也开始采用 NCAP，韩国也于 1999 年首次开始汽车碰撞测试。

相较于传统燃油汽车，电动汽车在碰撞过程中存在更多电安全性风险。高能量、大质量的动力电池在碰撞中易受到挤压损伤而起火甚至爆炸，高电压的电驱动系统在碰撞过程中可能会与乘员发生直接或间接接触而产生电击伤害，高压电线在碰撞过程中易受挤压、拉伸甚至发生断裂而产生电火花。因此，有必要对电动汽车碰撞安全进行单独研究。

GB/T 31498—2015《电动汽车碰撞后安全要求》中规定了带有 B 级电压电路的纯电动汽车、混合动力汽车正面碰撞、侧面碰撞后的特殊安全要求和试验方法。2018 版 C-NCAP（China-NCAP）碰撞试验标准中增加了纯电动汽车 / 混合动力电动安全的测试，所增项目测试项包括触电保护性能、电压安全、电能安全、物理防护、电力系统负载端绝缘电阻、电解液泄漏、车载可充电储能系统（REESS）安全评价（REESS 的位置，REESS 起火、爆炸）、高压自动断开装置。其具体测试与评价方法如下：

（1）测试前准备

1）制造商需向 C-NCAP 管理中心提交高压系统及其组件布局和 / 或位置有关信息，包括高压系统及其组件的布局图或照片，并标注可充电储能系统（REESS）的布局位置，提供 REESS 固定方法有关的说明图及书面记录材料，REESS 的电池类型、电池容量、电解液组成及其总量等有关的资料说明，高压自动断开装置的位置，并简述其工作原理或工作方式。同时，试验前应对动力电池进行充电。纯电动汽车和可外接充电式混合动力电动汽车碰撞试验应在车辆充电结束后 24h 内进行。

2）测量车辆整备质量、进行测试设备的安装并确定电安全测量点。其中，电安全测量点的确定主要包括确定动力电池端绝缘电阻测量点，并测量动力电池端正、负极电压，以及动力电池端正、负极与电底盘之间的电压；确定电力系统负载端绝缘电阻测量点，并测量负载端正、负极电压，以及负载端正、负极与电底盘之间的电压；在试验车辆REESS组件固定位置处进行标记，用于碰撞后相关组件的位移及其分离测量。

3）测量车辆变形量并调整乘员舱、转向盘、安全带固定点、踏板、遮阳板、驻车制动器等至要求位置，然后进行假人的准备和标定。

4）针对纯电动汽车，要进行电相关检查，主要包括确认车辆处于“ON”状态、确认动力电池电量、进行试验前系统绝缘电阻基准测量。

（2）测试过程

1）测试过程中车辆不应由自身动力驱使；在碰撞瞬间，车辆应不再承受任何附加转向或驱动装置的作用；针对正面碰撞，车辆到达壁障的路线在横向任一方向偏移理论轨迹应≤ 150mm。

2）针对正面碰撞，车辆牵引加速度应≤ 0.3g，测试车速应为50 ～ 51km/h，若测试在更高的车速下进行且车辆符合要求，则也认为测试合格；针对侧面碰撞，测试车速应为50 ～ 51km/h且至少在碰撞前1m处速度保持稳定，速度精度控制为0.2km/h。

（3）试验后检查及确认项目

1）检查安全带在测试过程中是否失效；检查车门在不使用工具的情况下是否可以打开；检查安全带带扣开启力并记录。

2）按照标准对假人伤害指标进行计算。

3）触电保护性能检查。此处主要介绍REESS端绝缘电阻的测量。

① 测量并记录高压母线的负极侧与正极侧之间的电压（V_b），负极侧与电底盘之间的电压（V_1），正极侧与电底盘之间的电压（V_2），如图7-8所示。如果$V_1 \geqslant V_2$，在高压母线的负极侧与电底盘之间插入一个已知的标准电阻（R_0）。安装R_0之后，测量高压母线的负极侧与车辆电底盘之间的电压（V_1'），并根据式（7-1）计算电气绝缘电阻值R_i。若$V_2 > V_1$，在高压母线的正极侧与电底盘之间插入一个已知的标准电阻（R_0）。安装R_0之后，测量高压母线的正极侧与车辆电底盘之间的电压（V_2'），并根据式（7-2）计算电气绝缘电阻值R_i。

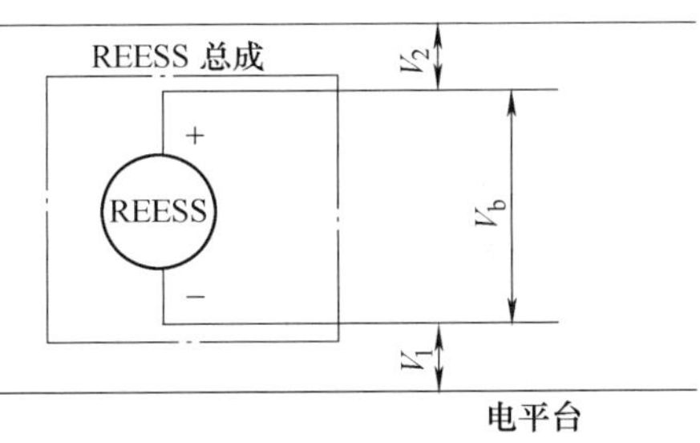

图7-8　REESS端电压测量电路

$$R_i = R_0 V_b (1/V'_1 - 1/V_1) \tag{7-1}$$

$$R_i = R_0 V_b (1/V'_2 - 1/V_2) \tag{7-2}$$

式中　V_b——高压母线的负极侧与正极侧之间的电压；

V_1——负极侧与电底盘之间的电压；

V_2——正极侧与电底盘之间的电压；

R_0——标准电阻；

R_i——电气绝缘电阻值；

V_1'——安装R_0后，高压母线的负极侧与车辆电底盘之间的电压；

V_2'——安装R_0后，高压母线的正极侧与车辆电底盘之间的电压。

② 通过式（7-3）计算绝缘电阻值。即

$$R = R_i/V \quad (7\text{-}3)$$

式中 R_i——电气绝缘电阻值；

R——绝缘电阻值；

V——高压母线工作电压。

4）电压测试。在碰撞试验结束、车辆静止后 5 ～ 60s 之间测量高压母线的电压（V_b、V_1、V_2），如图 7-9 所示。在上述测量时间内，可对电压进行多次测量，选取一组最小电压测量值作为测量结果。所测结果均应不大于 30V（交流）或 60V（直流）。

5）电能测试。

① 在碰撞试验前，将开关 S1 和一个已知的放电电阻 R_e 并联连接到相关的电容，保持开关 S1 断开，如图 7-10 所示。

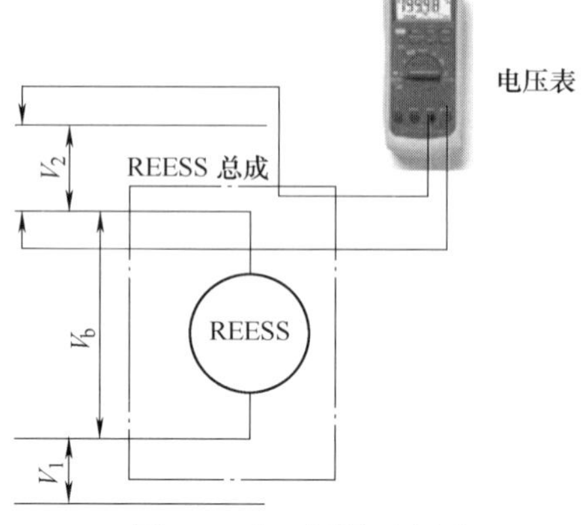

图 7-9 电压测量示意图

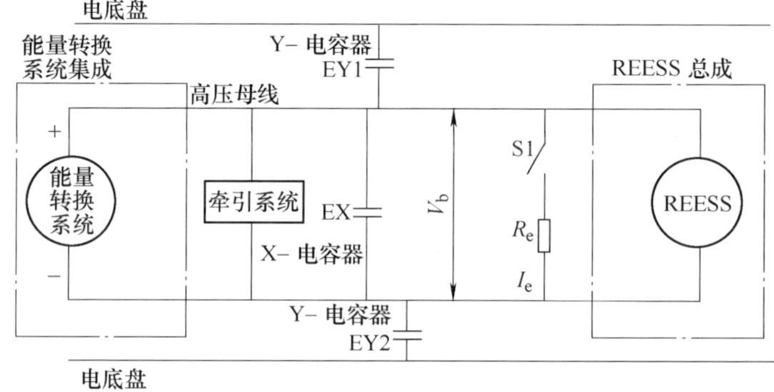

图 7-10 电能测量示意图

② 在碰撞试验结束、车辆静止后 5 ～ 60s 内，开关 S1 闭合，同时测量并记录电压 V_b 和电流 I_e。V_b 和 I_e 的乘积在这段时间［从 S1 闭合的时间 T_c 至电压 V_b 降低到高压阈值 60V（直流）的时间 T_h］上的积分等于总能量 T_E(J)，其计算公式为

$$T_E = \int_{T_c}^{T_h} V_b I_e \quad (7\text{-}4)$$

③ 高压母线上的总电能 T_E 应小于 0.2J。

6）物理防护测量。

① 直接接触测量：碰撞试验后，不使用工具打开、拆卸或拆除高压部件周围的任何部件，周围所有余下的部件应被视为人体保护的一部分，其中内部屏障被视为是外壳的一部分。用 GB/T 4208—2017《外壳防护等级（IP 代码）》定义的关节试验测试指（IPXXB）插入物理防护的任何缺口或开口，所用的测试力为（10 ± 1）N。如果关节测试指部分或全部进入物理防护部分，则关节测试指应安放在下面规定的每个位置：从直线位置开始，测试指的两个关节应逐步旋转，直至相对于测试指相邻截面的轴线最大角度为 90°，并应安放在每个可能位置。可用一面镜子或显微镜来检查关节测试指是否接触高压母线，也可

通过低压信号电路检查关节测试指是否接触高压带电部件。

② 间接接触测量：对所有外露的可导电部件与电底盘之间的电位均衡性能进行测量试验。试验时在外露的可导电部件与电底盘之间施加一个测试的直流电源，该直流电源的测试电流不小于 0.2A，电压小于 60V，测试时间保持在 5s 以上得到稳定的测试数据。如果电位均衡电阻测试结果可以保持足够的精度，则可以使用较低的试验电流和 / 或较短的试验时间。

7）电力系统负载端绝缘电阻测量。在高压母线和电底盘之间施加不小于 B 级电力系统最大工作电压的外部直流电压，并使用合适的设备进行测量（如兆欧表）。测试时将测试设备的正极（或负极）分别与高压母线的正、负极相连接，测试设备的负极（或正极）与电底盘相连接，然后施加足够长时间的电压以获取稳定读数。如果系统有几个不同电压等级的带电部件（如包含升压转换器），可施加各自的最大工作电压来进行绝缘电阻的测量。

如果交流高压母线和直流高压母线是互相传导绝缘的，高压母线与电平台之间的绝缘电阻对于直流母线来说，最小值应为 100Ω/V，同时对于交流母线来说，最小值应为 500Ω/V。

如果交流高压母线和直流高压母线是互相传导连接的，高压母线与电平台之间的绝缘电阻的最小值应为 500Ω/V。如果在碰撞之后，所有交流高压母线的保护级别达到 IPXXB，或交流电压小于或等于 30V，则高压母线与电平台之间的绝缘电阻的最小值应为 100Ω/V。

8）电解液泄漏量检测。碰撞试验结束、车辆停止后 30min 内，对电解液泄漏情况进行监测。在泄漏源处放置液体收集容器，收集所有液体。对搜集的液体进行分离，可通过石蕊试纸对泄漏液体进行鉴别，也可通过化学手段进行液体分离；若制造商未提供分离或鉴别方法，应视所有泄漏液体为电解液，测量其泄漏量，并采用目测的方式鉴定有无电解液泄漏到乘员舱内。碰撞结束 30min 内，不应有电解液从 REESS 中渗漏到乘员舱，不应有超过 5.0L 的电解液从 REESS 中渗漏。

9）REESS 安全测量。

① 位置测量：通过试验前后车辆动力电池系统固定位置涂漆标记的变化情况，测量 REESS 移动量，并目测检查 REESS 有无侵入乘员舱内；对于安装在乘员舱内的 REESS，检查其是否保持在安装位置，REESS 部件是否保持在其外壳内。整个碰撞过程中 REESS 应保持在安装位置，REESS 部件应保持在其外壳内，位于乘员舱外部的 REESS 部分不应进入乘员舱。

② 起火爆炸测量：通过目测方式确定且碰撞结束 30min 内 REESS 不应有起火爆炸现象。

10）高压自动断开装置动作测量。对于装有高压自动断开装置的车辆，若企业决定进行高压自动断开装置有效性验证试验，验证试验方法可由企业和 C-NCAP 管理中心共同协商确定。

2. 锂离子电池安全性测试

锂离子电池作为电动汽车上安全隐患最大的部件之一，在出厂、装车前必须对其进行严格的安全性测试。早些时候，我国一直依据 QC/T 743—2006 和 QC/T 744—2006 这两个行业标准进行测试，但这些标准要求并不是国家标准。因此，全国汽车标准化技术委员会组织起草，于 2015 年 5 月 15 日发布了锂离子电池安全性测试的国家标准 GB/T 31485—2015《电动汽车用动力蓄电池安全要求及试验方法》，该标准的发布为锂离子电池安全性试验提供了有力的支撑。

参照国家标准，对某型号锂离子电池进行安全测试，其测试结果见表 7-2。

表 7-2　锂离子电池按照 GB/T 31485—2015 的测试结果

序号	检测项目	标准通过要求	安全测试结果现象描述及所占比例（%）								
			无影响	变形	排气	漏液	冒烟	破裂	火花	着火	爆炸
1	过放电	不起火 不爆炸 不漏液	44.8	31.0							
2	跌落		31.0	41.4							
3	温度循环		69.0	13.8							
4	低气压		65.5	3.4							
5	过充电	不起火 不爆炸	6.9	27.6	3.4	17.5	13.8				3.4
6	短路		48.3	96.6	17.2	10.3	27.6	3.4			
7	加热		20.7	44.8		10.3					
8	挤压		13.8	24.1			31.0	3.4			
9	针刺		6.9	6.9	17.2	6.9	58.6	3.4	20.7	3.4	
10	海水浸泡		48.3	20.7	10.3	3.4	3.4				

从表 7-2 中可以看出，锂离子电池在过充电、短路、挤压和针刺等条件下极易发生失效，需要加以重视。基于上述测试结果，可以将锂离子电池安全风险分为以下三类：

1）第一类安全风险：对电池无影响，或发生变形、排气的现象。此类风险发生时不至于导致严重的人身伤害，但电池内部可能出现短路，后续可能出现冒烟、着火、爆炸等安全风险。

2）第二类安全风险：电池发生漏液、冒烟、破裂、火花的现象。此类风险发生时电池释放易燃、有毒有害的化学物质，可能对驾乘人员造成人身危害或引发着火、爆炸等安全风险。

3）第三类安全风险：电池发生着火、爆炸的现象。此类风险发生时可能引发火灾，轻则导致财产损失，重则造成人员伤亡。

研究表明，软包电池主要存在第一类和第二类安全风险，圆柱形、方形电池主要存在第二类安全风险，这三种结构形式的电池均存在第三类安全风险。此外，单体电池的能量密度与安全性密切相关，无论是软包电池还是圆柱形、方形电池，当单体电池的能量密度超过 150W · h/kg 时，出现第三类风险的概率大大增加。对于电池系统，当系统能量低于 20kW · h 时，电池系统表现为无影响或变形；出现冒烟的电池系统能量均大于 20kW · h，其中单体电池容量较高（>20A · h）的电池系统出现冒烟现象的概率要高一些。

7.2　电动汽车安全性能检测

2017 年 12 月，我国颁布了首个电动汽车安全行驶检验标准 GB/T 35179—2017《在用电动汽车安全行驶性能台架检验方法》，并于 2018 年 7 月 1 日起正式实施。该标准规定了电动汽车常规检验、电气安全、驱动能力、电能消耗、动力电池系统和车内电磁环境的检验项目和方法。该标准将填补在用电动汽车检测领域的空白，推动我国新能源汽车整体检测标准和体系的进一步发展，保障电动汽车消费者的出行安全。

7.2.1 检验项目

检验项目包括常规、电气安全、驱动能力、电能消耗、动力电池系统和车内电磁环境等。

1）常规检验通常要考虑安全技术检验以及从事道路运输的电动汽车的综合性能检验两个方面。

2）电气安全检验分为高压部件的外观检查（动力电池组、电机、电机控制器、DC/DC 变换器、充电机等主要部件及动力电缆的外观检查）以及绝缘性能检查（电动汽车的电气系统与车辆底盘之间的绝缘电阻检查）。

3）驱动能力检验是指电动汽车在规定工况条件下的驱动轮驱动力以及稳定行驶能力方面的检验。

4）电能消耗检验是指检验电动汽车在规定工况条件下消耗的电能，电能消耗性能用电能消耗率（在用电动汽车在纯电动模式下行驶单位距离所消耗的动力电池直流电能，单位为 W · h/km）表示。

5）动力电池系统检验是指检验动力电池模块在规定工况下的单体电压差值、电压降比值、最大放电倍率、最高温度以及实际可用容量。

6）车内电磁环境检验内容包括两个方面：首先是车内给定位置的电场强度，单位为 V/m；其次是车内给定位置的磁感应强度，单位为 T，实际测试中一般使用 μT。

7.2.2 检验条件

1. 车辆条件

1）基本要求：车辆的技术状况应良好，满足正常行驶要求。

2）车辆质量：车辆质量为整备质量与一名驾驶员的质量之和，进行车内电磁环境检验时可以乘坐一名辅助操作员。

3）轮胎气压：车辆的轮胎气压按照制造厂的规定进行调整。

4）用电设备：除保证车辆正常运转的用电设备外，均处于关闭状态。

5）储能系统：除驱动用途外，所有有效的非电能量储存系统（液压、气压等）应该符合制造厂的规定。

6）动力电池：车辆所使用的动力电池及电池管理系统应符合相关国家标准的要求。

7）动力电池充电：检验前应按 GB/T 18385—2005《电动汽车 动力性能 试验方法》的规定进行充电，确保动力电池 SOC（荷电状态）≥ 80%。

2. 环境条件

测试应该在环境温度为 0 ～ 40℃，相对湿度小于 95%，大气压力为 91 ～ 104kPa 的条件下进行。

3. 检验设备

在用电动汽车专用检验设备及工量具见表 7-3。

表 7-3　检验设备及工量具

序号	名称	规格	技术要求
1	底盘测功机	额定承载质量 3t、10t、13t	满足 JT/T 445 要求
2	电磁辐射测量仪	电场强度 1 ～ 1999V/m 磁感应强度 0.01 ～ 19.99μT	最大允许误差：±5%； ±3%
3	电池检测系统及显示仪表	电压 0 ～ 800V 电流 0 ～ 500A 温度 0 ～ 200℃ 电能 0 ～ 2000W · h	最大允许误差： 总电压 ±2%； 总电流 ±1%； 单体电压值 ±0.5%； 温度 ±1%； 电能 ±2%
4	兆欧表	25 ～ 1000V 0 ～ 100MΩ	最大允许误差：±2%
5	电流表	0 ～ 100A	最大允许误差：±1%
6	电流表	0 ～ 500A	最大允许误差：±1%
7	电压表	0 ～ 800V	最大允许误差：±1%

4. 检验前准备

在检验前应将底盘测功机充分预热，以保证底盘测功机各运动部件达到正常工作温度，使其处于良好的工作状况。同时，应该对所测试车辆进行充分预热，使其各运动部件、润滑油、电池等部件满足制造厂规定的温度状态。混合动力电动汽车应以纯电动方式工作。检验时车辆应固定，以防止车辆驶离检验台。

7.2.3　检验方法

1. 常规检验

在用电动汽车的常规安全技术检验应该参照 GB 21861—2014《机动车安全技术检验项目和方法》中规定的项目和方法进行。机动车安全技术检验流程如图 7-11 所示。

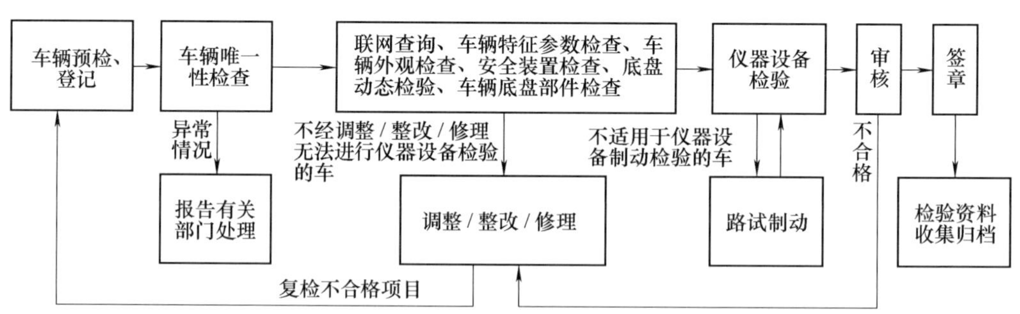

图 7-11　机动车安全技术检验流程

道路运输电动汽车的综合性能检验应该按照 GB 18565—2016《道路运输车辆综合性能要求和检验方法》规定的要求和方法进行。

2. 电气安全检验

（1）外观检验

动力电池、电机、电机控制器、DC/DC 变换器和车载充电机等外壳应该无明显变形、破损，警告标识应该清晰牢固；动力电池的化学类型应该清晰可见；动力电缆应无破损，接头紧固可靠，线缆与车辆运动部件应该没有干涉。

（2）绝缘电阻检测

绝缘电阻检测应该按照 GB/T 18384.3—2015《电动汽车　安全要求　第 3 部分：人员触电防护》中规定的测量方法，用兆欧表测量电动汽车电力系统与车辆底盘之间的绝缘电阻。测量电压应不小于电力系统的最大直流工作电压，并施加足够长的时间以获得稳定的读数；测量时，动力电池和辅助电池应断开，辅助电路的两端搭铁部分应与车辆底盘相连。在最大工作电压下，直流电路绝缘电阻的最小值应至少大于 100Ω/V，交流电路绝缘电阻的最小值应至少大于 500Ω/V。

3. 驱动能力检测

（1）规定工况条件下的驱动轮驱动力检测

规定工况条件下的驱动轮驱动力检测按以下方法进行：

1）将被检车辆驱动轮置于底盘测功机滚筒上，测功机采用恒速控制方式。

2）起动汽车，逐步加速。有变速器的电动汽车换至直接档。

3）通过测功机控制系统使得 M_1 类和 N_1 类车辆车速为（60 ± 0.2）km/h，M_1 类和 N_1 类以外的车辆车速为（50 ± 0.2）km/h。

4）将加速踏板缓慢踩下，直至实际显示的驱动力大于计算加载力值，稳定 10s 以上，按照额定功率的 50% 给驱动轮加载，按下式计算加载力：

$$F_x = (P_e/v) \times 3600 \times 0.5 \tag{7-5}$$

式中　F_x——作用在驱动轮上的力（N）；

P_e——电机额定功率（kW），装有多个驱动电机的车辆为电机额定功率之和；

v——检验时的车速（km/h）。

记录被检车辆在稳定 10s 测量区间内的功率、扭力及车速，取平均值。

5）如果加速踏板踩到底，显示的驱动力仍达不到加载力的计算值，则记录 10s 测量区间内的功率、扭力、车速，取平均值，并以明显记号标注后退出本项检验。

（2）规定工况条件下的稳定行驶能力检测

规定工况条件下的稳定行驶能力检测按以下方法进行：

1）测功机按照恒力控制方式，起动被检车辆，逐步增加车速至接近目标车速，有变速器的车辆处于直接档。同时按照上述的加载力给测功机加载，使得速度逐步稳定在设定车速，M_1 类和 N_1 类车辆车速为（60 ± 1）km/h，M_1 类和 N_1 类以外的车辆车速为（50 ± 1）km/h。

2）当被检测车辆的阻力变化小于 20N、车速跳动小于 ±1km/h 并稳定 10s 以上时，开始测量并记录车速。

3）当行驶距离大于 1km 时停止测量，实际车速在 20s 内达不到设定车速的 90% 则退出检验。

4）检验过程进入稳定阶段后，车速不得出现连续下降或跳动量大于 2km/h 的情况。

4. 电能消耗检测

规定工况条件下的电能消耗检测按以下方法进行：

1）将被检测车辆动力电池系统与电池检测系统及显示仪表连接。

2）底盘测功机按照恒力控制方式，加载力按式（7-5）计算；起动被检测车辆，车辆逐步进入直接档（或最高档）；对 M_1 类和 N_1 类车辆采用（60±1）km/h，M_1 类和 N_1 类以外的车辆采用（50±1）km/h 的速度进行检验，或按照制造厂要求的速度进行检验。

3）车速稳定后开始测量车辆行驶距离不低于 500m 的电能消耗，按式（7-6）计算电能消耗率 C_e，并圆整到整数。

$$C_e = E/D \tag{7-6}$$

式中 C_e——电能消耗率（W·h/km）；

E——测量段内动力电池的电能消耗量（W·h）；

D——行驶距离（km）。

4）如果行驶速度控制在设定车速 ±1km/h 范围内，检验有效；当车辆的行驶速度达不到 54km/h（M_1 类和 N_1 类）或 45km/h（M_1 类和 N_1 类以外的在用电动汽车）时停止检验。

7.3 运营车辆安全管理规范

为实现电动汽车运行规范管理，进一步加强车辆管理的安全工作，保证汽车运行和使用安全，有必要针对电动汽车应用过程中可能出现的各种问题制定相应的管理规范。本节以电动公交车为例，重点介绍了充换电站设施，并给出了车辆维护、高压电气安全、高压电气消防技术以及电动汽车运行安全保证的一般管理规范。

7.3.1 充电设施描述

电动汽车可以采用多种充电模式，根据站点规划和布局的特点、功能和服务对象的不同，充电设施可以分为不同的类型。其中，根据能量补给方式的不同，电动汽车充电设施可分为充电站和换电站两种方式，这也是综合服务能力最强的两种方式。

1. 充电站

如图 7-12 所示，充电站是为电动汽车提供充电的场所，充电站占地面积大，功能完善，可采用快充和慢充两种充电模式，且在对电池进行充电的同时，可以对充电装置和电池状态进行实时监控。充电站系统一般由多台充电机和充电桩组成，其中充电机采用电力变换设备为电动车辆的电池充电，功率较大，因此充电速度较快，大大缩短了充电时间，可满足不同类型电动车辆的需求；充电桩则直接采用交流充电的方式对电动汽车充电。

根据充电方式的不同，充电站又分为有线充电充电站和无线充电充电站。有线充电充电站以电缆为媒介为电动汽车输送电能；而无线充电充电站采用感应式充电方式，送电装置及受电装置之间没有物理连接，完全通过电磁波传输能量，支持多设备同时充电，极大地增加了电动汽车充电的便利性与灵活性。目前由于传输功率和效率的问题，无线充电充电站仅在公交领域进行探索，尚处于工程研究阶段。

2. 换电站

换电站是为电动汽车提供更换电池和电池维护服务的场所，其主要设备是电池拆卸和安装设备，凭借更换电池时间短、场地占用面积较小和易于城市整体规划布点等特点，有利于合理安排充电功率，减小对电网的冲击负荷，在公交车、出租车等特定使用场景具有

图 7-12 电动汽车充电站

图 7-13 乘用车电池换电

优势。换电操作就是将充满电的电池换到电动汽车上，能够让汽车快速拥有满电量的电池，整个操作过程只需几分钟，效率极高。被更换的电池可以在换电站进行常规充电，这样就避免了电池充电时间长或快充对电池损伤的问题，可以实现电动汽车的持续行驶。乘用车电池换电如图 7-13 所示。

充电站、换电站的具体安全管理规范，详见本手册其他卷，本节不做过多赘述。

7.3.2 车辆维护规范

1. 高压线端子、线束

需要重点维护的高压线端子、线束有电池外箱高压连接线、电机控制器接线端子、开关箱内高压接线端子、断路器箱内高压接线端子、DC/DC（或 DC/AC）变换器内高压接线端子、空调高压输入接线端子、油泵电机和气泵电机接线盒内端子。

2. 电池箱插接件及电池

以下各处需重点维护：电池箱高压接线柱清洁度、平面接触度、温度传感器、接触电阻，电池箱通信接插件，动力电缆、通信线束及接插件防水防尘及绝缘，电池舱烟雾传感器，电池箱温控风扇，电池箱内及电池单体温度传感器。

3. 整车控制器与显示终端（显示仪表）

整车控制器与电机及控制器、电池系统及能量管理系统正常通信检查；显示仪表与各系统正常通信及故障显示检查；故障声光报警系统检查。

4. 电机及控制器

电机及控制器机体绝缘，动力电缆、通信线束及接插件防水防尘及绝缘，温度传感器与温控风扇检查。

5. 高压部件安装

电池外箱、电机控制器、开关箱、断路器箱、DC/DC（或 DC/AC）空气压缩机、转向油泵、电机与 AMT 变速器、空调系统等的安装需格外注意。

6. 气泵、油泵、转向、驻车制动

调整制动踏板行程，检查制动总泵传动连接杆是否松动，检查气泵工作压力范围（0.7 ～ 0.85MPa），气泵停机时干燥器是否排气，（原地转方向）检查转向油泵是否正常，驻车制动是否有效。

7. 部件润滑及气路

给各个润滑部件加油，检查变速器油位、气泵油位、转向油泵油位、轮胎气压、空气悬架、开关车门及气路系统有无漏气。

8. 安全装置及设施

检查灭火器、应急车门开关、逃生窗、安全锤。

9. 紧固螺栓

紧固轮胎螺栓和传动轴螺栓。

10. 测试绝缘电阻

高压电器部件绝缘电阻的测试见表 7-4。

表 7-4 高压电器部件绝缘电阻的测试 车号：

仪器：FLUKE 兆欧表 500V 单位：MΩ	测量人： 记录人：
电机控制器高压 + 对机箱壳体（基本绝缘）	电机控制器高压 – 对机箱壳体（基本绝缘）
电机控制器高压 + 对车身（附加绝缘）	电机控制器高压 – 对车身（附加绝缘）
主电机绕组对电机外壳（基本绝缘）	主电机绕组对车身（附加绝缘）
控制器开关箱高压 + 对机壳（基本绝缘）	控制器开关箱高压 – 对机壳（基本绝缘）
（DC/DC、DC/AC）高压 + 对车身（附加绝缘）	（DC/DC、DC/AC）高压 – 对车身（附加绝缘）
（气泵）DC/AC 高压 + 对机壳（基本绝缘）	（气泵）DC/AC 高压 – 对机壳（基本绝缘）
（油泵）DC/AC 高压 + 对机壳（基本绝缘）	（油泵）DC/AC 高压 – 对机壳（基本绝缘）
DC/DC 高压 + 对机壳（基本绝缘）	DC/DC 高压 – 对机壳（基本绝缘）

注：电机控制器、开关箱、电机和变速器外壳与车身做绝缘检测后一定要放电（用导线将上述部位与车身金属部分短路）。

7.3.3 高压电气安全规范

1. 高压电气系统

高压电气系统主要包括动力电池组、电机与控制器、动力转向油泵电机、空调压缩机电机、车厢电暖气、暖风除霜器、电源变换器等。

2. 安全措施

1）坚持“以人为本、安全第一”的原则。电动汽车与其他乘用车一样，均为运送乘客的交通工具。但是，由于电动汽车电气化程度较高，其安全问题更为重要。电动汽车若想与其他车辆并驾齐驱，安全问题必须从源头做起，提高设计质量，完善工艺流程，遵循安全第一的原则。

2）确保人身安全与系统安全。电动汽车的安全包括人身安全与系统安全。在制订安全防范措施时，人身安全是优先级最高的。系统安全也很重要，没有安全可靠的系统支持，电动汽车无法发挥其行驶性能。因此，建立健全完备的闭环监测控制系统较为必要。有条件时可配置备用系统，发生故障可以自动切换，确保系统安全万无一失。

3）参照有关电动汽车的国家标准和国际标准，从系统设计到部件选型、加工工艺、质量检验都按相关标准执行。

3. 安全装置

电动汽车安全装置主要分为以下七个部分：

1）动力电池组分组串联，每组电压不大于 96V 并配有熔断器，发生意外短路时可切断电池之间的连接。

2）动力电池组的输出端装有直流接触器，受控于驾驶员和安全检测信号。发生故障时，可手动或自动切断动力电源。

3）车用电器与电池组之间有过电流自动分断的快速开关，驾驶员也可以执行手动闭合与分断的操作。当负载电流超过快速开关的设定电流时，可自动切断电源。

4）各分路用电器分别串联快速熔断器和接触器，用电器发生过电流或短路时，熔断器自动分断。驾驶员不直接操作高压电器，所有开关均为低压控制。

5）设有锂电池信息采集和冷却风扇自动控制系统。单体电池电压、电池箱温度、总电压、总电流、剩余电量均可通过仪表板显示器实时显示。电池组采用双线制连接。无论是用电器还是电缆与车身之间都必须绝缘。所有用电器的工作状态均通过 CAN 总线输入整车控制器，通过显示器分级显示和报警，提示驾驶员执行安全操作指令。

6）设有充电安全装置。当充电插头插入车载充电插座时，将自动闭锁电机控制器，使车辆不能开动。

7）低压电源由 12/24V 蓄电池和 DC/DC 变换器组成，为全车低压电器和电机控制器提供电源，一旦发生故障会造成车辆停驶。因此，对其工作状态进行监测十分重要。故障监测通过多能源管理系统显示器、声光报警提示驾驶员及时采取措施。

7.3.4 高压电气消防技术规范

1. 整车安全存在的问题及解决方案

电动汽车的动力电池组，当受到碰撞时，要考虑内部电池的形变、挤压、穿刺等损坏，所引发的“电池极柱”短路，以及短路电弧可引发的火灾问题。

（1）被动防范

电池箱必须能够快速拆装。电池箱周边必须使用阻燃材料，在电池箱内可安装“红外传感器”“烟雾报警器”。

（2）车身安装“加速度传感器”

当发生意外碰撞时，“传感器”信号经“多能源管理系统”自动切断动力电源，并声光报警，提示驾驶员迅速停车。

（3）动力电池漏电检测报警装置

监测动力电池组的正、负极对车身的绝缘和漏电电流，超过设定值时可通过“多能源管理系统”显示器报警。

2. 电动汽车消防规范

2013 年 12 月 25 日，相关部门在海口听取了电动汽车行业的意见后，形成了《电动汽车行业消防安全技术规范体系框架》，并于 2014 年 2 月 13 日在北京通过了专家验收。该框架针对动力电池生产、储运、充换电基础设施、电动汽车整车四个方面的火灾预防和灭火救援进行了系统分析研究，梳理了电动汽车行业消防安全领域现有的标准规范，归纳了行业中各环节的火灾风险。

《电动汽车行业消防安全技术规范体系框架》的技术规范中，在火灾防控方面，主要包括《动力电池的火灾危险性分级规则及试验方法》《动力电池运输许可条件及测试方法》《动力电池厂房（仓库）防火设计技术规范》《电动汽车换电站建设防火设计规范》《锂离子电池包和电池系统安全要求和试验方法》《电动汽车灭火装置评价标准》《动力电池二次使用的安全要求和试验方法》；在消防应急救援方面，主要包括《动力电池灭火指南》《电动汽车充换电站消防应急

预案》《电动汽车识别标识》《电动汽车交通事故救援规程》《电动汽车火灾事故救援规程》等。

7.3.5 运行安全保证工作预案

1）车辆行驶过程中，如发现车辆异常或故障影响行车，驾驶员首先应在安全区域停车，切断主电源，打开车门，使乘客及时下车保证乘客人身安全。在车门无法正常开启的情况下，采用放气阀放气的方法保证乘客安全下车。同时通知调度人员，安排抢修和救援。车辆内发现异味或烟火等险情时，在保证乘客安全的情况下，利用车上装备的灭火装置灭火。

2）雨雪天行车时，除加强绝缘测量外，在行车过程中，必须注意车辆涉水深度限制，不贸然涉水行驶。若发生车辆漏电情况，必须停止车辆行驶，切断车辆主电源。

3）车辆充电过程中，密切关注电池电压、电流等参数变化，若出现参数异常，超出充电技术参数最大限制，应立即停止充电过程，并及时汇报。若发现异味、电池燃烧等情况，应立即切断电源，利用灭火设施灭火，并尽快使发生故障电池组与车辆分离。

4）电动汽车绝缘测量的规定。凡参加运营的电动汽车，每天至少测量一次总绝缘电阻，测量时间一般规定为回厂车在当天晚上停车后至次日发车前，停外站车须在每天 2 点以前测量总绝缘电阻。若夜间有雨，车间应根据雨情和车辆的绝缘情况，考虑早晨发车前再对所有运营车测量一次总绝缘或泄漏电流。当测得电动汽车总绝缘值或泄漏电流值后，必须填写“高压电器绝缘电阻测试表”，并由当班负责人检查、核实、签字，要保证做到在绝缘方面不漏测一辆车。

7.4 电动汽车安全事故防范与处理

随着电动汽车保有量的逐年增加，交通意外、汽车自燃等事故频频发生，电动汽车安全问题引发了全社会的高度重视。需要制订电动汽车安全事故防范与处理应急预案来进一步规范电动汽车的应急管理工作，提高应对风险和防范事故的能力，保证人员安全健康和财产的安全，防止突发性安全事故的发生。在事故发生的情况下，能够及时、准确、有条不紊地控制和处理事故，有效地开展自救和互救，尽可能把事故造成的人员伤亡、环境污染和经济损失减少到最低程度。

安全事故防范与处理是一项系统工程，国家和地方政府相关部门应联合电动汽车企业、电动汽车监管平台、行业协会等，根据组织结构、管理模式、风险大小、地理位置，以及新能源车辆应用规模的不同，结合实际情况，从生产方、运营方、监管方和应急救援方，分别制订相应的综合应急预案、专项应急预案和现场处置方案。做到危害因素清楚，应急责任明确，应对措施有效，应急响应及时，应急资源充分，立足自救，形成体系。按照统一领导、分级负责、条块结合、属地为主的原则，同国家应急预案相衔接。

7.4.1 安全事故风险描述

1. 电动汽车基本情况

电动汽车具有一般车辆的外在危险因素，同时因其动力电池和高压电动化部件在行驶时也具有内在危险因素，而且其内在危险因素可由外在危险因素触发或加剧。

电动汽车在其行驶、停放、充 / 换电过程中主要存在交通事故、触电、火灾、灼伤、爆炸、中毒、起重伤害、机械伤害等 11 类危险因素，涉及动力电池系统、高压零部件、充 / 换电设施设备、配变电系统、特种设备等危险源。

2. 电动汽车起火原因及危害

随着电动汽车的发展和普及，越来越多的人开始接受并使用电动汽车，但是由于技术和应用问题，电动汽车起火事件屡见不鲜，不仅影响新能源汽车产业的发展，更危害着个人和公众的安全。下文将对电动汽车起火原因、危害和起火安全管理进行介绍。

（1）起火原因

1）充、放电引起的火灾。电动汽车在充电过程中，若电池单体 SOC 达到 100% 后仍继续充电，则会导致电池过充电。过充电时，三元材料等层状正极材料分解产生氧气，进而导致电解液氧化分解，电池内部温度上升；当使用石墨作为负极时，过量的锂沉积在负极表面，并与电解液反应放出热量，导致电池内部温度升高；当达到反应的临界温度时，会导致满电石墨负极及锂金属的剧烈氧化，产生大量的热量和气体，发生热失控。而在低温或大倍率充电的情况下使用石墨作为负极时，容易在负极表面析出锂金属单质，形成锂枝晶。锂枝晶可以穿透隔膜，造成正负极内短路，引起电池起火、爆炸。电动汽车在行驶时为放电状态，如果电动汽车在放电时存在过放电（如电压低于 0V），使用石墨负极及铜箔作为负极集流体时，铜箔会溶解并沉积在隔膜及正极上，可能导致电池内短路，进而导致电池热失控。

2）发生机械碰撞。当发生交通事故时，若电池部位受到撞击，将会导致电池出现严重的挤压、形变、穿刺等破损，导致内短路、发热、电解液蒸发、电池鼓胀，可能引发燃烧和爆炸等问题。另外，电池破损后，还可能出现电击情况，使汽车出现火灾事故。碳基锂离子电池负极材料与空气接触以后，会造成剧烈氧化，导致电池破裂，严重的甚至还会出现燃烧爆炸现象。

3）电池组局部过热。除机械滥用和电滥用易引起电池过热外，电池连接件接触松动也可能引起局部过热。电池组中的电池单体通过金属连接件连接，在车辆行驶时，若电池连接件松动，则会导致接触电阻显著增加。电极 – 连接件接触处的不良连接可能导致界面过热，热量由接触界面传向电池，易导致电池温度升高甚至热失控。

4）汽车涉水时引发火灾。汽车在行驶过程中，往往会遇到恶劣的天气，若路面出现大量的积水，则电池间接线或电机控制系统容易被水侵蚀，直接造成电池漏电，使电路出现短路的问题。外短路与电解水产气耦合产生拉弧，电弧击穿电池壳体导致电解液泄漏，泄漏的电解液逸出后，遇空气燃烧。高温电弧也可能导致电池热失控，加剧浸水失效的危害。石墨基负极在充满电的嵌锂状态下是一种反应活性很高的材料，遇水会发生剧烈的化学反应，产生氢气并放出大量热量，引起剧烈燃烧。

5）电动汽车内部电子器件原因起火。主要包括高压、低压原因。其中，低压故障与传统内燃机车区别不大，包括熔丝、继电器、整车控制器等的故障。高压故障与传统内燃机车区别较大，主要包括电池系统、驱动电机、逆变器、DC/DC 变换器、主控盒、PTC 电阻、车载充电机、快充装置等的故障这些高压部件，因为它们的线束过多，一旦连接不可靠，就可能会发生短路导致部件失效，进而引发火灾。

（2）起火危害

1）动力电池燃烧温度高。以三元材料锂电池为例，当发生热失控燃烧时，经红外热像仪测试，其火焰最高温度可达880℃。常规汽油燃烧时火焰温度在400℃左右，动力电池燃烧温度远远高于传统汽车中燃料汽油燃烧的温度。

2）动力电池燃烧迅速。动力电池发生火灾的过程中，由于各种诱因的作用发生副反应，易导致动力电池热失控，电池中的电解液挥发、分解，冲开安全泄压装置，最终电解液着火。从有明火出现至完全烧毁，有些电池仅需数秒。

3）不同体系的动力电池燃烧差异大。不同体系的电池由于其正极材料的不同，具有不同的电化学反应、电池电压和容量，因此，发生火灾时的表现也不尽相同。以磷酸铁锂电池和三元材料锂电池为例：磷酸铁锂电池燃烧前发烟量大，燃烧持续时间较长；三元材料锂电池发烟较少，燃烧初期火焰呈喷射状，燃烧迅速。

4）动力电池火灾扑救困难。动力电池的火灾是由一系列电化学反应引发的，并且这些电化学反应速度较快，燃烧时一些电池成分会分解形成氧化物，即使在没有氧气的环境中也能支持燃烧反应。根据动力电池的结构，动力电池的电芯外部由外壳材料包裹，动力电池的燃烧反应发生在电池内部，灭火剂一般不能直接作用于电池内部。对于动力电池包而言，电池包的外壳材料阻挡了灭火剂对起火电芯的直接作用，灭火更为困难。此外，有些负极如石墨负极在满电时会和水发生反应，生成可燃性气体，促进燃烧。

（3）起火安全管理

1）电机热保护要求。电机应装配温度传感器，并通过电机控制器实现温度检测功能。如果检测到电机温度过高，电机控制系统应限制电机功率或者禁止电机工作，并通过整车CAN通信向整车控制器输出电机温度报警或者电机温度过高信号，整车控制器在仪表板向驾驶员提示。

2）电机控制器热保护要求。电机控制器具备温度检测功能，如果检测到温度过高，系统应限制电机功率或者禁止电机工作，并通过整车CAN通信向整车控制器输出控制器温度报警或者控制器温度过高信号，整车控制器在仪表板向驾驶员提示。

3）充电系统热保护要求。在充电过程中，整车的充电系统需要对充电口的温度进行监控，当采用国家标准规定的模式充电，建议对充电插头进行温度监控。当超出温度保护阈值时，应能采取有效措施进行保护（如降低功率或者停止充电），以免导致器件损坏或者起火。

4）动力电池热保护要求。整车应能有效地对电池系统进行散热和降温，以确保电池系统温度始终在正常使用范围内，避免温度过高影响电池系统寿命。整车设计时应考虑如果发生电池发热温度超出正常使用范围的情况，应该限制功率输出，并加以提醒。如果有热失控发生风险，整车应具备提前提醒和报警功能，确保驾乘人员提前安全撤离。

5）整车空调PTC热保护要求。整车应对空调PTC进行绝缘监测，空调PTC应具备故障诊断功能以及过热保护和故障报警功能。

3. 危险源与风险分析

电动汽车类型众多，应用场景和工况复杂，存在危险因素多的特点，涉及动力电池系统、高压零部件、充/换电设施与设备、配变电系统、特种设备等危险源。电动汽车危险源、危险等级划分标准见表 7-5，电动汽车应用过程中的主要危险因素与风险分析见表 7-6，主要危险源分布情况见表 7-7。

表 7-5　电动汽车危险源、危险等级划分标准

危险等级	分级标准	
	可能造成伤亡人数	直接经济损失
一级	3 人以上（含）死亡或 10 人以上（含）重伤	500 万元以上
二级	3 人以下死亡或 3 人以上 10 人以下重伤	100 万～ 500 万元
三级	1 ～ 2 人重伤	50 万～ 100 万元
四级	轻伤或无人员受伤	50 万元以下

表 7-6　电动汽车应用过程中的主要危险因素与风险分析

运行过程	主要危险因素	风险分析		危险等级
		危险发生可能性	严重程度	
充电	触电	小	小	四级
	火灾	小	中	三级
	爆炸	小	大	二级
	中毒	小	中	三级
换电	火灾	小	大	二级
	爆炸	小	大	一级
	中毒	小	中	三级
	起重伤害	中	小	四级
	机械伤害	中	小	四级
车辆行驶	交通事故	中	中	二级
	火灾	小	大	二级
	爆炸	小	大	二级
	灼伤	小	小	四级
	触电	小	小	四级
	中毒	小	中	三级
车辆停放	火灾	小	大	二级
	爆炸	小	大	二级
	中毒	小	中	三级
车辆运输	火灾	小	中	一级
	爆炸	小	中	一级
	中毒	小	中	三级

表 7-7　主要危险源分布情况

场所	危险等级	危险因素	相关单位
充电站	二级	触电、火灾、爆炸、中毒	充电站运营管理单位 充电设施设备生产企业
换电站	三级	触电、火灾、爆炸、起重伤害、机械伤害、中毒	换电站运营管理单位 充、换电设施设备生产企业
道路	一级	交通事故、火灾、爆炸、灼伤、触电、中毒	电动汽车生产企业 动力电池单体 / 包生产企业
电动汽车密集存放场所	二级	火灾、爆炸、中毒	电动汽车密集存放场所运营管理单位
电动汽车运输工具	二级	火灾、爆炸、中毒	电动汽车生产企业 相关零部件生产企业

7.4.2　应急组织机构及职责

1. 组织体系

全国电动汽车应急救援组织体系由国务院有关部门、各级地方人民政府安全生产事故灾难应急领导机构、综合协调指挥机构、专业协调指挥机构、应急支持保障部门、应急救援队伍和生产经营单位组成。地方各级人民政府的安全生产事故灾难应急机构由地方政府确定。应急救援队伍主要包括消防部队、专业应急救援队伍、生产经营单位的应急救援队伍、社会力量及有关国际救援力量等。

2. 现场应急救援指挥部及职责

现场应急救援指挥以属地为主，事发地省（区、市）人民政府成立现场应急救援指挥部。现场应急救援指挥部负责指挥所有参与应急救援的队伍和人员，及时向国务院报告事故灾难事态发展及救援情况，同时抄送国务院安全生产委员会办公室。

涉及多个领域、跨省级行政区或影响特别重大的事故灾难，根据需要由国务院安全生产委员会或者国务院有关部门组织成立现场应急救援指挥部，负责应急救援协调指挥工作。

7.4.3　安全事故预警及信息报告

1. 安全事故预警

安全事故预警信号可以通过现场报警、企业监测平台、地方监测平台、新能源汽车国家监管平台以及其他部门发出。

（1）预警分级

对于电动汽车可能发生和可以预警的突发安全事故进行预警。预警级别依据突发公共事件可能造成的危害程度、紧急程度和发展态势，一般划分为四级：Ⅰ级（特别严重）、Ⅱ级（严重）、Ⅲ级（较重）和Ⅳ级（一般），依次用红色、橙色、黄色和蓝色表示。

Ⅳ级预警：对汽车运行安全没有直接影响，不需更换零件，通过重新启动系统、车辆断电静置或采用随车工具在短时间（约 5min）内轻易排除的故障。

Ⅲ级预警：造成车辆停驶、性能下降或影响行车安全，可能引起主要零部件、总成损坏或性能显著下降，不能通过重启系统或采用随车工具在短时间内修复的故障。

Ⅱ级预警：危及人身安全、引起主要总成报废、造成重大经济损失或对周围环境造成严重危害的故障。

Ⅰ级预警：电动车辆应用过程中出现重大人身伤亡事故、群体性事件和媒体重点关注的负面事件。

电动汽车典型电气系统故障预警项目及阈值见表 7-8。

表 7-8　电动汽车典型电气系统故障预警项目及阈值

报警		参考阈值范围	备注
温度差异报警（车辆行驶工况）		$T_{max}-T_{min}>8℃$（预警级）	具体报警参数企业根据具体车型以此为基础自定义
电池高温报警		$T_i \geqslant 50℃$	
单体过电压报警	锰酸锂 / 三元材料	$u_i>4.3V$	
	磷酸铁锂	$u_i>3.75V$	
单体欠电压报警	锰酸锂 / 三元材料	$u_i<2.75V$	
	磷酸铁锂	$u_i<2V$	
SOC 低		SOC < 10%（预警值）	
电机过温		≥ 150℃	
电机控制器过温		≥ 90℃	
电池反接		$u_i \leqslant 0V$	
动力输出异常中断		Φ（踏板开度值）=0，I（输入电流）= 0A	
电池系统过电压报警		企业自定义	
电池系统欠电压报警			
电池包不匹配报警			
电池一致性差报警			
绝缘失效信息			

电动汽车电气系统严重故障预警阈值见表 7-9。

表 7-9　电动汽车电气系统严重故障预警阈值

报警		分级规则
电池高温报警		$T_i \geqslant 65℃$，持续大于 10s
电池快速温升报警		$\Delta T_{max} \geqslant 5℃/10s$
单体过电压报警	锰酸锂 / 三元材料	$u_i \geqslant 4.5V$
	磷酸铁锂	$u_i \geqslant 4V$
单体欠电压报警（含电池反接）		$u_i \leqslant 1V$
电机过温		≥ 170℃
电机控制器过温		≥ 110℃
绝缘信息（可选项）		≤ 10000Ω

（2）安全事故防范措施

当达到Ⅱ级预警条件或以上时，相关单位负责人有发布预警报警以及宣布进入预警期的权力，同时有启动本级应急救援预案的权力，根据实际情况有权指挥应急救援队伍按预案程序进行救援行动，有权越级向上级部门或相关单位汇报相关情况和已经采取的措施。当出现重大险情，不能保证现场人员人身安全时，有权决定停止现场救援并组织人员安全撤离现场。

发布预警警报，宣布进入预警期后，应急响应办公室接到事故发生应采取应急救援行动的信息，应立即做出研究和判断，上报总指挥，总指挥发布命令启动应急预案；组织有关部门和人员，预测发生事故可能性的大小、影响范围和强度以及可能发生事故的级别；责令应急救援队伍人员进入待命状态，并动员后备人员做好参加应急救援和处置工作的准备；当预警级别扩大为Ⅰ级时，上报总指挥，由总指挥发布Ⅰ级预警警报，除采取以上应急措施外，还应转移、疏散或者撤离易受事故危害的人员并予以妥善安置，转移重要财产，通知事故发生地周边受到影响的单位。

有事实证明不可能发生突发事件或者危险已经解除的，发布警报的负责人应当立即宣布解除警报，终止预警期，并解除已经采取的有关措施。

（3）预警信息发布

当出现预警情况时，发现者（现场操作人员、巡检人员和监控平台部门）应及时发布预警信息，根据不同的事故类型，采取不同的预警方式，预警和应急行动流程如图7-14所示。

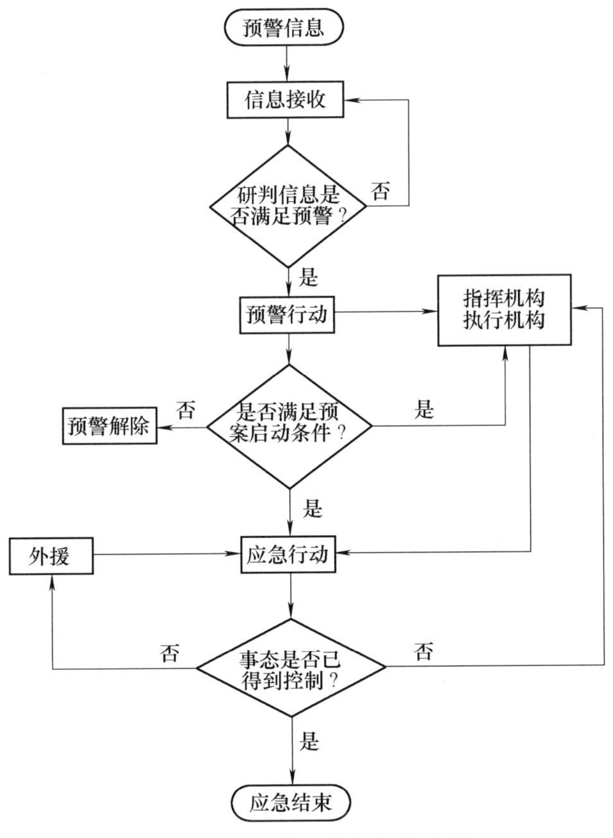

图7-14 预警和应急行动流程

2. 信息报告

突发事件发生后，现场有关人员应立即向本单位应急救援领导组（应急救援指挥中心或应急响应办公室）报告。应急救援领导组接到报告后，首先须立即做出判断，若需要启动预案，立即通知各职能部门或可能受到事故影响的单位进入预警状态；应急救援领导组的成员立即到位，开展工作。同时根据事件等级，决定是否向地方人民政府、上级主管部门报告，根据需要提出援助申请。

突发事件的信息通报由应急救援领导组根据具体情况确定后统一发布，任何单位和个人不得随意发布突发事件信息。在事件处理过程中，要即时向上级主管部门、地方政府报告事故处理进展情况。

7.4.4 安全事故应急响应

1. 突发事件及响应分级

（1）突发事件分级

突发事件按照人员伤亡和财产损失情况一般分为以下四个等级。

一级突发事件：造成3人以上（含3人）死亡或10人以上（含10人）重伤，或危及多人生命安全，或者多人中毒，或者造成直接经济损失500万元以上（含500万元），或社会危害及影响重大的突发事件。

二级突发事件：造成3人以下死亡或3人以上10人以下重伤，或者造成直接经济损失100万（含100万）～500万元，造成一定社会影响的突发事件。

三级突发事件：造成3人以下重伤，或者造成直接经济损失50万（含50万）～100万元。

四级突发事件：发生轻伤或者未遂事故，或直接经济损失在50万元以下的突发事件。

（2）响应分级

根据突发事件的分级标准，突发事件响应分为Ⅰ级响应、Ⅱ级响应、Ⅲ级响应和Ⅳ级响应，其中Ⅰ级响应为最高级别响应。

发生一级突发事件要做Ⅰ级响应，启动安全事故综合应急预案，同时报告地方政府和上级主管部门，请求给予应急支援；发生二级突发事件要做Ⅱ级响应，启动安全事故综合应急预案，酌情报告地方政府请求应急支援；发生三级突发事件要做Ⅲ级响应，启动专项预案；发生四级突发事件要做Ⅳ级响应，启动现场处置方案。

2. 响应程序

安全事故应急响应的相关流程如图7-15所示。

3. 应急救援步骤

应急救援指挥中心接到突发事故报告后，根据事件可能造成的危害和响应等级，一般采取如下应急步骤：

1）做出判断，发出启动应急预案的指令（指挥协调交通、消防、医疗急救等有关应急队伍开展救援行动等），及时处置突发事故。

2）通知有关职能部门做好事故应急处置和配合工作。

3）跟踪事态发展，并将重要信息向上级主管部门定时通报，保障事故应急救援工作顺利进行。

4）根据应急响应办公室的报告，宣布应急救援工作结束，撤除应急指令。

4. 应急结束

当遇险人员全部获救，事故现场得以控制，导致次生、衍生事故的隐患已消除，环境符合有关标准，经应急救援领导组确认，由应急救援总指挥宣布现场应急工作结束，应急救援队伍撤离现场。

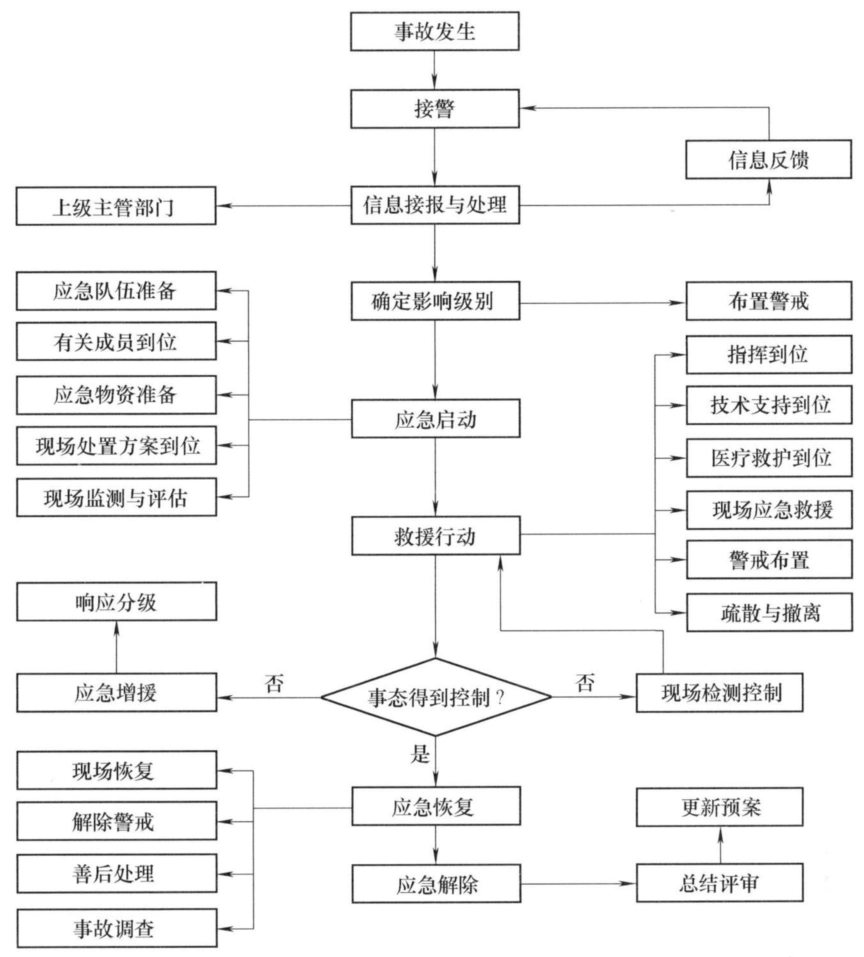

图 7-15　安全事故应急响应的相关流程

应急救援指挥中心将应急救援过程中掌握的事故经过、事故发生初步原因判断、应急处置的详细过程等材料及时移交给事故调查组，并向事故调查组或事故发生单位提出预案和应急救援工作的改进建议。

7.4.5　安全事故后期处理

现场应急结束后，应采取措施保护好现场，为事故调查、善后恢复做好准备。针对事故原因采取控制措施，如控制火源措施、控制泄漏源措施等，将事故现场恢复至相对稳定、安全的基本状态，以恢复秩序。为避免恢复现场过程中出现危险，并为长期恢复提供指导和建议，应明确以下事宜：① 相关人员的撤点、撤离和交接程序；② 宣布应急结束的程序；③ 重新进入和人群返回的程序；④ 受影响区域的连续检测；⑤ 事故调查和损失评估。

总结报告内容应包括：① 事件情况，包括事件发生的时间、地点、波及范围、损失、人员伤亡情况、事件发生的初步原因；② 应急处置过程；③ 处置过程动用的应急资源；④ 处置过程遇到的问题以及取得的经验和应吸取的教训；⑤ 对预案的修改意见。

应急救援指挥中心负责将应急总结、值班记录等资料进行汇总归档，并起草上报材料，上报当地政府相关管理部门及上级主管部门。同时有关部门应及时将安全事故信息公开，在信息发布过程中，应遵守国家法律法规，实事求是、客观公正、内容翔实、及时准确，并符合有关保密规定。

一般性安全故障和事故由企业负责人发布，重大安全事故由政府相关部门和企业联合发布。信息发布形式主要包括接受记者采访、向媒体提供信息稿件等。在电动汽车安全事故处理流程中，由监测中心进行事故上报，并进行相关数据分析得出车型分析结果，由国家平台和企业平台对车辆数据进行对比分析，事故详细报告分级审核后上传至监管部门。新能源汽车国家监管平台中关于电动汽车安全事故处理流程如图 7-16 所示。

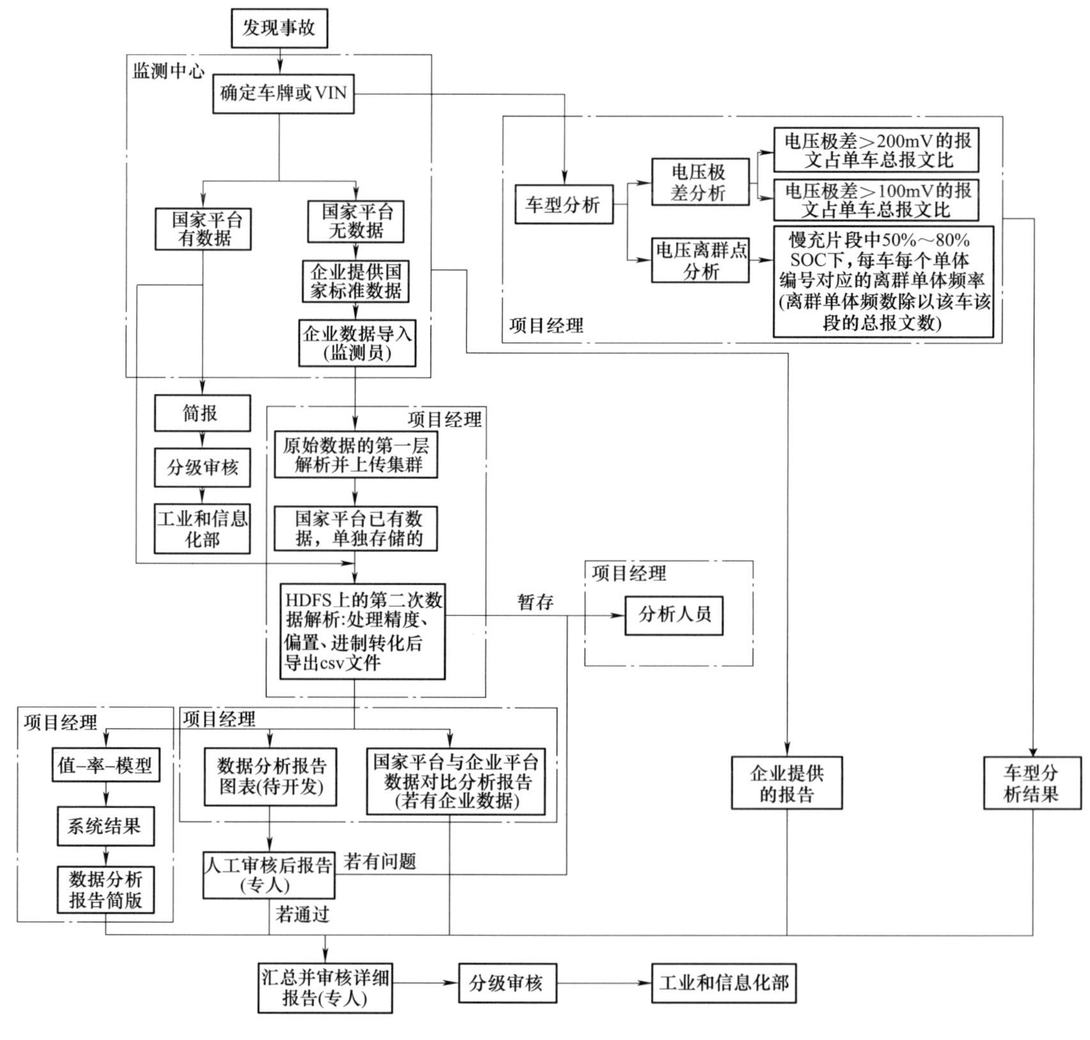

图 7-16　电动汽车安全事故处理流程

7.4.6 保障措施

各部门单位成立应急救援支持保障系统，消防、公安交管、质检、医疗等部门按照统一部署，配备必要的应急救援装备，并给予资金保障，及时更换和补充应急救援资源。

1. 通信与信息保障

建立健全电动汽车应急救援综合信息网络系统和重大电动汽车安全事故信息报告系统；建立完善救援力量和资源信息数据库；规范信息获取、分析、发布、报送格式和程序，保证应急机构之间的信息资源共享，为应急决策提供相关信息支持。

有关部门应急救援指挥机构负责本部门、本地区相关信息收集、分析和处理，定期向上级部门报送有关信息，重要信息和变更信息要及时报送。工业和信息化部对应负责部门收集、分析和处理全国安全生产事故灾难应急救援有关信息。

2. 应急队伍保障

电动汽车商业运营企业，充 / 换电设施设备运营企业，交通运输、电力等行业或领域的企业应当依法组建和完善应急技术支持和救援队伍。各级、各行业应急救援机构负责检查并掌握相关应急力量的建设和准备情况。

3. 救援装备保障

各专业应急救援队伍根据实际情况和需要配备必要的应急救援装备。专业应急救援指挥机构应当掌握本专业的特种救援装备情况，各专业队伍按规程配备救援装备。

4. 交通运输保障

发生特别重大的新能源汽车安全事故后，有关部门根据救援需要及时协调民航、交通和铁路等行政主管部门提供交通运输保障。地方人民政府有关部门对事故现场进行道路交通管制，根据需要开设应急救援特别通道，道路受损时应迅速组织抢修，确保救灾物资、器材和人员运送及时到位，满足应急处置工作需要。

5. 医疗卫生保障

县级以上各级人民政府应当加强急救医疗服务网络的建设，配备相应的医疗救治药物、技术、设备和人员，提高医疗卫生机构应对安全生产事故灾难的救治能力。

6. 物资保障

有关部门和县级以上人民政府及其有关部门、企业，应当建立应急救援设施、设备、救治药品和医疗器械等储备制度，储备必要的应急物资和装备。各专业应急救援机构根据实际情况，负责监督应急物资的储备情况、掌握应急物资的生产加工能力和储备情况。

7. 资金保障

生产经营单位应当做好事故应急救援必要的资金准备。安全运营事故应急救援资金首先由事故责任单位承担，事故责任单位暂时无力承担的，由当地政府协调解决。国家处置安全生产事故灾难所需工作经费按照《财政应急保障预案》的规定解决。

7.4.7 应急预案管理

1. 应急预案培训

1）有关部门组织各级应急管理机构以及专业救援队伍的相关人员进行上岗前培训和

业务培训。

2）有关部门、单位可根据自身实际情况，做好兼职应急救援队伍的培训，积极组织社会志愿者的培训，提高公众自救、互救能力。

3）地方各级人民政府将突发公共事件应急管理内容列入行政干部培训的课程。

2. 应急预案演练

各单位要定期组织开展各类事故的应急救援预案的演练，其应急救援指挥中心应每年组织一次大型演练，各相关职能部门、各单位及专业队伍可每年组织小型（桌面或功能）演练。在各级组织应急救援演练之前，要制定应急救援演练实施方案，组织演练培训。

在应急救援演练结束后，做好总结工作，找出演练中暴露的问题，对应急救援预案进行修订和完善，同时做好应急培训演练记录。总结内容包括参加演练的单位、部门、人员和演练的地点，以及演练起止时间、演练项目和内容、演练过程中的环境条件、演练动用设备和物资、演练效果，其中演练效果又包括预案总结、评估、修整应急预案。

3. 应急预案修订

各级应急预案至少每三年修订一次，预案修订情况应有记录并归档，并报各单位安全管理部门备案。有下列情形之一的，应急预案应当及时修订：① 相关单位、企业因兼并、重组、转制等导致隶属关系、经营方式和法定代表人发生变化的；② 电动汽车及充 / 换电等相关技术发生变化的；③ 应用条件发生变化，形成新的重大危险源的；④ 应急组织指挥体系或者职责已经调整的；⑤ 依据的法律、法规、规章和标准发生变化的；⑥ 应急预案演练评估报告要求修订的；⑦ 应急预案管理部门要求修订的。

第 8 章　电动汽车使用寿命及评价

电动汽车的使用寿命指的是车辆从开始使用到报废所经历的时间，可以用累计使用年数或累计行驶里程数表示。电动汽车在正常使用过程中其性能将随着使用年限（或行驶里程）的增加而逐渐下降，使用到一定期限就应报废。如果继续使用，则可能导致不良后果，如动力电池容量衰减严重，造成车辆续驶里程、动力性、经济性和安全性等大幅度下降，影响车辆的正常使用，甚至可能出现热失控等严重安全事故。研究电动汽车使用寿命的意义在于保持车辆良好的使用和安全性能，减少公害与节约能源，充分提高车辆的社会效益和经济效益。

8.1　电动汽车使用寿命概述

电动汽车使用寿命可分为技术使用寿命、经济使用寿命和合理使用寿命。它们之间的关系为：技术使用寿命 > 合理使用寿命 > 经济使用寿命。

8.1.1　技术使用寿命

电动汽车技术使用寿命是指从电动汽车开始使用，直至其主要零部件超出技术规范（如动力电池组容量下降至额定容量的 80%）而不能再继续修理时的总工作时间或总行驶里程。它主要取决于各零部件总成的设计水平、制造质量和使用维修情况。车辆主要零部件超出技术规范指的是零部件因长期工作不可避免地发生老化、磨损和松动，其结构尺寸和各种构件间隙等超出设计规范值，车辆的性能指标如安全性、动力性、经济性等已经极度恶化，无法进行修复改进或修复成本过高。技术使用寿命强调的是电动汽车已经不能正常发挥应有的技术功能并上路行驶。当电动汽车到达技术使用寿命时，车辆应予以报废，其零部件也不能再作为备件使用。汽车维修做得越好，汽车的技术使用寿命延长得越久。但随着汽车使用时间的延长，汽车维修费用也日益增加。

8.1.2 经济使用寿命

电动汽车经济使用寿命是指汽车从以全新状态投入使用开始直到单位费用（按单位使用时间或行驶里程计算）最低为止所经历的时间或行驶里程。电动汽车超过这个时间或行驶里程时在技术上仍然可以继续使用，但单位费用上升，经济性下降。电动汽车经济使用寿命需要基于电动汽车年平均总费用，分析运行与维修费用、折旧费等因素，经过综合经济评定才能确定。

单位费用指的是电动汽车单位使用时间或行驶里程内的折旧费和运行与维修费用的总和，是随时间或行驶里程变化的函数。电动汽车使用时间和行驶里程越长，分摊的折旧费越少，但电动汽车的使用性能也相应下降，使得电动汽车的运行与维修费用相应增加。电动汽车年平均总费用曲线如图 8-1 所示。

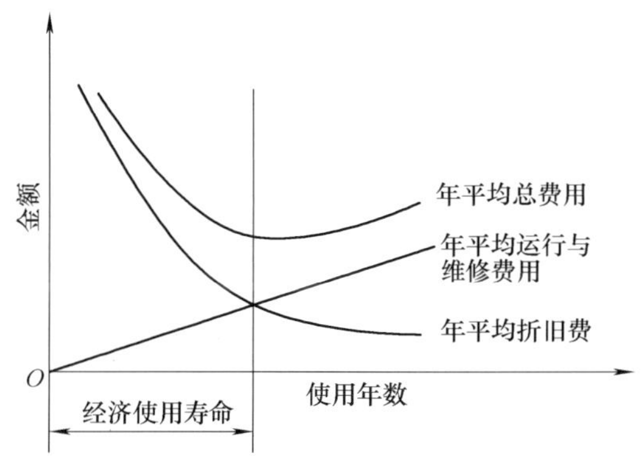

图 8-1 电动汽车年平均总费用曲线

8.1.3 合理使用寿命

电动汽车合理使用寿命是指以电动汽车经济使用寿命为基础，考虑国民经济发展和能源节约等社会因素制定出的车辆使用期限。也就是说，尽管汽车已经达到了经济使用寿命，但它是否需要更新还要视国情而定，需要考虑更新车辆的来源、更新的资金等因素。为此，国家根据上述情况制定出汽车更新的技术政策及更新期限。

8.2 电动汽车使用寿命的评价指标

无论是哪种类型的车辆，采用任何方式去维护和使用，其技术状况总是会逐渐恶化，最终因失去其基本功能而报废。简而言之，任何一辆电动汽车的使用寿命都是有限的。研究电动汽车的使用寿命及其计算方法目的是为确定当前车辆的使用寿命以及旧车鉴定估价提供基本依据。衡量电动汽车使用寿命的主要指标有使用年限、行驶里程、折算年限和大修次数。这些指标从不同角度反映了电动汽车的老旧程度和车辆平均技术状况的下降速度。

8.2.1 使用年限

使用年限是指电动汽车从初次注册登记日开始计算，直到不能再被使用为止的总使用年数。总使用年数既包括车辆的总行驶时间，也包括总停放时间。使用年限可以反映车辆的时间折旧程度、行驶损耗和停放时的自然损耗。但是它不能反映车辆的实际使用强度和使用条件，从而造成使用年限相同但车况相差较大的问题。在旧车鉴定与评估业务中，使用年限的概念最广，是计算车辆成新率一个最基本的参数。

8.2.2 行驶里程

行驶里程是指电动汽车从初次上路行驶开始计算，直到不能被使用为止的总行驶里程。在运输行业中，车辆的总行驶里程通常作为考核车辆各项指标的基数。行驶里程可以在一定程度上反映车辆的行驶强度，但是没有考虑车辆的使用工况与停放时的自然损耗。对用于公路客货专业运输的电动汽车来说，使用条件相差较大，年平均行驶里程相差也较大，这导致不同车辆虽然使用年限大致相同但总行驶里程却相差悬殊。

8.2.3 折算年限

折算年限是指电动汽车从初次注册登记日开始计算，直到不能被使用为止时的总行驶里程与年平均行驶里程的比值。

年平均行驶里程是由统计方法来确定的，与车辆的技术状态、完好率、平均速度、道路和气候条件等因素有关。我国城市和市郊运输车辆的年平均行驶里程大约为 4 万 km，长途货运大约为 5 万 km。对于营运电动汽车，由于车辆的技术状况、平均速度、道路和气候条件等因素的不同，其年平均行驶里程的差异也相对较大，但车辆的平均使用强度基本相同。社会专业运输车辆和社会零散运输车辆的运行状况也不相同，因此对于社会零散运输车辆的指标要求应做适当的修正。这种折算年限的表示方法综合反映了车辆的使用强度和停放时长对车辆技术状况的影响程度。

8.2.4 大修次数

大修次数指的是电动汽车从初次注册登记日开始，直到不能再被使用为止所经历的大修次数。电动汽车在使用过程中，其动力电池容量的衰退以及其他零部件的磨损导致其动力性和经济性等性能指标下降到一定程度，且已经无法通过例行的维护和小修等方法使其恢复正常技术状况时，就需要进行大修。电池组更换是电动汽车大修中成本最高的一项。车辆大修次数越多，维修费用相应也会变得越高，大修的间隔里程也将越短，技术状况恶化程度也就越大，车辆成新率越低，剩余的使用寿命也就越短。大修次数反映了车辆维修保养和使用条件、使用强度、驾驶习惯和自然损耗等对车辆技术状况的影响程度。

8.3 电动汽车构造成本分析

电动汽车最核心的部件为“三电系统”（电池 – 电机 – 电控系统），其成本也是电动汽车整车成本中的主要组成部分。目前电动汽车构造成本组成大致占比：电池系统为 55%、电机与电控单元为 15%、电子零部件为 10%、车身其他部件为 20%（图 8-2）。

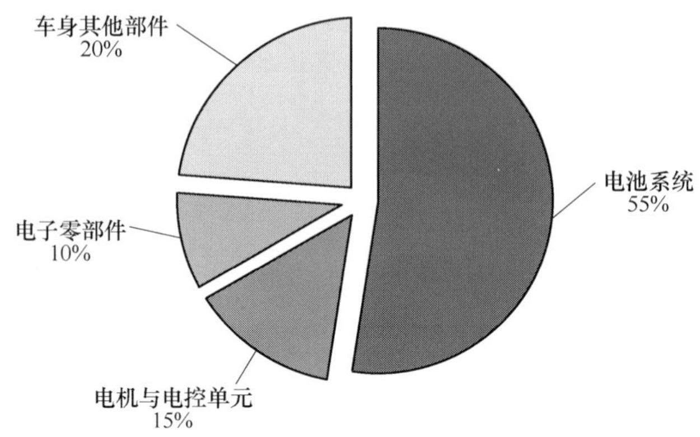

图 8-2 电动汽车构造成本比例

动力电池系统的成本远超其他零部件，达到整车成本的一半左右，这也是电动汽车成本及售价高于同配置燃油汽车的重要原因。近年来，随着电动汽车产业发展和技术进步，电动汽车产业链各环节成本持续下降。特别是动力电池技术日益成熟，动力电池能量密度水平显著提升，成本也稳步下降（图 8-3）。

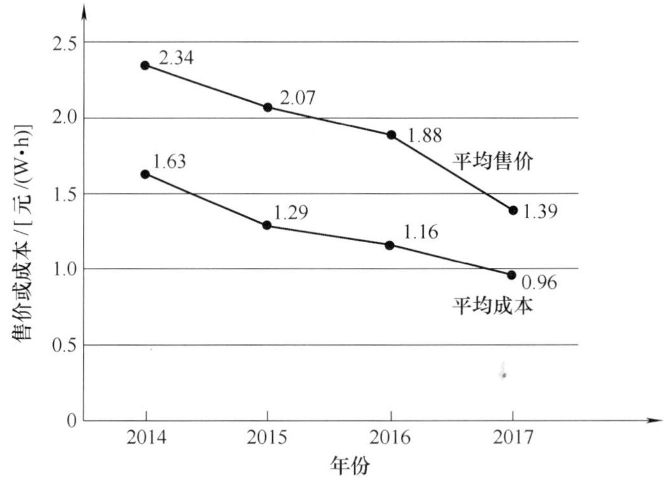

图 8-3 动力电池平均售价及成本（不含税）

目前应用最广泛的车用动力电池系统是锂离子动力电池系统，其中纯电动汽车用动力电池系统成本为 1.3 ～ 1.5 元 /（W・h），插电式混合动力汽车用动力电池系统成本为 1.8 ～ 2.0 元 /（W・h）。随着能量密度的持续提升、系统设计水平的不断提高以及规模效应的日益显现，动力电池的成本将进一步降低，有望实现《节能与新能源汽车技术路线图》

的规划目标：2020 年纯电动汽车用动力电池系统成本为 1 元 /（W·h），插电式混合动力汽车用动力电池系统成本为 1.5 元 /（W·h）。

目前动力电池系统的成本主要集中于电芯和电池管理系统（BMS）上。某款 30kW·h 乘用车用三元材料锂离子电池系统的成本构成如图 8-4 所示。

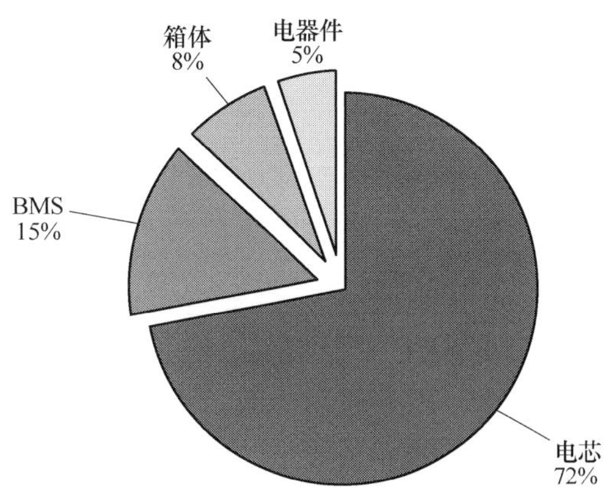

图 8-4　某款 30kW·h 乘用车用三元材料锂离子电池系统的成本构成

随着电动汽车的推广应用和 BMS 出货量的提升，BMS 价格持续下降。2018 年，乘用车 BMS 出货价格约为 4000 元 / 套，电动客车 BMS 出货价格约为 8000 元 / 套。到 2020 年，电动汽车用 BMS 的价格有望降低至 2500 ～ 6000 元 / 套。

动力电池单体成本主要集中于原材料费用，其成本构成如图 8-5 所示。

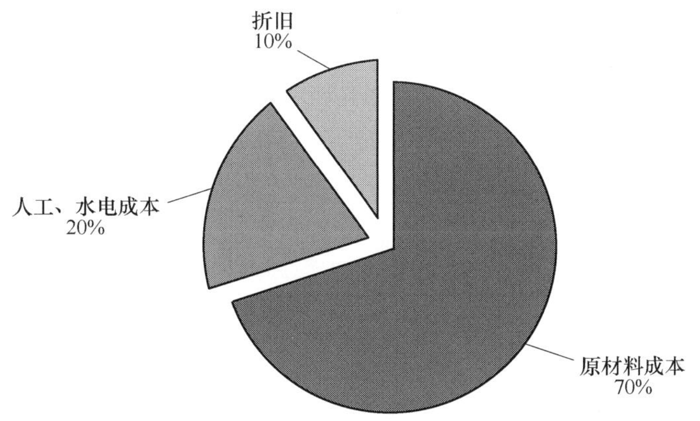

图 8-5　动力电池单体的成本构成

动力电池单体原材料的成本构成：正极材料 30% ～ 40%、隔膜 15% ～ 30%、电解液 20% ～ 30%、负极材料 5% ～ 15%（图 8-6）。

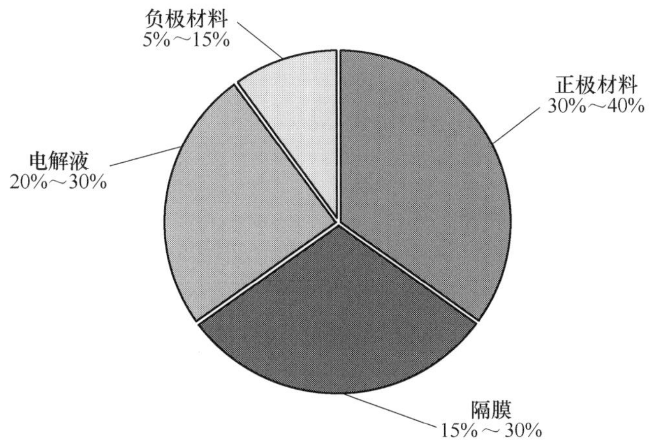

图 8-6　动力电池单体原材料的成本构成

8.4 电动汽车全生命周期成本分析

消费者对于电动汽车的认可和接受程度是电动汽车推广成功与否的关键，国家相关部门在制定相关政策时也需要充分考虑消费者的使用成本。从消费者角度出发，以同配置传统燃油汽车为参照，分析两类汽车全生命周期成本的差异，既有助于提升消费者对电动汽车技术经济性的认识，又有利于国家有关部门和汽车厂商制定合理的推广政策。

8.4.1 全生命周期成本的构成

按照是否可以直接衡量计算，可将汽车的成本划分为有形成本与无形成本。

1. 有形成本

（1）购置成本

购置成本（Purchase Cost，PC）是指购买汽车时缴纳的所有费用，主要包括以下五部分：

1）**厂商指导价格（Manufacturer Suggested Retail Price，MSRP）**：支付给电动汽车生产厂商，用于汽车的设计研发、试制造与修改定型以及在生产线上完成生产的全部物料及人工费用，是购置成本的主要部分。

2）**牌照费用（License Plate Cost，LPC）**：在部分城市用于牌照竞拍的相关费用。对于某一竞拍城市，选用车牌竞拍平均价来衡量需要通过竞拍支付的汽车牌照费用。

3）**购置税（Purchase Tax，PT）**：燃油车购置税与厂商指导价格密切相关，约为厂商指导价格的 10%；对于电动汽车，国家对购买免征购置税车型目录中的电动汽车免征购置税。

4）**注册上牌费（Registration Fee，RF）**：一般包括牌照、证件、工本等的费用。

5）**补贴（Subsidy，S）**：国家为了推广应用电动汽车，对不同类型电动汽车推出了不同的财政补助政策。

（2）运行与维护成本

运行与维护成本（Operation Cost，OC）包括以下内容：

1）**汽车的动力成本（Fuel Cost，FC）**：对于传统燃油汽车为燃油费用，对于电动汽车为充电电费以及充电服务费，对于插电式混合动力汽车既有充电费用也有燃油费用。

2）**维护成本（Maintenance Cost，MC）**：为保证汽车正常运行所支付的维修及保障费用，包括零部件更换费用、修理维护费用等。

3）**保险费用（Insurance Expense，IE）**：汽车必须缴纳的强险（Forcible Insurance，FI）以及商业保险（Commercial Insurance，CI）。

4）**车船税（Vehicle Use Tax，VUT）**：普通燃油汽车每年需缴纳车船税；为了鼓励新能源汽车的推广应用，国家相关部门暂时对电动汽车免征车船税。

5）**电池更换成本（Battery Replacement Cost，BRC）**：更换一次新电池的成本。

（3）残值

残值（Salvage Value，SV）是指电动汽车在国家规定的使用年限以内行驶完一定的里程产生有形损耗和无形损耗后，拥有的剩余价值。

1）有形损耗是指汽车在使用过程中，由使用年限及行驶里程的增长导致的自身价值损耗。即使汽车放置不使用，也会由于保养不善出现零部件老化。但汽车的磨损与时间及行驶里程呈非线性的增长关系，有形损耗往往呈加速增长的趋势。

2）无形损耗是指随着科学技术不断发展，汽车生产技术水平的提高，汽车生产成本降低，从而使原有的汽车市场价格降低。同样，由于生产企业的竞争以及国家政策的导向作用，汽车的无形损耗也是呈加速趋势。

在有形损耗和无形损耗的共同作用下，汽车折旧呈逐年递增趋势，折旧后的价值即为残值。

2. 无形成本

（1）环境污染成本

传统燃油汽车的使用已经带来了严重的环境问题，而期间产生的环境污染并非由车主负责，而是由整个社会共同分担，这是一种外部不经济行为。解决外部不经济行为的方法是将外部成本转化为内部成本，依照污染者付费原则，向传统燃油汽车使用者征收碳排放税。只有包含了环境污染成本，汽车全生命周期成本才更准确。电动汽车使用过程中的二氧化碳排放来源于电力生产阶段，在车辆运行阶段为零排放。

不同的能源结构会导致不同的发电效率和不同的二氧化碳排放系数。在未来相当长的一段时间内，火力发电仍然是我国能源结构的重要组成部分，在发电过程中产生的二氧化碳等温室气体以及硫化物等有害气体将不可避免地造成环境污染。因此，从严格意义上说，虽然电动汽车在使用过程中零排放，但电能生产过程中的温室气体和污染物排放应计入电动汽车环境污染成本。

（2）短续驶里程成本

受动力电池技术和充电设施限制，目前电动汽车的续驶里程仍难以满足长距离出行需求。尤其是在夏冬两季，空调的使用会增大电动汽车电耗，减少其续驶里程。消费者由于电动汽车续驶里程不足产生的焦虑，称为里程焦虑，这是限制电动汽车大规模推广应用的瓶颈之一。

在计算成本时，由于电动汽车续驶里程无法满足出行需求，而需换乘其他交通工具，在此过程中产生的额外费用称为短续驶里程成本。

（3）充电限制成本

由于充电基础设施数量和布局等原因导致增加的电动汽车使用成本，称为充电限制成本。电动汽车的大规模推广应用需要充电设施建设的支持，充电站的建设则需要考虑车站比及每百公里分布情况。

从消费者角度看，只有建成完善的充电基础设施，他们才会选择购买电动汽车；从充电基础设施建设投资方看，只有电动汽车保有量到达一定规模，才会配套建设充电基础设施。目前我国充电基础设施尚不完善，一定程度上制约了电动汽车的推广应用，由此造成的充电便利性不足，也增加了电动汽车的使用成本。

8.4.2 全生命周期成本模型

为量化评价电动汽车在购买、使用、报废等整个生命周期中的经济性，需要建立全生命周期成本模型。假设消费者在2018年年初购买电动汽车，以2018年为基准年，通过计算 n 年的生命周期成本贴现值来进行分析。电动汽车和传统燃油汽车的生命周期成本的测算模型可综合概括为

$$LCC_n = PC + OC_n - SV_i + CE_n + CR_n + CT_n \tag{8-1}$$

式中 LCC_n——n 年的生命周期成本贴现值；

PC——初始购置成本；

OC_n——n 年运行与维护成本的贴现值；

SV_i——第 i 年的残值贴现值；

CE_n——n 年的环境污染成本贴现值；

CR_n——n 年的租车成本贴现值，即短续驶里程成本贴现值；

CT_n——n 年的充电限制成本贴现值。

1. 有形成本模型

（1）购置成本模型

$$PC = MSRP + LPC + PT + RF - S \tag{8-2}$$

1）LPC：在北京、上海、广州、深圳、杭州等城市对普通燃油汽车车牌实行摇号或拍卖政策，对新能源汽车实行绿色通道，免费发放牌照，因此新能源汽车不存在高额的牌照费用。

2）PT：与汽车售价相关，目前燃油汽车购置税的税率为10%，国家相关部门颁布公告对符合条件的电动汽车免征车辆购置税。

3）RF：采用某网站商家统一办理服务价格，为500元。

4）S：按照2019年发布的《关于调整完善新能源汽车推广应用财政补贴政策的通知》，根据相应车型和续驶里程计算补贴。

（2）运行与维护成本模型

$$OC_n = \sum_{i=1}^{n} \frac{FC_{Ei} + FC_{Ci}}{(1+r)^i} + (FI + CI + MC + VUT) \times \frac{1-k^n}{1-k} + \frac{BRC_7}{(1+r)^7} \tag{8-3}$$

其中，

$$FC_{Ci} = FCR_C \times P_C \frac{d_i(1-p_E)}{100} \tag{8-4}$$

$$FC_{Ei} = FCR_E \times P_E \frac{d_i p_E}{100} \tag{8-5}$$

$$k = \frac{1}{1+r} \tag{8-6}$$

式中 OC_n——汽车 n 年的运行与维护成本贴现值；

FC_{Ci}——汽车动力为燃油时第 i 年的动力成本；

FC_{Ei}——汽车动力为电力时第 i 年的动力成本；

r——贴现率，此处设为8%；

FI——使用过程中缴纳的强险；

CI——使用过程中缴纳的商业险；

VUT——燃油汽车车船税，电动汽车免除税费；

MC——汽车的维护成本；

BRC_7——第 7 年电动汽车电池更换成本；

FCR——百公里油耗或电耗；

P_C——燃油单价；

P_E——电力单价；

p_E——汽车行驶过程中使用纯电动行驶所占的比例；

d_i——第 i 年的行驶里程。

1）FC。FC 由 FCR、d_i 和 P_C、P_E 决定。

FCR 根据每款车型的不同会有所差异。汽车每年平均行驶里程大约为 15000km，随着汽车寿命的增长，每年的平均行驶距离会下降 3%。对于电动汽车，假设充电设施建设完善，不再考虑长距离行驶中的续驶里程限制，则电动汽车每年和普通燃油汽车具有相同的行驶距离；假设更换电池后，电动汽车行驶里程在当年又重新恢复到最高值，随后再随着使用寿命的增长，每年的平均行驶距离将下降 3%。

关于 P_E，电动汽车的充电费用按照国家电网公共充电设备充电收费标准执行。目前国内公共充电桩由不同单位运营管理和收费。充电费一般是由基本电费和服务费组成的，基本电费在 1 元 /（W・h）左右，服务费根据各地方差异而有所不同，大部分服务费限制在 1 元 /（W・h）以内，较多的是 0.8 元 /（W・h），也就是充电总费用为 1.8 ～ 2.0 元 /（W・h）。

2）IE。IE 包括 FI 和 CI。从 2018 年开始，FI 不再是固定费用，车主每年所需缴纳的费用与车辆的交通责任事故挂钩：上一个年度未发生有责任道路交通事故，费用减少 10%；上两个年度未发生有责任道路交通事故，费用减少 20% ；上三个年度未发生有责任道路交通事故，费用减少 30% ；上一个年度发生一次有责任但不涉及死亡的道路交通事故，则费用不变；上一个年度发生两次有责任但不涉及死亡的交通事故，则费用增加 10% ；上一个年度发生有责任且致使他人死亡的交通事故，则费用增加 30%。发生的交通事故越少，车主的 FI 费用则越少，最少可以交 665 元，最多要交 1235 元，这些奖罚措施对于减少交通事故的发生有一定作用。在这里假设每年所缴纳金额不变，不考虑浮动率。

商业险一般有车损险与第三责任险。由于第三责任险与赔付额度相关，在这里不做计算。而车损险与汽车的裸车价格相关，这意味着电动汽车的商业险费用会较高。目前全国大部分地区的商业车险还未实行比较明确的浮动率制度，同样假设每年所需缴纳的商业险金额是一定的，可通过汽车网站上的车险计算器直接获取具体费用。

3）MC。MC 包括保养费用、零部件更换费用、大中小维修费用以及年检费、停车费、路桥费等。通过实证调查发现，电动汽车的结构简单，相比于普通燃油汽车省去了机油、机油滤清器、空气滤清器、燃油滤清器、火花塞、变速器润滑油的消耗，以及部分零部件的更换消耗和整车维修消耗，但电动汽车需每 5000km 对电池进行一次除尘养护。因此，电动汽车在生命周期内的维修保养费用约为普通汽车的 70%。假设普通燃油汽车每年维修保养费用为 2364 元，年检费为 150 元，停车费为 1760 元，路桥费为 500 元，普通燃油汽车每年的 MC 为 4774 元，则电动汽车每年的 MC 约为 4065 元。

4）BRC。目前纯电动汽车普遍采用锂离子动力电池，在不断的充放电过程中电池容量会逐渐变小，当搭载的动力电池系统容量低于额定容量的 80% 时则不适宜继续使用。纯电动汽车的车身寿命普遍可达 15 年，但目前动力电池系统寿命难以保证 15 年的使用寿命。假设 2015 年年初购买纯电动汽车，7 年后需要更换一次电池，电池成本预计为 0.9 ～ 1.1 元 /（W・h）。

5）插电式混合动力汽车成本测算。普通燃油汽车、纯电动汽车的动力只需依靠发动机或动力电池系统提供，成本模型较简单。而插电式混合动力汽车的动力来源可以在电能和燃油之间切换：当电池的电量足够时则以电驱动为主，在电池的电量消耗到了最低阈值时，才开始使用发动机通过燃油燃烧提供动力。计算其运行与维护成本贴现值则需要考虑两种模式，因此测算较为复杂。

插电式混合动力汽车动力燃料的消耗与人们开车出行的驾驶习惯和规律（驾驶员每次出行的时间、出行里程范围和出行次数的普遍平均情况）相关。一般有短距离驾驶和长距离驾驶。短距离驾驶是指日常生活交通行驶距离，通常在 50km 以内。根据收集的插电式混合动力汽车数据，目前我国市场上在售的插电式混合动力汽车的纯电续驶里程均大于 50km，可满足日常驾驶需求。但由于充电耗时长、里程焦虑、充电设施建设滞后等问题，消费者不一定选择纯电动驾驶。相关文献调研结果显示，根据人们日常出行的规律，跟踪 GPS 数据得到：上海市插电式混合动力汽车 20km 内使用纯电动行驶的概率为 0.4，60km 内使用纯电动行驶的概率为 0.76。针对北京市驾驶习惯的调研结果显示，插电式混合动力汽车 20km 内使用纯电动驾驶的概率也为 0.4。因此大致可以将纯电动续驶里程大于 60km 的插电式混合动力汽车使用纯电动模式出行的概率设为 0.76，将小于 20km 的概率设为 0.4。

插电式混合动力汽车的 MC 与传统燃油汽车几乎相同，FI、CI 也同样采用上文中的算法计算。在电池技术不断进步的背景下，插电式混合动力汽车的电池可持续使用 20 万～ 24 万 km，大于未来 15 年内汽车的总里程数，因此可以合理推定在整个生命周期内插电式混合动力汽车不需要更换电池。

（3）残值模型

最新颁布的汽车报废标准规定：非营运小客车行驶里程达到 60 万 km 或连续 3 年没有参加年检将被强制报废；营运车辆，如出租车，满 8 年引导报废；皮卡满 15 年强制报废；客运汽车，如中巴车、大巴车，满 10 年强制报废；载货汽车满 15 年强制报废；半挂牵引车满 15 年强制报废；微型载货汽车满 12 年强制报废。非营运小客车虽然取消了报废年限设置，但大多数并不能永久使用下去，为了便于计算，按照此前 15 年强制报废的规定，在此仍设定 15 年为其生命周期。

由于技术发展及规模化生产造成无形损耗，在此令汽车价格在初始年份的基础上每年下降 15%，达到报废年限前其残值与二手车市场的残值率、残值计算方法、车型销量、技术质量、品牌认可度相关。由于我国二手车市场缺乏特定的残值率信息，因此需要通过比较常用的残值计算方法得到适合的残值。

1）平均年限法。基于汽车的使用年限，折旧率为价格与年限之比，每年都采用相同的折旧率直至最后整个汽车的价值完全损耗。

2）工作量法。以工作量法计算折旧认为资产在工作时的损耗是较为平均的，以年平均行驶里程占汽车生命周期内行驶里程的比率为折旧率。

3）双倍余额递减法。根据每一期期初的汽车残值，以固定的折旧率进行折旧，当折旧年限到达最后两年时，将残值平均分配至这两年中。

4）年份总和法。这种方法参考汽车的使用年限以一个每年逐渐递减的折旧率来测算残值并使最后一年的残值为0。浮动折旧值为85%，则残值（SV）计算公式为

$$SV=\frac{2\times MSRP\times(85\%)^i(Y-y)}{Y(1+Y)} \tag{8-7}$$

式中 Y——生命周期内可使用年限；

y——已使用年限；

i——当前使用年份。

5）重置成本法。把初始年份总的折旧率（Depreciation Rate，DR）定为100%，其中15%为不动残值，85%为浮动折旧值。前5年折旧率为5%，中间5年折旧率为7%，最后5年折旧率为8%。重置成本法的残值（SV）模型为

$$SV=\frac{MSRP_i\times(85\%)^i\times[15\%+85\%(1-DR_i)]}{(1+r)^i} \tag{8-8}$$

2. 无形成本模型

无形成本是指无法直接量化但又对消费者购买决策及使用成本产生影响的成本内容，在这里主要考察环境污染成本、短续驶里程成本以及充电限制成本三个方面。

（1）环境污染成本模型

基于生命周期分析理论，采用燃料碳排放模型定量化研究环境污染成本。

当前国内外学者根据不同的对象、评价目的提出很多交通领域碳排放的分析方法，如因素分解法、系统动力模型分析法、燃料碳排放模型分析法、投入产出法和生命周期评价法。通过对各种方法进行对比后，考虑研究对象为三种类型的汽车，研究目标为各类型汽车燃料生产、运输及使用过程的碳排放情况，基于全生命周期分析理论以及研究模型，通过模型修正分析燃料碳排放。

评价汽车在全生命周期年限对环境产生的不利影响主要为对燃料的产生及消耗过程中环境影响的分析，一般分为燃料的上游生产阶段及下游消耗阶段两部分，上游阶段主要是指燃料的加工、生产、运输，下游阶段是指汽车消耗燃料阶段。对于普通燃油汽车，汽车使用阶段的碳排放量占70%，可以建立模型分析其使用阶段的碳排放量；纯电动汽车碳排放环节主要为电力生产阶段，建模分析需要考虑我国的能源结构以及不同能源的二氧化碳排放系数；插电式混合动力汽车因其驾驶规律和动力提供模式，分析时既需要考虑燃油消耗阶段的碳排放，也需要考虑电力生产阶段的碳排放。不同动力来源汽车的燃料碳排放综合概括模型为

$$CE_n=P_C\times10^{-3}\times\sum_{i=1}^{n}\left(\frac{\left(\dfrac{d_ip_E}{100}\right)\times FCR_E\times\sum\limits_{m=1}^{7}(f_m\alpha_m)}{\lambda_t\lambda_c(1+r)^i}+\frac{\left(\dfrac{d_i(1-p_E)}{100}\right)\times FCR_C\times\beta}{\lambda_t(1+r)^i}\right)\times\frac{12}{44} \tag{8-9}$$

式中 CE_n——汽车n年的碳排放环境成本贴现值；

P_C——碳税税率；

f_m——第 m 种能源在我国发电能源结构中所占的比例系数；

α_m——第 m 种能源转变为电力阶段中二氧化碳排放系数；

β——燃油消耗过程中的碳排放系数；

λ_t——电网的输电效率或燃油的运输效率；

λ_c——电动汽车的充电效率；

12/44——二氧化碳到碳的转化系数。

人们普遍认为碳减排是一个技术问题，需要通过提高技术水平及能量转换效率才能实现碳减排，其实碳减排也是一个经济学问题。国内外众多学者的研究表明，通过征收碳税可以改变人们的碳排放意识，从而降低碳排放量，达到降低温室气体排放和保护环境的目的。2012 年，国家发改委及财政部通过调研也给出了碳税税率。这里假设 2015—2019 年 5 年碳税税率为 7 元 /t，2019—2024 年碳税税率为 19 元 /t，2025—2029 年碳税税率为 30 元 /t。

（2）短续驶里程成本模型

短续驶里程成本模型是针对续驶里程有限的电动汽车，将续驶里程有限产生的成本用租车成本来代替。由于插电式混合动力汽车在电池能量耗尽时可以使用燃油产生动力，因此几乎不存在续驶里程焦虑的问题，这里主要针对纯电动汽车进行分析。

假设驾驶习惯不改变，纯电动汽车前一天使用完后会被充满电，调研不同续驶里程的纯电动汽车分别满足假日（法定节假日和周末）、非假日不同驾驶里程的概率，此时不能满足的概率即为出行时选择租车的概率。结合已经收集的市场在售的新能源汽车的续驶里程，对续驶里程进行范围的划分，可得假日及非假日行驶时需要租车的概率。

当前我国租车市场形式多样，有传统门店租车公司，还有一些新兴的基于移动互联网开创的新模式的租车公司。它们改变着人们的租车及出行方式，实现资源重新优化配置。在各家官方网站上均可以查询租车费用，加上燃料费用即可得到租车的总费用。短续驶里程成本的模型为

$$CR_n = (H_r h_j + W_r w_j) P_r \frac{k(1-k^n)}{1-k} \tag{8-10}$$

式中 CR_n——n 年的租车成本，即续驶里程带来的成本贴现值；

P_r——租车的日均价格；

W_r——每年的周末天数；

H_r——每年的法定节假日天数；

w_j——周末中租车的概率；

h_j——法定节假日中租车的概率。

（3）充电限制成本模型

充电限制成本模型为

$$CT_n = \frac{250}{3} \times \sum_{i=1}^{n} \frac{S_i h_i (1-R_t)^{i-1}}{(1+r)^i} \tag{8-11}$$

式中 CT_n——n 年的充电限制成本贴现值；

S_i——全国第 i 年每日的平均工资水平；

h_i——第 i 年寻找充电桩耗费时间及充电时间；

R_t——随着技术进步及充电设施建设，总充电时间的递减率。

由于加油站的分布比较成熟合理、加油时间也短，插电式混合动力汽车出行需要补充燃料时可以就近选择可用的加油站进行补充，而不必耗费时间去特定的充电站，因此可以忽略普通燃油汽车和插电式混合动力汽车补充燃料的时间成本。对于纯电动汽车在外出行时的燃料补充方式，除了选用家庭充电桩，纯电动汽车在工作日大约每 3 天需要在公共充电桩快充一次电（一年约有 250 个工作日），来回行驶时间为 1h，充电时间为 0.5h，因此共花费 1.5h。随着国家对充电桩设施建设的积极投入，充电设施建设逐渐完善，纯电动汽车车主的充电时间成本将会逐渐缩短。在这里，可以假设 15 年后公共充电站的总充电时间从 1.5h 降至 0.5h，则每年的递减率为 7.5%。

8.5 电动汽车评估与鉴定

近年来，在政府相关鼓励政策的有力推动下，我国电动汽车保有量迅速增加，并已经初具规模。但随着时间的推移，电动汽车的回收和报废也面临诸多挑战：电动汽车的售后服务体系有待健全，难以保障电动汽车及时获得维修保养服务；因动力电池老化或其他原因被处理的车辆缺乏成熟的处理渠道，或被以零残值的价格弃置；电动汽车二手车市场评估体系有待完善，电动汽车二手车定价缺乏依据，二手车技术检测缺乏统一标准等。

解决上述问题的方法便是建立一套完整的电动汽车评估与鉴定体系，采用合理的方法对电动汽车的残值进行评估。

8.5.1 电动汽车和传统汽车在残值评估上的差异

电动汽车与传统汽车在技术结构方面有着很大的差异。动力电池、电机和电控系统是新能源汽车的三大关键组成部分，其中动力电池是最关键的一环。动力电池的寿命、性能、成本和安全性都在很大程度上影响着电动汽车的推广。目前动力电池的成本较高，占整车成本的一半左右。因此对于电动汽车残值评估来说，动力电池残值的研究是最重要的部分。

8.5.2 电动汽车评估与一般鉴定流程

电动汽车的评估与鉴定需要按照规定的流程逐步进行，如图 8-7 所示。

（1）受理鉴定评估

了解委托方及其车辆的基本情况，明确委托方要求，主要包括委托方要求的评估目的、评估基准日、期望完成评估的时间等。

（2）查验可交易车辆

查验机动车登记证书、行驶证、有效机动车安全技术检验合格标志、车辆保险单等法定证明及凭证是否齐全，并按照表 8-1 检查所列项目是否全部判定为“是”。

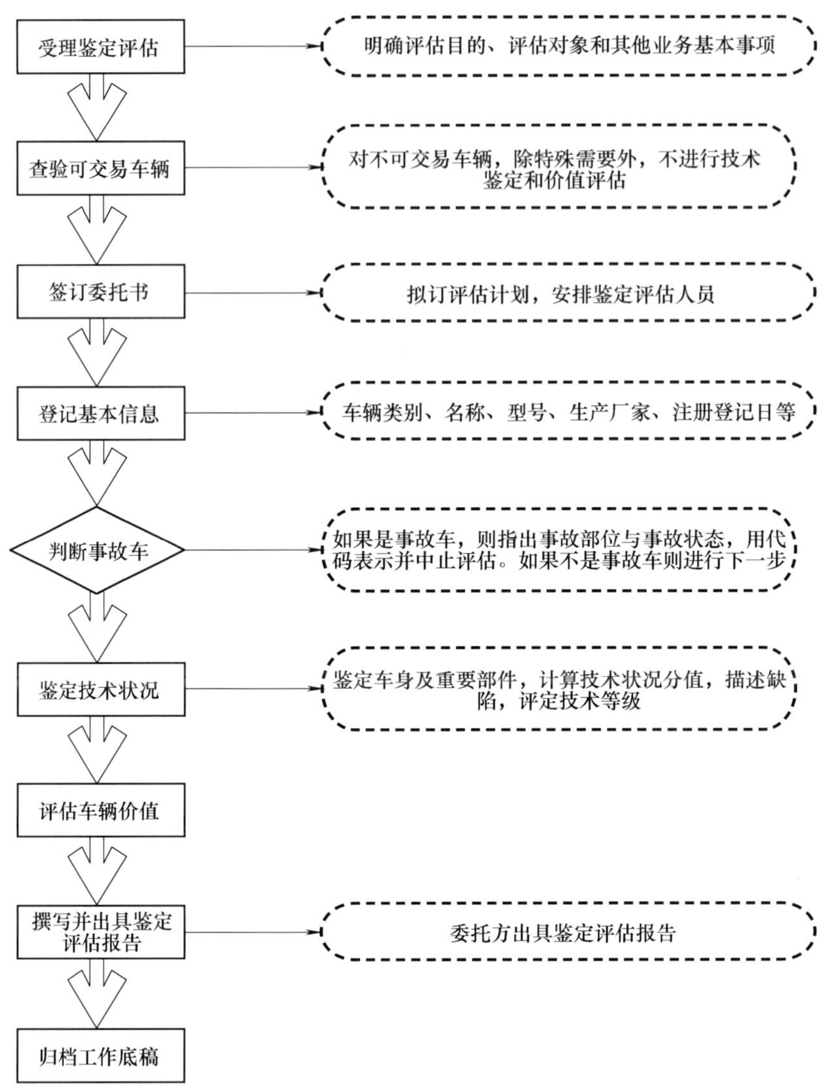

图 8-7　车辆评估鉴定流程

表 8-1　可交易车辆判别表

序号	检查项目	判别
1	是否达到国家强制报废标准	Y/N
2	是否为抵押期间或海关监管期间的车辆	Y/N
3	是否为人民法院、检察院、行政执法等部门依法查封、扣押期间的车辆	Y/N
4	是否为通过盗窃、抢劫、诈骗等违法犯罪手段获得的车辆	Y/N
5	车辆识别代号（VIN）或车架号码与机动车登记证书登记号码是否一致，且无凿改痕迹	Y/N
6	是否为走私、非法拼组装车辆	Y/N
7	是否为法律法规禁止运营的车辆	Y/N

如果发现上述法定证明、凭证不全或表 8-1 中检查项目任何一项判别为“N”的车

辆，应告知委托方，不应继续进行技术鉴定和价值评估（司法机关委托等特殊要求的除外）。发现法定证明、凭证不全，或者表 8-1 中第 1 项、第 4 项至第 7 项任意一项判断为“Y”（是）的车辆，应及时报告公安机关等执法部门。

（3）签订委托书

对相关证照齐全、表 8-1 中检查项目全部判别为“Y”的，或者司法机关委托等特殊要求的车辆，签署《二手车鉴定评估委托书》。

（4）登记基本信息

登记车辆使用性质信息，明确营运与非营运车辆；登记车辆基本情况信息，包括车辆类别、名称、型号、生产厂家、注册登记日期、表征行驶里程等。如果表征行驶里程与实际车况明显不符，应在《二手车鉴定评估报告》或《二手车技术状况表》中描述有关技术缺陷时予以注明。

（5）判断事故车

使用漆面厚度检测设备配合对车体结构部件进行检测；使用车辆结构尺寸检测工具或设备检测车体左右对称性（代码为 1）。

参照图 8-8 所示车体部位（代码为 2 ～ 13），按照表 8-2 检查车辆外观，判别车辆是否发生过碰撞、火烧，确定车体结构是否完好无损或者是否有事故痕迹。

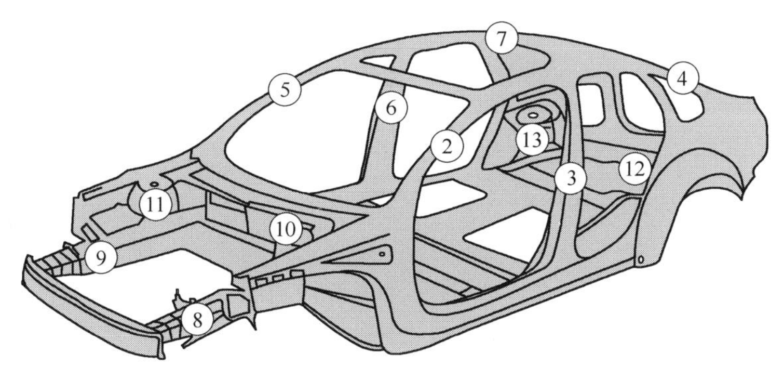

图 8-8　车体结构示意图

表 8-2　车体部位代码表

代码	检查项目或车体部位	代码	检查项目或车体部位
1	车体左右对称性	8	左前纵梁
2	左 A 柱	9	右前纵梁
3	左 B 柱	10	左前减振器悬架部位
4	左 C 柱	11	右前减振器悬架部位
5	右 A 柱	12	左后减振器悬架部位
6	右 B 柱	13	右后减振器悬架部位
7	右 C 柱		

当表 8-2 中任何一个检查项目存在表 8-3 中对应的缺陷时，判定该车为事故车。根据表 8-2、表 8-3 对车体状态进行缺陷描述，即车体部位代码 + 状态。例如：4SH 即左 C 柱有烧焊痕迹。

表 8-3 车辆缺陷状态描述对应表

代表字母	BX	NQ	GH	SH	ZZ
缺陷状态描述	变形	扭曲	更换	烧焊	褶皱

（6）鉴定技术状况

按照车身、前舱、驾驶舱、起动、路试、底盘等项目顺序检查车辆技术状况，根据检查结果确定车辆技术状况的分值。具体鉴定要求及分值确定可参照 GB/T 30323—2013《二手车鉴定评估技术规范》。总分值为各个鉴定项目分值累加，即鉴定总分 = ∑项目分值，满分为 100 分。根据鉴定分值，按照表 8-4 确定车辆对应的技术状况等级。

表 8-4 车辆技术状况等级分值对应表

技术状况等级	分值区间
一级	鉴定总分≥ 90 分
二级	60 分≤鉴定总分 < 90 分
三级	20 分≤鉴定总分 < 60 分
四级	鉴定总分 < 20 分
五级	事故车

（7）评估车辆价值

对于车辆价值的评估，在一般情况下推荐选用现行市价法，在无参照物或无法使用现行市价法的情况下，选用重置成本法。最后根据车辆相关情况，确立估值方法，并对车辆价值进行估算。

1）现行市价法。该方法具体操作如下：评估价值等于相同车型、配置和相同技术状况等级分值的车辆近期的交易价格；若无参照，可从本区域近期的交易记录或相邻区域的成交记录中调取相同车型、相近分值车辆的成交价格，并结合车辆技术状况等级分值加以修正。

2）重置成本法。重置成本法是指在现时条件下，将重新购置一辆全新状态的评估车辆所需的全部成本，扣除各项陈旧损耗价值后的差额作为被评估车辆资产价值的方法。从作为资产评估工具和手段的角度来看，重置成本法可作为评估任何资产的技术规程而没有范围设定，其可复制、可再生、可重建以及随时间推移而产生有形损耗和无形损耗的先决条件，也符合二手车的特点，因此重置成本法可以用于电动汽车的评估，具体方法如下：

$$W = Re \tag{8-12}$$

式中 W——车辆评估价值；

R——更新重置成本；

e——综合成新率。

其中更新重置成本为相同型号、配置的新车在评估基准日的市场零售价格。综合成新率 e 的计算公式为

$$e = y\alpha + t\beta \tag{8-13}$$

式中 y——年限成新率；

t——技术鉴定成新率；

α——年限成新率系数；

β——技术鉴定成新率系数。

其中 $\alpha+\beta=1$；$t\beta$ 相当于实体性陈旧贬值与功能性陈旧贬值后，车辆剩余的价值率；$y\alpha$ 相当于经济性陈旧贬值后，车辆剩余的价值率。年限成新率的计算方法为

$$y=\frac{N}{n} \tag{8-14}$$

式中 y——年限成新率；

N——预计车辆剩余使用年限；

n——车辆使用年限（非营运乘用车使用年限为 15 年，超过 15 年的按实际年限计算；营运车辆、有使用年限规定的车辆按实际要求计算）。

技术鉴定成新率的计算方法如下：

$$t=\frac{X}{100} \tag{8-15}$$

式中 t——技术鉴定成新率；

X——车辆技术状况等级分值。

（8）撰写并出具鉴定评估报告

根据车辆技术状况等级和价值评估结果等情况，撰写《二手车鉴定评估报告》，做到内容完整、客观、准确和书写工整。同时按委托书要求及时向客户出具《二手车鉴定评估报告》，并由鉴定评估人与复核人签章、鉴定评估机构加盖公章。

（9）归档工作底稿

将《二手车鉴定评估报告》及其附件与工作底稿独立汇编成册，存档备查。档案保存一般不低于 5 年；鉴定评估目的涉及财产纠纷的，其档案至少应当保存 10 年；法律法规另有规定的，从其规定。

第 9 章 电动汽车技术状况的变化

电动汽车技术状况用来描述电动汽车在某一时间所有外观、性能特征参数的综合表现。电动汽车技术状况变化主要表现为功能特性、能耗特性、安全特性和可靠特性的变化，电动汽车运行的效率和安全性主要由车辆运行时的技术状况决定。电动汽车技术状况变化是诸多内在和外在因素综合作用的结果，因而分析电动汽车技术状况变化的影响因素和变化规律，对于优化车辆结构、合理使用和维护车辆、预防故障、延长车辆使用寿命等具有重要意义。

9.1 技术状况变化的影响因素

影响电动汽车技术状况的因素宏观来看包括两大方面，即内在结构因素和外部使用因素。

9.1.1 内在结构因素

汽车在运行过程中，组成电动汽车的零部件会由于磨损、腐蚀、疲劳、变形、老化和高温损坏等因素逐渐损伤，使零件原有的尺寸、形状、表面质量（表面粗糙度、表面硬度）等发生变化，破坏了零件间的相对位置和配合特性。

1. 零件磨损

汽车零件磨损是指零件表层材料由于相对运动不断损耗的过程，它是伴随摩擦而产生的必然结果。其形式主要有磨料磨损、分子 – 机械磨损和腐蚀磨损等。正常的使用条件下，零件的逐渐磨损是汽车技术状况恶化的主要原因。零件的磨损是不可避免的，但磨损的过程是可以控制的。根据汽车运行磨损率的变化，一般将磨损阶段分为磨合磨损、正常磨损和事故磨损三个时期。磨合磨损是指零件表面粗糙度发生变化，经过磨损形成适应于零件磨损条件的工作粗糙度的过程，是一种有益于汽车技术状况的磨损；正常磨损是随着车辆的运转而不可避免的磨损；事故磨损则是由于一些人为原因造成的破坏性磨损。

2. 零件腐蚀

汽车零件腐蚀是指零件在有腐蚀性的环境里工作而产生的腐蚀损坏。许多汽车零件遭受化学作用，金属性质发生变化，如零件强度降低进而遭受腐蚀损坏，驾驶室、车架、车身、冷却系的管路等受到氧化作用使材料强度下降，并导致零件外观形状变化等。

3. 零件疲劳

汽车零件疲劳是指汽车零件由于交变载荷的作用，在较长时间内承受超过材料疲劳极限的循环应力，从而导致零件性能变坏，甚至产生断裂的现象。零件疲劳损坏首先产生微观裂纹，随着交变载荷继续作用，微裂不断扩大，最终导致零件的疲劳损坏。车架、钢板弹簧、半轴等零件疲劳损坏主要是使用条件恶劣造成的。

4. 零件变形

汽车零件变形是指在使用过程中，零件所受载荷超过材料的弹性极限，导致零件的形状和位置发生变化而不能自行恢复的现象。汽车零件的主要变形形式有弯曲、扭转、挤压等，通常都是零件原设计计算错误或违反使用规定所造成的。实践证明，汽车零件随使用时间的增加会发生塑性变形，汽车主要零件的变形降低了汽车大修里程。

5. 零件老化

汽车零件老化是指零件材料受物理、化学和温度变化的影响而缓慢损坏的过程。一些橡胶制品（如轮胎、油封、膜片等）和电器元件（如电容器、晶体管等）长期受环境和温度的影响，会逐渐老化，失去原有性能。例如，温度的冷 / 热作用、油类及液体的化学作用、太阳光的辐射作用等，会使橡胶制品失去弹性并出现表面龟裂。电动汽车的动力电池系统在不同环境及使用工况下，其不同单体的老化程度不同，从而导致单体间的不一致性加剧，进而会造成电池组整体容量的衰退。

6. 零件高温损坏

汽车零件高温损坏主要是烧坏、烧焦和烧穿。汽车电器部分的触点、灯泡、线圈烧坏等是汽车电器设备的常见故障，也是高温损坏的表现。另外，一些偶然因素如制造工艺、装配质量、零件材质及加工质量等，也是影响汽车技术状况的重要因素。

9.1.2 外部使用因素

电动汽车在投入使用后，不可避免地要受到充电基础设施、气候、季节、道路和运输条件以及驾驶和维修技术等因素的影响，汽车技术状况可能发生劣变。

1. 道路条件的影响

道路条件的好坏是影响汽车技术状况的主要因素，是汽车工作条件的主要部分。道路条件中路面覆盖层的状况对汽车各总成的工作有很大的影响。道路状况和断面形状，影响汽车各总成的运行工况（包括载荷、速度域、电机输出功率、转矩以及道路不平所引起的动载荷等），从而影响汽车各零部件和机构的磨损进程，影响汽车零件、总成的使用寿命。

2. 运输条件的影响

汽车运输条件除运行车速外，还包括装载运输行程、行程利用系数、装载质量、载重量利用系数、运输货物的种类以及运输货物装载情况等。这些都是汽车技术状况发生变化的因素。

3. 运行条件的影响

运行条件是影响汽车及总成技术状况的一个重要因素。装载质量相同的汽车，在繁华的市区与郊区的道路上行驶时：市区行驶车速要比郊区行驶车速降低 50% ～ 60% ；电机转速降低 30% ～ 40% ；变速器、制动器使用频次增加；转弯行驶频次增加，这些都会加速汽车各个部件的磨损，导致汽车技术状况加速劣变。

4. 气候和季节条件的影响

气候条件包括车辆运行环境的温度、湿度、风力、风向和阳光辐射强度等参数。它影响汽车各总成工作温度状态、阻力状态以及磨损和腐蚀状态的变化，加速零部件的磨损和腐蚀，从而影响车辆各总成的技术性能和工作可靠性。此外季节交替变化也会引起上述各参数和道路情况的变化，从而导致车辆技术状况发生变化。

5. 驾驶和维修技术的影响

影响汽车技术状况变化的因素还包括驾驶和维修技术。驾驶员技术水平对汽车技术状况影响很大。对于电动汽车来说，选择合理的车速、控制好行车温度以及合理使用制动器等一整套正确的操作方法，都可以减缓汽车各零部件的性能衰退，而良好的充电习惯对保持电动汽车的性能也是至关重要的。另外，可靠的维修技术及合理完善的保养制度不但可以对车辆技术状况加以保持和改善，还可以延长其使用寿命。如汽车所用油、液（齿轮油、润滑脂、制动液、冷却液等）的合理选用和适时更换、各项配合间隙的检查和调整以及各种零配件和总成的合理选用和及时修复等，都可以大大改善汽车技术状况。

综上所述，影响电动汽车技术状况的因素很多，并且车辆在运行过程中是受到以上各因素综合影响的。车辆自投入使用以后，技术状况虽然不可避免地有所下降，但是只要掌握了影响其变化的因素，并人为地通过各种方式改善车辆的运行环境，合理运用汽车，就可以尽量避免其持续恶化，从而减少汽车运用中的故障停歇时间、延长汽车的使用寿命，进而使车辆的技术状况达到更佳的状态，创造更大的效益。

9.2 技术状况变化对运用性能和行车安全的影响

电动汽车使用一定时间（或里程）以后，其技术状况往往会发生明显变化，导致其使用性能恶化。电动汽车的技术状况变化可分为以下几个方面：

1. 机械系统的技术状况变化

电动汽车的机械系统包括车身、转向、制动、悬架、驱动电机及传动装置等机械结构。随着电动汽车行驶里程的增加，在行驶路况的复杂变化下，电动汽车的机械系统会发生不同程度的磨损老化，导致其可靠性降低。如配合副间隙由于机械摩擦磨损而增大，机构性能变差；非金属材料零部件因自然老化甚至破损断裂而丧失工作能力；各种零部件在交变应力下产生疲劳损坏、断裂和过度变形等。

2. 电气系统的技术状况变化

电动汽车的电气系统包括动力电池、功率分配单元（PDU）、高压线束、低压线束以及照明、仪表、刮水器、车窗、空调等执行机构。随着动力电池充放电循环次数的增加，动力电池内阻增加，容量下降，放电峰值功率下降，导致电动汽车的续驶里程及动力性能明显下降。线束由于绝缘层多为橡胶材质，易发生老化，在弯折及拉扯的状况下极易发生断路、短路，影响电气系统的可靠性及安全性。车用驱动电机在使用过程中会出现热退磁、绝缘老化等现象，造成电机内部温升状态异常、电机效率下降等。

3. 控制系统的技术状况变化

电动汽车的控制系统包括 BMS、电机控制器、整车控制器等控制单元及其内部控制算法等。随着电动汽车使用年限的增加，各控制单元的内部板路和线束老化，控制效果及可靠性降低；动力电池单体电压、内阻、健康程度的变化，驱动电机永磁体磁感应强度衰退，以及其他执行机构本体参数的变化，使得各控制单元内部控制算法的参数与控制对象的参数不匹配，这将导致控制效果显著降低，从而降低电动汽车的安全性及使用寿命。

电动汽车各系统、零件技术状况变化过程是逐渐变化和突然变化的综合过程，会对电动汽车运用性能和行车安全造成一定的影响。这些影响具有如下几个特点：

1）**可避免性**。这是电动汽车技术状况影响运用性能和行车安全的一个显著特点。由人、车、路、环境构成的交通系统是一个动态系统，交通事故是系统运行结果的一种外在表现，而系统本身的特点决定了交通事故的复杂性、多样性。在道路状况良好、交通管理手段科学的情况下，每年仍会发生相当数量的交通事故，即由驾驶员、道路环境、车流密度等因素导致的交通事故是不可避免的。但因汽车技术状况不良而导致的交通事故，是可以避免的。

2）**恶劣性**。通过对大量交通事故的分析可知，因车辆制动系统和转向系统故障而导致的交通事故一般都为恶性事故。这类事故的发生一般都是在汽车高速运行状态下，由于零部件性能下降甚至失效，驾驶员不能根据自己的意愿控制车辆的速度和方向而造成的，常见的有制动不灵导致追尾撞人、转向失效导致转向不及时撞车等。

3）**隐蔽性**。电动汽车在运行过程中，其各零部件的性能下降或失效是一个由量变到质变的渐变过程，而电动汽车的技术状况也正是随各零部件的性能变化而变化的。同时，当电动汽车的技术状况开始变差时，它不会马上通过交通事故的形式表现出来，因此电动汽车技术状况转变所造成的影响具有很强的隐蔽性。

4）**突然性**。上述隐蔽性决定了电动汽车行车安全事故的突然性。当电动汽车的技术状况下降到一定程度而又没有引起驾驶员足够的重视时，一旦电动汽车零部件性能发生严重失效，便会突然以交通事故的形式表现出来。这一特性在交通事故中是比较常见的。

电动汽车技术状况的好坏对其运用性能和行车安全有着重要的影响。为了减少安全事故发生，应当重点关注与行车安全直接相关的转向系统、制动系统、行驶系统、照明和信号装置等。

9.2.1 对转向系统的影响

电动汽车转向系统的功能是保证驾驶员按照自己的意愿来控制汽车的行驶方向，其技术状况的好坏对行车安全影响最大。尤其是在高速行车、山区行车和带有挂车行驶时，转向系统的使用性能更为重要。转向系统常见的主要故障及其产生原因如下：

1）**行驶中前轮摆振**。各连接件、配合副因磨损松动，配合间隙过大，导致汽车在行驶中漂移或方向发抖，造成行驶方向控制困难，汽车不能保持正常的运动轨迹。

2）**自动跑偏**。转向摇臂、转向横拉杆弯曲变形，前桥左右轮胎的气压不均，车架变形及前轮定位不准等原因会导致汽车单向跑偏。

3）**行驶失控**。机械故障、电气故障等导致转向指令无法下达与实施，从而造成汽车转向失灵，使汽车失去控制而发生重大交通事故。

9.2.2 对制动系统的影响

电动汽车的制动性能是汽车安全行驶的重要保证。其功能包括使行驶中的汽车按照驾驶员的需求减速或者停车，使已经停驶的汽车在道路上不会产生溜车现象。制动系统主要包括行车制动装置和驻车制动装置，有的车辆还包括应急制动装置、安全制动装置和辅助制动装置。制动传动机构按传动机构的动力源可分为人力式制动传动机构和动力式制动传动机构。制动系统技术状况的好坏对行车安全起到决定性的作用。制动系统常见的主要故障及其产生原因如下：

1）**制动不灵**。行车制动装置中，制动器摩擦片与制动鼓磨损、粘有油污或卡滞，液压制动系统中有空气，制动液渗漏及制动液不足，气压制动系统控制阀或制动气室密封不良，空气压缩机传动带松弛等情况造成气压不足，都会引起制动作用迟缓以及制动力不足，使制动时间和制动距离增大。

2）**制动跑偏、侧滑**。如果发生 ABS 失灵、左右轮制动器制动力不等（没有安装制动器压力调节装置和 ABS）或某侧管路突然失效的情况，则汽车在紧急制动中就容易出现制动跑偏和侧滑现象，使汽车失去控制，造成恶性交通事故。特别是制动器气室膜片破裂、总泵皮碗损坏、分泵皮碗翻转、油管或气管断裂，均会造成制动失效。

电动汽车可利用车载驱动电机进行再生制动，再生制动时，驱动电机处于发电机模式，将汽车行驶动能转化为电能并储存于车载储能系统，同时产生电制动力矩。合理地使用电制动可为汽车提供辅助制动力，同时通过回收制动能量可减低整车能耗，有效提高续驶里程。若电制动失效，在驾驶员采取制动措施一定时间后，电机仍然处于电动状态而非发电制动状态，同时机械制动已经起作用，这会造成车辆减速度突变和电机堵转；当驾驶员停止制动操作时，由于释放了机械制动但电机仍处于电动状态，车辆可能在电机的驱动下突然前行，造成严重的交通事故。

9.2.3 对行驶系统的影响

汽车行驶系统的功能是将传动系统的转矩转化为地面对车辆的牵引力，承受外界对汽车的各种作用力和力矩，减少振动、缓和冲击，保证汽车行驶的平顺性。行驶系统常见的主要故障及其产生原因如下：

1）**汽车行驶中轮胎突然爆裂**。轮胎爆裂的原因很多：气压不足可使轮胎侧壁弯曲折断；气压过高可从轮胎缺陷处（如以前损伤处或处理不当的部位）发生爆胎；天气炎热、行驶时间过长和轮胎气压过高时，也容易发生爆胎；锋利的石头、玻璃碎片、折断的树枝或其他硬利物体划伤轮胎也易引起爆胎。如果在行车时轮胎爆裂，汽车就会急剧偏行，车速越高其危险性越大。

2）**转向盘抖振**。轮胎动载不平衡，会引起车轮抖动，且车速越高抖动越明显；轮毂轴承间隙过大，钢板弹簧卡子螺钉松动或减振器失效会产生转向盘抖振，使汽车行驶不稳定。

3）**汽车行驶跑偏**。前桥在使用中的磨损可能引起机件损坏，有时还出现弯曲变形或个别部位的断裂现象。各部位零件的变形和磨损常常会影响到前轮定位，从而使汽车的操纵性变差。如果发生轮胎气压不足或几个轮胎气压不均匀、车架或车身变形、前钢板弹簧折断或窜动，就会出现汽车行驶跑偏、滚动阻力增大等现象，直接影响汽车的操纵性和稳定性。

4）**汽车行驶中出现摆头**。轮毂轴承松动，轮胎气压不正常，车轮总成动载荷不平衡，减振器失效，钢板弹簧在使用中出现折断、弹性减弱、拱度变小和窜动等现象都会造成汽车摆头。

此外，行驶系统中转向节在行驶时突然折断，车架在长期使用中发生弯曲、变形、铆钉松动甚至断裂，行车中超载、高速、紧急制动、急转弯导致钢板弹簧受力过大而发生断裂，汽车传动部分的各种连接和支承部位脱节等都会造成严重的交通事故。

9.2.4 对照明和信号装置的影响

为了保证汽车的行驶安全和工作可靠，在电动汽车上安装有各种照明和信号装置，用于照明道路、表示车辆宽度和车辆所在位置、车厢内部照明、指示仪表以及夜间车辆检修等。此外，在转弯、制动、会车、停车、倒车工况下，还会发出光亮或音响信号，以警示行人和其他车辆。照明系统由电源（蓄电池）、开关、保险装置、导线及指示灯组成。如果系统发生故障，则其组成部分至少有一个出现故障。此外，汽车喇叭的功用是以音响警告行人或引起其他车辆注意，以保证行车安全。汽车行驶中，灯光不亮、灯光束弱、光束分散、照射方位不正确以及喇叭不响等技术状况均可能引发交通事故。

9.3 动力电池衰退对电动汽车技术状况的影响

9.3.1 动力电池容量衰退机理

动力电池系统是电动车辆的能量源，因此动力电池容量衰退对电动汽车技术状况的影响很大。动力电池容量的衰退是动力电池在实际应用过程中副反应发生和活性物质发生不可逆损耗的结果。本节以动力电池中较为常用的锂离子电池为例，简要阐述动力电池容量的衰退机理。理想的锂离子电池，除了正负极之间锂离子的脱出和嵌入外，不发生其他任何反应，锂离子电池内部材料并没有发生本质性的改变，不发生锂离子的不可逆消耗。但是在实际应用过程中，时刻存在着副反应的发生和不同程度的活性物质损耗，如活性物质溶解、电解液分解、金属锂沉积等，导致电池容量的不可逆衰退，进而对电动汽车的技术状况产生影响。下面是动力电池容量衰退原因的概述。

1. 正极材料的损失

锂离子电池通过电池内部活性锂离子在正负极间的嵌入与脱出实现充放电过程。电池中活性锂的数量主要是由正极材料决定的。正极材料的损失会引起活性锂的损失，进而导致电池容量下降。以尖晶石 $LiMn_2O_4$ 为例，Mn 的溶解是导致容量衰退的主要原因，而 Mn 的溶解主要包括氧化还原和离子交换两种方式。放电过程中，电极表面 Mn 离子的歧化反应（$2Mn^{3+}=Mn^{2+}+Mn^{4+}$）产生了 Mn^{2+}，Mn^{2+} 在酸性电解液中的溶解使得 $LiMn_2O_4$ 活性材料减少。同时，溶解的锰会破坏锂离子在负极的电沉积或者成为电解液分解的催化剂，导致电池容量减小。磷酸铁锂在循环中也伴随着部分铁元素溶解并在负极表面析出和催化电解液分解，引起电池阻抗的增加和活性锂的损失。层状三元材料也存在金属元素溶解带来的容量衰减问题。

2. 正极材料的结构变化

尖晶石 $LiMn_2O_4$ 作为正极时，锂离子在不断的脱出过程中，锂离子原宿主结构的摩尔体积会发生变化，引起结构的膨胀与收缩，这种现象叫作 Jahn-Teller 效应。Jahn-Teller 效应导致氧八面体偏离球对称性而变为变形的八面体结构，导致宿主晶格变化，降低锂离子的脱嵌可逆程度，主要表现为正极材料可逆容量的降低。三元层状正极材料在循环过程中可能发生二次颗粒破裂，电解液会渗入颗粒裂缝，导致颗粒边缘相变，由活性层状 R3m 相生成惰性 Fm3m 岩盐相，降低正极材料容量。

3. 正极材料对电解液的氧化及负极对电解液的还原

锂离子电池中常用的电解液主要包含各种有机碳酸酯混合物和锂盐组成的电解质。在高温及高电压条件下，有机电解液会在正极侧氧化分解，造成电阻增大。在循环过程中，电解液会持续分解形成 SEI，对锂离子电池的容量和循环寿命造成不良影响。特别是在大倍率或低温充电条件下，石墨负极表面有锂金属析出，电解液会在锂金属表面分解，形成 SEI，持续消耗电解液，造成电池阻抗上升，循环性能下降。

4. 自放电和过充电引起的容量损失

自放电是电池在静置条件下，内部发生自发的化学反应，导致电池容量部分不可逆的损失。导致自放电容量损失不可逆的原因：自发的化学反应会形成不可溶物质，导致锂离子消耗，电解液氧化产物堵塞电极微孔等。过度充电也会对锂离子电池产生不利影响，比较明显的现象是负极析锂，其后果是活性物质被消耗，而且析锂后产生的物质可能堵塞电极空隙，最终导致电池容量的衰退。

5. 界面膜的分解与再生成

在电池化成阶段，电解液会在负极表面形成一层 SEI。SEI 形成的过程中会消耗电池内部的锂离子，导致电极间容量平衡的改变，从而导致电池容量的不可逆衰减。另外，在SEI重新形成过程中，部分负极石墨电极材料与电极隔离开来，从而失去活性，这也是电池容量衰退的重要原因。

6. 集流体的腐蚀

锂离子电池中的集流体材料常用铜箔和铝箔，两者均易发生腐蚀。过放电时，铜箔在负极电位升高至一定程度时会发生溶解现象，造成铜集流体的腐蚀。集流体的腐蚀会导致电池内阻增加，从而造成锂离子电池充放电效率降低和容量损失。

9.3.2 动力电池衰退对电动汽车技术状况的影响机理

随着电动汽车使用年限的增加，动力电池活性材料不断损耗，从而使电解液中杂质变多，电池阻抗增大，放电峰值功率与容量均出现不同程度的下降，进而造成动力电池性能的衰退。动力电池衰退对电动汽车技术状况具有较大影响，主要包括以下四个方面：

1. 续驶里程

动力电池容量衰退率与循环次数的关系如图9-1所示。动力电池衰退会造成电池容量衰退率上升、最大可用容量下降，进而导致动力电池一次可充电电量的减小以及电动汽车续驶里程的下降。

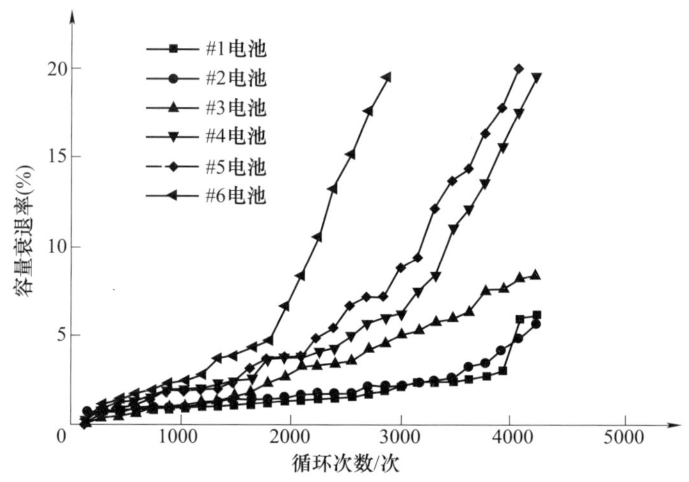

图9-1 动力电池容量衰退率与循环次数的关系

2. 安全性

动力电池衰退过程中，由于电池制造的不一致性和工作条件的差异，各单体性能衰退速度往往不一致，进而增大了不同单体间容量、内阻的不一致性。在动力电池使用过程中，内阻较高的电池单体会产生更多的热量，容量较小的电池单体则易发生过充电或过放电，极易引发热失控现象，进而影响动力电池和整个车辆的安全性。

3. 充放电效率

动力电池衰退也会影响动力电池的充放电效率。如图9-2所示，动力电池衰退会使动力电池的内阻增加，导致动力电池在放电过程中产生的热量增加，电池放出的电量减少，进而降低充放电效率。

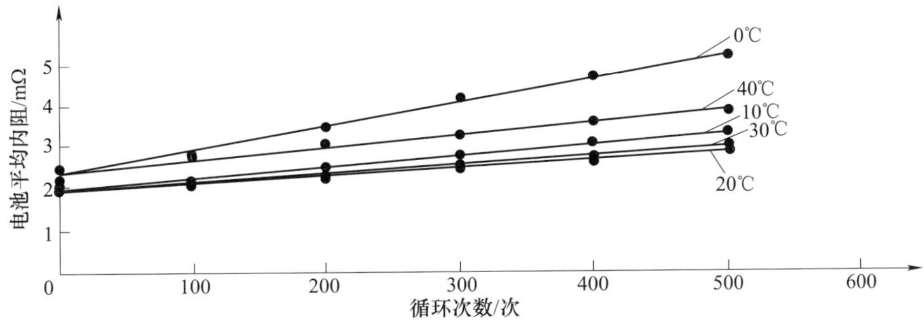

图 9-2　不同温度下电池平均内阻随循环次数的变化

4. 动力性

电池内阻增大，输出电压下降，从而降低输出功率，造成动力性下降。SOC=0.5 时放电峰值功率与放电容量随循环次数的变化如图 9-3 所示。

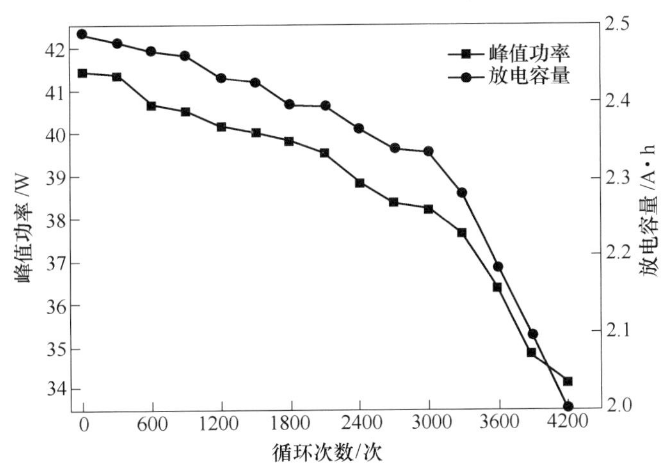

图 9-3　SOC=0.5 时放电峰值功率与放电容量随循环次数的变化

9.4　电机老化对电动汽车技术状况的影响

9.4.1　电机老化的因素

电机的绝缘老化是导致电动汽车驱动电机在使用过程中老化的主要原因。电机的绝缘老化是指电机由于受到温度、摩擦、振动等外部因素影响，其定转子绕组以及铁心叠片之间的绝缘部分逐渐老化导致性能下降的现象。同时，由于工作时长、温度、化学因素、外磁场等因素的综合作用，电机内部永磁体可能会发生退磁现象，影响电机效率、输出功率及转矩等，进而影响电动汽车的动力性及经济性。影响电机绝缘老化的因素主要有以下几种：

1. 电气因素

在电机的运行过程中，绝缘材料会受到电压的作用，在电场的作用下发生不可逆的变化直至性能失效。电机在通电状态下，电机的绕组和绕组之间、绕组对地之间将产生均匀或者不均匀的电场。在电场作用下，电机绝缘部分会发生变化，长期下去发生绝缘老化。

2. 温度因素

电机运行时发热会导致温度升高，绝缘材料工作温度升高使高分子化合物的分子链更容易破裂，树脂材料的粘结强度降低，绝缘材料的机械强度下降、结构变形并加速电机绕组外层绝缘材料老化。

3. 机械因素

电机运行中的机械振动会引起交变机械载荷，在电机振动、内部撞击和短路电流的作用下，绝缘的端部会受到挤压或拉伸，定子线圈发生位移或端部下垂，使绝缘材料遭到一定程度的破坏，机械强度下降，加速绝缘材料的老化。此外，当车辆在颠簸路面行驶或经常处于急加减速状态时，电机输出轴与减速器输入轴之间的连接花键易磨损破坏，导致电机振动和噪声增大，影响电机的使用寿命。

9.4.2 电机老化对电动汽车技术状况的影响机理

电动汽车驱动电机在长期工作条件下，受电气故障、内部温度、摩擦和机械振动等因素共同作用及外部环境的影响，其内部绕组及铁心叠片之间的绝缘部分会逐渐发生老化，导致绝缘电阻下降，使其不能正常工作。另外，长期机械磨损同样会导致电机老化。电机的老化对电动汽车技术状况的影响很大，主要体现在电动汽车的动力性和经济性上。电机的老化速度直接影响电机的使用寿命，进而影响电动汽车的寿命。同时，电机的老化会影响其内部绕组、铁心及绝缘材料的正常使用状况，长期高温工作情况下会引起电机热退磁和磁链密度降低，导致电机输出功率下降，使电机无法满足电动汽车对输出功率的要求，影响电动汽车的动力性。图 9-4 所示为永磁体剩磁随温度变化的情况。

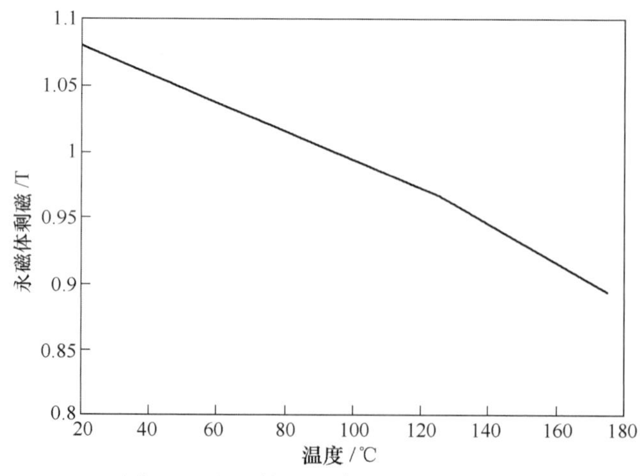

图 9-4　永磁体剩磁随温度变化的情况

如图 9-5 所示，电机的老化也会导致其内部温升特性发生变化，从而导致电机铁心损耗增加，同时绕组阻值增大导致铜耗增加，热退磁现象、机械磨损及电机内部利润滑条件恶化同样会使电机效率下降。电动汽车每一行驶工况点的能量利用效率降低都会使电动汽车能耗上升，进而影响电动汽车的经济性。

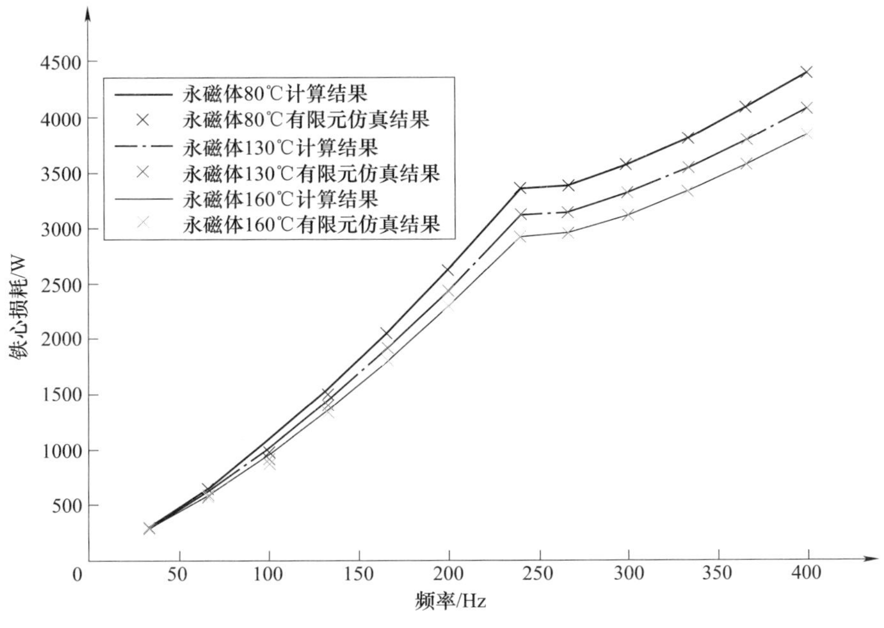

图 9-5 铁心损耗与温度和频率的关系

9.5 技术状况变化规律

汽车技术状况变化规律是指汽车技术状况与行驶里程或时间的关系。研究汽车技术状况变化规律目的在于采取相应的措施降低零件磨损速度，延长汽车使用寿命。

9.5.1 汽车零部件损坏率特性曲线

运用数理统计和可靠性理论来分析汽车、总成和零件损坏率（瞬时）特性，它遵循“浴盆曲线”变化规律，如图 9-6 所示，曲线分为以下三个阶段：

1. 早期损坏阶段

使用初期，零部件的损坏率较高；经过一个周期使用后，损坏率下降。即损坏率是时间或行驶里程的减函数。技术状况的变化取决于零件设计质量、制造工艺水平和材料力学性能。对汽车各零部件所用原材料及其制造工艺加强检验和质

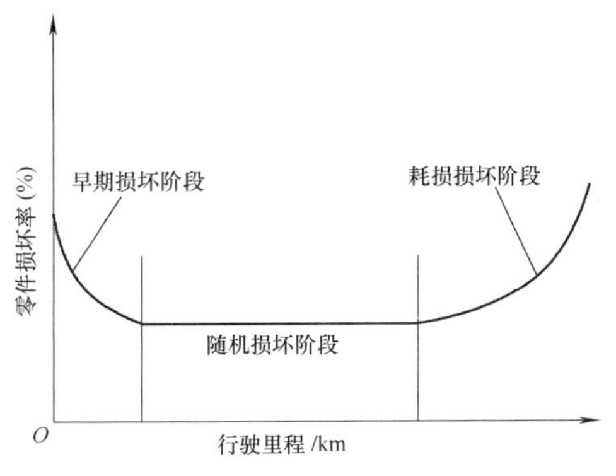

图 9-6 汽车总成部件损坏率特性曲线

量控制，可以减少或剔除这种早期损坏的产品，降低早期损坏率。

2. 随机损坏阶段

经过早期损坏阶段，零部件损坏率减小，零件的工作进入随机损坏阶段。此时的损坏率很小，并且大体上保持不变。在这个时期，零件所发生的损坏大部分与其强度和所承受的载荷有关，损坏是偶然发生的。

3. 耗损损坏阶段

零件经过长期使用后，由于疲劳或磨损等原因，其强度等物理性能下降，损坏率上升，即损坏率是时间的增函数。在这个阶段中，零件所发生的损坏多属于老化、疲劳等性质。对汽车及时进行检查、维护和调试是延缓零件耗损损坏的有效措施。

9.5.2 技术状况变化规律的两大类型

汽车技术状况的变化规律按发生的过程，可分为两大类型：一类是变化过程具有确定的形式，即具有必然的变化规律，其变化过程可以用一个（或 n 个）时间 t 确定的函数来描述；另一类是变化过程没有确定的变化形式，汽车技术状况没有必然的变化规律，对其变化过程独立地重复进行多次观察所得的结果各不相同且呈现出不确定性，但大量重复观察的结果又具有统计规律。前者称为汽车技术状况随行程变化过程，后者称为汽车技术状况随机变化过程。

1. 汽车技术状况随行程变化过程

汽车大部分机构、零件的技术状况变化都有一定规律，都随行驶里程的变化而变化，即属于随行程变化过程。这类变化过程的特点：初始状况 E_n 随行程平稳而单调地变化至极限状况 E_0，如图 9-7 所示。

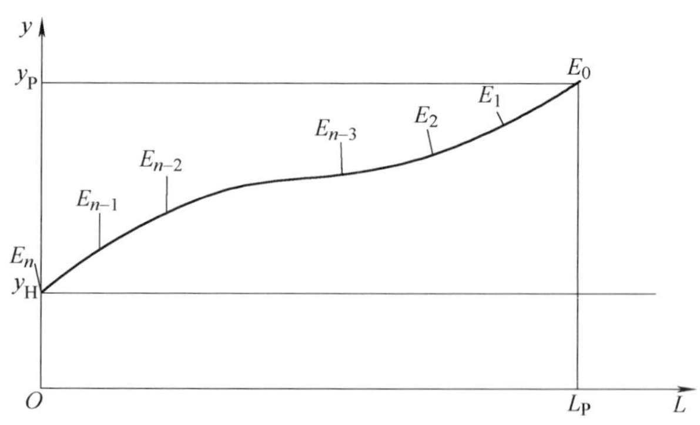

图 9-7 汽车技术状况随行程变化过程

因此，在原则上，及时维修可以防止故障的发生，同时技术状况变化的单调性又为预测故障的发生提供了可能。汽车零件磨损、间隙的变化、冷却系统和润滑系统中沉淀物积聚等，均是按照这个规律变化的。

汽车技术状况随行程变化过程可用 n 次多项式或幂函数两种函数进行描述。

n 次多项式：

$$y = a_0 + a_1L + a_2L^2 + \cdots + a_nL^n \tag{9-1}$$

式中　y——技术状况参数值；

L——汽车行驶里程；

a_0——技术状况参数的初始值；

a_1，a_2，…，a_n——表征 y 与 L 关系的系数。

幂函数：

$$y = a_0 + a_1L^b \tag{9-2}$$

式中　b——技术状况对数变化速率的系数。

多项式能精确反映技术状况变化的规律性，但由于关系系数的数目太多，确定它们的数值较复杂，因此增加了应用多项式的难度。实践证明：当用上述多项式计算技术状况参数值时，仅用前四项计算，其结果已足够准确；而制动蹄与制动鼓间的间隙、离合器踏板自由行程等参数的变化规律，用线性函数描述就足够准确了。对于因汽车零件磨损所引起的技术状况参数变化规律，可采用幂函数进行描述。

2. 汽车技术状况随机变化过程

汽车技术状况随机变化过程受汽车使用条件、驾驶员的操作水平、机件材质的不均匀性、隐蔽缺陷等随机因素的影响，没有确定的变化形式，技术状况参数的变化率和变化特性没有必然的变化规律。机件进入故障状况的行程是一个随机变量，与故障前的状况无关。机件承受的载荷超过规定的允许标准，容易产生损伤或损坏，损伤量迅速超过极限值将导致汽车进入故障状况。技术状况参数的这种跃变性是随机变化过程的特点，当给定汽车技术状况参数极限值时，汽车技术状况达到极限数值的行程将是各种各样的。

9.6　电动汽车的维护与保养

电动汽车在运行过程中，由于汽车内部运行状态的变化和外界各种条件的影响，车辆各机构和零件会逐渐产生不同程度的自然松动、磨损和机械损伤。如果不及时进行保养，电动汽车的动力性、机构的功能及机件的安全可靠性必然受到影响，甚至会发生意想不到的损坏或事故。因此，必须对车辆进行维护和保养，防止车辆损坏或安全事故的发生。本节重点介绍电动汽车的典型维护和保养方法。

9.6.1　整车的维护与保养

在电动汽车使用过程中，为确保汽车正常行驶，必须对汽车进行日常维护。日常维护是提升汽车效率、减少行车事故、节约维修费用、降低能耗和延长汽车使用寿命的重要环节，是每个驾驶员在开车前及行车中必须做到的，其主要内容包括：

1）检查转向系统、制动系统、悬架系统、传动系统等主要部件的紧固情况。

2）检查真空管道有无漏气现象。

3）检查驱动桥主减速器、转向机构、真空泵等有无渗漏油现象。

4）检查轮胎气压是否合乎标准，剔除嵌入轮胎花纹的渣石、铁钉等杂物。

5）按润滑表规定，按时按量对各润滑点进行润滑。

除日常维护外，电动车辆还要进行周期性的维护与保养，以保持车辆良好的运行状态。例如，在完成每日保养内容外还应经常检查蓄电池状态是否合格；电气系统各部分绝缘阻值是否符合规定要求。行驶一定距离之后需紧固全车的各紧固件，尤其注意检查并紧固好转向拉杆，前、后桥悬架，驱动电机，传动轴，制动系统等的紧固件；及时进行轮胎换位；检查真空泵和助力转向系统；清洗、润滑各车轮轮毂轴承，并调整松紧度；检查调整前束；检查调整各制动蹄片的间隙。电动汽车长里程行驶后需检查真空泵工作情况；检查转向系统工作情况；检查驱动电机等电器部分，并检查线束的紧固情况和各部位的绝缘情况。若电动汽车长期停用，则需要经常清洗尘土并对电动汽车外部进行防锈和除锈；停驶一个月以上时，应将电动汽车架起，解除前、后悬架及轮胎的负荷；每月对蓄电池进行一次补充充电；每月检查一次电气仪表、制动、转向等机构的动作情况，检查各轮胎气压，发现不足时应补充充气。

9.6.2 关键零部件的维护与保养

动力电池系统、驱动电机系统、动力转向以及制动系统的性能关乎电动汽车的应用性能及安全性能。这些关键部件的维护与保养可有效延长电动汽车使用寿命，提高使用性能。

9.6.3 动力电池系统的维护与保养

动力电池系统由动力电池、电池箱以及电池管理系统构成。作为整车的动力源，动力电池对整车性能具有重要的影响。动力电池组具有高电压、强电流等特点，对其进行保护和检查非常必要。

动力电池需要每三个月或每行驶 5000km 后对电池单体电压进行一次检测。每次更换电池时，均需要检查接插件是否有磨损、松动、烧蚀等故障；每运行 10000km，需要对电池箱进行一次清理，并检查内外箱体及各个组成部件是否完好。

1. 动力电池箱体的检查

1）检查、维护外箱。在安装内箱以前，要检查极柱座橡胶护套是否齐全；检查极柱是否氧化，氧化面要使用 1500 目的砂纸轻轻打磨，或使用棉布用力擦，将氧化层去掉；要定期（一般为一个月）清理外箱灰尘。

2）极柱拉弧或打火烧蚀，要及时更换。

3）如果通信不可靠或 24V 供电电源不可靠，要检查 CAN 线接插件、24V 连接插头。

4）检查内箱。检查极柱座是否连接可靠，高压有无打火烧蚀，要定期吸尘清洁。

2. 动力电池外箱体高压正负极端子检查

动力电池外箱如图 9-8 所示。

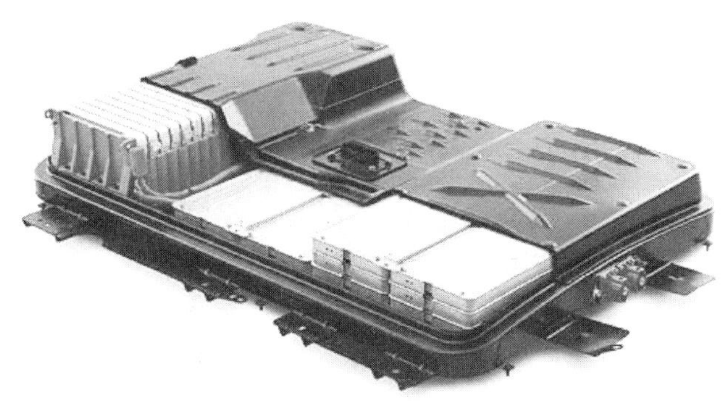

图 9-8　动力电池外箱

1）用兆欧表 500V 档测量各端子之间的绝缘阻值。要求当空气相对湿度≤ 90% 时，绝缘电阻应≥ 20MΩ；当空气相对湿度＞90% 时，绝缘电阻应≥ 2MΩ。

2）用兆欧表 500V 档测量各端子与电池外壳之间的绝缘阻值。当空气相对湿度≤ 90% 时，绝缘电阻应≥ 20MΩ；空气相对湿度＞90% 时，绝缘电阻应≥ 2MΩ。

3）目测高压极柱插头、极柱插孔是否有磨损、烧蚀等现象，并注意观察保护套等部件是否齐全。

注意：所有箱体内必须保持清洁，严禁任何杂物和污染，以防意外漏电；检查滤网、冷却风扇等是否齐全、牢固。

3. 电池快换导轨检查

1）检查快换箱体导轨轴承是否缺失。

2）检查各轴承滚动是否顺畅，否则应及时更换轴承。

3）检查导轨有无变形。

4. 机械锁检查

机械锁采用手动解锁装置，由解锁把手、解锁杆和锁口组成。

1）检查解锁把手是否转动平顺。

2）按下解锁把手，检查锁是否可以卡到正确的位置。

3）检查开锁、上锁是否平顺。

5. 高压中控盒电气安全检查

1）在推入动力电池箱之前，由具备资质的电工，将连接至中控盒的高压线束、动力电池输入电缆从中控盒接插件口拔下，其他高压电缆从部件接插件口（如电动空调等部件接插件上）拔下，测量拔下的线束每一个高压端子与底盘之间的绝缘电阻，其阻值应大于 20MΩ。

2）保持步骤 1）的状态，并保持连接至中控盒的低压线束接通，将动力电池推入电池仓后，将车辆钥匙扭至“START”状态。这时候测量所有高压线束端子处的电压，在端子处 A 端子与 B 端子之间应为 400V 左右或无电压，且 A 为高电势，B 为低电势。

3）保持步骤 2）的状态，将车辆的暖风加热系统打开，连接至 PTC 加热器的高压线束端子处，A 端子与 B 端子之间应为 400V 直流电压，其中 A 为高电势。

4）以上步骤确认无误后，方可将车辆钥匙扭至“OFF”，然后将步骤 1）拔下的插头依次插上。

若发现步骤 1）～步骤 4）出现的现象有异常，应在排除异常后继续进行。

6. 冷却液液位检查

冷却液液位必须定期检查。

警告：

1）补注冷却液时，应注意避免冷却液从备用水箱向外溢出。

2）若无必要时，请不要取下副水箱注水口盖。

3）冷却液液位应在电机降温后检查。

4）未经鉴定合格的用于增加冷却效果的防腐剂或添加剂，不得在冷却系统内使用。

5）用户应添加与车辆使用地区外界气温相对应的防冻液，防止冷却液冻结。

6）补注和更换冷却液时，应使用与原厂规格相同的冷却液。若无法买到规定牌号的冷却液，可使用软水和纯水。

7）补注和更换冷却液时，应使用正品冷却液。假冒伪劣的冷却液往往不含防腐剂，可能导致冷却系统零部件腐蚀。

8）如果冷却液的浓度超过 60%，其比热特性就会降低，从而有可能引起电机过热现象。此外，如果浓度降低到 20% 以下，其防腐特性就会降低。因此，应根据具体工况将冷却液浓度调节在 20% ～ 60% 的范围内。

9）不得踩散热器盖。

9.6.4 驱动电机的维护与保养

1）每天开车前，检查是否有防冻液。若缺少防冻液，则必须补充。

2）检查驱动电机及其控制器各固定点，检查螺栓是否松动。

3）检查驱动电机及其控制器可见线束及插件是否存在松动、老化、破损、腐蚀等现象。

4）每两个月检查电机本体及控制器水冷管道是否通畅，如果水冷管道有堵塞现象，则应及时清理堵塞物。

5）每半年检查清理一次电机本体及控制器的表面灰尘。清理方法：断开动力电源，用高压气枪清理电机本体及控制器表面灰尘。

注意：严禁用高压气枪直接对准控制器外壳上的“呼吸器”吹气，应用软毛刷进行清理。

6）电机轴承在一个大修周期内，不需要加润滑脂。当轴承发生故障时，须对电机解体，更换轴承。

7）若电机很长时间未用，建议测量电机的绝缘电阻。绝缘电阻检查用 500V 兆欧表，其值应当不低于 5MΩ，否则，应对绕组进行干燥处理以去除潮气。去除潮气可采用下列方法之一：

① 用接近 80℃的热空气干燥电机，将热空气吹过静止、不通电的电机。

② 将转子堵住，给定子绕组施加 7 ～ 8V 的 50Hz 电压。允许逐步增加电流直至定子绕组温度达到 90℃，但不允许超过这一温度，不允许增加电压到足以使转子旋转。在转子堵转下的加热过程中，要极其小心以免损伤转子，维持温度为 90℃直到绝缘电阻稳定不变。

特别注意：开始时缓慢加热是很重要的，这样使得水蒸气能自然地通过绝缘层逸出。快速加热很可能使局部蒸汽压力过高，使水蒸气强行通过绝缘层逸出，这样会使绝缘层遭到永久破坏。一般需要花 15 ～ 20h 使温度上升到所需温度。经过 2 ～ 3h 后，重新测量绝缘电阻。考虑到温度对绝缘电阻的影响，若绝缘电阻已达到 5MΩ，则可以结束电机的干燥过程。

9.6.5 其他高压系统的维护与保养

高压系统需定期保养，即在对动力电池系统进行保养的同时，进行高压系统的保养。高压系统部件主要包括车载充电机、DC/DC 变换器、高压电气盒、空调用电动压缩机总成等。

1）检查高压警告标记是否清晰且牢固。

2）检查表面是否出现腐蚀、损伤等。

3）检查安装点支架有无变形、损伤，安装螺栓有无缺失，并检查螺栓有无松动。

4）检查接插件是否连接可靠，有无松脱或者变形情况。

9.6.6 电气线束的维护与保养

1. 低压线束检查

检查低压线束是否布置整齐、捆扎成束，固定卡钉是否卡紧；检查接头连接是否牢固；检查低压线束连接器的外观有无破损、腐蚀等现象；穿越孔洞的线束若装有绝缘防磨套管，应检查其是否固定可靠。

2. 低压电气保险盒检查

检查保险盒外观盒体是否有开裂、磨损、腐蚀、老化等现象；检查保险盒外部接插件与车身线束接插件插接是否牢固可靠；检查保险盒盖锁扣是否有效锁紧；检查保险盒与车身固定点是否固定可靠。

3. 高压线束检查

1）检查底盘线束离地高度是否在安全范围内，或设有相应的走线槽以避免线束的剐蹭。

2）检查线束及保护波纹管外观是否存在破损、老化等现象，连接器是否有腐蚀现象。

3）检查各接插件连接是否牢固，其护套是否完好且无损。

4）检查高压连接器的锁止及互锁机构是否完好。

5）检查线束固定卡钉是否完好。

6）检查高压线束与运动件之间是否存在剐蹭的现象。

9.6.7 动力转向系统的维护与保养

转向系统是汽车操纵的重要部件，应经常注意检查保养，否则一旦失灵，将会造成车毁人亡的事故。动力转向系统维护和保养的内容如下：

1）定期检查转向间隙：转向盘转动 30mm 弧长时，车轮必须转动，否则必须进行调整。

2）定期更换转向器润滑油（转向液压油），步骤如下：

① 顶起前桥至前轮离开地面。

② 放油：旋出转向机的放油螺栓，取下油罐盖，起动电机并保持空转，使系统中的油在泵的驱动下从转向机放油螺栓孔中排出，经转向盘左、右两个极限位置的多次转动，直到油液排净为止，然后重新装上放油螺栓并拧紧。

③ 注油：首先将注油罐注满油液，然后起动电机向系统内充油，同时向油罐中继续补充油液，直到油罐中无气泡上升，并且油面稳定在测试棒刻度以上 1 ～ 2cm，然后旋紧油罐盖。

3）在换季保养和行驶 10000km 时，要检查转向油罐的油位和管路接头的密封。

4）助力转向系统在出厂时已经调好，调整螺钉不得擅自改动。若发现转向时转向盘明显沉重，请送维修站调整。

9.6.8 制动系统的维护与保养

1. 密封性检查

对于采用气动制动系统的电动汽车，对气密性的检查十分重要。对于多日没有使用的车辆，在开车之前必须检查。具体检查方法如下：

1）气路系统的密封性：起动压缩机，使储气压力达到 0.81MPa；关闭压缩机，观察双针压力表，在 10min 内压力下降不得超过 0.01MPa，如果超过则说明密封性不好，应进一步检查具体原因。

2）制动系统的密封性：电机关闭，踏下制动踏板保持 3min，气压表的白针指示压力保持不变，说明密封性良好。

2. 保养

要定期检查制动管路的密封性，使之处于良好的工作状态，一旦发现有弯折、擦破、压扁的地方，应及时更换。排出储气筒中的冷凝水。用手拉动储气筒下面排水阀的拉环。如果排水阀被堵塞，就要把排水阀旋出，进行清理或更换。在旋出之前，要排出筒内的压缩空气，可利用多次踩动踏板的方法排出，否则可能发生危险。

9.6.9 维护保养安全

1. 高压安全操作原则

1）坚持“以人为本、安全第一”的原则，确保人身安全与系统安全。在制订安全防范措施时，要首先考虑人身安全。即使发生突发事故、系统崩溃，也要保证人身安全。

2）从系统设计到部件选型、加工工艺、质量检验及维护等，都应严格按照电动汽车相关的国家标准和国际标准执行。

3）操作现场应放置警示牌。车辆在充电过程中不允许对高压部件进行移除、维护等工作。

4）对高压部件进行作业前，必须确认车辆钥匙处于“Lock”档位并将低压电源断开。

5）高压部件打开后或插头断开后，使用万用表对其电压进行测量，电压在36V以下才可以进行下一步操作。

6）维护保养过程中，严格遵循先低压后高压、先常规项后高压项的顺序。

2. 人员要求

1）电动汽车高压操作人员必须具有相应操作资质（如电工证等），严禁没有相应操作资质的人员对电动汽车高压系统进行操作。操作人员上岗前必须进行安全操作培训，严格执行安全操作规范。

2）操作人员上岗不得佩戴金属饰物，如手表、戒指等；工作服衣袋内不得有金属物件，如钥匙、金属壳笔、手机和硬币等；操作调试人员须佩戴必要的防护工具，如绝缘手套、绝缘鞋、绝缘帽等。

3）操作人员不得把与工作无关的工具带入工作场地，对于必须使用的金属工具，手持部分应做绝缘处理。

4）每次接通高压电源之前，操作人员应检查各高压电器周边有无杂物，并通知无关人员远离上述区域，合闸时要高声提示。

5）维护保养现场进行高压操作时，必须至少由两人完成，即一人操作、一人监护。

3. 维护要求

1）拆卸检修高压电器部件时应切断高压回路。

2）车辆长时间停放时，应每周检查一次动力电池状态，防止电池漏电、损坏。

3）室内进行维护作业时，必须具有通风设施，且照明强度适中，并配备必要的安全标志及安全隔离设备；操作区域地面铺设绝缘垫，工作前使用专用绝缘仪进行绝缘性能检查，确保操作过程中的安全。

4）室外进行维护作业时，场地周边不得有易燃物品及与工作无关的金属物品，不得有大功率电器电磁设备，必须安装维护工位的接地线；在维护高压作业前，必须将车身用搭铁线连接到专用维护工位的接地线上。

5）整车故障需要拖车时，要将变速器置于空档；若不能挂空档或不能确定档位时，必须拆下传动轴。

6）操作场地应配备有效消防措施，应使用电动汽车专用灭火器，且应放置于明显便于取用的地点，且灭火器箱不得上锁。

第 10 章　电动汽车综合评价体系

发展电动汽车是加快转变经济发展方式，建设资源节约型、环境友好型社会，缓解资源紧缺和环境压力，提高经济增长的质量和效益，实现节约发展、清洁发展、安全发展和可持续发展的重大战略选择。

本章以电动汽车作为研究对象，综合运用车辆动力学、技术经济学、系统论的理论和方法以及大数据分析等研究方法，构建包括技术、经济和安全方面的综合评价体系，并在综合评价的基础上，探索将电动汽车传统测试方法与大数据技术有机融合的测试评价体系，为相关科研机构研究电动汽车提供借鉴，为我国制定新能源汽车产业发展政策提供依据与参考。

10.1　评价体系概述

10.1.1　评价体系的背景

世界各国对于电动汽车的测试评价方法均已进行了较深入的研究。美国的电动汽车测试评价项目主要包括“美国先进车辆测试项目”和“ SAE 电动汽车技术标准项目”，其中“美国先进车辆测试项目”是美国能源部为建立电动汽车等先进车辆的技术研发和产业化的桥梁而设立的，针对电动汽车开展先进车辆测试项目，其目的是提供国家级、综合性的先进车辆技术测试评价服务；后者是由美国机动车工程师协会（SAE）组织的专门针对电动汽车的各项特有指标而制定的标准和测试规范，其目的是为了完善电动汽车的标准体系。而在欧洲，由于欧洲各国之间联系紧密，欧洲众多国家目前采取协同合作的方式来开展电动汽车的测试方法和标准化研究工作，成立了一系列研究电动汽车标准化工作的机构和组织，如欧洲标准化委员会（CEN）、欧洲电工标准化委员会（CENELEC）、联合国欧洲经济委员会（ECE）等。这些组织的工作主要是解决电动汽车在道路行驶时所需的标准问题，并积极开展与世界各国的更大范围内的协同合作，如中德两国于 2011 年 10 月开始进行的“中德电动汽车合作认证”项目等。

我国为了丰富电动汽车的测试评价技术，开展了大量的研究及测试工作。截至目前，我国已制定了涵盖纯电动汽车、混合动力汽车、燃料电池汽车等多种新能源汽车涉及汽车的整车及关键零部件如电池、电机、电控等的标准共 70 余项（含国家标准和汽车行业标准），初步建立了电动汽车的测试评价标准体系。但是随着我国汽车行业的迅猛发展，国内电动汽车占有率迅速攀升，现有的电动汽车标准尚不足以全面地评价和反映电动汽车的关键技术状况，某些关键性能在国外已有相关标准，但在国内还没有采用。此外，动力电池性能受环境影响较大，导致电动汽车的关键性能受使用条件的影响较大。为了更好地引导消费者准确了解电动汽车，促进行业技术进步，中国汽车技术研究中心组织 17 家整车企业建立了 EV-TEST 电动汽车测试评价体系，并在 2017 年 5 月正式推出，通过设置一级指标及对应的二级指标，有利于消费者较全面地了解电动汽车整体性能。新能源汽车国家大数据联盟基于自身海量的数据优势，也对此开展了相关的研究工作。

10.1.2 评价体系的作用

电动汽车综合评价体系的作用可具体体现在以下两个方面：

1. 检验方案是否合理

综合评价体系最为突出的作用是检验电动汽车方案的合理性，真实反映产品质量、能源的使用情况。通常情况下，检验某项技术方案是否先进合理，需要有一个不以人的主观意志为转移的客观评价标准，这要求采用一套综合的指标体系来量化反映和表示电动汽车的整体评分效果。由于电动汽车的复杂性，往往用一个指标不能全面地反映电动汽车的关键技术状况，且同一个指标在不同技术方案中反映的效果也不一样。因此，要从我国现阶段各方面的实际情况出发，结合电动汽车最新的产业技术发展现状，找出现有车辆的各种评价指标的内在联系，并加以补充修正，从而建立一套比较完善的符合我国国情的综合评价体系。只有科学合理的评价体系，才有可能得出科学公正的综合评价结论。

2. 评估生产能力

评价体系能评估企业生产能力的发挥程度和生产技术水平，是综合的客观尺度。通过对一系列指标的评估，量化电动汽车生产中各环节的变化情况，提高人们的认知度。此外，通过对指标的研究，还能及时掌握各环节的生产现状，以制订有效应对措施，提高企业技术水平，减少能源消耗量，提高经济效益。

同时，评价体系还是各部门、各企业对电动汽车产业进行技术性能、经济性、安全性等评价维度分析的重要内容。为了科学地组织生产活动，保证生产发展的连续性，仅采用一项或一类指标是不够的，需要一个完备的指标体系把各类指标有机地结合起来，全面地反映生产活动的目标和结果。工业企业在计划管理、技术管理、劳动管理、安全防护管理、质量标准化管理等方面都要应用相关的技术经济指标。因此，全面抓好电动汽车各项指标的制定和考核，能有效促进企业管理各项基础工作的开展。

10.1.3 评价体系的构建原则

构建电动汽车评价体系是促进电动汽车技术创新发展中必不可少的条件之一，电动汽车作为当今汽车行业发展的重要方向，综合评价体系的构建原则可具体体现在以下几个方面：

1. 系统性原则

新能源汽车综合发展力评价是一个由多层次、多要素构成的复杂系统，涉及电动汽车从基础研究到应用研究，开发研究再到成果转移、扩散与产业化的完整过程和多种特征要素。这就要求相应的评价体系具有足够的覆盖面，尽可能将影响电动汽车综合发展力的要素囊括在内，以系统、全面、真实地反映电动汽车发展潜力的全貌和各个层面的基本特征。但评价体系又不是各指标的简单堆砌和松散集合，必须根据各指标间的内在逻辑关系进行系统整合与集成，即围绕总体评价目标将评价指标分解为不同的层次与模块，形成明晰的框架结构，其中各评价指标既相互独立，又相互联系，形成一个有机的评价系统。

2. 科学性原则

首先，要根据电动汽车综合发展力的特点和规律，尽可能从相关要素中选取那些最能体现电动汽车综合发展力本质、实力和潜力的衡量指标，且各指标要具有相对的独立性，同一层次的指标不应具有明显的包含关系。其次，要注意保持总量（规模）指标与均量（效益）指标、绝对量指标与相对量指标、静态指标与动态指标等之间的平衡，即既要利用总量指标反映电动汽车的数量与规模特征，又要通过均量指标和相对量指标来体现电动汽车综合发展力的质量与效率的差异；既要利用静态指标反映电动汽车综合发展力的基础、现状和实力，又要利用动态指标体现电动汽车综合发展力的潜力、趋势和前景。

3. 导向性原则

指标体系的设计要适应当前国际科技发展的形势与趋势，符合国家科技发展战略和科技政策，特别要贯彻科学技术部等部委制定的《关于“十三五”新能源汽车充电基础设施奖励政策及加强新能源汽车推广应用的通知》《绿色出行行动计划（2019—2022年）》及《关于进一步完善新能源汽车推广应用财政补贴政策的通知》的精神，以引导各新能源汽车研发及制造企业找准自己的定位，明确各自的努力方向和奋斗目标。在进行系统、全面评价的基础上，还要通过权重系数的不同体现各指标在评价体系中的相对重要程度。在权值的分配上要注重绩效，突出各新能源汽车的研发创新和高水平成果以及科技成果的转化，以引导各新能源汽车研发及制造企业重视基础研究，瞄准国际前沿开展原始性创新；

引导各新能源汽车研发及制造企业坚持以人为本，凝聚一流创新人才，产出高水平创新成果；引导各新能源汽车研发及制造企业加快科技成果的转化与产业化，为国家经济建设做贡献。

4. 可比性原则

量化评价体系的设计主要是为了进行横向或纵向比较，因此所选取的指标应反映评价对象的共性特征，即要从不同类型的电动汽车中抽象和提炼出能反映其共性特征的代表性指标，并且这些指标能通过某种方式获得具体、明确的评价数据，这样评价结果才具有可比性。可比性还要求对末级指标的原始数据进行归一化或量纲为一的处理。

5. 可行性原则

从理论上讲，可以设计出一个由尽可能包容全面的指标群和复杂的指标树构成的指标体系，对电动汽车综合发展力做出全方位、立体化、多层次、多视角的评价。因为评价指标越多，对事物的刻画越精细，评价结果也越准确。但在实际操作中，又必须考虑量化评价的可行性和指标数据的可获取性。因此，在构建指标体系时，应尽量选用那些能够直接量化的定量指标，并且这些指标可以通过现有统计系统和检索工具直接采集到统计数据。对那些虽能体现电动汽车综合发展力却难以量化的定性指标以及难以采集到数据的定量指标，一般不列入量化评价体系，同时要删除一些内容重复的定量指标，以简化指标体系，提高评价标准的可操作性。

10.2　基于大数据的评价指标体系

10.2.1　概述

如第 4 章及第 7 章所述，在对电动汽车的传统评价指标研究中，测试方法均是以试验测试为主，常用动力性、行驶性、经济性、安全性等指标来评价汽车的性能。然而，近年来全球汽车产业加速向电动智能互联发展，大数据技术成为未来电动汽车的核心技术之一。随着大数据产业的持续升温，推动实施国家大数据战略，推进电动汽车与各类数据资源融合，是我国汽车产业转型升级发展所面临的重大课题和重要使命。因此，深入挖掘电动汽车大数据在数据产品上的应用，从大数据分析的视角，推动新能源汽车大数据评价指数、质量评价、安全评价、标准规范等应用落地成为未来的重点发展方向。本节以新能源汽车大数据中心的评价方法为例，重点介绍基于大数据的评价指标体系。

2017 年 7 月，北京理工大学牵头，由新能源汽车国家大数据联盟发布了《新能源汽车综合性能大数据评价指数体系》意见稿，其中的综合评价体系如图 10-1 所示，开启了利用运行大数据进行新能源汽车性能评价的先河。下面主要以该评价体系为核心进行介绍。

该评价体系由 5 个二级指数（经济性指数、环境适应性指数、可靠性指数、用户信心指数以及安全性指数）构成，各指数表示为百分制得分，通过设置不同权重加权汇总得到综合性能得分，并按照 60 ～ 70 分、70 ～ 80 分、80 ～ 90 分、90 ～ 95 分、95 ～ 100 分评定五个星级（最高五星）。

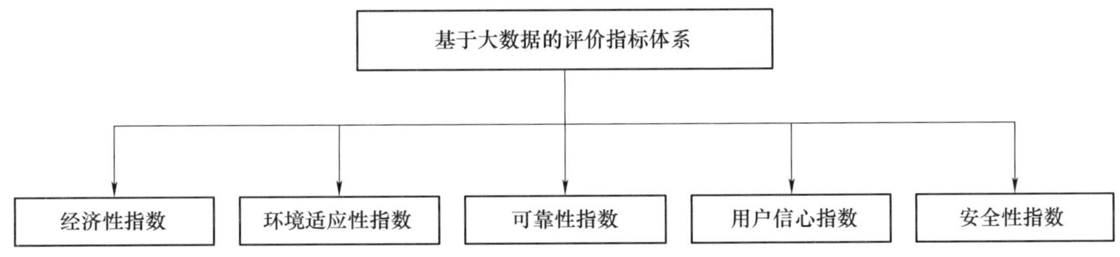

图 10-1 综合评价体系

10.2.2 指数计算方法

1. 经济性指数

经济性指数表征的是电动汽车的能耗情况，能耗越小表明电动汽车经济性越好。一般来说，经济性指数由百公里能耗表征，即某车型车辆行驶 100km 的耗电量，用于评价该车型在同级别车型中能耗水平。具体计算方法如下：

$$Y=\frac{\frac{1}{n}\sum_{i=1}^{n}W_i}{\frac{1}{m}\sum_{j=1}^{m}L_j}\times 100 \tag{10-1}$$

式中 Y——某一辆车的平均百公里能耗（kW · h/100km）；

W_i——统计时间内第 i 次 SOC 从 50% 到 80% 的充电量（kW · h）；

n——统计时间内 SOC 从 50% 到 80% 的充电次数；

L_j——统计时间内第 j 次 SOC 从 80% 到 50% 的车辆行驶里程（km）；

m——统计时间内 SOC 从 80% 到 50% 的行驶次数。

$$\overline{Y}=\frac{1}{N}\sum_{k=1}^{1}Y_k \tag{10-2}$$

式中 $\overline{Y}$——某车型的平均百公里能耗（kW · h/100km）；

Y_k——第 k 辆车的平均百公里能耗（kW · h/100km）；

N——该车型车辆数。

2. 环境适应性指数

由于动力电池性能受环境温度影响较大，故电动汽车在外部环境发生变化时，整车性能也会随之发生变化，因此要从电动汽车适应环境的能力角度对其进行技术评价。环境适应性指数表征的是电动汽车在不同月份的性能稳定性程度，由百公里能耗标准差指数和 SOC 区间里程相对值标准差指数构成。

（1）百公里能耗标准差指数

百公里能耗标准差指数是指某车型百公里能耗在不同月份的标准差，是对该车型不同月份表现出的能耗稳定性的评价。因此，该指数越小，车辆的稳定性越高。其具体计算方法如下：

$$\sigma_e = \sqrt{\frac{1}{N-1}\sum_{i=1}^{N}(Y_i - \overline{Y})^2} \tag{10-3}$$

式中 σ_e——该车型统计时间内的百公里能耗标准差；

N——统计月份数，通常为 12；

Y_i——该车型在第 i 月的平均百公里能耗［kW · h/(100km)］；

$\overline{Y}$——该车型统计时间内百公里能耗的平均值［kW · h/(100km)］。

（2）SOC 区间里程相对值标准差指数

SOC 区间里程相对值标准差指数表示某车型在指定 SOC 区间行驶里程相对值在统计周期内的标准差，是对该车型针对月份变化表现出的行驶里程稳定性的评价。该指数越小，则车辆的行驶里程稳定性越高。其具体计算方法如下：

$$\sigma_s = \sqrt{\frac{1}{N-1}\sum_{i}^{N}(\varphi_i - \overline{\varphi})^2} \tag{10-4}$$

式中 σ_s——某车型 SOC 区间里程相对值标准差；

N——统计月份数，通常为 12；

φ_i——第 i 月 SOC 区间里程相对值平均值；

$\overline{\varphi}$——统计时间内 SOC 区间里程相对值的平均值。

SOC 区间里程相对值 φ 的计算方法如下：

$$\varphi = \frac{S}{S_d} \tag{10-5}$$

式中 S——某车型在一次行驶行为中 SOC 从 80% 到 50% 的平均行驶里程；

S_d——该车型的标称行驶里程，具体数值由各厂商提供。

S 的计算流程：在某车某月的所有行驶数据中，取一次 SOC 从 80% 到 50% 的过程（中间无充电过程），记录 SOC_1 为 SOC = 80% 时对应的里程 S_1 及 SOC_2 为 SOC = 50% 时对应的里程 S_2，由公式 $\Delta S = S_2 - S_1$ 可得本次行驶 SOC 从 80% 到 50% 的行驶里程，重复该过程直至得出本月所有 SOC 从 80% 到 50% 的行驶里程，取平均值即为该车型在某统计月份中 SOC 从 80% 到 50% 区间的平均行驶里程，即为 S 的准确值。

3. 可靠性指数

可靠性指数主要是指里程衰退指数。里程衰退指数表示某车型在测评周期内，车型的平均 10000 公里衰退里程百分比。它主要用于表明车辆在一定行驶阶段后车辆可行驶里程的变化情况，该指数越小，说明车辆的可靠性越高。里程衰退指数 m_d 的计算方法如下：

$$m_d = \frac{\text{dis}_{\text{start}} - \text{dis}_{\text{end}}}{\Delta\text{dis} \cdot \text{dis}_{\text{标称}} \times 0.3} \times 10000 \tag{10-6}$$

式中 $\text{dis}_{\text{start}}$——评测周期开始时车辆 SOC 从 80% 到 50% 的可行驶里程；

dis_{end}——评测周期结束时车辆 SOC 从 80% 到 50% 的可行驶里程；

Δdis——评测周期内车辆的总行驶里程；

$dis_{标称}$——车辆的标称续驶里程。

4. 用户信心指数

用户信心指数是反映用户信心强弱的指标，是综合反映并量化用户对不同类型电动汽车性能的评价和用户心理状态的客观量化指标。它由里程信赖指数和充电时间接受度指数构成。

（1）里程信赖指数

里程信赖指数表示某车型某时间段内充电开始 SOC 的统计中位数。用户对电动汽车续驶里程越不信任，则越倾向于及时进行补充充电。其具体计算方法如下：

$$e_{mt} = \text{median}\{SOC_{start\_1}, \cdots, SOC_{start\_i}, \cdots, SOC_{start\_n}\} \quad (10\text{-}7)$$

式中 e_{mt}——某车型充电开始 SOC 的中位数；

SOC_{start_i}——某车型第 i 辆车充电开始 SOC 中位数；

n——车型车辆数。

（2）充电时间接受度指数

充电时间接受度指数表示某车型充电时间的中位数。随着电动汽车续驶里程的增加，用户充电时间规律能在一定程度上反映用户的充电习惯，因此充电时间和行驶里程将形成对应关系，最终反映用户对续驶里程的信心水平。其计算方法如下：

$$e_{cta} = \text{median}\{t_{charge\_1}, \cdots, t_{charge\_i}, \cdots, t_{charge\_n}\} \quad (10\text{-}8)$$

式中 e_{cta}——某车型用户充电时间的中位数；

t_{charge_i}——某车型第 i 辆车用户充电时间中位数；

n——车型车辆数。

5. 安全性指数

为了更加客观地评价汽车安全性，引入大数据技术将汽车安全性以指数形式直观地表示出来。如图 10-2 所示，基于大数据的安全性指数主要由安全保障调节指数和关键零部件指数两部分构成。

（1）安全保障调节指数

如图 10-3 所示，安全保障调节指数包括三个二级指标，分别为安全技术类系数、管理机制类系数以及现状类系数，为了使选取的指标更符合评价电动汽车安全性的总体特征，对各指标数据进行了归一化处理，权重分别设置为 0.2、0.3 和 0.5。本小节将给出各个指标的具体计算方式。

1）安全技术类系数。

① 自定义阈值丰富度。若企业所设置的阈值完全包含国家标准所规定的阈值，则按照系数 0.9 计算；若在完全包含国家标准规定阈值的基础之上，企业自定义增加相关安全数据项阈值，则将按照增加的数据项比例进行计算，此系数最大值为 1。

② 预警数据真实度。通过比较企业实时上传的运行数据与静态阈值信息值来计算故障预警数据，从而确定企业是否如实上报预警信息：若企业上报故障预警信息与平台的故障预警信息一致，则按照系数 1 计算；若企业有漏报或瞒报导致上报故障预警信息与国家监管平台的故障预警信息不一致，则按照系数 0.9 计算。

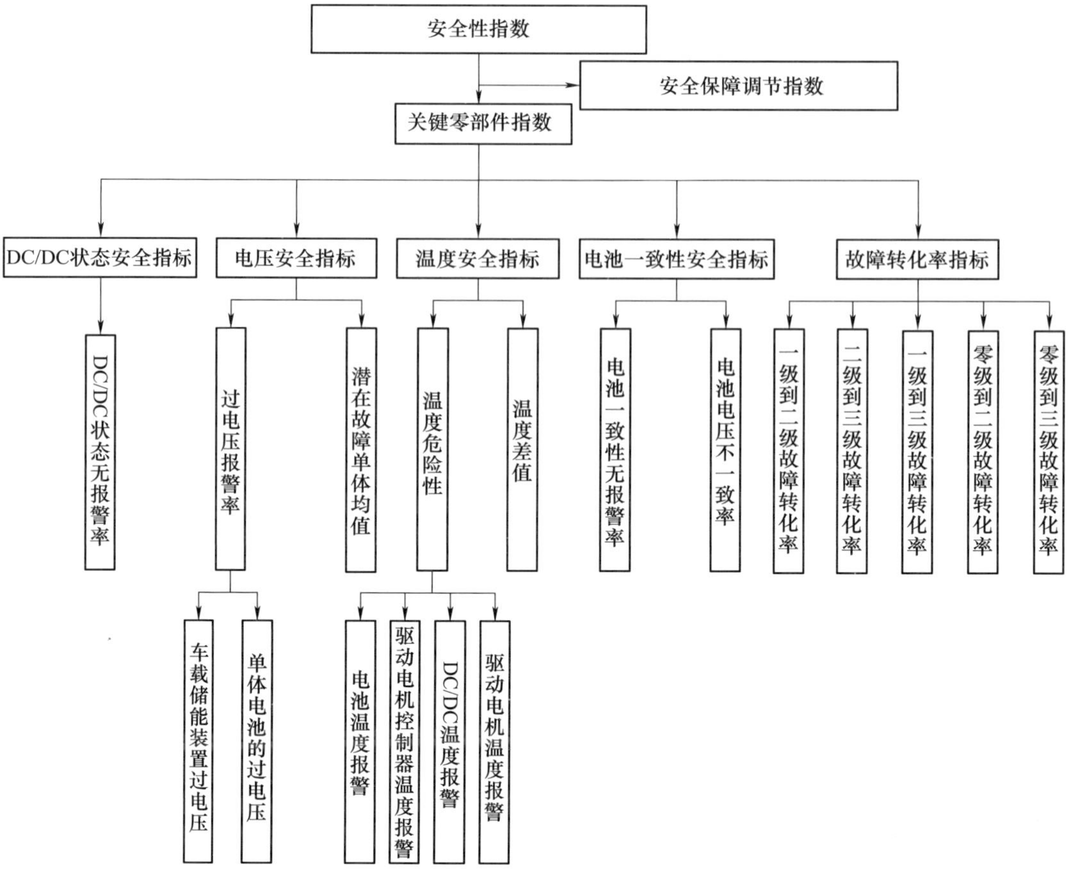

安全性指数
安全保障调节指数
关键零部件指数
DC/DC状态安全指标
DC/DC状态无报警率
电压安全指标
过电压报警率
车载储能装置过电压
单体电池的过电压
潜在故障单体均值
温度安全指标
温度危险性
电池温度报警
驱动电机控制器温度报警
DC/DC温度报警
驱动电机温度报警
温度差值
电池一致性安全指标
电池一致性无报警率
电池电压不一致率
故障转化率指标
一级到二级故障转化率
二级到三级故障转化率
一级到三级故障转化率
零级到二级故障转化率
零级到三级故障转化率

图 10-2　安全性指数

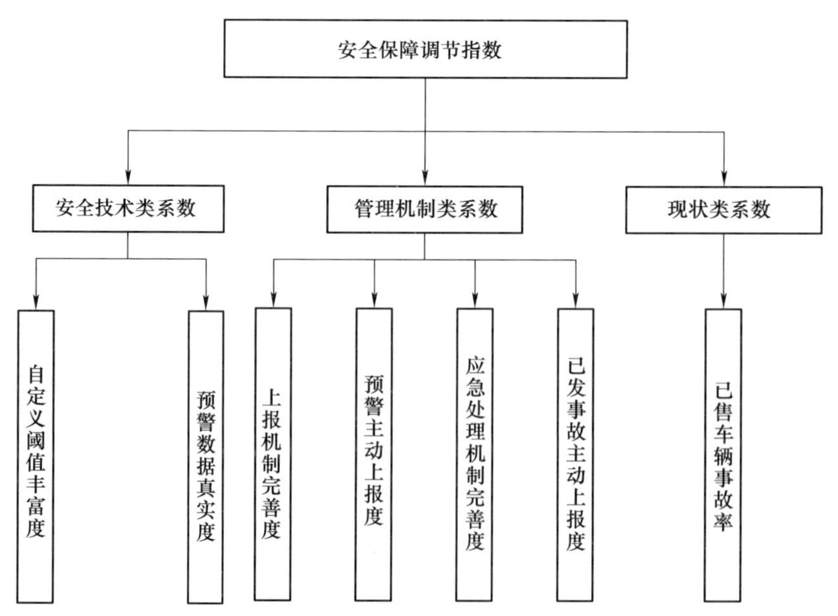

图 10-3　安全保障调节指数

2）管理机制类系数。

① 上报机制完善度。若企业同时具备紧急事故上报机制与事故处理结果定期反馈机制，则按照系数 1 计算；若只具备其一，则按照系数 0.98 计算；若均不具备，则按照系数 0.95 计算。

② 应急处理机制完善度。若企业具备相关事故的应急处理预案，则按照系数 1 计算；若不具备，则按照系数 0.95 计算。

③ 预警主动上报度。若企业在统计周期内车辆的故障预警全部主动上报，则按照系数 1 计算；若只存在部分预警信息主动上报，则按照系数 0.95 计算；若未主动上报，则按照系数 0.9 计算。

④ 已发事故主动上报度。若企业在统计周期内发生事故时主动上报，则按照系数 1 计算；若未主动上报，则按照系数 0.5 计算。

3）现状类系数。在已售车辆事故率计算方面，若企业在销售的车辆中无车辆发生事故，则按照系数 1 计算，否则将按照已售车辆事故率的百分比大小从［0.95，1）范围内进行取值。

（2）关键零部件指数 e_{key}

关键零部件指数是评价车辆关键零部件的指标，由 DC/DC 状态安全指标 e_{DC}、电压安全指标 e_V、电池一致性安全指标 e_{CON}、温度安全指标 e_T、故障转化率指标 e_{Tr} 构成。其计算方法如下：

$$e_{key} = k_1e_{DC} + k_2e_V + k_3e_{CON} + k_4e_T + k_5e_{Tr} \tag{10-9}$$

式中 k_1、k_2、k_3、k_4、k_5——上述五个指标在总安全性指数中所占权重。

评分方法为以车型种类为横坐标，各个指标值为纵坐标，指标的值越大，分数越低。上述五个二级指标的计算方法如下：

1）DC/DC 状态安全指标 e_{DC}。DC/DC 状态安全指标是评估某车型在规定周期内 DC/DC 状态安全性的指标，包含 DC/DC 状态无报警率这项三级指标。DC/DC 状态无报警率是指该车型中的 DC/DC 状态无报警的频率（该车型中所有车辆 DC/DC 状态无报警的次数均值占该车型 DC/DC 状态上传总数的比值），其计算公式如下：

$$\alpha = 1 - \frac{\text{DC / DC 状态报警次数}}{\text{DC / DC 状态报警次数} + \text{DC / DC 状态无报警次数}} = 1 - f_{CD} \tag{10-10}$$

式中 α——DC/DC 状态无报警率；

f_{CD}——该车型 DC/DC 状态报警频率。

e_{DC} 具体评分方法根据其分布曲线进行，最高分为 100 分，最低分为 60 分。其计算方法如下：

$$\begin{aligned} e_{DC} &= \frac{\text{该车型的 DC/DC 状态无报警率} - \min(\text{DC/DC 状态无报警率})}{\max(\text{DC/ DC状态无报警率}) - \min(\text{DC/ DC状态无报警率})} \times 40 + 60 \\ &= \frac{\alpha_i - \alpha_{min}}{\alpha_{max} - \alpha_{min}} \times 40 + 60 \end{aligned} \tag{10-11}$$

式中 α_i、α_{min}、α_{max}——该车型 DC/DC 状态无报警率，以及所有车型 DC/DC 状态无报警率的最小值和最大值。

2）电压安全指标 e_V。电压安全指标是评估某车型在规定周期内电压安全性的指标，由过电压报警率和潜在故障单体均值构成。该指标数值越大，说明该车型的安全性越高。

① 过电压报警率 β^{o_v}。过电压报警率是通过统计分析该车型的车载储能装置和单体电池的电压报警频率，并确定以上两项的权重，最后计算出的各项电压报警发生的加权值。其计算公式如下：

$$\beta^{o\_v}=\text{电压危险性}=k_1 f_{RE}+k_2 f_s \tag{10-12}$$

式中　k_1、k_2——f_{RE}、f_s 两个指标在总电压危险性中所占权重，$k_1=0.7$，$k_2=0.3$；

f_{RE}——车载储能装置电压报警次数占总报文数的频率；

f_s——单体电池电压报警次数占总报文数的频率。

② 潜在故障单体均值 β^{pf}。统计某车型所有车潜在故障单体个数的均值。潜在故障单体个数是指平均每时刻中电压超出 $\pm 3\sigma$（正负 3 倍标准差）的单体电池个数。β^{pf} 计算方法如下：

$$\beta^{pf}=\text{单体电池潜在故障率}=\frac{\text{潜在故障单体个数}}{\text{单体总个数}}=\frac{n^{pf}}{n} \tag{10-13}$$

式中　n^{pf}——该车型中所有车潜在故障单体总个数；

n——该车型中车辆数目。

e_V 具体评分方法是根据其分布曲线进行，最高分为 100 分，最低分为 60 分。其计算方法如下：

$$\begin{aligned}e_V&=100-\frac{\text{某车型电压危险性}-\min(\text{电压危险性})}{\max(\text{电压危险性})-\min(\text{电压危险性})}\times 10-\\&\quad\frac{\text{某车型单体电池潜在故障率}-\min(\text{单体电池潜在故障率})}{\max(\text{单体电池潜在故障率})-\min(\text{单体电池潜在故障率})}\times 90\\&=100-\frac{\beta_i^{o\_v}-\beta_{min}^{o\_v}}{\beta_{max}^{o\_v}-\beta_{min}^{o\_v}}\times 10-\frac{\beta_i^{pf}-\beta_{min}^{pf}}{\beta_{max}^{pf}-\beta_{min}^{pf}}\times 90\end{aligned} \tag{10-14}$$

3）电池一致性安全指标 e_{CON}。电池一致性安全指标是评估周期内车辆动力电池一致性好坏的指标，由电池一致性无报警率和电池电压不一致率构成。

① 电池一致性无报警率 γ^{no_c}。电池一致性无报警率是统计该车型中电池一致性无报警的频率，其计算公式如下：

$$\gamma^{no\_c}=1-\frac{\text{电池一致性报警次数}}{\text{总报文数量}}=1-f_c \tag{10-15}$$

式中　f_c——电池一致性报警频率。

② 电池电压不一致率 γ^{var}。电池电压不一致率是统计该车型中所有车的电池方差均值，其计算公式如下：

$$\gamma^{var}=\frac{\sum_{j=1}^{n}\frac{\sum_{i=1}^{t_j}s_i}{t_j}}{n} \tag{10-16}$$

式中 s_i——第 j 辆车第 i 时刻电压的方差；

n——该车型的车辆数目；

t_j——第 j 辆车的统计帧数。

根据电池一致性安全指标分布曲线进行评分，最高分为 100 分，最低分为 60 分。其计算方法如下：

$$
\begin{aligned}
e_{\text{CON}} &= \frac{\text{该车型电池一致性无报警率} - \min(\text{电池一致性无报警率})}{\max(\text{电池一致性无报警率}) - \min(\text{电池一致性无报警率})} \times 10 + \\
&\quad \left(1 - \frac{\text{该车型电压方差} - \min(\text{电压方差})}{\max(\text{电压方差}) - \min(\text{电压方差})}\right) \times 90 \\
&= \frac{\gamma^{\text{no\_c}} - \gamma_{\min}^{\text{no\_c}}}{\gamma_{\max}^{\text{no\_c}} - \gamma_{\min}^{\text{no\_c}}} \times 10 + \left(1 - \frac{\gamma^{\text{var}} - \gamma_{\min}^{\text{var}}}{\gamma_{\max}^{\text{var}} - \gamma_{\min}^{\text{var}}}\right) \times 90
\end{aligned} \tag{10-17}
$$

4）温度安全指标 e_{T}。温度安全指标是评估某车型周期内温度安全性的指标，由温度危险性和温度差值构成。温度安全指标数值越大，说明该车型的安全性越高。

① 温度危险性 $\delta^{\text{T\_d}}$。温度危险性是评估某车型周期内不同原因导致的高温报警频率加权之和。统计分析该车型的电池温度报警次数、驱动电机控制器温度报警次数、驱动电机温度报警次数和 DC/DC 温度报警次数，并确定这四项的权重，最后计算出各项温度报警发生频率的加权值。温度安全指标数值越大，说明该车型的安全性越高，其计算公式如下：

$$
\delta^{\text{T\_d}} = k_1 f_{\text{T}} + k_2 f_{\text{MC}} + k_3 f_{\text{M}} + k_4 f_{\text{p}} \tag{10-18}
$$

式中 k_1、k_2、k_3、k_4——上述四个指标在温度危险性中所占权重，分别取值 0.2、0.2、0.05、0.55；

f_{T}——电池温度报警频率；

f_{MC}——驱动电机控制器温度报警频率；

f_{M}——驱动电机温度报警频率；

f_{p}——DC/DC 温度报警频率。

② 温度差值 δ^{d}。温度差值是统计某车型所有车的温差均值。其计算公式如下：

$$
\delta^{\text{d}} = \frac{\sum_{j=1}^{n} \frac{\sum_{i=1}^{t_j} T_i}{t_j}}{n} \tag{10-19}
$$

式中 T_i——第 j 辆车第 i 时刻温度的方差；

n——该车型的车辆数目；

t_j——第 j 辆车的统计帧数。

e_{T} 具体评分方法是根据其分布曲线进行，其计算方法如下：

$$
\begin{aligned}
e_{\text{T}} &= 100 - \frac{\text{某车型温度危险性} - \min(\text{温度危险性})}{\max(\text{温度危险性}) - \min(\text{温度危险性})} \times 10 - \\
&\quad \frac{\text{某车型温度差值} - \min(\text{温度差值})}{\max(\text{温度差值}) - \min(\text{温度差值})} \times 90
\end{aligned}
$$

$$=100-\frac{\delta^{T\_d}-\delta^{T\_d}_{min}}{\delta^{T\_d}_{max}-\delta^{T\_d}_{min}}\times 10-\frac{\delta^{d}-\delta^{d}_{min}}{\delta^{d}_{max}-\delta^{d}_{min}}\times 90 \tag{10-20}$$

5）故障转化率指标 e_{Tr}。故障转化率指标是评估某车型周期内从低级到高级故障转化率加权和的指标。故障转化率指标数值越小，说明该车型的安全性越高。

① 一级到二级故障转化率 f^{12}。一级到二级故障转化率是指由一级故障预警转化到二级故障的比例，其计算方式是由二级故障往前寻找一级故障，发现引发二级故障的源头，从而用二级故障数除以总的一级故障数，具体如下所示：

$$f^{12}=\frac{\text{由一级故障引发的二级故障数}}{\text{总的一级故障数}} \tag{10-21}$$

② 二级到三级故障转化率 f^{23}。二级到三级故障转化率是指由二级故障预警转化到三级故障的比例，其计算方式是由三级故障往前寻找二级故障，发现由二级故障引发三级故障的数目，从而用三级故障数除以总的二级故障数，具体如下所示：

$$f^{23}=\frac{\text{由二级故障引发的三级故障数}}{\text{总的二级故障数}} \tag{10-22}$$

③ 一级到三级故障转化率 f^{13}。一级到三级故障转化率是指由一级故障预警转化到三级故障的比例，其计算方式是由三级故障往前寻找一级故障，发现引发三级故障的源头，从而用三级故障数除以总的一级故障数，具体如下所示：

$$f^{13}=\frac{\text{由一级故障引发的三级故障数}}{\text{总的一级故障数}} \tag{10-23}$$

④ 零级到二级故障转化率 f^{02}。零级到二级故障转化率是指由无故障预警转化到二级故障的比例，其计算公式如下所示：

$$f^{02}=\frac{\text{由无故障引发的二级故障数}}{\text{总的无故障数}} \tag{10-24}$$

⑤ 零级到三级故障转化率 f^{03}。零级到三级故障转化率是指由无故障预警转化到三级故障的比例，其计算公式如下所示：

$$f^{03}=\frac{\text{由无故障引发的三级故障数}}{\text{总的无故障数}} \tag{10-25}$$

e_{Tr} 具体评分方法是按其分布曲线进行，最高分为 100 分，最低分为 60 分。其计算方法如下：

$$\begin{aligned} e_{Tr}&=100-\frac{\text{某车型故障转化率}-\min(\text{故障转化率})}{\max(\text{故障转化率})-\min(\text{故障转化率})}\times 40\\ &=100-k_{12}\frac{f^{12}-f^{12}_{min}}{f^{12}_{max}-f^{12}_{min}}-k_{23}\frac{f^{23}-f^{23}_{min}}{f^{23}_{max}-f^{23}_{min}}-k_{13}\frac{f^{13}-f^{13}_{min}}{f^{13}_{max}-f^{13}_{min}}-\\ &\quad k_{02}\frac{f^{02}-f^{02}_{min}}{f^{02}_{max}-f^{02}_{min}}-k_{03}\frac{f^{03}-f^{03}_{min}}{f^{03}_{max}-f^{03}_{min}} \end{aligned} \tag{10-26}$$

式中 k_{12}、k_{23}、k_{13}、k_{02}、k_{03}——一级到二级故障转化率、二级到三级故障转化率、一级到三级故障转化率、零级到二级故障转化率、零级到三级故障转化率所占权重。

10.2.3 指数评分方法

在指数评分过程中，需根据指数的不同分类进行评分，乘用车按照级别（A00 级、A0 级、A 级、B 级、C 级、D 级，六个级别）分类，客车按照车型长度分类，专用车按照吨位分类。

根据不同的指数评分方法（详细的计算方法详见第 10.3 节），每个类别中指数排名最高的为 100 分，最低的为 60 分，中间部分按比例依次给分，见表 10-1。

表 10-1 评分方法

分数区间 / 分	级别
≥ 95 ～ 100（含）	★★★★★
≥ 90 ～ 95	★★★★☆
≥ 80 ～ 90	★★★★
≥ 70 ～ 80	★★★☆
≥ 60 ～ 70	★★★

10.3 “传统 + 大数据”的综合评价体系

10.3.1 概述

为了顺应行业发展需求，客观反映国内市场新能源汽车的产品品质，积极探索“传统 + 大数据”有机融合的综合评价体系，以对新能源汽车做出全方位、立体化、多层次、多视角的评价，为消费者选择品质更好、性价比更优的产品提供参考。本节以《中国新能源汽车评价规程》为例，介绍其结合新能源汽车传统测试方法和基于大数据评价指标体系的综合测试评价方法。

《中国新能源汽车评价规程》从新能源汽车测试的综合评价视角出发，将其分解为“能耗、安全、体验”三个评价维度分别制定标准和测试方法，同时，为了保障测试结果的真实有效和可量化，规程全部使用“客观评价”反映新能源汽车的总体表现。如图 10-4 所示，这三个评价维度相互联系、相互影响、相互作用，共同构成电动汽车综合评价体系。

1）能耗是车辆性能水平最重要的标志之一，反映能耗维度的常用指标有充电效能、续驶里程和能量消耗率。

2）车辆的安全包括使用安全、安全保护和碰撞安全。依据电动汽车特征，通过设置使用安全、安全保护和碰撞安全三个二级指标，系统评估车辆在试验过程中的耐环境性、误操作防护和事故中对乘员的保护能力。

3）根据消费者关心的车辆与驾驶员之间的交互和反馈环节，设计了体验维度，包含了通过实车测试的驾驶体验和通过大数据分析获取的耐用体验、质量体验和出行体验。

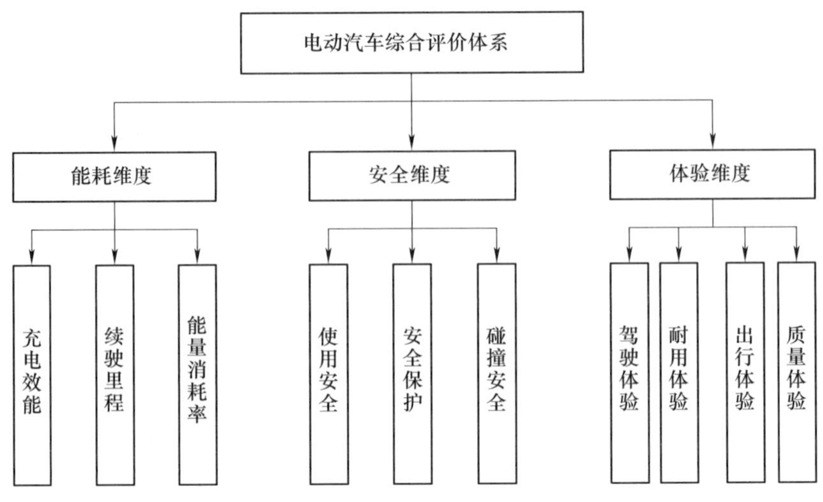

图 10-4　电动汽车综合评价体系

10.3.2　中国新能源汽车评价规程

《中国新能源汽车评价规程》（以下简称为规程）针对新能源汽车推出了测试方法与评价方法。本小节根据上文所述的三个评价维度分别介绍具体的测试与评价计算方法。

1. 数据筛选

规程由于引入了大数据技术，因此在对车辆大数据进行测试与评价之前，需进行车辆相关指标的数据清洗与筛选，具体的分类方法如下：

表 10-2 对不同整备质量的车辆进行了分类，通过测评同一类别的车辆进行大数据评分。表 10-3 将车辆分为非运营车辆和运营车辆两类。以每个城市 12 个月份的平均温度标准差的倒数与所有城市 12 个月份的平均温度标准差的倒数比值为参考依据，得到北京、上海、广州、深圳、重庆、天津、合肥、杭州、郑州 9 个典型城市的权重设置，见表 10-4。

表 10-2　车辆整备质量（CM）分类

分类 1	分类 2	分类 3	分类 4
CM ≤ 750kg	750kg < CM ≤ 950kg	950kg < CM ≤ 1150kg	1150kg < CM ≤ 1350kg
分类 5	分类 6	分类 7	分类 8
1350kg < CM ≤ 1550kg	1550kg < CM ≤ 1750kg	1750kg < CM ≤ 1950kg	1950kg < CM ≤ 2150kg
分类 9	分类 10	分类 11	
2150kg < CM ≤ 2350kg	2350kg < CM ≤ 2550kg	CM > 2550kg	

表 10-3　车辆日均行驶里程分类

日均行驶里程 /（km/ 天）	类别
≤ 100	非营运车辆
> 100	营运车辆

表 10-4　9 个典型城市的权重 k 设置

北京	上海	广州	深圳	重庆
$k = 0.08$	$k = 0.11$	$k = 0.16$	$k = 0.16$	$k = 0.12$
天津	合肥	杭州	郑州	
$k = 0.08$	$k = 0.09$	$k = 0.11$	$k = 0.09$	

2. 测试方法

（1）能耗维度

能耗维度的测试主要包括续驶里程测试、能量消耗率测试和充电效能测试三个部分。

1）续驶里程测试。续驶里程测试包括高速巡航续驶里程测试、不同温度工况续驶里程测试和里程稳定性测试。其中，高速巡航续驶里程测试与不同温度工况续驶里程测试主要采用传统实车测试的方式，里程稳定性测试则运用车辆行驶大数据进行计算。以下将重点阐述里程稳定性测试。

① 高速巡航续驶里程测试。按照纯电动汽车能耗测试规程设置常温环境条件、车辆状态、驾驶模式、变速器档位、空调。将车辆安装在底盘测功机上，对车辆进行预处理，完成底盘测功机设置。按照规程对车辆进行浸置，在浸置的同时为动力电池充满电，并在浸置完成后进行续驶里程测试。设置底盘测功机的风扇为风速跟随模式，起动车辆进行（120 ± 2）km/h 的等速测试。测试过程中允许停车两次，每次停车时间不允许超过 2min，当车辆的行驶速度达到测试规定的要求时停止测试，记录测试期间的停车次数和停车时间。测试工况结束、车辆停止时，记录车辆驶过的距离 D，单位用 km 表示，按照四舍五入圆整到整数，该距离即为高速巡航续驶里程。

② 不同温度工况续驶里程测试。按照纯电动汽车能耗测试规程设置高温 / 常温 / 低温环境条件、车辆状态、驾驶模式、变速器档位、空调等参数。将车辆安装在底盘测功机上，对车辆进行预处理，完成底盘测功机设置。按照规程对车辆进行浸置，在浸置的同时为动力电池充满电，浸置完成后进行续驶里程测试。设置底盘测功机的风扇为风速跟随模式，起动车辆运行 WLTC（全球轻型车统一测试循环）进行测试，当车辆的行驶速度达到规定的要求时停止测试。进行 WLTC 期间，每 4 个 WLTC 工况测试循环允许停车 10min。停车期间，车辆起动开关应处于“OFF”状态，并且关闭机舱盖、关闭测试台风扇，释放制动踏板，不能使用外接电源充电。测试工况结束之后，记录车辆驶过的距离 D，用 km 表示，按照四舍五入圆整到整数，该距离即为 WLTC 工况法测量的高温 / 常温 / 低温续驶里程。

③ 里程稳定性测试。通过引入大数据统计的车辆续驶里程，可以获取车辆在实际路况和使用过程中的续驶里程变化情况。“里程稳定性”表示某车型在指定 SOC 区间续驶里程相对值在统计周期内的标准差，该评价指标的数值越小，说明车辆的里程稳定性越高。使用式（10-27）计算某车型 SOC 区间里程相对值 φ，并按四舍五入保留 3 位小数。

$$\varphi = \frac{D}{D_\mathrm{d}} \tag{10-27}$$

式中 D——某车型在一次行驶行为中 SOC 从 80% 到 50% 区间的平均行驶里程；

D_d——该车型的标称行驶里程，由各厂商提供。

D 的计算流程：在某车型某月的所有行驶数据中，取一次 SOC 从 80% 到 50% 的过程（中间无充电），记录 SOC = 80% 对应的里程 D_1 及 SOC = 50% 对应的里程 D_2，则 $\Delta D = D_2 - D_1$ 为本次 SOC 从 80% 到 50% 过程中的行驶里程。重复该过程直至得出本月所有 SOC 从 80% 到 50% 的行驶里程，取平均值即为该车型在某统计月份中 SOC 从 80% 到 50% 区间的平均行驶里程 D。

按式（10-28）计算某车型的里程稳定性 σ_s，按四舍五入保留 3 位小数。

$$\sigma_s = \sqrt{\frac{1}{N-1}\sum_{i}^{N}(\varphi_i - \overline{\varphi})^2} \tag{10-28}$$

式中 σ_s——某车型 SOC 区间里程相对值标准差；

N——统计月份数，通常 $N = 12$；

φ_i——第 i 月 SOC 区间里程相对值平均值；

$\overline{\varphi}$——统计时间内 SOC 区间里程相对值的平均值。

2）能量消耗率测试。能量消耗率测试主要包括高速巡航能量消耗率测试、不同温度工况能量消耗率测试和能耗稳定性测试。其中，高速巡航能量消耗率测试与不同温度工况能量消耗率测试主要采用实车测试的方法，而能耗稳定性测试则运用车辆行驶大数据方法进行计算。以下重点介绍能耗稳定性测试。

能量消耗率 C（kW·h/100km）的计算公式（四舍五入保留 1 位小数）为

$$C = \frac{E_{\text{电网}}}{10D} \tag{10-29}$$

式中 $E_{\text{电网}}$——使用充电期间来自电网的能量（kW·h），四舍五入圆整到整数；

D——续驶里程（km）。

① 高速巡航能量消耗率测试。在完成高速巡航续驶里程测试后，在 2h 内将车辆与电网连接，并将动力电池充满电，通过式（10-29）计算得到高速巡航能量消耗率。若充电过程中电网断电，可根据停电时间适当延长相应的充电时间，并确认充电的有效性。

② 不同温度工况能量消耗率测试。完成高温 / 常温 / 低温续驶里程测试后，在 2h 内将车辆与电网连接，将动力电池充满电，并按照式（10-29）计算高温 / 常温 / 低温 WLTC 工况能量消耗率。若充电过程中电网断电，可根据停电时间适当延长相应的充电时间，并确认充电的有效性。

③ 能耗稳定性测试。通过引入大数据统计的车辆能量消耗率（即能耗），可以获取车辆在实际路况和使用过程中的能耗变化情况。能耗稳定性综合反映了环境、路况、使用、驾驶风格多种因素对能耗的影响。

能耗稳定性表示某车型在指定 SOC 区间百公里能耗相对值在统计周期内的标准差，该评价指标的数值越小，则说明车辆的能耗稳定性越高。

某一辆车的平均百公里能耗（保留 3 位小数）的计算公式为

$$C = \frac{\frac{1}{n}\sum_{i=1}^{n} E_i}{\frac{1}{m}\sum_{j=1}^{m} D_j} \times 100 \tag{10-30}$$

式中 C——某一辆车的平均百公里能耗（kW・h/ 100km）；

E_i——统计时间内第 i 次 SOC 从 50% 到 80% 的充电量（kW・h）；

n——统计时间内 SOC 从 50% 到 80% 的充电次数；

D_j——统计时间内第 j 次 SOC 从 80% 到 50% 的车辆行驶里程（km）；

m——统计时间内 SOC 从 80% 到 50% 的行驶次数。

某车型的平均百公里能耗（保留 3 位小数）的计算公式为

$$\overline{C} = \frac{1}{N}\sum_{k=1}^{k} C_k \tag{10-31}$$

式中 $\overline{C}$——某车型的平均百公里能耗（kW・h/ 100km）；

C_k——第 k 辆车的平均百公里能耗（kW・h/ 100km）；

N——该车型车辆数。

某车型统计时间内的能耗稳定性计算公式为

$$\sigma_{\mathrm{e}} = \sqrt{\frac{1}{N-1}\sum_{i=1}^{N}(C_i - \overline{C})^2} \tag{10-32}$$

式中 σ_{e}——该车型统计时间内的百公里能耗标准差（保留 3 位小数）；

N——统计月份数，通常 $N=12$；

C_i——该车型在第 i 月的平均百公里能耗（kW・h/ 100km）；

$\overline{C}$——该车型统计时间内百公里能耗的平均值（kW・h/ 100km）。

3）充电效能测试。充电效能测试主要包括 30min 快速充电效能测试。在常温环境舱的底盘测功机上，使动力电池达到放电截止条件。在测试规程要求的常温环境下，当动力电池达到放电截止条件的 2h 内使用 120kW 充电桩对车辆进行快速充电，从充电桩有电流输入开始计时，直到 30min 后截止充电。充电之前如果车辆需要移动，不允许使用车上的动力将车辆移动到下一个试验地点，且再生制动系统处于未起作用状态。读取 120kW 充电桩获取充电期间来自电网的能量 $E_{30\mathrm{min}}$，单位用 W・h 表示，并按照四舍五入圆整到整数。使用式（10-33）计算 30min 快速充电效能，用 km 表示，并按照四舍五入圆整到整数。若充电过程中电网断电，可根据停电时间适当延长相应的充电时间，并确认充电的有效性。

$$D_{30\mathrm{min}} = \frac{E_{30\mathrm{min}}}{C} \tag{10-33}$$

式中 $D_{30\mathrm{min}}$——30min 快速充电可行驶里程（km）；

$E_{30\mathrm{min}}$——30min 快速充电来自电网的能量（W・h）；

C——常温 WLTC 工况能量消耗率（W・h/km），四舍五入圆整到整数。

（2）安全维度

电动汽车的安全是电动汽车整个生态链的核心关注点。其中：功能安全包括失效防护、滥用保护和过温保护；碰撞安全表征成员安全；使用安全表示在测试过程中至少需要进行防水涉水测试、人员触电防护测试以及电磁兼容与防护测试。下文将介绍电动汽车安全测试，并详细给出基于大数据的使用安全和功能安全的测试流程。

1）使用安全测试。使用安全测试主要包括防水涉水测试、人员触电防护测试、电磁兼容与防护测试，通过实车测试验证电动汽车是否符合使用安全标准。

2）安全保护测试。安全保护测试包括失效防护测试、过放电滥用保护测试与过温保护测试。其中，失效防护测试与过放电滥用保护测试主要通过实车测试来验证电动汽车是否符合功能安全要求。过温保护测试主要采用基于大数据的方法，其具体测试方法介绍如下：

过温保护是对车辆各零部件温度的报警表现进行评估的指标，包括 DC/DC 温度报警、驱动电机控制器温度报警、驱动电机温度报警和电池温度报警四项。具体计算方法分别见式（10-34）～式（10-37）。

$$f_{\mathrm{de\_ot}}=\frac{n_{\mathrm{dc\_ot}}}{j} \tag{10-34}$$

$$f_{\mathrm{mc\_ot}}=\frac{n_{\mathrm{mc\_ot}}}{j} \tag{10-35}$$

$$f_{\mathrm{m\_ot}}=\frac{n_{\mathrm{m\_ot}}}{j} \tag{10-36}$$

$$f_{\mathrm{b\_ot}}=\frac{n_{\mathrm{b\_ot}}}{j} \tag{10-37}$$

式中 $f_{\mathrm{dc\_ot}}$——某一辆车的 DC/DC 温度报警占比；

$f_{\mathrm{mc\_ot}}$——某一辆车的驱动电机控制器温度报警占比；

$f_{\mathrm{m\_ot}}$——某一辆车的驱动电机温度报警占比；

$f_{\mathrm{b\_ot}}$——某一辆车的电池温度报警占比；

j——统计时间内上传的总报文数；

$n_{\mathrm{dc\_ot}}$——统计时间内车辆 DC/DC 温度报警次数；

$n_{\mathrm{mc\_ot}}$——统计时间内驱动电机控制器温度报警次数；

$n_{\mathrm{m\_ot}}$——统计时间内驱动电机温度报警次数；

$n_{\mathrm{b\_ot}}$——统计时间内电池温度报警次数。

某一辆车的温度保护指标计算公式为

$$f_{\mathrm{qec}}=k_1 f_{\mathrm{dc\_ot}}+k_2 f_{\mathrm{mc\_ot}}+k_3 f_{\mathrm{m\_ot}}+k_4 f_{\mathrm{b\_ot}} \tag{10-38}$$

式中 f_{qec}——某一辆车的温度保护指标数值；

k_1——DC/DC 温度报警占比权重，$k_1=0.25$；

k_2——驱动电机控制器温度报警占比权重，$k_2=0.25$；

k_3——驱动电机温度报警占比权重，$k_3=0.25$；

k_4——电池温度报警占比权重，$k_4=0.25$。

某车型的温度保护指标数值计算公式为

$$\overline{f_{\text{qec}}}=\frac{1}{N}\sum_{k=1}^{N}f_{k\_\text{qec}} \quad (10\text{-}39)$$

式中 $\overline{f_{\text{qeb}}}$——某一车型的温度保护指标数值；

f_{k_qec}——第 k 辆车的温度保护指标数值；

N——该车型车辆数。

（3）体验维度

体验维度的评价指标主要包括驾驶体验、耐用体验、出行体验以及质量体验四个方面。其中，耐用体验评价包括里程衰退指标和电池能量衰退指标；质量体验评价包括整车故障率指标和电池故障率指标；出行体验评价包括里程信赖指标和充电时长指标；驾驶体验的描述包含了动力和噪声两个方面。本文着重阐述基于大数据分析的“体验维度”测试方法。

1）驾驶体验测试方法。驾驶体验测试主要包括动力测试和噪声测试。动力测试主要包括最高车速测试、起步加速性能测试（0～100km/h）、起步加速性能测试（0～50km/h）、超车加速性能测试（80～120km/h）。噪声测试主要包括怠速车内噪声测试和匀速车内噪声测试（80km/h 和 120km/h）。驾驶体验测试按照纯电动汽车体验测试规程进行即可。

2）耐用体验测试方法。

① 里程衰退测试方法。里程衰退指标定义为某车型在测评周期内，车型的平均万公里里程衰退百分比。该指标用于表明车辆运行一段周期后可行驶里程的变化情况。该指标数值越小，说明车辆的耐用性越高。

这里使用式（10-40）计算某一辆车的里程衰退指标，使用式（10-41）计算某一车型的里程衰退指标。

$$m_{\text{d}}=\frac{\dfrac{D_{\text{start}}-D_{\text{end}}}{\Delta D}}{D_{\text{标称}}\times 0.3}\times 10000 \quad (10\text{-}40)$$

式中 m_{d}——某一车型的某一辆车的万公里里程衰退百分比；

D_{start}——评测周期开始时车辆 SOC 从 80% 到 50% 的可行驶里程（km）；

D_{end}——评测周期结束时车辆 SOC 从 80% 到 50% 的可行驶里程（km）；

ΔD——评测周期内车辆的总行驶里程（km）；

$D_{\text{标称}}$——车辆的标称续驶里程（km）（工业和信息化部公告的续驶里程）。

$$\overline{m_{\text{d}}}=\frac{1}{N}\sum_{k=1}^{N}m_{\text{d},k} \quad (10\text{-}41)$$

式中 $\overline{m_{\text{d}}}$——某一车型的平均万公里里程衰退百分比；

$m_{\text{d},k}$——第 k 辆车的万公里里程衰退百分比；

N——该车型的统计样本量。

② 电池能量衰退测试方法。电池能量衰退指标表示某车型在测评周期内，车型的平均万公里电池能量衰退百分比。该指标用于表明车辆运行一段周期后电池能量的变化情况。其数值越小，说明车辆的耐用性越高。

使用式（10-42）计算电池能量指标，使用式（10-43）计算某一辆车的电池能量衰退指标，使用式（10-44）计算某一车型的电池能量衰退指标。

$$E=\frac{1}{3600\times1000}\sum_{i=1}^{n}U(k)I(k)\Delta t \tag{10-42}$$

式中 E——电池 SOC 从 50% 到 80% 的充电能量（kW・h）;

n——电池 SOC 从 50% 到 80% 的数据条数;

$U(k)$——电池 k 时刻的电压（V）;

$I(k)$——电池 k 时刻的电流（A）;

Δt——数据采样周期（s）。

$$e_{\mathrm{d}}=\frac{\dfrac{E_{\mathrm{start}}-E_{\mathrm{end}}}{\Delta D}}{E_{标称}\times0.3}\times10000 \tag{10-43}$$

式中 e_{d}——某一车型的某一辆车的万公里电池能量衰退百分比；

E_{start}——评测周期开始时车辆电池 SOC 从 50% 到 80% 的可充入能量（kW・h）;

E_{end}——评测周期结束时车辆电池 SOC 从 50% 到 80% 的可充入能量（kW・h）;

ΔD——评测周期内车辆的总行驶里程（km）;

$E_{标称}$——车辆电池的标称能量（kW・h）(工业和信息化部公告的能量)。

$$\overline{e_{\mathrm{d}}}=\frac{1}{N}\sum_{k=1}^{N}e_{\mathrm{d},k} \tag{10-44}$$

式中 $\overline{e_{\mathrm{d}}}$——某一车型的平均万公里电池能量衰退百分比；

$e_{\mathrm{d},k}$——第 k 辆车的万公里电池能量衰退百分比；

N——该车型的统计样本量。

3）质量体验测试方法。

① 整车故障率测试方法见安全维度中功能安全测试的过温保护测试方法。

② 电池故障率测试方法。电池故障率指标表示某一类车型的动力电池在电压不一致性方面的综合表现。通过式（10-45）～式（10-48）可以计算某一辆车的单体电池过电压占比、平均潜在故障单体占比、电池一致性报警占比及电池电压不一致率。

$$f_{\mathrm{V\_os}}=\frac{n_{\mathrm{V\_os}}}{j} \tag{10-45}$$

$$f_{\mathrm{V\_3\sigma}}=g_1\left(\frac{\sum_{t=1}^{j}n_{t\_3\sigma}}{jn}\right) \tag{10-46}$$

$$f_{\mathrm{b\_sa}}=\frac{n_{\mathrm{b\_sa}}}{j} \tag{10-47}$$

$$f_{\mathrm{V\_ms}}=g_2\left(\frac{\sum_{t=1}^{j}S_t}{j}\right) \tag{10-48}$$

式中 f_{V_os}——某一辆车的单体电池过电压占比；

$f_{V\_3\sigma}$——某一辆车的平均潜在故障单体占比；

f_{b_sa}——某一辆车的电池一致性报警占比；

f_{V_ms}——某一辆车的电池电压不一致率；

n_{V_os}——统计时间内单体电池电压报警次数；

j——统计时间内上传的总报文数；

$n_{t\_3\sigma}$——在任一时刻 t，单体电压超出 $\pm 3\sigma$（正负 3 倍标准差）的单体个数；

n——某一辆车电池单体总数；

n_{b_sa}——统计时间内电池一致性报警次数；

S_t——任一时刻 t 所有单体电压值的方差；

g_1——平均潜在故障单体占比映射关系，见表 10-5；

g_2——电池电压的方差均值映射关系，见表 10-6。

通过计算超出单体电压 $\pm 3\sigma$ 占比的平均值，根据计算结果所在区间和平均潜在故障单体占比映射关系 g_1，可以得到车辆的平均潜在故障单体占比。

表 10-5 平均潜在故障单体占比映射关系

超出单体电压 $\pm 3\sigma$ 占比的平均值	g_1
0	0
(0，5%]	0.05
(5%，10%]	0.1
(10%，15%]	0.15
(15%，+∞)	1

通过对 2018 年 9 月全国车企的新能源汽车进行电池电压方差均值进行统计，得到的统计结果见表 10-6；再通过计算电池电压的方差均值，根据计算结果所在区间和电池电压的方差均值映射关系 $g_2(x)$，最后得到车辆的电池电压不一致率结果。

表 10-6 电池电压的方差均值映射关系

电池电压的方差均值	g_2
$(-\infty，10^{-5}]$	0
$(10^{-5}，10^{-3}]$	0.05
$(10^{-3}，0.1]$	0.1
(0.1，0.85]	0.15
(0.85，+∞)	1

使用式（10-49）可计算某一辆车的电池故障率指标。即

$$f_{qeb} = k_1 f_{V\_os} + k_2 f_{V\_3\sigma} + k_3 f_{b\_sa} + k_4 f_{V\_ms} \tag{10-49}$$

式中 f_{qeb}——某一辆车的电池故障率；

k_1——单体电池过电压占比权重，$k_1 = 0.2$；

k_2——平均潜在故障单体占比权重，$k_2 = 0.3$；

k_3——电池一致性报警占比权重，$k_3 = 0.2$；

k_4——电池电压不一致率权重，$k_4 = 0.3$。

使用式（10-50）可计算某车型的电池故障率指标。即

$$\overline{f_{\text{qeb}}} = \frac{1}{N}\sum_{k=1}^{N} f_{k\_\text{qeb}} \tag{10-50}$$

式中 $\overline{f_{\text{qeb}}}$——某一车型的电池故障率；

$f_{\text{k\_qeb}}$——第 k 辆车的电池故障率；

N——该车型的统计样本量。

4）出行体验测试方法。出行体验反映了用户对于车辆的信任程度，间接说明车辆性能对用户行为的影响。引入车辆实际运行数据，计算其里程信赖指标和充电时长指标，可以反映车辆的实际使用效果，最终综合用户出行体验的差异性来评判车型的性能。

① 里程信赖测试方法。里程信赖指标定义为某车型日间（6：00—18：00）充电开始 SOC 的中位数。考虑车辆主要在日间行驶，日间的充电反映了用户当下的行驶需要，充电开始 SOC 越高，表征用户对新能源汽车续驶里程越不信任，即对用户来说，车辆标称续驶里程与实际里程相差越大。某个车型全体用户充电起始 SOC 反映了用户对于里程的信赖程度，也从侧面反映出了车辆实际续驶里程与标称里程的接近程度。使用式（10-51）和式（10-52）可分别计算某一车辆和某车型在日间时段充电开始 SOC 的中位数。

$$e_{\text{v}m} = \text{median}\{\text{SOC}_{\text{vstart\_1}}, \cdots, \text{SOC}_{\text{vstart\_}k}, \cdots, \text{SOC}_{\text{vstart\_}m}\} \tag{10-51}$$

$$e_{\text{t}m} = \text{median}\{e_{\text{v}m\_1}, \cdots, e_{\text{v}m\_i}, \cdots, e_{\text{v}m\_n}\} \tag{10-52}$$

式中 $e_{\text{v}m}$——某一车辆日间充电开始 SOC 的中位数；

$\text{SOC}_{\text{vstart\_}k}$——某一车辆日间第 k 次充电的充电开始 SOC；

m——某一车辆在日间充电的总次数；

$e_{\text{t}m}$——某车型日间充电开始 SOC 的中位数；

$e_{\text{v}m\_i}$——某车型第 i 辆车日间充电开始 SOC 的中位数；

n——该车型车辆数。

② 充电时长测试方法。充电时长的测试以某车型快充模式下的单次充电时长的中位数为指标。用户选择快充表征短时间内对车辆有行驶需求，充电时长短，表明车辆能够在较短时间内响应用户的行驶需求。某个车型全体用户快充模式下的单次充电时长反映了车辆快速满足用户行驶需求的能力，也从侧面反映了纯电动汽车的充电能力。

根据车辆的充电功率 P 可对充电模式进行划分，见表 10-7。

表 10-7 充电模式分类

P/kW	充电模式
≤ 7	慢充
> 7	快充

使用式（10-53）和式（10-54）可分别计算某一车辆和某车型在快充模式下的充电时长指标。

电动汽车工程手册 — 第九卷

$$e_{vcd}=\text{median}\{t_{vch\arg e\_1},\cdots,t_{vch\arg e\_k},\cdots,t_{vch\arg e\_m}\} \quad (10\text{-}53)$$

$$e_{tcd}=\text{median}\{e_{vcd\_1},\cdots,e_{vcd\_i},\cdots,e_{vcd\_n}\} \quad (10\text{-}54)$$

式中　e_{vcd}——某一车辆快充充电时长的中位数；

$t_{vch\arg e\_k}$——某一车辆第 k 次快充充电的充电时长；

m——某一车辆快充充电总的充电次数；

e_{tcd}——某车型快充充电时长的中位数；

e_{vcd_i}——某车型第 i 辆车快充充电时长的中位数；

n——该车型车辆数。

3. 评价方法

（1）能耗维度

能耗方面的评价将同时关注单一车型和车群的评价，同时在工况的选择方面充分考虑了工况的稳态 / 瞬态特性、不同功率等级特性，同时运用新能源汽车大数据分析车群实际运行过程的能耗稳定性表现。另外，基于再生制动能量回收效果的评价和充电效能也纳入能耗评价的范畴。

如图 10-4 所示，充电效能、续驶里程和能耗消耗率是能耗维度的三个重要指标。下文将简单阐述这三个指标的评价方法。

1）续驶里程评价方法。在续驶里程的评价方法中，需要将“高速巡航续驶里程”和“不同温度工况续驶里程”作为考核项进行评分，同时将“里程稳定性”作为加分项纳入考核评分体系。考核项评分需要对各工况的续驶里程进行测试，然后根据各工况续驶里程的数值进行评分，满分为 100 分。以常温 WLTC 工况为例，其评分方法见表 10-8。

表 10-8　常温 WLTC 工况续驶里程评分方法

常温 WLTC 工况续驶里程 D/km	评分 S（百分制）
$D<90$	$S=0$ 分
$90\leqslant D<180$	20 分 $\leqslant S<60$ 分，线性插值
$180\leqslant D<310$	60 分 $\leqslant S<80$ 分，线性插值
$310\leqslant D<500$	80 分 $\leqslant S<100$ 分，线性插值
$D\geqslant 500$	$S=100$ 分

加分项评分主要根据式（10-55）计算某车型在表 10-4 中 9 个城市的综合里程稳定性指标；其次根据式（10-56）对某车型的里程稳定性进行评分，评分时该车型指标计算结果与表 10-4 中 9 个典型城市车辆指标计算结果进行对比，四舍五入保留一位小数，最终得到某车型在当前整备质量级别的非运营里程和运营里程的稳定性分数。

$$\text{车型综合里程稳定性}=\sum_{i=1}^{9}k_i\times\text{该车型在第}i\text{个城市的里程稳定性} \quad (10\text{-}55)$$

式中　k_i——第 i 个城市的权重，见表 10-4。

$$\text{里程稳定性分数}=100-\frac{\text{小于某车型统计时间内平均里程稳定性的车辆数量}}{\text{该类型全部车辆数量}}\times 40 \quad (10\text{-}56)$$

2）能量消耗率评价方法。能量消耗率评价将“高速巡航能耗”和“不同温度工况能耗”作为考核项进行评分，将“能耗稳定性”作为加分项进行评分。考核项评分需要对各工况能量消耗率进行测试，结合该车型的能量消耗率指标限值（表 10-9）对各项考核指标进行评分（满分为百分制），评分方法见表 10-10。所得分数按照四舍五入保留一位小数。

表 10-9　能量消耗率指标限值

指标名称	能耗上限	能耗下限
常温 120km/h 等速能量消耗率	$C=0.0071M+11.673$	$C=0.0056M+7.3239$
常温 WLTC 工况能量消耗率	$C=0.0061M+9.1403$	$C=0.0043M+5.4614$
低温 WLTC 工况能量消耗率	$C=0.0078M+12.406$	$C=0.0059M+8.1682$
高温 WLTC 工况能量消耗率	$C=0.0066M+10.069$	$C=0.0049M+6.0926$

注：C 表示能量消耗率（kW·h/100km），计算结果四舍五入圆整保留一位小数；M 表示车辆整备质量（kg），四舍五入圆整至整数。

表 10-10　能量消耗率评分方法

指标名称	评价方法	评分标准 S（百分制）
能量消耗率 C	$C \geqslant 1.2C_{上限}$	$S=0$ 分
	$C_{上限}<C<1.2C_{上限}$	0 分 $<S<$ 60 分，线性插值
	$C=C_{上限}$	$S=60$ 分
	$C_{下限}<C<C_{上限}$	60 分 $<S<$ 100 分，线性插值
	$C \leqslant C_{下限}$	$S=100$ 分

加分项评分根据式（10-57）计算某车型在表 10-4 中 9 个城市的综合能耗稳定性指标，其次根据式（10-58）对某车型的能耗稳定性进行评分，评分时该车型指标计算结果与表 10-4 中 9 个典型城市车辆指标计算结果进行对比，四舍五入保留一位小数，最终得到某车型在当前整备质量级别的非运营能耗和运营能耗的稳定性分数。

$$车型综合能耗稳定性=\sum_{i=1}^{9}k_i\times 该车型在第i个城市的能耗稳定性 \tag{10-57}$$

式中　k_i——第 i 个城市的权重，见表 10-4。

$$能耗稳定性分数=100-\frac{小于某车型统计时间内平均能耗稳定性的车辆数量}{该类型全部车辆数量}\times 40 \tag{10-58}$$

3）充电效能评价方法。充电效能是能耗维度的重要指标之一。因此，针对用户对电动汽车的充电体验，可选择 30min 快速充电可行驶里程指标对充电效能进行评价，以模拟对短时间快速充电的实际使用场景。以 WLTC 工况为例，根据电动汽车续驶里程的不同，将 30min 快充续驶里程指标分为不同类别，并逐一进行插值评分，得到充电效能的最后考核评分，见表 10-11。

表 10-11　充电效能评分方法

30min 快充常温 WLTC 续驶里程 D/km	评分标准 S（百分制）
$D<55$	$S=0$ 分
$55 \leqslant D<110$	20 分 $\leqslant S<60$ 分，线性插值
$110 \leqslant D<180$	60 分 $\leqslant S<80$ 分，线性插值
$180 \leqslant D<300$	80 分 $\leqslant S<100$ 分，线性插值
$D \geqslant 300$	$S=100$ 分

（2）安全维度

在电动汽车评价规程中，通过设置使用安全、功能安全和碰撞安全三个指标，可以系统评估车辆在试验过程中的耐环境性、误操作防护能力以及事故中对乘员的保护能力。下文将给出基于大数据的使用安全和功能安全的评分方法。

1）使用安全评分规程。使用安全评分分为防水涉水评分、人员触电防护评分和电磁兼容与防护评分。防水涉水评分方法见表 10-12。

表 10-12　防水涉水评分方法

指标名称	评价方法	得分 / 分
150mm 涉水测试	绝缘电阻 < 500Ω/V	0
	绝缘电阻 ≥ 500Ω/V	40
	绝缘电阻 ≥ 500Ω/V 且涉水过程未出现漏电情况	60
	绝缘电阻 ≥ 500Ω/V、涉水过程未出现漏电情况且涉水过程车辆未报故障	80
	绝缘电阻 ≥ 500Ω/V、涉水过程未出现漏电情况、涉水过程车辆未报故障且涉水过程能够维持目标车速	100
300mm 涉水测试	绝缘电阻 < 500Ω/V	0
	绝缘电阻 ≥ 500Ω/V	40
	绝缘电阻 ≥ 500Ω/V 且涉水过程未出现漏电情况	60
	绝缘电阻 ≥ 500Ω/V、涉水过程未出现漏电情况且涉水过程车辆未报故障	80
	绝缘电阻 ≥ 500Ω/V、涉水过程未出现漏电情况、涉水过程车辆未报故障且涉水过程能够维持目标车速	100

人员触电防护评分时，若满足防护要求则为 100 分，不满足为 0 分。

电磁兼容与防护评分按照中国汽车健康指数 CAHI-SM-EMR—2018《车辆电磁辐射（EMR）测试及评价规程》进行。

2）功能安全评分标准。功能安全评分分为失效防护评分、过放电滥用保护评分和过温保护评分三类。失效防护评分根据电池失效后的现象严重程度按百分制评分。过放电滥用保护评分根据电池过放电滥用后的现象严重程度按百分制评分。下面详细介绍基于大数据的过温保护评分规程。

过温保护评分规程需首先进行过温保护测试，对测试结果进行评分。根据式（10-59）计算某车型在表 10-4 中 9 个城市的综合温度保护指标。根据式（10-60）对某车型的温度保护指标进行评分，评分时该车型指标计算结果与表 10-4 中 9 个典型城市车型指标计算结果的对比，四舍五入保留一位小数，最终得到某车型在当前整备质量级别的非运营和运营两个过温保护分数。

$$\text{车型综合过温保护指标} = \sum_{i=1}^{9} k_i \times \text{该车型在第}i\text{个城市过温保护指标} \tag{10-59}$$

式中　k_i——第 i 个城市的权重，见表 10-4。

$$\overline{e_{\text{qec}}} = \frac{\overline{f_{\text{qec(max)}}} - \overline{f_{\text{qec}(i)}}}{\overline{f_{\text{qec(max)}}} - \overline{f_{\text{qec(min)}}}} \times 40 + 60 \tag{10-60}$$

式中　$\overline{f_{\text{qec}(i)}}$——某车型的过温保护指标；

$\overline{f_{\text{qec(max)}}}$——所有车型中过温保护指标最大值；

$\overline{f_{\text{qec(min)}}}$——所有车型中过温保护指标最小值。

（3）体验维度

体验维度的评价指标主要包括驾驶体验、耐用体验、出行体验以及质量体验四个方面。下文基于大数据分析的体验维度测试方式，给出体验维度的具体评价方法。

1）驾驶体验评价方法。驾驶体验评分按照表 10-13 进行。对于每一个单项指标，若实际指标低于最差值，则评分为 0；若高于最佳值，则评分为 100；若在限值之内，则根据插值法评分。

表 10-13　驾驶体验评价项目

评价项目	测试场景	评价方法
动力	最高车速	90km/h ≤ v ≤ 170km/h
	0 ～ 100km/h 加速	5.0s ≤ t ≤ 15.0s
	0 ～ 50km/h 加速	2.3s ≤ t ≤ 6.1s
	80 ～ 120km/h 加速	3.0s ≤ t ≤ 9.0s
噪声	怠速车内噪声	41dB(A) ≤ SPL ≤ 46dB(A)
	匀速车内噪声（80km/h）	60dB(A) ≤ SPL ≤ 66dB(A)
	匀速车内噪声（120km/h）	67dB(A) ≤ SPL ≤ 73dB(A)

注：v—车速；t—加速时间；SPL—噪声。

2）耐用体验评价方法。规程中按照 CEVE-TP-EVE-A1—2019《纯电动汽车　体验测试规程》对“里程衰退”和“电池能量衰退”指标进行测试。

① 里程衰退指标评分标准。根据式（10-61）计算某车型在表 10-4 中 9 个城市的综合里程衰退指标。根据式（10-62）对某车型的里程衰退指标进行评分，评分时该车型指标计算结果与表 10-4 中 9 个典型城市车辆指标计算结果进行对比，四舍五入保留一位小数，得到某车型在当前整备质量级别的非运营和运营两个里程衰退分数。

$$\text{车型综合里程衰退指标} = \sum_{i=1}^{9} k_i \times \text{该车型在第}i\text{个城市的里程衰退指标} \tag{10-61}$$

式中　k_i——第 i 个城市的权重，见表 10-4。

$$\text{里程衰退分数} = 100 - \frac{\text{小于某车型统计时间内万公里衰退里程百分比的车辆数量}}{\text{该类型全部车辆数量}} \times 40 \tag{10-62}$$

② 电池能量衰退指标评分标准。使用式（10-63）计算某车型在表 10-4 中 9 个城市的综合电池能量衰退指标，然后用式（10-64）对某车型的电池能量衰退指标进行评分，评分时该车

型指标计算结果与表 10-4 中 9 个典型城市车辆指标计算结果进行对比，四舍五入保留一位小数，最终得到某车型在当前整备质量级别的非运营和运营两个状态下的电池能量分数。

$$车型综合电池能量衰退指标=\sum_{i=1}^{9}k_i\times 该车型在第i个城市的电池能量衰退指标 \tag{10-63}$$

式中　k_i——第 i 个城市的权重，见表 10-4。

$$能量衰退分数=100-\frac{小于某车型统计时间内万公里衰退能量百分比的车辆数量}{该类型全部车辆数量}\times 40 \tag{10-64}$$

3）质量体验评价方法。规程中按照 CEVE-TP-EVE-A1—2019《纯电动汽车　体验　测试规程》对“电池故障率”指标进行测试。在测试之前，需对车辆数据及城市进行筛选。

① 整车故障率指标评分标准见安全维度中功能安全中的过温保护评分规程。

② 电池故障率指标评分标准。首先根据式（10-65）计算某车型在表 10-4 中 9 个城市的综合电池故障率指标。其次使用式（10-66）对某车型的电池故障率指标进行评分，评分时该车型指标计算结果与表 10-4 中 9 个典型城市车型指标计算结果进行对比，四舍五入保留一位小数，最终得到某车型在当前整备质量级别的非运营和运营两个电池故障分数。

$$车型综合电池故障率指标=\sum_{i=1}^{9}k_i\times 该车型在第i个城市电池故障率指标 \tag{10-65}$$

式中　k_i——第 i 个城市的权重，见表 10-4。

$$\overline{e_{\mathrm{qeb}}}=\frac{\overline{f_{\mathrm{qeb(max)}}}-\overline{f_{\mathrm{qeb}(i)}}}{\overline{f_{\mathrm{qeb(max)}}}-\overline{f_{\mathrm{qeb(min)}}}}\times 40+60 \tag{10-66}$$

式中　$\overline{f_{\mathrm{qec}(i)}}$——某车型的电池故障率；

$\overline{f_{\mathrm{qec(max)}}}$——所有车型中最大电池故障率；

$\overline{f_{\mathrm{qec(min)}}}$——所有车型中最小电池故障率。

4）出行体验评价方法。规程中按照 CEVE-TP-EVE-A1—2019《纯电动汽车　体验　测试规程》对“里程信赖”和“充电时长”指标进行测试。在测试之前，需对车辆数据及城市进行筛选。

① 里程信赖指标评分标准。首先根据式（10-67）计算某车型在表 10-4 中 9 个城市的综合里程信赖指标。其次使用式（10-68）对某车型的里程信赖指标进行评分，评分时该车型指标计算结果与表 10-4 中 9 个典型城市车型指标计算结果进行对比，四舍五入保留一位小数，最终得到某车型在当前整备质量级别的非运营和运营两个里程信赖分数 e_{MI}。

$$车型综合里程信赖指标=\sum_{i=1}^{9}k_i\times 该车型在第i个城市里程信赖指标 \tag{10-67}$$

式中　k_i——第 i 个城市的权重，见表 10-4。

$$e_{\mathrm{MI}}=100-40\times\frac{e_{\mathrm{t}m(i)}-e_{\mathrm{t}m(\min)}}{e_{\mathrm{t}m(\max)}-e_{\mathrm{t}m(\min)}} \tag{10-68}$$

式中　$e_{tm(i)}$——某车型里程信赖指标；

$e_{tm(min)}$——所有车型中最小的里程信赖指标；

$e_{tm(max)}$——所有车型中最大的里程信赖指标。

② 充电时长指标评分标准。首先使用式（10-69）计算某车型在表 10-4 中 9 个城市的综合充电时长指标。其次使用式（10-70）对某车型的充电时长指标进行评分，评分时该车型指标计算结果与表 10-4 中 9 个典型城市车型指标计算结果的对比，四舍五入保留一位小数，最终得到某车型在当前整备质量级别的非运营和运营两个充电时长分数 e_{CDI}。

$$\text{车型综合充电时长指标} = \sum_{i=1}^{9} k_i \times \text{该车型在第}i\text{个城市充电时长指标} \tag{10-69}$$

式中　k_i——第 i 个城市的权重，见表 10-4。

$$e_{CDI} = 100 - 40 \times \frac{e_{tcd(i)} - e_{tcd(min)}}{e_{tcd(max)} - e_{tcd(min)}} \tag{10-70}$$

式中　$e_{tcd(i)}$——某车型的充电时长指标；

$e_{tcd(min)}$——所有车型中最小的充电时长指标；

$e_{tcd(max)}$——所有车型中最大的充电时长指标。

第11章 电动汽车常见故障与处理方法

本章从电动汽车动力系统、底盘系统、电气设备及空调系统四个方面分别介绍了常见的故障及相应处理方法，并对纯电动乘用车、纯电动客车和纯电动环卫车这三类典型车辆的故障进行了总结。

11.1 动力系统常见故障及处理方法

11.1.1 动力电池系统

电动汽车动力电池系统的功能是保证整车动力系统电能的供给，并随时检测整个动力电池系统的绝缘失效、断路故障、接地故障和高压故障等，是保证整车设备和人员安全的重要保障，也是电动汽车产业化的关键技术之一。

动力电池系统属于高压部件，其设计的好坏直接影响整车安全性和可靠性。在动力电池系统中，常见的故障有传感器故障、执行器故障（接触器故障）和部件故障（电芯故障）等。这些故障将导致电动汽车系统性能下降甚至引发安全事故，造成人员伤亡和财产损失，因此动力电池系统故障诊断及处理十分必要。

按故障发生的位置动力电池系统故障可以分为三类：单体电池故障、电池管理系统故障、线路或连接件故障。

1. 单体电池故障

单体电池故障包括以下三种：

第一种故障，单体电池性能表现正常，但相对于电池包内其余单体出现 SOC 偏低或偏高的情况，可通过电池均衡方式来改善，无须更换。若单体电池 SOC 偏低，则该电池在电动汽车行驶过程中，电压最先达到放电截止电压，使电池组实际可用容量降低，应对该单体电池进行补充充电；若单体电池 SOC 偏高，则该电池在充电末期最先达到充电截止电压，影响充电容量，应对该单体电池进行单独放电消耗。

第二种故障，单体电池性能严重衰退，具体表现为单体电池容量不足或单体电池内阻偏大。在电池组中，最小的单体电池容量限制了整个电池组的容量，因此单体电池容量不足会影响整车的续驶里程。电池内阻过大，会严重影响其电化学性能，如充放电过程中极化现象严重、活性物质利用率低、循环性能差等。

第三种故障，单体电池影响行车安全，对应故障有单体电池内部或外部短路，造成故障的主要原因有单体电池极性装反，以及在强振动下电池极耳 / 极片上活性物质、接线柱、外部连线和焊点发生折断或脱落。

通常情况下，造成单体电池前两种故障的原因可能有两个：一是动力电池成组时单体电池间的一致性问题，单体电池的 SOC、容量以及内阻本身就存在差异；二是单体电池在成组应用过程中由于应用环境差异（如温度、充放电电流）导致的一致性差异增加，加剧了单体电池的不一致性。

2. 电池管理系统故障

电池管理系统能够保障电池组的安全和延长使用寿命，最大限度地发挥电池系统效能。电池管理系统一般对单体电压、总电压、总电流和温度等进行实时监控采样，并将实时参数反馈给整车控制器。电池管理系统除对电池性能参数进行监控、实施电性能管理以外，还具备以热管理为主的应用环境管理，对电池进行加热或冷却以保证电池工作于良好的应用环境温度，同时调节温度分布的一致性。一旦电池管理系统发生故障，就意味着失去了对电池的监控，无法估计电池的 SOC，容易导致电池出现过充电、过放电、过载、过热以及不一致性问题的增加，影响电池的性能、使用寿命，危害行车安全。

电池管理系统常见故障包括 CAN 通信故障、总电压测量故障、单体电压测量故障、电流测量故障、温度测量故障、继电器故障、加热器故障和冷却系统故障等。

3. 线路或连接件故障

线路或连接件故障诊断对于保证行车安全和整车可靠性来说也十分重要。例如，车辆振动使得单体电池间的连接螺栓出现松动，电池间接触电阻增大，甚至引起电池间虚接故障，导致电池组内部能量损耗增加，从而使得车辆动力不足，降低车辆的续驶里程；在极端工况下还可能引发高温，产生电弧，熔化电池电极和连接片，甚至造成电池着火等严重的电池安全事故。

在电动汽车运行过程中，单体电池之间的位置可能出现相对跳动，造成两电池间的连接片折断。电池箱与电动汽车的电气连接也是故障的高发点，电插接器在经历长时间振动后容易虚接，出现烧蚀、接触不良等故障。

动力电池系统常见故障及处理方法见表 11-1。

表 11-1 动力电池系统常见故障及处理方法

<table>
<tr><th>动力电池系统</th><th>故障现象</th><th>故障后果</th><th>处理方法</th></tr>
<tr><td rowspan="9">单体电池</td><td>单体电池 SOC 偏低</td><td rowspan="2">电池组容量降低，电动汽车续驶里程短</td><td>对单体电池单独充电</td></tr>
<tr><td>单体电池 SOC 偏高</td><td>对单体电池单独放电</td></tr>
<tr><td>单体电池容量不足</td><td>电池组充电不足、使用寿命减少，电动汽车续驶里程短</td><td rowspan="2">更换单体电池</td></tr>
<tr><td>单体电池内阻偏大</td><td>电池组充电不足、使用寿命减少，电动汽车动力不足、续驶里程短</td></tr>
<tr><td>单体电池过充电</td><td rowspan="2">电池内部短路、电池热失控，严重时会起火、爆炸</td><td rowspan="2">检查电池管理系统</td></tr>
<tr><td>单体电池过放电</td></tr>
<tr><td>单体电池内部短路</td><td rowspan="3">电池温升剧烈，严重时会起火、爆炸</td><td>更换单体电池</td></tr>
<tr><td>单体电池外部短路</td><td>排除短路故障、更换单体电池</td></tr>
<tr><td>单体电池极性装反</td><td>更换单体电池</td></tr>
<tr><td rowspan="6">电池管理系统</td><td>CAN 通信故障</td><td>无法及时传输数据</td><td>检查 CAN 网络</td></tr>
<tr><td>总电压测量故障</td><td>无法监控总电压</td><td>检查总电压测量模块</td></tr>
<tr><td>单体电压测量故障</td><td>无法监控单体电压</td><td>检查单体电压测量模块</td></tr>
<tr><td>温度测量故障</td><td>无法监控电池温度</td><td>检查温度测量模块</td></tr>
<tr><td>电流测量故障</td><td>无法监控电池电流</td><td>检查电流测量模块</td></tr>
<tr><td>冷却系统故障</td><td>电池温度偏高</td><td>检查冷却系统是否出现堵塞或破损</td></tr>
<tr><td rowspan="10">线路或连接件</td><td>电池间虚接</td><td>电动汽车动力不足、续驶里程短</td><td>紧固电池连接</td></tr>
<tr><td>电池间断路</td><td rowspan="3">电动汽车无法起动</td><td>检查电池连接</td></tr>
<tr><td>快速熔断器断开</td><td>检查快速熔断器</td></tr>
<tr><td>动力电插接器断开</td><td rowspan="2">检查动力电插接器</td></tr>
<tr><td>动力电插接器虚接</td><td>插接器易烧蚀，电动汽车动力不足</td></tr>
<tr><td>信号电插接器故障</td><td>无法监控电动汽车</td><td>检查信号电插接器</td></tr>
<tr><td>正极接触器故障</td><td rowspan="2">电动汽车无法起动</td><td rowspan="2">检查接触器</td></tr>
<tr><td>负极接触器故障</td></tr>
<tr><td>电源线短路</td><td>电池热失控，严重时会起火、爆炸</td><td>检查电源线</td></tr>
</table>

11.1.2 电机驱动系统

电机驱动系统的故障主要分为电机故障和电机控制器故障。

电机是通过电能与机械能转换，实现车辆驱动的关键部件，是典型的机电混合体。电机故障涉及因素很多，如电路系统、磁路系统、绝缘系统、机械系统和通风散热系统等。任一系统故障或其相互之间配合不好都会导致电机出现故障，因此，电机故障要比其他设备的故障更复杂，电机故障诊断所涉及的技术范围更广。另外，电机的运行还与其负载情况、环境因素有关。电机在不同状态下运行，表现出的故障状态各不相同，这进一步增加了电机故障的诊断难度。一般来说，电机故障可分为机械故障和电气故障。机械故障主要有定子铁心损坏、转子铁心损坏、轴承损坏和转轴损坏，其故障原因包括由振动、润滑不充分、转速过高、静载过大、过热而引起的磨损、压痕、腐蚀、电蚀和开裂等；电气故障主要是定子绕组故障和转子绕组故障，故障原因包括电机绕组接地、短路、断路、接触不良和笼型转子导条断条等。

由于器件本身的结构和物理特性以及相互间的电磁兼容性问题，电机控制器故障也是驱动电机系统发生故障的主要原因。电机控制器的故障主要有功率器件故障、输入电源线与接地线故障、整流二极管短路、直流母线接地错误、直流侧电容短路、晶闸管短路、温度超限报警、相电流过电流、过电压和欠电压等高压电气系统故障。

驱动电机常见故障及处理方法见表 11-2。主电机控制器常见故障及处理方法见表 11-3。

表 11-2　驱动电机常见故障及处理方法

故障现象	故障原因	处理方法
电机在空载时不能起动	① 电源未接通 ② 逆变器控制故障 ③ 定子绕组故障（断路、短路、接地和连接错误等） ④ 电源电压太低	① 检查开关、接触器触点及电机引出线头，查出后修复 ② 检查逆变器 ③ 检查定子绕组，找出故障并修复 ④ 检查电源电压和每个连接处
电机通电后，电机不起动，且有“嗡嗡”响	① 绕组引出线始末端接错或绕组内部接反 ② 电机负载过大或被卡住 ③ 电源未能全部接通	① 定子绕组中通入直流，检查绕组极性（用指南针）；判定绕组首末端是否正确 ② 检查设备，排除故障 ③ 紧固接线柱松动的螺钉，用万用表检查电源线某相断线或假接故障，然后修复
定子过热	① 过载 ② 绕组匝数不对 ③ 通风不良	① 减少负载或增加容量 ② 检查绕组电阻 ③ 检查风机是否正常
绝缘电阻低	① 绕组受潮或被水淋湿 ② 绕组绝缘粘满粉尘、油垢 ③ 引出线绝缘老化破裂 ④ 绕组绝缘老化	① 进行加热烘干处理 ② 清洗绕组油垢，并经干燥、浸漆处理 ③ 重包引线绝缘 ④ 经鉴定可以继续使用时，可清洗干净，重新涂漆处理；如果绝缘老化，不能安全运行时，需更换绝缘
电机振动	① 轴承磨损，间隙不合格 ② 气隙不均匀 ③ 转子不平衡 ④ 笼型转子导条断条 ⑤ 定子绕组故障（短路、断路、接地和连接错误等） ⑥ 转轴弯曲 ⑦ 铁心变形或松动	① 检查轴承间隙，应符合设计要求 ② 调整气隙 ③ 重新校对平衡 ④ 更换转子 ⑤ 查出绕组故障点并进行处理 ⑥ 校直转轴 ⑦ 校正铁心，或重新叠装铁心
电机空载运行时空载电流不平衡，且相差很大	① 绕组首端接错 ② 电源电压不平衡 ③ 绕组有故障（匝间短路、某线圈组接反等）	① 查明首末端，改正后再起动电机试验 ② 测量电源电压，找出原因消除 ③ 拆开电机检查绕组极性和故障，并改正和消除故障
电机运行时有杂音，不正常	① 轴承磨损，有故障 ② 定子、转子铁心松动 ③ 电压不平衡 ④ 绕组有故障（如短路、接错等） ⑤ 轴承缺少润滑脂 ⑥ 气隙不均匀，定子、转子相擦	① 检修并更换轴承 ② 检查振动原因，重新压装铁心 ③ 测量电源电压，检查电压不平衡原因并处理 ④ 检查绕组故障并处理 ⑤ 清洗轴承，添加规定量的润滑脂 ⑥ 调整气隙，提高装配质量
轴承发热超过规定	① 润滑脂过多或过少 ② 脂质不好，含有杂质 ③ 轴承与轴配合过松或过紧 ④ 轴承与端盖配合过松或过紧 ⑤ 油封间隙配合太紧 ⑥ 轴承内盖偏心，与轴相擦 ⑦ 电机两侧端盖或轴承盖未装平 ⑧ 轴承有故障、磨损、有杂物等 ⑨ 轴承间隙过大或过小	① 拆开轴承盖，检查油量，按规定增减润滑脂量 ② 检查油脂内有无杂质，更换洁净润滑脂 ③ 采取措施，使轴承与轴配合符合要求 ④ 采取措施，使轴承与端盖配合符合要求 ⑤ 更换或修理油封 ⑥ 修理轴承内盖，使与轴的间隙合适 ⑦ 按正确工艺将端盖或轴承盖装入止口内，然后均匀紧固螺钉 ⑧ 更换损坏的轴承，对含有杂质的轴承要彻底清洗，换油 ⑨ 更换新轴承

表 11-3　主电机控制器常见故障及处理方法

故障现象	处理方法
W 相 IGBT 饱和保护	重新启动系统，若故障不能消除或经常发生则需专业维修
U 相 IGBT 饱和保护	重新启动系统，若故障不能消除或经常发生则需专业维修
V 相 IGBT 饱和保护	重新启动系统，若故障不能消除或经常发生则需专业维修
高压欠电压（预充电状态）	表示系统高压未接通，若高压已接通，而故障长时间没有消除则需专业维修
系统上电自检异常	需专业维修
高压过电压	重新启动系统，若故障不能消除或经常发生则需专业维修
旋变检测异常	检查旋变信号线，重新启动系统，若故障不能消除或经常发生则需专业维修
瞬间超速保护	检查旋变信号线，重新启动系统，若故障不能消除或经常发生则需专业维修
超速保护	检查旋变信号线，重新启动系统，若故障不能消除或经常发生则需专业维修
过电流保护	重新启动系统，若故障不能消除或经常发生则需专业维修
24V 瞬间断路	检查供电系统是否断路或接触不良
+15V 驱动电源工作异常	重新启动系统，若故障不能消除或经常发生则需专业维修
+15V 驱动电源启动异常	重新启动系统，若故障不能消除或经常发生则需专业维修

11.2　底盘常见故障及处理方法

11.2.1　转向系统

转向装置主要由转向器和传动机构两部分组成。转向装置技术状况的好坏直接影响汽车行驶的平顺性、操纵稳定性、安全可靠性和轮胎的磨损等。随着汽车行驶里程的增加，转向装置中的某些机件将因磨损而失去正确的几何形状，配合间隙也不断增大，转向装置的技术状况不断变差，最终出现种种故障。

1. 转向盘自由行程过大

故障现象：汽车实施转向或路感不灵敏；转向盘游动间隙超过规定标准；转向盘虽然转动了许多，但转向轮没有发生偏转，或转向盘不动而转向轮却自动偏转。

故障原因：转向盘与转向轴固定螺母松动；转向器主、从动部分啮合间隙过大；摇臂轴与衬套间松旷；转向器内主、从动轴承松旷；横、直拉杆球节调整不当或磨损松旷；转向节主销与衬套磨损过度等。

处理方法：两人配合，一人在车上转动转向盘，另一人在车下观察摇臂和转向轮。若转向盘已转动许多而摇臂并不摆动，说明故障在转向器部分；若摇臂已转动许多而前轮不偏转，则故障在传动机构。

2. 转向沉重

故障现象：汽车在运行中，驾驶员向左或右转动转向盘时，感觉沉重吃力且无回正感。当汽车以低速转弯行驶时，转动转向盘非常吃力，甚至转不动转向盘。

故障原因：转向轴弯曲变形；转向器内主动部分的轴承预紧力过大；转向器内缺油；摇臂轴与衬套装配过紧；主销内倾、后倾角度变大或前束不符合要求；前钢板弹簧挠度、尺寸不符合要求；轮胎气压不足。

处理方法：支起前桥，若转向轻便，则故障在前轴、轮胎等部位；若转向沉重，则故障在转向器或传动机构。

3. 前轮摇摆

故障现象：汽车在一定速度下行驶时，两前轮各自绕主销产生角振动，通常为前轮摆动。前轮左右摆动严重时，转向盘抖振强烈，手感发麻，甚至在驾驶室内都能看到车头晃动，此时，前轮沿着一条弯曲的波形轨迹向前滚动。

故障原因：前轮定位失常；转向机构松旷；前轮质量不平衡；转向系统刚度低，U 形螺栓或钢板销与衬套松旷，前悬架运动干涉，道路不平等。

处理方法：检查并调整前轮定位参数、转向机构、前轮的动平衡等。

4. 行驶跑偏

故障现象：汽车在平直路面上行驶时，不能保持直线行驶，总是自动偏向道路某一边，必须用力把住转向盘，才能直线行驶。

故障原因：前桥或车架变形，前轮轮毂轴承和主销松旷，定位参数改变；前轮轮胎新旧程度不同或气压不一致；减振器失效等。

处理方法：在平坦地段检查轮胎磨损和气压；检查前桥、车架有无变形及钢板弹簧的片数；路试检查制动鼓上轮毂的温度。

11.2.2 制动系统

在电动汽车行驶过程中，无论发生什么危险情况，制动都是驾驶员应当采取的最基本、最有效的处理方法。因此，制动系统是电动汽车上最重要的安全部件之一，保证其正常、高效工作至关重要。制动系统常见故障及处理方法见表 11-4。

表 11-4 制动系统常见故障及处理方法

故障分类	故障描述	处理方法
制动不良或失灵	制动管（如接头处）渗漏或阻塞，制动液不足，制动油压下降导致失灵	定期检查制动管路，排除渗漏、添加制动液、疏通管路
	制动管内进入空气使制动迟缓，制动管路受热，管内残余压力太小，致使制动液汽化，管路内出现气泡。由于气体可压缩，因而在制动时导致制动力矩下降	维护时，可将制动轮缸及管内空气排净并加足制动液
	制动间隙不当。制动摩擦片工作面与制动鼓内壁工作面的间隙过大，制动时轮缸活塞行程过大，以致制动迟缓、制动力矩下降	按规范全面调校制动间隙，即用平头螺钉旋具从检查孔拨动棘轮，将制动蹄完全张开，使间隙消除，然后将棘轮退回 3 ～ 6 齿，以得到所要求的间隙
	制动鼓与摩擦衬片接触不良，导致摩擦衬片与制动鼓接触不良，制动摩擦力矩下降	镗削或校正修复，或更换新件
	制动摩擦片被油垢污染或浸水受潮，摩擦系数急剧降低，引起制动失灵	拆下摩擦片用汽油清洗，并用喷灯加热烘烤，使渗入片中的油渗出来，渗油严重时必须更换新片。对于浸水的摩擦片，可用连续制动以产生热能使水蒸发，恢复其摩擦系数即可
	制动主缸、轮缸皮碗（或其他件）损坏，制动管路不能产生必要的内压，油液渗漏，致使制动不良	应及时拆检制动主缸、轮缸皮碗，更换磨蚀损坏部件

（续）

故障分类	故障描述	处理方法
制动单边	同轴左右两边制动器制动时间不一致，大多是由两边制动器制动间隙不均或接触面积有差异所引起的。制动时，一边摩擦片先接触制动鼓进行制动，而另一边因间隙大、摩擦片与制动鼓接触滞后，制动不同步	按规范重新调校左右轮制动间隙
	同轴左右两边制动器的制动力矩不同，致使车轮转速不同，直线行驶的距离就不相等，从而造成制动单边。这通常是由于某边制动轮缸漏油、制动摩擦片油污严重、摩擦系数出现差异或左右轮胎气压不等所造成的	用汽油清洗摩擦片、检查轮胎气压、修复渗漏处，分别予以排除
	汽车制动踏板自动滑行到一侧。这多为一侧前悬架变形、前悬架车身底板变形、前悬架螺旋弹簧弹力严重下降以及车架等有关部位在汽车制动时相互干涉或不协调所致	查明原因后予以修复
	制动时车轮自动向一边转弯而跑偏。这主要是由两边制动鼓与摩擦片工作表面粗糙度不同，或一侧制动管路接头堵塞等引起的	分别查找根源，予以修复
	左、右轮胎气压不均造成偏离轨迹线。左右轮胎充气气压必须一致，否则会由于两边车轮的实际转动半径不同、行驶的直线距离不等而出现侧滑	按规定的标准给各轮胎充气
	车轮定位失准及左右轮胎磨损不同，由此路面对左右车轮的阻力差也会造成跑偏侧滑	找准原因之后分别按规范予以调校或更换部件
制动噪声	制动鼓失圆，其圆度误差较大，制动鼓工作面变形，制动时摩擦片与制动鼓贴合瞬间发生碰撞，同时发出尖锐的撞击响声	拆下制动鼓，按规范标准进行镗削，按需要进行平衡性能校验
	制动摩擦片表面过于光滑、摩擦系数小而制动压力大时，光滑的表面滑动摩擦便产生摩擦噪声；或有异物塞进摩擦副之间的摩擦表面，也会出现摩擦噪声	拆下制动鼓，清除异物并用粗砂纸打磨摩擦片，并使之配合摩擦副接触面积达 70% 以上即可
	制动摩擦片严重磨损，表面出现沟槽及不规则形状，制动时不能完全有效地和制动鼓贴合，或制动支撑板变形，破坏了鼓与片的同轴度，局部摩擦、碰撞而出现噪声	更换摩擦片，校正制动支撑板
	前轮轴承损坏、滚道和滚珠表面出现沟槽甚至碎裂，出现异响	更换前轴头轴承
制动鼓发热	当放松制动踏板时，制动力不能完全解除，使得摩擦副长时间处于摩擦状态，造成起步困难、行驶无力，用手触摸轮毂表面感到烫手	按规范重新调节制动间隙
	驻车制动手柄没有完全放开，由于操作上的疏忽，致使摩擦副长时间处于摩擦状态而发热	按规范调整手柄
	制动产生的热量使回位弹簧受热变形、弹力下降或消失，不能保证制动摩擦片总成及时回位，导致无法彻底解除制动状态而使制动鼓发热	及时检修或更换回位弹簧，即可消除故障
驻车制动失灵	拉索或外套锈蚀，牵引弹簧折断、脱落等，致使驻车制动操纵拉索或制动拉索在其外套内拉动不灵活，由此造成驻车制动松不开而工作失效	应检查制动操纵拉索和制动系统部件表面有无损伤，手柄操纵动作是否灵活，有无卡滞现象，拉索连接头和固定部位是否松动、损坏。检修时，对拉索加注润滑脂进行润滑，或更换损坏件，重新按修理规范调整制动手柄转动量

11.2.3 行驶系统

汽车行驶系统技术状况的好坏直接影响汽车行驶的平顺性和操作稳定性，因此，对行驶装置的常见故障要及时处理。

1. 悬架发生刚性碰撞或异响

故障现象：汽车行驶中悬架发生撞击，有异响，振动强烈。

故障原因：钢板弹簧销或螺旋弹簧产生塑性变形；减振垫、限位块损坏；润滑不良；减振器失效等。

处理方法：检查悬架是否变形、松动；检查减振垫的润滑情况，必要时加注润滑脂；检查减振器是否损坏。

2. 轮胎异常磨损

故障现象：轮胎出现两肩磨损、胎冠中部磨损、内（外）侧磨损、锯齿形磨损或波浪形磨损。

故障原因：前车轮外倾角及前束不符合要求；车轮轮毂轴承磨损、松旷；轮胎不平衡量过大，轮胎气压不正常；减振器失效，轮毂变形。

处理方法：检查减振器是否失效，轮毂是否变形，必要时更换；检查车轮轮毂轴承是否磨损、松旷，轮胎气压是否正常，必要时调整、补气、做轮胎动平衡。

11.3 电气设备常见故障及处理方法

11.3.1 灯光设备

汽车灯光设备的常见故障有灯不亮、灯光暗淡、忽明忽暗及熔断器发响等。造成上述故障的原因一般是熔丝烧断、导线松脱、接地不良、断路或短路；充电电压调整过高以及各种开关失效等。通常采用试灯法、试火法和电源短接法检测。

灯光设备常见故障及处理方法见表 11-5。

表 11-5 灯光设备常见故障及处理方法

故障原因	处理方法
线路断路或插头松动	检修线路或接好插头
接触不良	检查、调整
灯泡不良	更换
开关触点烧蚀	清除烧蚀物或更换
熔丝烧断	更换
继电器工作不良或损坏	检修或更换
闪光器工作不良或损坏	检修或更换
变光器工作不良或损坏	检修或更换

11.3.2 组合仪表

电动汽车电子组合仪表的故障诊断，除了可以由车载微机自诊断系统进行处理外，还可以使用专门的检测设备对其进行检测和诊断。检测时，应首先将传感器电路断开或拆下，用检测设备对它们逐个进行检查。电动汽车电子仪表显示系统的故障一般都出现在传感器、针状插接器和导线、个别仪表及显示器上。

1）里程表不工作处理方法：可能的原因有组合仪表故障、里程表传感器损坏及相关线路故障。首先检查仪表本身，然后对里程表传感器进行检测，若判断出传感器损坏，则更换新传感器，排除故障。

2）仪表板上电源指示灯不亮而电机运转正常处理方法：

①仪表板正负极引线间无电压：接插件接触不良或引线断路，重新插接或换线。

②发光管损坏：更换或修复发光管。

③仪表板电路板有断路：更换或修复仪表板电路板。

3）主控制器功能一切正常（包括灯光夜间照明功能，与仪表的通信功能等），但其他所有控制器工作都不正常处理方法：检查 CAN 通信线是否有短路或断路故障发生，系统断电后直接用万用表测量 CAN 线是否短路或断路。

11.4 空调系统常见故障及处理方法

空调系统出现故障时，应先检查冷却系统、压缩机、冷凝器散热片、冷凝器、空调真空管以及真空电机等的工作情况。

空调系统常见故障及处理方法见表 11-6。

表 11-6 空调系统常见故障及处理方法

故障内容	故障原因		故障分析方法	处理方法
不能制冷	压缩机不转	电机断线、烧损	测定线圈电阻	更换压缩机
		高压压力开关故障	检查冷凝风机是否正常	修理
		低压压力开关故障	检查制冷剂是否泄漏	更换制冷剂
		温度开关故障	查看接通情况	修理
		接线端子固定螺钉松动	检查紧固情况	拧紧
	电气控制元件不良	过、欠电压继电器故障	电源电压过高或过低	调整供电电压
		接触器、中间继电器线圈烧毁或触点故障	检查元件	修理或更换
		压缩机或冷凝风机电机故障	检查压缩机及电机	修理或更换
	压缩机运转故障	制冷剂泄漏	① 室内吸入和排出空气温度相同 ② 蒸发器回气管温度过高 ③ 压缩机电流小	修理制冷系统
		涡旋压缩机反转	压缩机声音异常	调换相序
冷量不足	蒸发器、冷凝器积满脏物		检查	清扫
	蒸发器结冰		检查（目视）	送风化冰
	设定温度过高或温度传感器接线接触不良		检查	调整或修理
	少量制冷剂泄漏		测定运转电流，进行判定	修理制冷系统
	制冷剂充注过多		电流过大	少量排出制冷剂
	单循环运行不良		测定运转电流	修理不良循环

（续）

故障内容	故障原因		故障分析方法	处理方法
不出风	离心风机的配线	插接器处断线	查看电路接通情况	修理
		配线螺钉松动	查看电路接通情况	拧紧
	电机烧损或断路		测量线圈电阻是否平衡及是否断线	更换电机
	控制线路及电器故障		检查电路及电器元件	修理或更换
风量小	风机电机反转		检查风机转向	调换相线
	蒸发器结霜或结冰		检查（目视）	送风运转化冰、霜
	蒸发器翅片脏堵		检查（目视）	清洗
	风道处泄漏		检查	修理
	空气过滤网堵塞		检查过滤网	清除网眼堵塞物
振动噪声大	通风机电机球轴承异常		检查风机的平衡性	修理风机
	通风机不平衡		检查风机的平衡性	修理风机
	紧固部位松弛		检查各紧固部位	拧紧
	涡旋压缩机反转		检查压缩机	调换相序
低压压力过低	制冷剂泄漏		压缩机电流小	修理制冷系统
	吸入空气温度太低		蒸发器结霜	充入制冷剂
	风量不足		见“风量小”项	见“风量小”项
	低压管路堵塞		检查	排除
	蒸发器翅片积满灰尘		检查	清扫
高压压力过高	冷凝器脏		检查冷凝器	清扫
	制冷剂充注过多		电流过大	少量排放制冷剂
	冷凝风机反转		检查	调整相序
	排气管段堵塞		检查	排除
	冷凝风机不转	电机烧损	检查	更换电机
		电机的球轴承损伤	测定线圈电阻	更换电机球轴承
	空气或不凝性气体混入系统中		检查	排除
漏水	回风口漏水	排水口堵塞	检查	清扫
		安装不良导致风口密封垫处渗水	检查	正确安装
		机组顶部密封胶条破损或保温材料破损	检查	更换易损件
	出风口漏水		滴水盘脏堵	清洗蒸发器及滴水盘水道，排清积水
	风道内凝露形成水珠，从出风口吹出		检查	清扫

11.5 典型车辆故障及处理方法

11.5.1 纯电动乘用车

纯电动乘用车故障及处理方法见表 11-7。

表 11-7 纯电动乘用车故障及处理方法

故障现象	可能原因	处理方法
充电机故障	输入欠电压	需到维修站维修或进行更换
	输入过电压	
	输出欠电压	
	输出过电压	
	输出未接电池	
	过温	
	短路	
	正负极反接	
DC/DC 变换器故障	输入欠电压	需到维修站维修或进行更换
	输入过电压	
	输出欠电压	
	输出过电压	
	过温	
	短路	
动力电池异常断开	绝缘监测电路故障	更换 BMS 主控盒
	绝缘阻抗过低	检查高压线束绝缘状况检查中控盒绝缘状况
	动力电缆母线折断	更换动力电缆
	高压继电器不吸合	更换高压继电器
	熔断器熔断	更换熔断器
	BMS 故障	更换 BMS 主控盒
动力电池不能正常断开	高压继电器粘连	更换高压继电器
单体电池电压过高	单体电池损害	需到维修站维修或进行更换
	单体电池连接条松接	紧固单体间连接
单体电池电压过低	单体电池损害	需到维修站维修或进行更换
	单体电池连接条松接	紧固单体间连接
单体电池电压不均衡	单体电池损害	需到维修站维修或进行更换
	单体电池连接条松脱	紧固单体间连接
电池包温度过高	冷却系统故障	检查电池包冷却管道与冷却液加注情况
	温度传感器故障	更换温度传感器
电池包温度过低	气温过低	检查电池加热系统能否正常启动
	温度传感器故障	更换温度传感器
电池包温度不均衡	冷却管路堵塞	疏通冷却管路
SOC 过高	SOC 显示异常	更换显示屏或 SOC 主控盒
	电池充电饱和	驱动车辆行驶，对电池放电
SOC 过低	SOC 显示异常	更换显示屏或 SOC 主控盒
	电池需要充电	对动力电池进行充电
电流显示异常	电流传感器故障	更换电流传感器
	显示屏故障	更换显示屏
	BMS 发送数据故障	检查并维修 BMS 主控盒

（续）

故障现象	可能原因	处理方法
空调	高压继电器不能吸合	同“动力电池异常断开”
车辆不能起动	高压继电器不能吸合造成 DC/DC 变换器不能正常工作	同“动力电池异常断开”
暖风不能起动	高压继电器不能吸合造成 DC/DC 变换器不能正常工作	同“动力电池异常断开”
	暖风继电器不能吸合	更换暖风继电器

11.5.2 纯电动客车

某型号纯电动客车故障及处理方法见表 11-8 和表 11-9。

表 11-8 纯电动客车故障及处理方法（动力系统部分）

故障现象	故障处理方法
电池温度过高	此时车辆处于强制停车模式：①运用强制档位模式将汽车移动到不妨碍交通的地方；②通过仪表查看温度过高的点所在的电池箱号；③在不妨碍交通的情况下打开电池箱盖，运用散热风扇散热；④待温度降到正常温度时，运用自动档模式将车辆低速开回充电站，通知技术人员检查电池箱
SOC 小于 10%	方法 1：运用强制档位模式将车辆开回充电站充电（对电池损害较大） 方法 2：用拖车拖回（对电池损害较小）
单体电池电压过低	
电池箱甩脱	将车辆缓慢移动到路边，然后检查电池箱
单体电池电压低	尽快返回充电站充电
电池温度高	在不妨碍交通的情况下停车检查电池箱，或尽量保持低速、匀速行驶，返回充电站后检查电池箱
总电压小于 360V	尽快返回充电站充电
电机控制器温度高	在不妨碍交通的情况下，打开行李舱盖散热
电池管理通信异常	返回充电站后通知相关技术人员检查
整车系统故障	返回充电站后通知相关技术人员检查
变速器通信异常	返回充电站后通知相关技术人员检查
IGBT 故障	返回充电站后通知相关技术人员检查
通信异常	返回充电站后通知相关技术人员检查
电机控制器故障	返回充电站后通知相关技术人员检查
电机通信异常	返回充电站后通知相关技术人员检查
绝缘报警	返回充电站后通知相关技术人员检查
SOC 低	尽快返回充电站充电
整车控制器通信中断（根据整车控制器现场判断）	返回充电站后通知相关技术人员检查
电池不匹配	通过仪表检查电池电压过低的电池箱号，并更换
车身通信异常	返回充电站后通知相关技术人员检查
电控空气悬架系统故障	返回充电站后通知相关技术人员检查
电池过电流	降低电池电流
SOC 过高	停止充电
电池电压过高	停止充电
电机超速	记录现象，返回充电站后通知相关技术人员检查
相电流过高	
自检错误	
直流电压过高	
电池均衡故障	返回充电站后通知相关技术人员检查

表 11-9 纯电动客车故障及处理方法（车身部分）

名称	故障处理方法
左前转向灯故障 左侧转向灯故障 左前雾灯故障 左前近光灯故障 左前远光灯故障 左前小灯故障 左前侧位灯故障 右前转向灯故障 右侧转向灯故障 右前雾灯故障 右前近光灯故障 右前远光灯故障 右前小灯故障 右前侧位灯故障	① 检查灯泡是否损坏，如果是，则更换新灯泡 ② 检查电线是否有断开的地方
前门线圈 1 故障 前门线圈 2 故障	更换新的电磁阀线圈
电闸继电器故障	更换新的继电器
除霜器故障	返回充电站后通知相关技术人员检查
左厢灯 1 故障 右厢灯 1 故障 左厢灯 2 故障 右厢灯 2 故障 左前示廓灯故障 右前示廓灯故障 驾驶员照明灯故障	① 检查灯泡是否损坏，如果是，则更换新灯泡 ② 检查电线是否有断开的地方
前换气扇电动机故障	返回充电站后通知相关技术人员检查
左后转向灯故障 右后转向灯故障 牌照灯故障 左后行车灯故障 右后行车灯故障 左后雾灯故障 右后雾灯故障 左倒车灯故障 右倒车灯故障 左制动灯故障 右制动灯故障 后示廓灯故障 左后侧位灯故障 右后侧位灯故障	① 检查灯泡是否损坏，如果是，则更换新灯泡 ② 检查电线是否有断开的地方
倒车蜂鸣器故障	检查线路是否有问题，若不是则更换蜂鸣器
电暖气继电器故障	更换继电器
后换气扇电机故障	返回充电站后通知相关技术人员检查
电闸控制状态故障	返回充电站后通知相关技术人员检查

（续）

名称	故障处理方法
跳板电路故障	返回充电站后通知相关技术人员检查
前门行程开关故障	返回充电站后通知相关技术人员检查
后门线圈 1 故障	更换电磁阀线圈
后门线圈 2 故障	
高位制动灯故障	① 检查灯泡是否损坏，如果是，则更换新灯泡 ② 检查电线是否有断开的地方
干燥器线圈故障	更换电磁阀线圈
报警蜂鸣器故障	检查是否线路有问题，若不是则更换蜂鸣器
控制电源故障	返回充电站后通知相关技术人员检查
高压功率输出故障	返回充电站后通知相关技术人员检查
复位继电器故障	更换继电器
左前灯节点掉线	返回充电站后通知相关技术人员检查，检查 CAN 线是否正常连接，检查熔丝有无断路
右前灯节点掉线	
前顶节点掉线	
后顶节点掉线	
后门节点掉线	
后灯节点掉线	
电控空气悬架系统节点掉线	

11.5.3 纯电动环卫车

某型号纯电动环卫车故障及处理方法见表 11-10。

表 11-10 纯电动环卫车故障及处理方法

故障现象	可能原因	处理方法
车辆不能行驶	操作程序错误	仔细参看使用说明书
	接线端子氧化	断开电源、卸下螺母，清理干净端子后再安装上即可
	电机损坏	更换配件
	制动踏板不回位	更换制动踏板回位弹簧
	接触器损坏	更换配件
	DC/DC 变换器不工作	更换 DC/DC 变换器
	电线束插接松动	更换或修复
车辆爬坡吃力甚至停止	车辆过载，导致控制器开关温度高于 75℃而关机保护	应停车减轻负载，让控制器降温
车辆行驶时，松开加速踏板车辆不减速	加速踏板弹簧断裂	更换配件
打开电源开关后，电量仪表不显示	报警电路的插件松动	锁紧插件
	熔丝烧毁	更换熔丝
转向跑偏	前胎未校正	校正轮胎
	胎压失衡	加气
转向困难	胎压不足	加气
	转向联动轴缺少润滑	加润滑油
	转向主销或球节损坏	更换配件

（续）

故障现象	可能原因	处理方法
缺乏动力，反应迟钝	蓄电池电量不足	充电
	驻车制动未松开	松开驻车制动
	传动齿轮损坏	更换配件
	速度控制系统故障	调试维修
异响	传动齿轮或轴承磨损	更换配件
	前桥轴承或后桥轴承磨损	调试或更换配件
	车轮带耳螺母松旷	更换配件
	电机轴承损坏	更换配件
后轮轴承漏油	车轮轴承或垫圈损坏	更换配件
	机油加注过满	适量放油
制动偏软或无力	制动器管路中有空气或推杆长度需要调整	排出制动器管路中的空气或调整推杆长度
制动力不足	制动器损坏	更换配件
	制动蹄片被制动液污染	清理干净
车厢不起升	液压动力单元电路故障或电路系统插头松动	检查线路
	动力单元电机损坏	更换配件
	油泵损坏	更换配件
	油管漏油	更换油管
	操作按钮损坏	更换配件
	液压油不足	补充液压油
车厢下落速度过慢	油路堵塞	清洗油路和油管
	液压动力单元的节流阀故障	调整液压动力单元的节流阀

第12章 电动汽车报废与回收利用

传统燃油汽车的报废与回收产业相对成熟，而对于新兴的电动汽车，由于其动力电池复杂的电化学特性，增加了电动汽车在回收利用阶段的处理难度，且国内尚未形成完善的回收及再生利用产业模式，对动力电池全生命周期的监管也处于探索和试行阶段，因此，研究电动汽车报废与回收利用对我国电动汽车产业具有重要意义。本章从我国动力电池溯源管理体系、动力电池梯次利用以及电动汽车废料与材料回收三个方面来介绍电动汽车的报废与回收利用产业及其技术发展现状与趋势。

12.1 概述

在电动汽车产业快速发展的蓬勃态势下，电动汽车退役、报废以及回收利用问题逐渐凸显。电动汽车与传统汽车有着本质上的不同，动力电池、驱动电机、高压电气系统等是其特有的零部件，传统汽车的回收拆解模式难以完全适应电动汽车报废与回收的需要。制约电动汽车寿命的关键问题是动力电池的老化。从行业现状来看，动力电池的使用年限一般为5～8年，这意味着2009—2013年首批投入市场的电动汽车动力电池已经逐步进入“退役”期。若无法进行电池系统的更换，则装配该批次动力电池的电动汽车也将面临报废的问题。

一方面，电动汽车动力电池设计容量一般较大，退役时电池仍具有较高的可用容量，能够满足低速电动车、储能装置等应用领域的需求，若直接将电池拆解回收将会造成极大的资源浪费。另一方面，动力电池主要由锂、镍、钴、锰等化学元素组成，因其复杂的电化学特性导致无法直接运用粉碎、焚烧、填埋等方式处理，回收难度较高。如果电池报废后处理不当，这些重金属元素将会在生态环境中积累，经过生物链进入地下水源及土壤中，严重污染生态系统与人类生活环境。此外，动力电池中的金属资源铝、锂、铜等均是可再利用资源，全球消费需求总体呈稳定较快上升的趋势。据行业测算，2018 年动力蓄电池生产约消耗锂 1.1 万 t、镍 4.1 万 t 及钴 1.7 万 t。以目前电动汽车产量增速来看，2020 年电动汽车产量累计将突破 690 万辆，累计约消耗锂 2.5 万 t、镍 9.5 万 t 及钴 3.9 万 t，如图 12-1 所示。

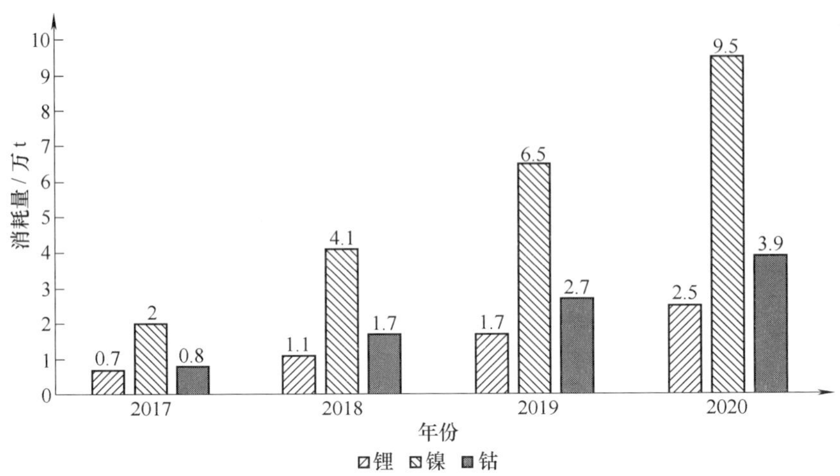

图 12-1 动力电池生产锂、镍、钴累计消耗趋势

除动力电池外，电动汽车上大量的钢、铁、铝、塑料、玻璃等材料若不能进行有效的回收处理，也会造成严重的环境污染和资源浪费。因此，动力电池的梯次利用、电动汽车废料的回收利用，对于减少环境污染、缓解资源瓶颈、提高社会经济效益具有重要意义。

12.2 动力电池溯源管理体系

12.2.1 溯源管理的背景、目的及意义

作为电动汽车的核心零部件，动力电池在未来几年将迎来大规模的“退役潮”。根据行业研究机构预测，到 2020 年，我国电动汽车动力电池累计退役量将达到 20GW・h（约 20 万 t），到 2025 年，累计退役量将达到 116GW・h（约 78 万 t），如图 12-2 所示。预计 2025 年累计退役的动力电池中，磷酸铁锂电池占比约为 44%，三元材料锂电池占比约为 50%，如图 12-3 所示。退役动力电池若不进行合理的梯次利用和再生利用，将会引发一系列资源、环境和安全问题。

然而，我国动力电池回收产业仍处在发展初期，行业不够规范，市场不够成熟，动力电池梯次利用及回收网络体系尚不健全；动力电池单体、模块和系统在全生命周期的源头缺乏标准化设计和精准编码；这都会给生产追溯过程增加难度，给退役电池拆解再利用以及全生命周期状态评估造成困难，导致回收作业效率低下。部分废旧动力电池流入了缺乏资质的翻新“小作坊”，这些“小作坊”缺乏回收利用的专业技术，工业设备落后，不仅无法实现对废旧电池剩余价值的利用，还会带来安全和环保隐患，同时扰乱市场秩序。此种情况下，大规模的动力电池报废回收无法得到保障和支撑，严重影响了动力电池产业和新能源汽车产业

的健康可持续发展。因此，急需对动力电池梯次利用及再生利用行业进行规范，对动力电池全生命周期体系进行监管。

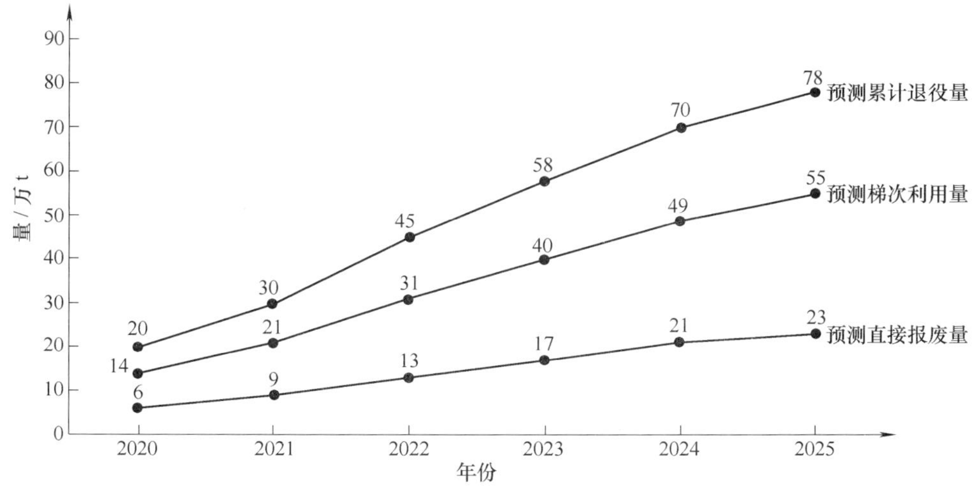

图 12-2　我国动力电池退役及梯次利用情况预测

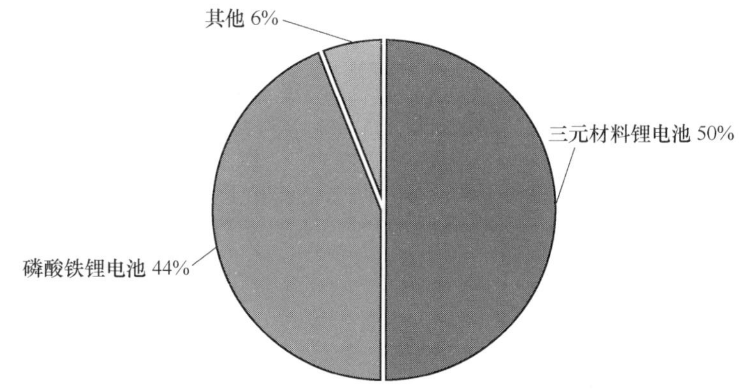

图 12-3　预计 2025 年累计退役动力电池种类分布

面对这样的形势，我国政府有关部门高度重视动力电池回收利用管理工作。2017 年 7 月，国家标准化管理委员会发布了 GB/T 34014—2017《汽车动力蓄电池编码规则》，确定了 24 位动力电池统一编码规则，是动力电池溯源系统建立的基础。2018 年 1 月，工信部等七部委共同印发了《新能源汽车动力蓄电池回收利用管理暂行办法》(以下简称《管理办法》)。《管理办法》明确了“落实生产者责任延伸制度，汽车生产企业承担动力电池回收的主体责任”的要求，并鼓励汽车生产企业、电池生产企业、报废汽车回收拆解企业与综合利用企业等通过多种形式，合作共建、共用废旧动力电池回收渠道，引导我国动力电池回收利用体系的形成。

为支撑《管理办法》落地实施，工信部组织建设了“新能源汽车国家监测与动力蓄电池回收利用溯源综合管理平台”（以下简称国家平台），并印发《新能源汽车动力蓄电池回收利用溯源管理暂行规定》(以下简称《暂行规定》)，要求各车企建立溯源企业平台，共同对车载管理阶段的动力电池全生命周期进行监督管控。

《暂行规定》要求，所有新能源车企需按规定采集所生产电动汽车的动力电池溯源信息，并上报车载阶段动力电池全生命周期溯源信息至国家平台，确保动力电池产品来源可查，去向可追，节点可控，责任可究。

12.2.2 溯源管理国家平台

溯源管理国家平台（以下简称国家平台）包括车载管理模块和回收利用管理模块（图 12-4）。其中，车载管理模块面向新能源汽车生产企业，采集新能源汽车生产、销售、维修、更换、回收环节的溯源信息；回收利用管理模块面向报废汽车回收拆解、梯次利用及再生利用企业，采集车辆报废、梯次利用及再生利用溯源信息。

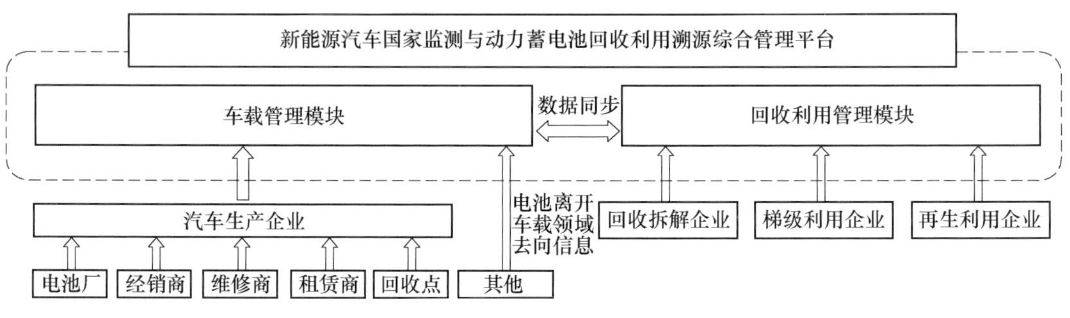

图 12-4　国家平台架构

国家平台包含车辆生产、车辆销售、车辆维修、回收网点入库、回收网点退役、电池厂退役和车辆换电七个与动力电池溯源全生命周期相关的环节。国家平台的主要功能包括：

1）接收汽车生产企业上报的车型规格书以及与其配套的电池规格书。其中，电池规格书应由电池厂商发送给新能源汽车生产企业，包括所交付电池产品的电池编码清单。汽车生产企业汇总整理信息，将电池规格书和车型规格书合并，上报至对应的检测机构进行符合性审查。最终上报给国家平台。

2）接收汽车生产企业上报的电动汽车销售数据。当新车完成销售时，汽车生产企业应将车牌与 VIN 绑定，并将所销售车辆上的电池编码信息连同车辆信息及时上传至国家平台，完成电池编码静态信息的收集储存。

3）接收车辆维修、换电时的溯源管理数据。在车辆的使用过程中，当发生电池更换、拆解、报废等行为时，相关企业均需要及时将更替的电池编码信息上报至汽车生产企业，由汽车生产企业统一上传至溯源管理系统，完成电池编码信息的更新替换。

4）接收车辆退役和电池梯次利用溯源管理数据。在电池进入梯级利用和回收利用环节时，相关的车辆退役网点、电池回收利用企业应将退役电池的编码信息、去向信息及时发送给汽车生产企业，并由汽车生产企业转发至国家平台，实现动力电池全生命周期的监管。

5）数据存储与分析。动力电池全生命周期溯源管理中的编码、去向等信息，存储在 Kudu 数据库中，以便实现电池包编码、电池模块编码的插入、修改、删除的数据操作。此外，利用 Hadoop、Spark 等技术，国家平台还具有依据电池规格信息中的外形、电池类型、生产厂商结合车辆的生产厂商、车辆用途等信息进行全局统计、区域分布、维修量的统计分析的功能。

溯源体系的完整逻辑结构如图 12-5 所示。

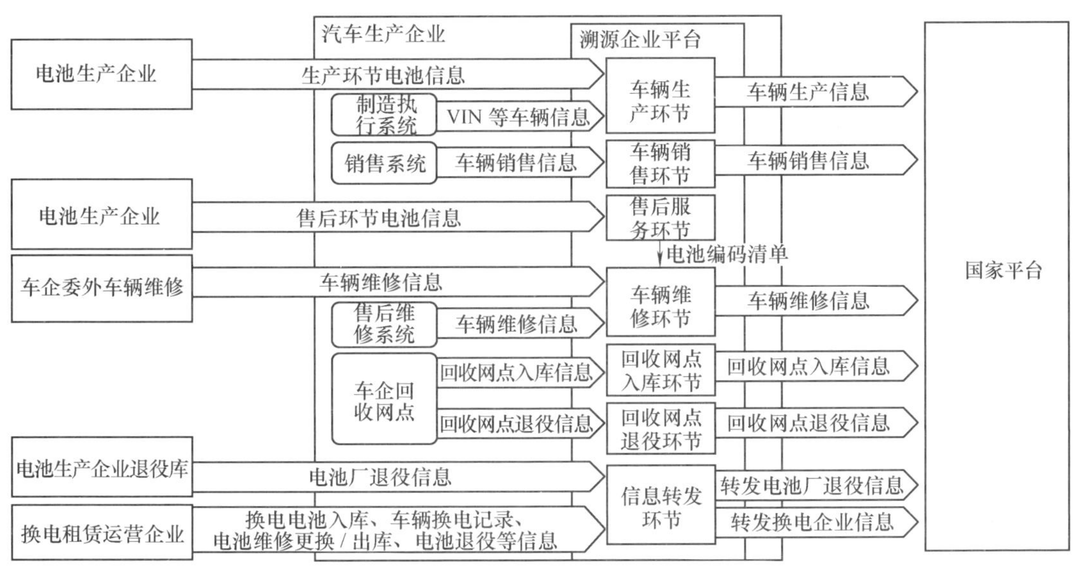

图 12-5 溯源体系的完整逻辑结构

依靠图 12-5 中所示的溯源体系，便可以高效、实时地监控动力电池全生命周期溯源信息，并进行数据分析和性能评估。国家平台上某车型动力电池全生命周期溯源管理如图 12-6 所示，可以看到，溯源信息涵盖电池的类型、额定容量、尺寸等规格信息，而且还包括电池从装车、使用、维修到电池退役全过程中产生的详细数据，实现电池全生命周期的追溯和监控，确保动力电池回收利用的规范进行。

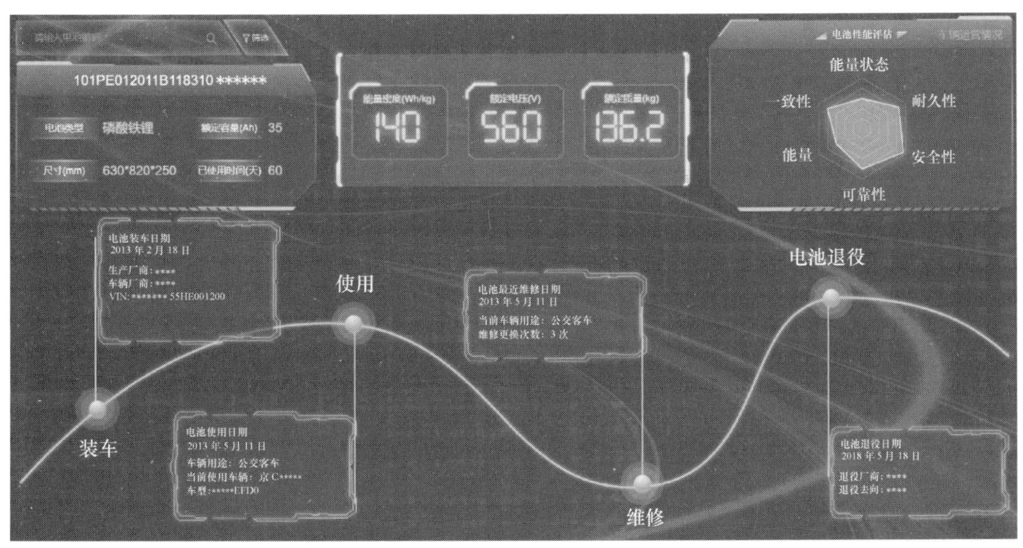

图 12-6 某车型动力电池全生命周期溯源管理

从技术层面看，国家平台主要由基础设施及基础服务层、数据存储层、服务支撑层和应用服务层组成，其技术架构如图 12-7 所示。其中：

1）基础设施及基础服务层是系统高效、稳定、安全运行的重要保障，包括系统硬件设备和软件设备。

2）数据存储层主要是各种基础数据库和业务数据库，包括用户表、角色表、接口配置表、字典表、车辆信息表、电池包表、电池模块单体表等数据信息。

3）服务支撑层立足于解决系统的共性需求，在统一数据库和数据访问接口的基础上，开发公共模块，能够满足绝大多数情况下的业务服务需求。

4）应用服务层提供对外的服务接口的调用，包括车辆电池生产信息接口应用服务、车辆电池销售信息接口应用服务、车辆电池维修信息接口应用服务、回收网点信息接口应用服务、电池厂退役信息接口应用服务和车辆换电信息接口应用服务。

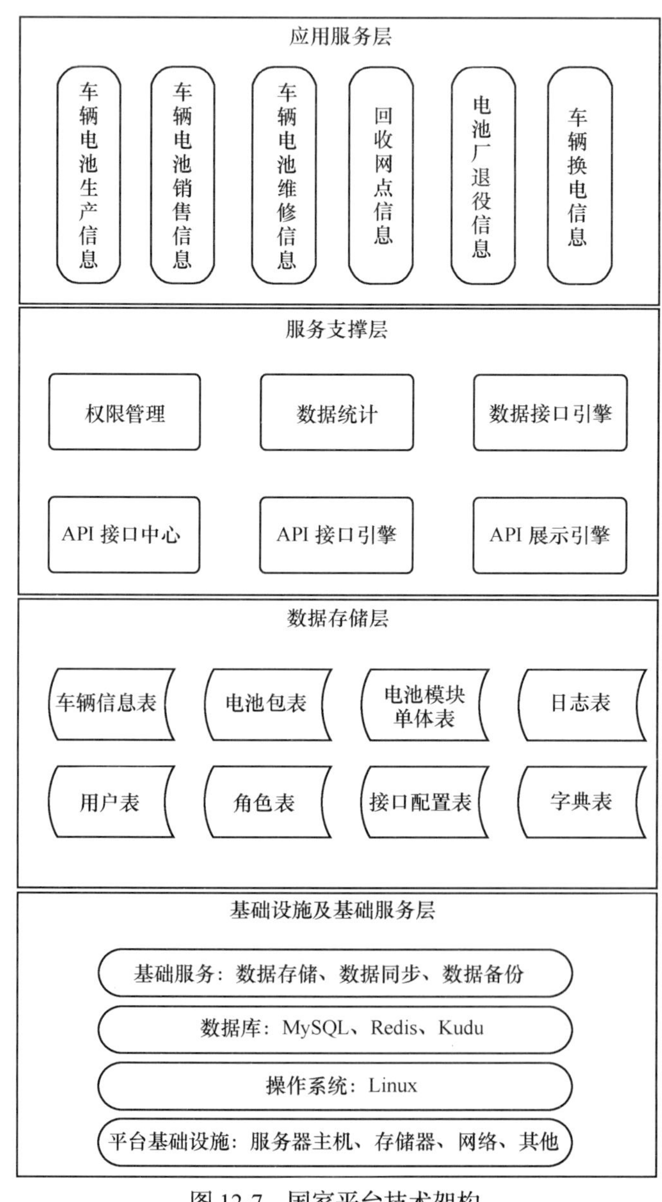

图 12-7　国家平台技术架构

12.2.3 溯源管理企业平台

为更好地落实生产者责任延伸制度以及《暂行规定》的要求，确保与国家平台平稳对接，实现汽车生产企业自身差异化业务需求，各汽车生产企业应建立溯源管理企业平台（以下简称企业平台）。企业平台的主要功能如下：

1）收集汽车生产企业所生产车辆及配套电池数据并上报至国家平台。由电池厂向企业平台传送车辆电池信息，以电池包为单位进行传送，平台根据电池厂传入的电池包编码对车辆和电池进行匹配，完成匹配的车辆将车辆 VIN、公告型号、生产日期、电池包编码等数据上报至国家平台。

2）收集汽车生产企业销售数据并上报至国家平台。企业平台应向国家平台传送车辆销售数据，包括 VIN、车牌、车辆用途、销售日期和销售地区等。接入销售数据之前需要提前录入生产数据。

3）收集汽车生产企业维修及换电数据并上报至国家平台。企业平台应向国家平台传送维修数据，与生产、售后数据进行组合。此功能用以完成车辆维修中电池更换，以及换电租赁电池信息，可以根据实际情况单独维修或更换电池包或者电池模块，传入数据包括车辆 VIN、新电池编码、旧电池编码、维修日期和维修厂商等。

4）收集汽车生产企业退役数据并上报至国家平台。企业平台采集汽车回收网点数据，并向国家平台上报汽车退役时车辆的 VIN、退役电池编码、退役去向等信息。

5）定制化功能。汽车生产企业根据自身情况定制包括整车信息接入、底盘信息接入、改装厂子账号开放、维修厂数据接口等功能。

12.3 动力电池梯次利用

12.3.1 背景与意义

动力电池梯次利用，就是指当动力电池不能满足电动汽车的功率和能量需求时，继续将其应用到满足使用要求的其他领域，充分发挥其剩余价值的。

电池梯次利用是降低电动汽车使用成本的重要手段。电池购置价格偏高是限制电动汽车推广的重要因素之一。通过对动力电池进行梯次利用，可有效降低电池在电动汽车使用阶段的成本，提升电池的利用价值。动力电池梯次利用将是提高能源综合利用率的一个重要环节。当电动汽车大规模应用后，已淘汰的动力电池将是一笔巨大的财富，可以在电网储能应用等方面发挥重要作用。

就目前已有的动力电池而言，锂离子电池在综合效率和能量密度方面优于其他电池体系，是较为理想的牵引动力电池。但目前锂离子电池在电动汽车上应用时所产生的成本仍偏高，制约着电动汽车的推广使用。以现有技术条件和原材料成本来说，要在短期内大幅降低成本，具有一定的难度。有关专家提出，电池可由电池制造商以出租的形式租给电动汽车用户。这种方式虽然降低了电动汽车的购买成本，但大大增加了电池制造商的投资成本。建立一套电池更换系统所需的资金投入巨大，投资回报慢，且过程中存在的所有潜在风险均需由电池制造商承担。实行电池梯次利用则在一定程度上缓解了这个问题，既降低了成本，又减小了电池制造商的投资回报周期。

结合电动汽车推广应用的实际情况来看，城市公交、市政、环卫、城乡短途客运及旅游观光等行业都有零排放电动汽车的使用需求。因此，研究和发展基于电池租赁模式的电池梯次利用，非常符合电动汽车的产业化需求。

12.3.2 梯次利用关键技术

电池梯次利用技术研究包括电池梯次分类的判定技术及电池组的模块化、标准化设计技术等。

1. 电池梯次分类的判定技术

作为梯次分类的判断依据，电池容量的检测至关重要。对于已使用的锂电池，一般采用电池容量检测仪进行电池容量的测量。其基本原理是根据放电时间与放电电流的积分来计算电池容量。电池容量检测仪是电动汽车制造与维修过程中用来测量电池性能的最佳设备。为方便电池的梯次分类，可将电池容量检测仪在线测得的电池容量通过车内控制器局域网络（CAN）总线动态反映到车辆仪表上。

2. 电池组的模块化、标准化设计技术

为了便于之后电池梯次分类，使车用动力电池组具有可移植性，电池在使用前需要经过严格的分选，电池模块也需要采取通用化设计。梯次利用实际应用中，不同种类及新旧程度不同的电池不能混用，以免由于电池容量的不匹配而引起过充、过放等情况。为保证各梯次车型之间电池梯次利用可行且移用方便，车用电池模块的标准化、通用化设计也至关重要。

12.3.3 动力电池梯次利用的拆解方法

从理论上讲，电池包、电池模块、单体电池都可以进行梯次利用。但从现阶段退役动力电池的实际情况分析，受限于技术条件，电池包直接梯次利用存在电压等级不匹配、BMS不兼容、内部电池一致性差等安全隐患，因此还未大规模普及。单体电池梯次利用由于单体拆解成本高、电池电极容易在拆解过程中被损坏、检测重新配组成本高等问题，也很少被采用。相比之下，电池模块梯次利用的方式是现阶段最普遍采用的。

1. 动力电池包的拆解

其过程为：

1）采用专用起吊工具和起吊设备将动力电池包（组）起吊至专用拆解工装台。

2）拆除动力电池包（组）外壳。

3）外壳拆除后，应先拆除托架、隔板等辅助固定部件。

4）使用绝缘工具拆除高压线束、线路板、电池管理系统、高压安全盒等功能部件。

5）根据动力电池模块的位置和固定方式，拆除相关固定件、冷却系统等部件，采用专用取模器移除模块。

6）动力电池包（组）拆解过程中，要注意避免拆除的螺栓等金属件与高低压连接触头位置的接触，以免造成短路起火，同时要配备专用磁吸工具，用于取出脱落在缝隙中的金属件。

2. 动力电池模块的拆解

其过程为：

1）采用专用模块拆解设备对模块进行安全、环保拆解。

2）采用专用起吊工具及起吊设备将动力电池模块起吊至拆解工装台或模块拆解设备进料口。

3）拆除电池模块外壳。

4）外壳拆除后，采用绝缘工具拆除导线、连接片等连接部件，分离出电池单体。

5）动力电池模块拆解过程中，要注意模块的成组类型与连接方式，拆解过程中应做好绝缘防护，对高低压连接插件的接口利用绝缘材料及时封堵，不应徒手拆解模块。

12.3.4 动力电池梯次利用的产品性能及经济性分析

1. 安全性

从现有研究及使用情况看，梯次利用电源产品在安全性方面与采用新电池制造的电源产品无明显差异，与铅酸蓄电池电源也没有明显差异。

2. 电源整体性能

通过可梯次利用电池筛选、配组标准的控制，可以保证梯次电源产品在电压等级、有效容量、充放电性能等主要性能指标上与新电池制造的电源产品基本一致。

3. 使用寿命

由于真正的梯次电源产品规模化使用时间较短，关于使用寿命，目前还不能提供有说服力的数据。从理论上分析，如果按剩余容量80%时退役、电动汽车使用5年、梯次利用场景为通信备用电源测算，磷酸铁锂电池梯次利用产品的使用寿命（5年）与铅酸蓄电池电源相同，三元材料锂电池梯次利用产品的寿命（2～3年）则短于铅酸蓄电池电源。

4. 经济性

按现有市场价格测算，磷酸铁锂电池梯次利用电源产品的销售价格与铅酸蓄电池产品相比，若证明两者的使用寿命相同，则两种产品的经济性是持平的；如果前者的使用寿命能更长，则其经济性更优。

12.3.5 动力电池梯次利用的发展方向

由于容量、内阻不一致等原因，电池包直接梯次利用的方式目前很少被采用，但随着电池制造水平的提高和电池自动化生产线的广泛使用，电池的一致性将显著提高，为电池包直接梯次利用创造条件。

未来五年，梯次利用技术将向电池包直接梯次利用方向发展。以通信基站48V备用电源为梯次利用场景，电池包直接梯次利用应用方案，是指将动力电池包从电动汽车拆卸后，直接运输到铁塔基站，改造为48V电源。这种方案由于只经过一次物流和两次拆装就可以使用，大幅度降低了梯次利用成本。但对车企动力电池的设计提出了更高的要求：

1）要选择性能稳定、一致性很高的高品质电池，确保退役电池具备很高的可梯次利用率（>90%）。

2）动力电池只需经过简单改造就可以满足48V通信备用电源要求。

3）如果动力电池中个别电池模组不能继续使用，可以经过简单操作从动力电池中排除。

4）BMS经过软件更新后可以满足48V通信备用电源对BMS的要求。

12.4 电动汽车废料与材料回收

若电动汽车上退役的动力电池无法满足梯次利用需要，则应对其进行回收处理。除此之外，报废电动汽车上的其他零部件和材料，如钢、铁、铝、汞、镉、铅、橡胶、塑料、玻璃等，若处理不当，会对土地、水源和大气环境造成严重的污染。实际上，若这些零部件经过合理的回收、拆解、化学成分提取等流程，就可以得到有效的回收利用。

据2017年的统计数据，我国汽车工业每年消耗的钢材量达到5884万t，玻璃和塑料的年消耗量也达到了百万吨级。巨大的资源消耗加剧了我国资源紧张形势，而随着近年来汽车产量的逐年提高，资源和环境问题对我国汽车工业的可持续发展提出了巨大的挑战，合理的资源回收与利用是解决这一问题的重要途径。据统计，每年我国约800万辆汽车需要报废，预计到2020年，我国报废汽车规模将达1365万辆。2011—2018年我国汽车报废量和回收量如图12-8所示。

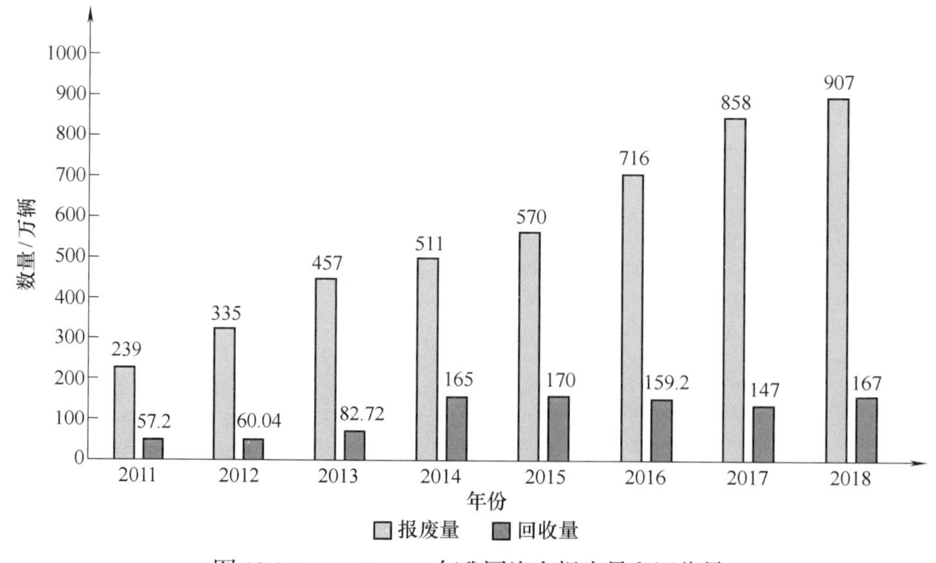

图12-8 2011—2018年我国汽车报废量和回收量

据粗略统计，生产一辆轿车需要耗费的钢材约为1200kg。实践证明，废旧汽车上的钢铁、有色金属零部件90%以上是可回收利用的，玻璃、塑料等的回收利用率也可达50%以上，从一辆报废的轿车中可以回收废旧钢材近1000kg、有色金属近50kg。同时，充分利用废旧汽车资源，还可有效地节能降耗，产生可观的经济效益。

目前国内的报废汽车回收利用情况并不乐观：材料利用率低，废液和废弃物处理不当，每年有大量的报废汽车未得到有效处置，汽车零部件中的固体材料和有毒有害液体渗透到土壤或挥发到大气中造成严重的环境污染，由此导致的污染问题日益突出。此外，我国还面临报废汽车非法延长使用期和使用非法拼装车等严重问题。

2001年6月16日，国务院颁发了《报废汽车回收管理办法》，将我国报废汽车回收工作纳入法制化管理的轨道。2019年，此管理办法被废止，代之以《报废机动车回收管理办法》。2006年，科技部、发改委等部门出台《汽车产品回收利用技术政策》，强调了要建立完善的政策支持体系、技术创新体系和有效的约束机制来推动汽车报废回收产业的发展，以提高材料循环利用率，大力发展循环经济。2008年，GB 22128—2008《报废汽车回收拆解企业技术规范》发布，以引导报废回收企业执行标准，加强监督检查。2009年和2011年，商务部先后两次开展报废汽车回收拆解企业升级改造示范工程，通过财政支持，促进老旧汽车报废更新，引导试点企业进行以清洁环境、节约资源、推进技术进步和现代化管理为重点的技术改造，提高行业整体水平。以上这些对汽车回收拆解行业进行了制度化的完善。在再制造领域，发改委等有关部门颁布了《关于汽车零部件再制造产业发展及有关对策措施建议的报告》《关于推进再制造产业发展的意见》等多条支持政策，将“汽车零部件及机电产品再制造、资源再生利用”列为我国“十二五”七大战略性新兴产业之一的节能环保产业的重要内容。

12.4.1 回收利用模式

汽车产品报废回收模式的选择与政策法规、企业的经营策略等有很大关系。根据汽车产品报废回收参与主体的不同，可将报废回收模式分为以下三种：制造商回收模式、制造商联合体回收模式和第三方回收模式，如图12-9所示。

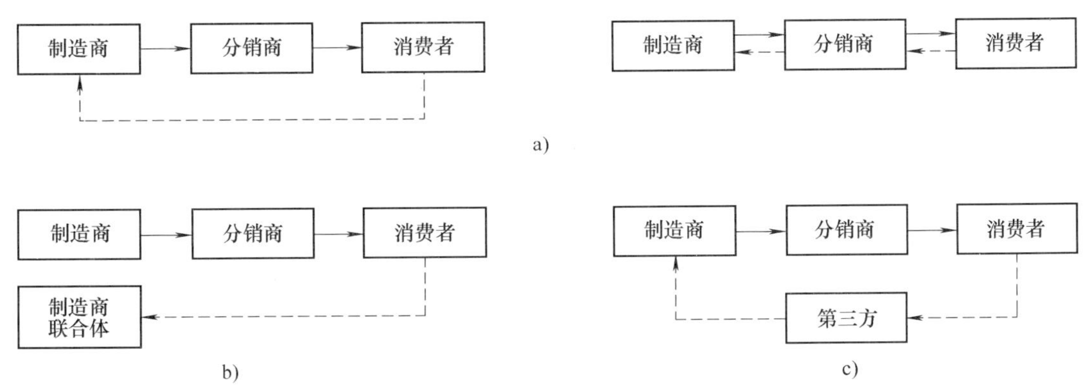

图12-9 报废回收模式

a）制造商回收模式 b）制造商联合体回收模式 c）第三方回收模式

1. 制造商回收模式

制造商回收模式即汽车制造商针对本品牌的汽车产品，基于企业的分销网络，出资建立报废回收体系及网络中的各个节点，对报废产品从回收、拆解、再制造到再销售实行全过程的管控，如图 12-9a 所示。这种回收模式对于汽车制造商来说是一种节约资源的最好方法，可以降低原材料成本，并能及时从消费者处获得产品反馈，及时获知产品缺陷等信息，从而改进和提升后续产品质量，更好地为客户服务，提升企业竞争力。但是，这种模式需要汽车企业出资组建报废回收体系，开销巨大，只适用于大型汽车制造商。

2. 制造商联合体回收模式

制造商联合体回收模式即几个汽车制造商通过合资或其他方式合作成立联合组织，通过该组织建设可共享的汽车产品报废回收网络。合作企业的报废汽车产品均由该联合组织负责回收，并将可再利用的部分送往制造商，各合作企业承担相应的运营费用。实施该模式的前提是各汽车制造商的报废回收业务在同一区域有相互重合的部分，能够相互信任并建立长期战略合作关系，如图 12-9b 所示。相比于制造商回收模式，这种模式分担了车企构建回收网络的资金和风险，能够减少单个企业在建立与运营报废回收网络中成本过高的问题，并在规模经济方面更加具有优势；联合体内的人员在技术上更加专业，工作效率更高。但该模式会造成汽车产品缺陷信息不能及时反馈等问题，不利于产品的质量改善；各企业间分工合作可能需要一定的时间来适应，也增加了企业核算报废回收成本的难度。该模式适用于规模和能力相当的中小型制造商。

3. 第三方回收模式

第三方回收模式即报废汽车产品由专业的第三方回收机构依照汽车制造商的要求负责回收，产品的处置交由汽车制造商、零部件供应商或汽修厂完成，如图 12-9c 所示。该模式下，电动汽车的回收交由专业机构完成，因为专业机构在技术、信息管理与人力资源等方面占有优势，能够为客户提供更加专业而高效的服务，并易于形成规模经济；汽车制造商能够专注于核心业务，不需要在与报废回收相关的设备购置、信息管理、技术人员培训等方面增加投入，降低了政策、资金、市场等不确定因素给制造商带来的风险。但该模式会使制造商无法系统地了解汽车产品报废回收的过程，逐渐形成对第三方机构的依赖，且不能在第一时间掌握产品缺陷信息。该模式适用于中小型制造商。

12.4.2 回收利用流程

汽车零部件回收利用阶段的传统处理方式包括：对拆解出来的金属材料回炉重炼，对其他塑料简单焚烧填埋等。随着技术的发展，新的材料回收工艺被发现，零部件再制造、塑料重熔等处理方式使报废回收的内涵越来越丰富，节能减排效果也更加突出。这些不同的处理方式也使得报废回收系统越来越复杂，故需要将相关的技术或设施组织起来，建立合理的网络层级结构以提高系统的运作效率。

本书介绍一种电动汽车三级回收网络，该网络由基层回收点、拆解中心、资源化中心和废弃处置中心构成。基于此模型研究汽车零部件报废回收阶段的材料获取、能耗及污染物排放，如图 12-10 所示。

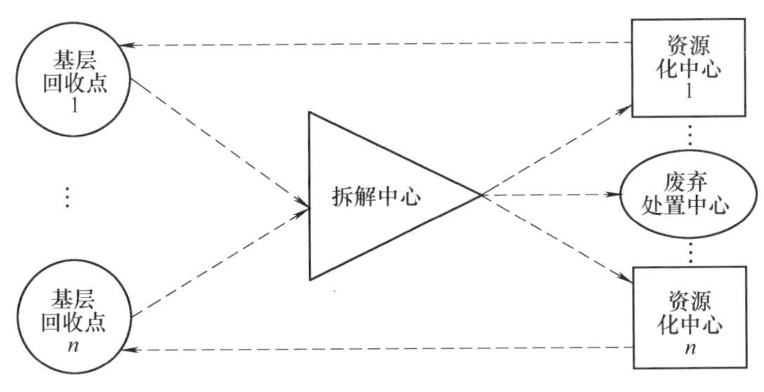

图 12-10 电动汽车三级回收网络

基层回收点一般为汽车维修点、销售网点等网络终端，主要建立在城市周边，负责收集报废汽车零部件，并组织送往拆解中心。随后报废汽车零部件在拆解中心进行拆解、分类、检测等，称为拆解过程（Dismantling Process）。拆解出来的零件分为四类：可再利用零件、可再制造零件、可再循环零件及废弃处置材料。拆解过程后，可再利用零件经检测合格后被送往维修点、零配件销售网点等，返回市场进行销售；可再制造零件送往再制造中心，借助高速电弧喷涂等表面工程技术进行性能恢复或升级，然后返回销售市场；可再循环零件修复性能不佳，被送往再循环中心回炉重炼。再制造（Remanufacturing）与再循环（Recycling）统称为资源化过程（Resourcing Process）。对无法以较好的经济效益恢复价值的材料进行适当处置并利用残余价值，称为废弃处置过程（Waste Disposal Process）。将报废回收阶段所有的运输，统称为运输过程（Transportation Process）。

综上所述，本小节将回收利用流程进一步细化为了拆解、资源化、废弃处置及运输四个过程，并以此阐述回收利用的基本流程，对其中的材料获取、能源消耗及污染物排放进行建模分析。

12.4.3 动力电池回收

1. 动力电池回收的概念

动力电池回收是指动力电池在功率和能量方面完全失去使用价值之后，通过一定的方法与途径被相关机构和企业收集，并分离出各种有利用价值的元素，减少或消除对环境带来的负面影响。不同类型的电池主要含有的有价金属见表 12-1。

表 12-1 不同类型的电池主要含有的有价金属

电池类别	主要有价金属	镍含量占比	钴含量占比	锰含量占比	锂含量占比	稀土元素含量占比
镍氢电池	镍、钴、稀土、锰元素	35%	4%	1%	—	8%
磷酸铁锂电池	锂	—	—	—	1.1%	—
锰酸锂电池	锂、锰	—	—	10.7%	1.4%	—
三元材料锂电池	锂、镍、锰、钴	12%	5%	7%	1.2%	—

2. 动力电池回收的意义

1）**回收与再利用动力电池中的稀有金属可以节约资源。**车用动力电池中含有贵金属和稀有金属，如锂（Li）、镍（Ni）、钴（Co）、钒（V）和稀土（RE）等，可回收利用的潜在价值很大。动力电池是一类富集多种有价物质的资源富矿，对其高效、充分的回收利用，符合我国经济可持续发展的要求。特别是支撑锂离子动力电池的主要资源——锂、镍、钴在我国储量都较少，大部分依赖进口。当电动汽车大规模发展时，如果不加以循环利用，某些原生金属资源矿产将随着用量的增加而逐渐减少直至枯竭，严重威胁电动汽车产业的可持续发展。

2）**回收动力电池是对环境和人类健康负责的举措**。动力电池或多或少都含有对人类有毒或有害的金属等物质，如果不进行适当的处理，会对环境和人类健康造成很大的影响和危害。

3）**锂电池的存储条件严格，必须科学回收处理**。锂离子电池能量密度高、材料稳定性差，如果环境不符合要求，容易在运输和存储中发生短路、爆炸等事故。因此，从安全的角度考虑，必须对废旧锂电池进行回收处理。

4）**为了满足国际贸易相关法规，必须进行回收处理**。为了保护本国环境和人民健康等目的，很多国家不断提高环保标准，制定相关法律法规对有潜在危害的产品设置限制。例如欧洲议会和欧盟理事会就于 2006 年发布了 2006/66/EC 号“电池、蓄电池、废电池及废旧蓄电池”指令，规定各会员国以及进入欧盟的产品应当制定电池产品回收体系以确保销售的电池能够有渠道得到回收。因此，如果我国电动汽车和电池厂商要进入欧盟等市场，必须对电池进行回收处理，以满足相关法律法规。

3. 锂离子动力电池的回收技术

当前对于废旧锂离子动力电池的回收技术主要分为两类：火法冶金法及湿法冶金法。其中火法冶金法是指通过高温对废弃锂离子电池的塑料外壳及金属外壳进行去除，之后经过浮选及沉淀等过程得到金属化合物。火法冶金法的操作工艺流程较为简单，但是会消耗大量的能源并且还会造成二次污染。而湿法冶金法就是使用机械方法除去废旧锂离子电池的外壳，之后通过萃取、沉淀、吸附、离子交换、电化学等方法获得有价金属化合物，或是直接将提纯的金属溶液合成电极。由于湿法冶金法的能耗低、污染小，因此目前行业内通常用其进行废旧锂离子电池的回收。湿法冶金法的具体工艺流程如下：

（1）预处理

在收到废旧锂离子电池之后首先要对其进行放电，避免后续的拆解和破碎过程中出现短路放电，瞬间释放大量的热引发爆炸。目前通常采用导电盐溶液浸泡短路法、低温放电法以及导体 - 金属粉末和半导体 - 石墨短路法对废旧锂离子电池进行放电。经过放电处理后的电池便可进行拆解、破碎及筛选流程。

（2）电极材料的溶解浸出

对预处理后的电极材料进行溶解浸出，使有价组分溶于溶液中，以便进行后续提纯。目前主要采用的溶解浸出方法包括传统的化学酸碱浸出法以及随生物冶金技术发展而来的生物浸出法。

化学酸碱浸出法又可分为一步法和两步法。一步法通常是直接采用盐酸、硝酸、硫酸等无机酸浸出电极材料。两步法相较于一步法的不同之处在于，在酸浸出前先采用氢氧化钠溶液浸出铝、钴、锂、镍等有价金属，从而提高分离效率。近年来，有机酸溶解浸出法发展迅速，通常采用柠檬酸、苹果酸、草酸等有机酸来进行电极材料浸出。相比于无机酸，其优势是不仅不会产生氯气、三氧化硫和氮氧化合物等有毒有害气体，而且回收容易，废液处理简单。

生物浸出法具备低成本、环境友好和较低的工业要求等优点，该法利用某些特殊微生物新陈代谢产生的无机酸来浸出废旧电极材料。目前行业内研究了采用嗜酸氧化亚铁硫杆菌对电极材料中的钴和锂进行浸出，并通过加入离子催化剂来提高微生物浸出的效率。

（3）浸出液中金属离子的提纯

电极材料经溶解浸出后，浸出液中含有多种金属元素，其中钴、锂、镍、铝四种元素含量较高，也是回收的重点。目前普遍采用的提纯方法包括化学沉淀法、溶液萃取法、盐析法、电化学法、离子交换法、电沉积法、直接合成电极材料法等。

1）化学沉淀法是最常用的金属离子分离方法之一，通过有价金属离子与某些特殊的阴离子相结合，形成低溶解度化合物并从溶液中析出，从而达到分离有价金属离子的目的。锂离子电池有价组分的回收中常用氢氧化钠、草酸、碳酸钠等作为沉淀剂来分离钴、锂等金属离子。此方法虽然可有效使溶液中的金属离子以沉淀的形式析出，但在操作过程中会消耗大量的试剂，且沉淀出来的金属都以复合物形态存在，很难进行进一步的分离和利用。

2）溶液萃取法通常采用 P507、Cyanex272、PC-88A、Acorga M5640 等萃取剂，在特定的 pH 值环境中对金属元素进行萃取。目前酸浸和溶液萃取联用的湿法冶金工艺是较为成熟的回收方法，该方法浸出率和萃取率都较高，但操作复杂、流程长，且有机试剂的使用对环境和人体健康都不利。

3）盐析法是通过在低浓度的浸出液中加入电解质和具有较低介电常数的溶剂，通过调节溶液的介电常数、改变混合溶剂的结构和溶剂化离子的半径等，使溶液离子的溶剂化能降低至不足以破坏盐分晶格的程度，从而达到过饱和并从溶液中析出盐。此法的优点在于操作简便，但由于浸出液中有价离子浓度低，需要消耗大量的硫酸铵饱和溶液和无水乙醇，并且盐析余液的处理也比较困难。

4）电化学法是通过电化学过程还原二价钴离子得到钴的金属膜、合金或者多层沉积物。目前通常采用恒电位和动电位技术进行钴金属的回收。电化学法虽然能够有效避免其他物质的引入，提高了回收产物的纯度，但它对于活性材料纯度的要求较高，目的是避免与其他杂质离子发生共沉积，从而影响产物纯度。

5）离子交换法是利用离子交换树脂对钴、镍金属离子络合物吸附系数的不同，分别回收有价金属的一种高效方法。离子交换法具有设备简单、操作方便、产品纯度高等特点，但盐耗量大，容易生成大量再生废液。

6）电沉积法是用酸溶液溶解废旧锂电池的正极材料，并通过有机溶剂萃取等方法选择性地除去溶液中的 Fe^{3+}、Al^{3+} 等杂质离子，随后在电解槽中通入一定的电流，使 Mn^{2+}、Co^{2+}、Cu^{2+} 等金属离子以金属单质或合金的形式在阴极析出。电沉积法操作简便，不添加其他添加剂或萃取剂，化学杂质引入少，产品纯度与回收率较高。但电沉积过程中由于钴和镍具有很接近的还原势，因此很容易产生共沉积现象，导致电解正极材料为三元镍钴锰（NCM）的锂电池时，通常得到的是钴镍合金。并且，此方法对电解液杂质的处理要求高，耗电量大，不利于工业化生产。

目前，一些研究人员提出了直接将浸出液中金属合成电极材料的方法，来简化回收工艺，提高废旧锂离子电池的回收效率。通过将浸出液直接参与化学反应生成电极材料，采用向正极材料浸出液中添加碳酸钠或者柠檬酸等形成进行沉淀，随后通过过滤烘干等方法得到沉淀粉体，并对粉体进行高温处理后得到含锂的电极材料。该方法虽然缩短了回收的工艺路线，工艺简单易于操作，但直接合成一般要求原料杂质含量极低，且重新合成的材料有待进一步检验才能再次应用于电池的生产制造之中。

附录 A　乘用车企业平均燃料消耗量与新能源汽车积分并行管理办法

第一章　总　则

第一条　为了提升乘用车节能水平，缓解能源和环境压力，建立节能与新能源汽车管理长效机制，促进汽车产业健康发展，根据《中华人民共和国节约能源法》等规定，制定本办法。

第二条　中华人民共和国境内的乘用车企业平均燃料消耗量与新能源汽车积分管理，适用本办法。

第三条　工业和信息化部会同财政部、商务部、海关总署、质检总局[㊀]实施乘用车企业平均燃料消耗量与新能源汽车积分管理。

第四条　本办法所称乘用车，是指《汽车和挂车类型的术语和定义》（GB/T 3730.1—2001）第 2.1.1.1 款至第 2.1.1.10 款规定的、最大设计总质量不超过 3500 千克的车辆，包括新能源乘用车和传统能源乘用车。

本办法所称新能源乘用车，是指采用新型动力系统，完全或者主要依靠新型能源驱动的乘用车，包括插电式混合动力（含增程式）乘用车、纯电动乘用车和燃料电池乘用车等。

㊀　根据 2018 年 3 月的国务院机构改革方案，不再保留质检总局。

本办法所称传统能源乘用车，是指除新能源乘用车以外的，能够燃用汽油、柴油或者气体燃料的乘用车（含非插电式混合动力乘用车）。

第五条 乘用车企业包括中华人民共和国境内乘用车生产企业、进口乘用车供应企业。

本办法所称境内乘用车生产企业，是指取得工业和信息化部乘用车生产企业准入并获得强制性产品认证的乘用车企业。

本办法所称进口乘用车供应企业，是指从中华人民共和国境外进口并在境内销售获得强制性产品认证的乘用车的企业，包括获境外乘用车生产企业授权的进口乘用车供应企业和未获授权的进口乘用车供应企业。

第六条 工业和信息化部建立汽车燃料消耗量与新能源汽车积分管理平台，统筹推进企业平均燃料消耗量与新能源汽车积分公示、转让、交易等工作。

乘用车企业应当按照工业和信息化部的要求（见附件 1），报送其生产、进口的乘用车燃料消耗量和新能源乘用车相关数据；通过汽车燃料消耗量与新能源汽车积分管理平台，开展积分转让或者交易。

第二章 乘用车企业平均燃料消耗量积分核算

第七条 境内各乘用车生产企业和各进口乘用车供应企业，是乘用车企业平均燃料消耗量积分的核算主体，单独实施核算。

第八条 乘用车企业平均燃料消耗量积分，为该企业平均燃料消耗量的达标值和实际值之间的差额，与其乘用车生产量或者进口量的乘积（计算结果按四舍五入原则保留整数）。

实际值低于达标值产生正积分，高于达标值产生负积分。

第九条 乘用车企业平均燃料消耗量达标值，是指该企业平均燃料消耗量目标值与该核算年度的企业平均燃料消耗量要求的乘积（计算结果按四舍五入原则保留两位小数）。

乘用车企业平均燃料消耗量目标值，按照《乘用车燃料消耗量评价方法及指标》（GB 27999—2014）第 5.2 款计算（计算结果按四舍五入原则保留两位小数）。同一车型在核算年度有多个不同的燃料消耗量目标值的，按照不同的目标值分开计算。

核算年度的企业平均燃料消耗量要求，是指《乘用车燃料消耗量评价方法及指标》第 5.3 款规定的相关比值。

第十条 乘用车企业平均燃料消耗量实际值，按照《乘用车燃料消耗量评价方法及指标》第 5.1 款计算（计算结果按四舍五入原则保留两位小数）。同一车型在核算年度有多个不同的燃料消耗量的，按照不同的燃料消耗量分开计算。

第十一条 境内乘用车生产企业的乘用车生产量，按照该企业在核算年度内生产的、用于境内销售的乘用车实际产量核算。

进口乘用车供应企业的乘用车进口量，按照该企业在核算年度进口用于境内销售的、获得强制性产品认证并经出入境检验检疫机构检验的乘用车数量核算。

第十二条 对核算年度生产量 2000 辆以下并且生产、研发和运营保持独立的境内乘用车生产企业，进口量 2000 辆以下的获境外乘用车生产企业授权的进口乘用车供应企业，按照以下规定放宽其企业平均燃料消耗量积分的达标要求：

企业 2016 年度至 2020 年度平均燃料消耗量较上一年度下降 6% 以上的，其达标值在《乘用车燃料消耗量评价方法及指标》规定的企业平均燃料消耗量要求基础上放宽 60%；下降 3% 以上不满 6% 的，其达标值放宽 30%。

未获境外乘用车生产企业授权的进口乘用车供应企业按照前款的规定管理，并自 2019 年度起实施企业平均燃料消耗量积分核算；但是，核算年度进口量 2000 辆以下的，暂不实施积分核算。

第三章　乘用车企业新能源汽车积分核算

第十三条　境内各乘用车生产企业和各进口乘用车供应企业，是新能源汽车积分的核算主体，单独实施核算。

第十四条　乘用车企业新能源汽车积分，为该企业新能源汽车积分实际值与达标值之间的差额。

实际值高于达标值产生正积分，低于达标值产生负积分。

第十五条　乘用车企业新能源汽车积分实际值，是指该企业在核算年度内生产或者进口的新能源乘用车各车型的积分与该车型生产量或者进口量乘积之和（计算结果按四舍五入原则保留整数）。

前款规定的生产量、进口量，按照本办法第十一条规定的方法核算。

新能源乘用车车型积分按照《新能源乘用车车型积分计算方法》（见附件 2）确定。

第十六条　乘用车企业新能源汽车积分达标值，是指该企业在核算年度内传统能源乘用车的生产量或者进口量，与新能源汽车积分比例要求的乘积（计算结果按四舍五入原则保留整数）。

第十七条　对传统能源乘用车年度生产量或者进口量不满 3 万辆的乘用车企业，不设定新能源汽车积分比例要求；达到 3 万辆以上的，从 2019 年度开始设定新能源汽车积分比例要求。

2019 年度、2020 年度，新能源汽车积分比例要求分别为 10%、12%。2021 年度及以后年度的新能源汽车积分比例要求，由工业和信息化部另行公布。

第四章　积分报告和公示

第十八条　乘用车企业应当于每年 12 月 20 日前，向工业和信息化部提交下一年度乘用车企业平均燃料消耗量与新能源汽车积分年度预报告。

预报告的内容包括本企业平均燃料消耗量预期达标值、预期实际值和新能源汽车积分预期值等（见附件 3）。

第十九条　乘用车企业应当于每年 3 月 1 日前，向工业和信息化部提交上一年度乘用车企业平均燃料消耗量与新能源汽车积分执行情况年度报告。

报告的内容包括本企业生产或者进口的各车型乘用车数量、关键参数、燃料消耗量、电能消耗量和对应车型的燃料消耗量目标值，以及本企业平均燃料消耗量达标值、实际值和新能源汽车积分等（见附件 3）。

第二十条 工业和信息化部于每年 4 月 10 日前，通过汽车燃料消耗量与新能源汽车积分管理平台，向社会公示上一年度乘用车企业平均燃料消耗量与新能源汽车积分相关情况。

对公示的乘用车企业平均燃料消耗量与新能源汽车积分相关情况有异议的，可以在 30 日内向工业和信息化部提出。工业和信息化部在收到异议后 30 日内作出答复。

第二十一条 工业和信息化部会同财政部、商务部、海关总署、质检总局于每年 6 月 30 日前，对乘用车企业提交的企业平均燃料消耗量与新能源汽车积分执行情况年度报告和相关数据进行核实，并发布上一年度乘用车企业平均燃料消耗量与新能源汽车积分核算情况报告。

第五章 积分并行管理

第二十二条 乘用车企业平均燃料消耗量正积分可以结转或者在关联企业间转让。

乘用车企业新能源汽车正积分可以依据本办法自由交易。新能源汽车正积分不得结转，但 2019 年度产生的新能源汽车正积分可以等额结转一年。

乘用车企业有平均燃料消耗量负积分、新能源汽车负积分的，应当在乘用车企业平均燃料消耗量与新能源汽车积分核算情况报告发布后 60 日内，向工业和信息化部提交其平均燃料消耗量负积分和新能源汽车负积分抵偿报告（见附件 4），并在核算情况报告发布后 90 日内完成负积分抵偿归零。

第二十三条 具有下列关系之一的乘用车企业，属于本办法第二十二条第一款规定的关联企业：

（一）境内乘用车生产企业与其直接或者间接持股总和达到 25% 以上的其他境内乘用车生产企业；

（二）同为境内第三方直接或者间接持股总和达到 25% 以上的境内乘用车生产企业；

（三）获境外乘用车生产企业授权的进口乘用车供应企业，与该境外乘用车生产企业直接或者间接持股总和达到 25% 以上的境内乘用车生产企业。

第二十四条 乘用车企业平均燃料消耗量正积分结转后续年度使用的，按照一定比例进行结转，结转有效期不超过三年。2018 年度及以前年度的正积分，每结转一次，结转比例为 80%；2019 年度及以后年度的正积分，每结转一次，结转比例为 90%。

第二十五条 乘用车企业受让的平均燃料消耗量正积分，仅限其在当年度使用，不得再次转让。

第二十六条 乘用车企业平均燃料消耗量负积分应当采取下列方式抵偿归零：

（一）使用本企业结转的平均燃料消耗量正积分；

（二）使用本企业受让的平均燃料消耗量正积分；

（三）使用本企业产生的新能源汽车正积分；

（四）购买新能源汽车正积分。

前款所列的抵偿方式，可以组合使用。

新能源汽车正积分可以抵扣同等数量的平均燃料消耗量负积分。

第二十七条 乘用车企业的新能源汽车负积分，应当通过购买新能源汽车正积分的方式抵偿归零。

第二十八条 乘用车企业 2019 年度产生的新能源汽车负积分，可以使用 2020 年度产生的新能源汽车正积分进行抵偿。

第二十九条 乘用车企业购买的新能源汽车正积分，仅限其在当年度使用，不得再次交易。

第三十条 乘用车企业发生分立、合并等情形，影响积分结转、转让、交易、抵偿等的，应当及时向工业和信息化部办理变更手续。

第六章 监督管理

第三十一条 工业和信息化部会同财政部、商务部、海关总署、质检总局建立乘用车企业平均燃料消耗量与新能源汽车积分信用管理制度。

乘用车企业提交平均燃料消耗量与新能源汽车积分执行情况年度报告时，应当同时向工业和信息化部提交信用承诺书（见附件 5），由工业和信息化部向社会公示其信用承诺书。企业法定代表人未发生变动的，信用承诺书无需逐年提交。

乘用车企业不履行承诺的，工业和信息化部将其作为失信乘用车企业进行通报，并录入车辆生产企业信用信息管理平台。

第三十二条 工业和信息化部会同财政部、商务部、海关总署、质检总局对乘用车企业平均燃料消耗量与新能源汽车积分进行核查。

工业和信息化部负责对境内乘用车生产企业及其乘用车燃料消耗量、新能源乘用车参数、乘用车生产量等进行核查。

商务部负责对进口乘用车供应企业有关情况进行核查。

海关总署负责对乘用车进口量进行核查。

质检总局负责对进口新能源乘用车参数、进口乘用车燃料消耗量和获得强制性产品认证并经出入境检验检疫机构检验的乘用车进口量等进行核查。

第三十三条 对违反本办法的行为，任何单位和个人都有权向工业和信息化部举报。接到举报后，工业和信息化部会同有关部门及时依法调查处理，并为举报人保密。

第七章 法律责任

第三十四条 乘用车企业有下列情形之一的，工业和信息化部等部门按照职责给予通报，并按照核查值核算平均燃料消耗量与新能源汽车积分；情节严重的，作为失信乘用车企业进行通报，并录入车辆生产企业信用信息管理平台：

（一）未按照本办法的规定报送乘用车燃料消耗量和新能源乘用车相关数据的；

（二）报送的乘用车燃料消耗量数据、新能源乘用车数据与核查结果不符的；

（三）报送的乘用车生产量、进口量数据与实际数量不符的；

（四）未按照本办法的规定提交企业平均燃料消耗量与新能源汽车积分报告，或者报告的内容与事实不符的。

第三十五条 乘用车企业平均燃料消耗量负积分、新能源汽车负积分未按照本办法抵偿归零的，应当向工业和信息化部提交其本年度乘用车生产或者进口调整计划，使本年度预期产生的正积分能够抵偿其尚未抵偿的负积分。

第三十六条 乘用车企业平均燃料消耗量与新能源汽车积分管理要求，纳入乘用车生产企业及产品准入条件。乘用车企业有下列情形之一的，在其负积分抵偿归零前，对其燃料消耗量达不到《乘用车燃料消耗量评价方法及指标》车型燃料消耗量目标值的新产品，不予列入《道路机动车辆生产企业及产品公告》或者不予核发强制性产品认证证书，并可以依照《汽车产业发展政策》《强制性产品认证管理规定》等有关规定处罚：

（一）平均燃料消耗量负积分未按照本办法抵偿归零的；

（二）新能源汽车负积分未按照本办法抵偿归零的；

（三）未按照本办法第三十五条的规定提交年度乘用车生产或者进口调整计划，或者提交生产或者进口调整计划但本年度平均燃料消耗量积分、新能源汽车积分未满足要求的。

第八章 附 则

第三十七条 本办法所称核算年度是指每年 1 月 1 日至 12 月 31 日。境内生产的乘用车以机动车整车出厂合格证上记载的制造日期为准确定相应的年度，进口乘用车以获得强制性产品认证车辆的随车检验单的签发日期为准确定相应的年度。

工业和信息化部收到乘用车企业依据本办法规定提交的材料后，转送其他相关部门。

第三十八条 本办法涉及的标准修订的，按照修订后的文本执行。

本办法中的“以上”“以下”“不超过”均含本数，“不满”不含本数。

第三十九条 工业和信息化部会同有关部门依据国家有关规定，完善乘用车企业平均燃料消耗量与新能源汽车积分管理的经济措施。

根据我国国情和汽车产业发展的需要，适时调整本办法有关制度、附件，并重新公布。

第四十条 本办法自 2018 年 4 月 1 日起施行。2013 年 3 月 14 日公布的《乘用车企业平均燃料消耗量核算办法》（工业和信息化部 2013 年 15 号公告）、2014 年 10 月 14 日公布的《关于加强乘用车企业平均燃料消耗量管理的通知》（工信部联装〔2014〕432 号）同时废止。本办法施行前制定的规定与本办法不一致的，按照本办法执行。

附件[㊀]：1. 乘用车燃料消耗量与新能源乘用车数据报送要求

2. 新能源乘用车车型积分计算方法

3. 乘用车企业平均燃料消耗量与新能源汽车积分报告

4. 乘用车企业平均燃料消耗量负积分和新能源汽车负积分抵偿报告

5. 信用承诺书

㊀ 关于附件的具体内容参见工业和信息化部网站。

附录 B　关于进一步完善新能源汽车推广应用财政补贴政策的通知

各省、自治区、直辖市、计划单列市财政厅（局）、工业和信息化主管部门、科技厅（局、委）、发展改革委：

为支持新能源汽车产业高质量发展，做好新能源汽车推广应用工作，现将进一步完善新能源汽车推广应用财政补贴政策有关事项通知如下：

一、优化技术指标，坚持“扶优扶强”

按照技术上先进、质量上可靠、安全上有保障的原则，适当提高技术指标门槛，保持技术指标上限基本不变，重点支持技术水平高的优质产品，同时鼓励企业注重安全性、一致性。主要是：稳步提高新能源汽车动力电池系统能量密度门槛要求，适度提高新能源汽车整车能耗要求，提高纯电动乘用车续驶里程门槛要求。具体见附件。

二、完善补贴标准，分阶段释放压力

根据新能源汽车规模效益、成本下降等因素以及补贴政策退坡退出的规定，降低新能源乘用车、新能源客车、新能源货车补贴标准，促进产业优胜劣汰，防止市场大起大落。

三、完善清算制度，提高资金效益

从 2019 年开始，对有运营里程要求的车辆，完成销售上牌后即预拨一部分资金，满足里程要求后可按程序申请清算。政策发布后销售上牌的有运营里程要求的车辆，从注册登记日起 2 年内运行不满足 2 万公里的不予补助，并在清算时扣回预拨资金。

四、营造公平环境，促进消费使用

从 2019 年起，符合公告要求但未达到 2019 年补贴技术条件的车型产品也纳入推荐车型目录。地方应完善政策，过渡期后不再对新能源汽车（新能源公交车和燃料电池汽车除外）给予购置补贴，转为用于支持充电（加氢）基础设施“短板”建设和配套运营服务等方面。如地方继续给予购置补贴的，中央将对相关财政补贴作相应扣减。

五、强化质量监管，确保车辆安全

进一步加强安全性和一致性监管，由行业主管部门加快建立产品安全监控和“一致性”抽检常态机制。对由于产品质量引发重大安全事故，或经有关部门认定存在重大质量缺陷的车型，暂停或取消推荐车型目录，并相应暂缓或取消财政补贴。

本通知从2019年3月26日起实施，2019年3月26日至2019年6月25日为过渡期。过渡期期间，符合2018年技术指标要求但不符合2019年技术指标要求的销售上牌车辆，按照《财政部 科技部 工业和信息化部 发展改革委关于调整完善新能源汽车推广应用财政补贴政策的通知》（财建〔2018〕18号）对应标准的0.1倍补贴，符合2019年技术指标要求的销售上牌车辆按2018年对应标准的0.6倍补贴。过渡期期间销售上牌的燃料电池汽车按2018年对应标准的0.8倍补贴。燃料电池汽车和新能源公交车补贴政策另行公布。

建立惩罚机制、破除地方保护、监管管理等其它相关规定继续按财政部、科技部、工业和信息化部、发展改革委《关于调整新能源汽车推广应用财政补贴政策的通知》（财建〔2016〕958号）、《关于新能源汽车推广应用审批责任有关事项的通知》（财建〔2016〕877号）、《关于2016—2020年新能源汽车推广应用财政支持政策的通知》（财建〔2015〕134号）以及《关于调整完善新能源汽车推广应用财政补贴政策的通知》（财建〔2018〕18号）等有关文件执行。

附件㊀：新能源汽车推广补贴方案及产品技术要求

㊀ 关于附件的具体内容参见财政部网站。

附录 C 新能源汽车生产企业及产品准入管理规定

第一条 为了落实发展新能源汽车的国家战略，规范新能源汽车生产活动，保障公民生命财产安全和公共安全，促进新能源汽车产业持续健康发展，根据《中华人民共和国行政许可法》《中华人民共和国道路交通安全法》《国务院对确需保留的行政审批项目设定行政许可的决定》等法律法规，制定本规定。

第二条 在中华人民共和国境内生产新能源汽车的企业（以下简称新能源汽车生产企业），及其生产在境内使用的新能源汽车产品的活动，适用本规定。

第三条 本规定所称汽车，是指《汽车和挂车类型的术语和定义》国家标准（GB/T 3730.1—2001）第 2.1 款所规定的汽车整车（完整车辆）及底盘（非完整车辆），不包括整车整备质量超过 400 千克的三轮车辆。

本规定所称新能源汽车，是指采用新型动力系统，完全或者主要依靠新型能源驱动的汽车，包括插电式混合动力（含增程式）汽车、纯电动汽车和燃料电池汽车等。

第四条 工业和信息化部负责实施全国新能源汽车生产企业及产品的准入和监督管理。

省、自治区、直辖市工业和信息化主管部门负责本行政区域内新能源汽车生产企业及产品的日常监督管理，并配合工业和信息化部实施准入管理相关工作。

第五条 申请新能源汽车生产企业准入的，应当符合以下条件：

（一）符合国家有关法律、行政法规、规章和汽车产业发展政策及宏观调控政策的要求。

（二）申请人是已取得道路机动车辆生产企业准入的汽车生产企业，或者是已按照国家有关投资管理规定完成投资项目手续的新建汽车生产企业。

汽车生产企业跨产品类别生产新能源汽车的，也应当按照国家有关投资管理规定完成投资项目手续。

（三）具备生产新能源汽车产品所必需的设计开发能力、生产能力、产品生产一致性保证能力、售后服务及产品安全保障能力，符合《新能源汽车生产企业准入审查要求》(见附件 1，以下简称《准入审查要求》)。

具备工业和信息化部规定条件的大型汽车企业集团，在企业集团统一规划、统一管理、承担相应监管责任的前提下，其下属企业（包括下属子公司及分公司）的准入条件予以简化，适用《企业集团下属企业的准入审查要求》(见附件 2）。

（四）符合相同类别的常规汽车生产企业准入管理规则。

第六条 汽车生产企业在已列入《道路机动车辆生产企业及产品公告》(以下简称《公告》）的新能源汽车整车或者底盘基础上改装生产新能源汽车产品，改装未影响到底盘、车载能源系统、驱动系统和控制系统的，不需要申请新能源汽车生产企业准入。

第七条 申请准入的新能源汽车产品，应当符合以下条件：

（一）符合国家有关法律、行政法规、规章。

（二）符合《新能源汽车产品专项检验项目及依据标准》（见附件 3），以及相同类别的常规汽车产品相关标准。

（三）经国家认定的检测机构（以下简称检测机构）检测合格。

（四）符合工业和信息化部规定的安全技术条件。

工业和信息化部根据新能源汽车产业发展的实际情况和相关标准制修订情况，及时调整《新能源汽车产品专项检验项目及依据标准》的有关内容，并在施行前向社会公布。

第八条 申请新能源汽车生产企业准入的，应当向工业和信息化部提交以下材料：

（一）申请新能源汽车生产企业准入审查的文件。

（二）《新能源汽车生产企业准入申请书》（见附件 4）及相关证明材料。

（三）新建新能源汽车生产企业的企业法人营业执照复印件，以及根据国家有关投资管理规定办理投资项目手续的文件。中外合资企业还应当提交中外股东持股比例证明。

第九条 申请新能源汽车产品准入的，应当向工业和信息化部提交以下材料：

（一）新能源汽车产品主要技术参数表（见附件 5）。

（二）检测机构出具的新能源汽车产品检测报告。

（三）其他需要说明的情况。

第十条 工业和信息化部收到准入申请后，对于申请材料不齐全或者不符合法定形式的，应当当场或者在 5 日内一次性告知申请人需要补正的全部内容。申请材料齐全、符合法定形式的，应当予以受理，并自受理之日起 20 个工作日内作出批准或者不予批准的决定。20 个工作日内不能作出决定的，经工业和信息化部负责人批准，可以延长 10 个工作日，并应当将延长期限的理由告知申请人。

第十一条 工业和信息化部委托第三方技术服务机构，组织专家对新能源汽车生产企业、新能源汽车产品准入申请进行技术审查，审查方式包括现场审查、资料审查。

工业和信息化部建立新能源汽车领域专家库，从中选取专家组成审查组。

第三方技术服务机构技术审查所需时间不计算在本规定第十条规定的期限内。

第十二条 申请新能源汽车生产企业准入的，如已按照相同类别的常规汽车生产企业准入管理规则通过了审查的，免予审查《准入审查要求》中的相关要求。

第十三条 检测机构应当严格按照工业和信息化部有关规定开展新能源汽车产品检测工作，不得擅自变更检测要求。

第十四条 通过审查的新能源汽车生产企业及产品，由工业和信息化部通过《公告》发布。

不符合本规定所规定的条件、标准的新能源汽车生产企业及产品，工业和信息化部不予列入《公告》。

新能源汽车生产企业应当按照《公告》载明的许可要求生产新能源汽车产品。

第十五条 新能源汽车生产企业应当加强管理、规范使用新能源汽车产品出厂合格证，确保出厂合格证及其信息与实际产品唯一对应、保持一致。

第十六条 新能源汽车生产企业应当建立新能源汽车产品售后服务承诺制度。售后服务承诺应当包括新能源汽车产品质量保证承诺、售后服务项目及内容、备件提供及质量保证期限、售后服务过程中发现问题的反馈、零部件（如电池）回收，出现产品质量、安全、环保等严重问题时的应对措施以及索赔处理等内容，并在本企业网站上向社会发布。

第十七条 新能源汽车生产企业应当建立新能源汽车产品运行安全状态监测平台，按照与新能源汽车产品用户的协议，对已销售的全部新能源汽车产品的运行安全状态进行监测。企业监测平台应当与地方和国家的新能源汽车推广应用监测平台对接。

新能源汽车生产企业及其工作人员应当妥善保管新能源汽车产品运行安全状态信息，不得泄露、篡改、毁损、出售或者非法向他人提供，不得监测与产品运行安全状态无关的信息。

第十八条 新能源汽车生产企业应当在产品全生命周期内，为每一辆新能源汽车产品建立档案，跟踪记录汽车使用、维护、维修情况，实施新能源汽车动力电池溯源信息管理，跟踪记录动力电池回收利用情况。

新能源汽车生产企业应当对新能源汽车产品的技术状况、故障及主要问题等运行情况进行分析、总结，编写年度报告（见附件 6）。年度报告应当在新能源汽车产品全生命周期内存档备查。

第十九条 新能源汽车生产企业申请准入的新能源汽车产品类别或者动力系统（包括插电式混合动力、纯电动、燃料电池等）与已列入《公告》的新能源汽车产品不同的，或者增加、变更生产地址的，应当向工业和信息化部提交本规定第八条所列的材料，原则上应当进行现场审查。

取得插电式混合动力汽车或者燃料电池汽车产品准入的新能源汽车生产企业，申请相同类别的纯电动汽车产品准入的，只进行资料审查。

第二十条 新能源汽车生产企业应当持续满足《准入审查要求》和生产一致性等相关规定，确保新能源汽车产品安全保障体系正常运行。

第二十一条 新能源汽车生产企业发现新能源汽车产品存在安全、环保、节能等严重问题的，应当立即停止相关产品的生产、销售，采取措施进行整改，并及时向工业和信息化部和相关省、自治区、直辖市工业和信息化主管部门报告。

第二十二条 工业和信息化部应当对新能源汽车生产企业的《准入审查要求》保持情况、生产一致性情况和监测平台运行情况等进行监督检查，检查方式包括资料审查、实地核查、市场抽样和性能检测等。

省、自治区、直辖市工业和信息化主管部门应当对本行政区域内新能源汽车生产企业的生产情况、监测平台运行情况进行监督检查。发现新能源汽车生产企业有《准入审查要求》所列要求发生重大变化、生产管理存在重大安全隐患、有违法行为等的，应当及时向工业和信息化部报告。

第二十三条 对于停止生产新能源汽车产品 12 个月及以上的新能源汽车生产企业，工业和信息化部予以特别公示。

经特别公示的新能源汽车生产企业在恢复生产之前，工业和信息化部应当对其保持《准入审查要求》的情况进行核查。

第二十四条 工业和信息化部建立新能源汽车生产企业信用数据库，将企业违反生产一致性要求、申请材料弄虚作假、行政处罚等情况列入信用数据库。

第二十五条 新能源汽车生产企业不能保持《准入审查要求》，存在公共安全、人身健康、生命财产安全隐患的，工业和信息化部应当责令其停止生产、销售活动，并责令立即改正。

第二十六条 新能源汽车生产企业破产或者自愿终止生产新能源汽车产品的，工业和信息化部应当撤销、注销其相应的新能源汽车生产企业、产品准入。

第二十七条 隐瞒有关情况或者提供虚假材料申请新能源汽车生产企业、新能源汽车产品准入的，工业和信息化部不予受理或者不予准入，并给予警告，申请人在一年内不得再次申请准入。

以欺骗、贿赂等不正当手段取得新能源汽车生产企业、新能源汽车产品准入的，工业和信息化部应当撤销其新能源汽车生产企业、产品准入，申请人在三年内不得再次申请准入。

第二十八条 新能源汽车生产企业擅自生产、销售未列入工业和信息化部《公告》的新能源汽车车型的，工业和信息化部应当依据《中华人民共和国道路交通安全法》第一百零三条第三款的规定予以处罚。

第二十九条 已取得准入的新能源汽车整车生产企业，应当按照本规定进行改造，并自本规定施行之日起6个月内报送满足本规定的审查计划，于24个月内通过审查。对于其取得准入时已审查的有关内容，免予审查。

自制自用新能源汽车底盘的改装类客车生产企业，通过改造，满足商用车生产企业准入管理规则有关生产客车底盘准入条件后，可申请新能源汽车整车生产企业准入。自制自用新能源汽车底盘的改装类专用车生产企业，按照国家有关投资管理规定完成整车投资项目手续、满足商用车生产企业准入管理规则有关准入条件后，可申请新能源汽车整车生产企业准入。自制自用新能源汽车底盘的改装类客车、改装类专用车生产企业，应当自本规定施行之日起6个月内报送满足本规定的审查计划，于24个月内通过审查。

逾期未通过审查的，视为不能保持《准入审查要求》。

第三十条 新能源汽车生产企业在产的新能源汽车产品应当自本规定施行之日起6个月内，符合《新能源汽车产品专项检验项目及依据标准》。

第三十一条 新建纯电动乘用车生产企业应当同时满足《新建纯电动乘用车企业管理规定》。

第三十二条 本规定自2017年7月1日起施行。2009年6月17日工业和信息化部公布的《新能源汽车生产企业及产品准入管理规则》(工产业〔2009〕第44号)同时废止。本规定施行前公布的有关规定与本规定不一致的，以本规定为准。

附件[1]：1. 新能源汽车生产企业准入审查要求

2. 企业集团下属企业的准入审查要求

3. 新能源汽车产品专项检验项目及依据标准

4. 新能源汽车生产企业准入申请书

5. 新能源汽车产品主要技术参数表

6. 新能源汽车年度报告

[1] 关于附件的具体内容参见工业和信息化部网站。

参考文献

[1] 刘亚彬，杨佳川. 浅谈纯电动汽车空调和冷却的节能措施 [J]. 中国高新区，2018 (14)：35.

[2] 陈立新. 浅析纯电动汽车安全与节能技术 [J]. 汽车与驾驶维修（维修版），2018 (04)：174.

[3] 李全民. 电动汽车的维护与保养分析 [J]. 汽车实用技术，2018 (03)：1-2.

[4] 全国机动车运行安全技术检测设备标准化技术委员会. 在用电动汽车安全行驶性能台架检验方法：GB/T 35179—2017 [S]. 北京：中国标准出版社，2017.

[5] 李涛，唐斯晓. 电动汽车产业现状与未来发展趋势 [J]. 农机使用与维修，2018 (01)：11-12.

[6] 陈万昆，唐志涛. 互联网支撑下的新型电动汽车电池租赁产业链 [J]. 科技创新与应用，2017 (35)：193，196.

[7] 苏俊龙. 纯电动汽车制动能量回收技术研究 [D]. 青岛：青岛理工大学，2018.

[8] 张欢欢，官闪闪. 锂离子电池纯电动汽车低温性能研究 [J]. 汽车实用技术，2017 (21)：119-122.

[9] 袁博. 中国新能源汽车产业发展战略及路径研究 [J]. 区域经济评论，2017 (06)：126-134.

[10] 李珒，战建华. 中国新能源汽车产业的政策变迁与政策工具选择 [J]. 中国人口·资源与环境，2017，27 (10)：198-208.

[11] 全国汽车标准化技术委员会. 电动汽车传导充电互操作性测试规范 第 2 部分：车辆：GB/T 34657.2—2017 [S]. 北京：中国标准出版社，2017.

[12] 全国汽车标准化技术委员会. 电动汽车传导充电互操作性测试规范 第 1 部分：供电设备：GB/T 34657.1—2017. [S]. 北京：中国标准出版社，2017.

[13] 韦佳容. 新能源汽车商业生态系统的模式比较研究 [J]. 中国国际财经（中英文），2017 (19)：10-11.

[14] 王晓燕，张露嘉. 新能源汽车商业生态系统模式比较研究［J］. 经营与管理，2017（08）：88-92.

[15] 黄艺苗. 2001年～2015年我国新能源汽车产业政策综述［J］. 汽车工业研究，2017（07）：34-41.

[16]《中国公路学报》编辑部. 中国汽车工程学术研究综述·2017［J］. 中国公路学报，2017，30（06）：1-197.

[17] 刘正炳. 电动汽车制动能量回收控制系统的研究［D］. 淮南：安徽理工大学，2017.

[18] 杨光峰. 电动汽车动力电池热性能仿真实验研究［D］. 长春：吉林大学，2017.

[19] 阮鸿鹏. 我国新能源汽车产业政策分析与模拟研究［D］. 马鞍山：安徽工业大学，2017.

[20] 左利锋. 分布式驱动纯电动客车节能技术研究［D］. 长春：吉林大学，2017.

[21] 陈歌. 扶持政策对新能源汽车产业发展的影响研究［D］. 济南：山东大学，2017.

[22] 白有俊，苏思，郑艳. 纯电动汽车的维护与保养［J］. 时代汽车，2017（10）：43，45.

[23] 陈家城. 纯电动汽车安全与节能技术研究现状［J］. 科技资讯，2017，15（13）：25-26，28.

[24] 徐兰君. 中国电动汽车分时租赁的商业模式创新研究［D］. 北京：北京交通大学，2017.

[25] 杨杨，范彦冬，贺子龙，等. 基于能耗折算方法标准的电动汽车节能分析［J］. 汽车实用技术，2017（07）：32-33.

[26] 赵欢欢. 基于低温下锂电池充电管理系统设计与实现［D］. 太原：中北大学，2017.

[27] 汪蕾. 我国新能源汽车产业政策研究［D］. 合肥：合肥工业大学，2017.

[28] 万毓明. 浅谈纯电动汽车的维护保养［J］. 改革与开放，2017（05）：60-61，64.

[29] 冯飞. 用于寒地的电动汽车锂电池荷电状态估计及均衡策略研究［D］. 哈尔滨：哈尔滨工业大学，2017.

[30] 李先锋. 减少磨损延长汽车使用寿命的方法探讨［J］. 汽车维修，2017（02）：42-44.

[31] 李正秋，蒋燕青. 纯电动汽车空调和冷却节能措施的研究［J］. 上海汽车，2017（01）：2-6，12.

[32] 黄其励. 用综合手段确保电动汽车安全［J］. 中国战略新兴产业，2016（25）：95.

[33] 孙婧. 解析汽车使用和维修对汽车技术状况的影响［J］. 科技创新导报，2016，13（22）：62-63.

[34] 孙竹，李刚，周玲芝，等. 互联网商业模式的理论与实践：兼论对电动汽车产业发展的影响［J］. 国际经济合作，2016（08）：34-38.

[35] 刘伟. 电动汽车整车安全技术研究［J］. 重型汽车，2016（04）：10-12.

[36] 周博雅. 电动汽车生命周期的能源消耗、碳排放和成本收益研究［D］. 北京：清华大学，2016.

[37] 郎春艳. 低温环境下锂离子电池组热管理系统研究［D］. 广州：华南理工大学，2016.

[38] 孙金磊. 应用于高寒地区的电动汽车电池管理关键技术研究［D］. 哈尔滨：哈尔滨工业大学，2016.

[39] 胡宸. 电动汽车动力电池组低温预热系统的研究［D］. 哈尔滨：哈尔滨理工大学，2016.

[40] 王震坡，薛雪，李洋，等. 电池租赁模式下电动出租车能源补给成本研究［J］. 邢台职业技术学院学报，2016，33（01）：62-67.

[41] 梁书旗. 电动汽车动力电池衰退模式分类及性能评估［D］. 哈尔滨：哈尔滨工业大学，2016.

[42] 项胜. 电动汽车动力电池安全管理系统研究与设计［D］. 上海：上海工程技术大学，2016.

[43] 张环. 基于生命周期成本的新能源汽车补贴政策研究[D]. 北京：北京理工大学，2015.

[44] 董斌. 互联网思维主导的汽车功能与形态设计研究[D]. 北京：北京理工大学，2015.

[45] 中国汽车工程学会. 2015 中国汽车工程学会年会论文集[C]. 北京：机械工业出版社，2015.

[46] 欧阳明高. 从智能化电动汽车发展的角度谈"互联网 + 汽车 + 交通"[J]. 汽车纵横，2015(09)：20-22.

[47] 魏晓霞. "互联网 +"下全球电动交通互联网与泛电动汽车充电网络模型[J]. 电气应用，2015，34(16)：132-136.

[48] 李春明，赵宇，赵振宁. 低温环境下的电动汽车性能影响研究[J]. 价值工程，2015，34(18)：150-151.

[49] 宋健. 对目前电动汽车的维护与保养分析[J]. 汽车实用技术，2015(06)：97-99.

[50] 关靖雯. 激光灯在未来汽车照明中的应用前景[J]. 汽车维修，2015(06)：6-9.

[51] 苏建成. 汽车技术状况变化及影响因素[J]. 汽车零部件，2014(09)：78-79，72.

[52] 郑秋云. LED 在汽车照明及信号灯具中的广泛应用[J]. 机电技术，2014(03)：101-103，106.

[53] 李书华. 电动汽车全生命周期分析及环境效益评价[D]. 长春：吉林大学，2014.

[54] 刘中历. 电动汽车空调系统设计及风道的设计改进[D]. 长春：吉林大学，2014.

[55] 谢娟烘. 电动汽车安全技术专利战略研究[D]. 长沙：湖南大学，2014.

[56] 张恒嘉. 基于实证的纯电动汽车性能评估方法和普及可能性研究[D]. 武汉：武汉理工大学，2014.

[57] 李策园. 纯电动汽车锂动力电池组温度场特性研究及热管理系统实现[D]. 长春：吉林大学，2014.

[58] 孙丙香，何婷婷，牛军龙，等. 基于换电和电池租赁模式的纯电动汽车运营成本评估及预测研究[J]. 电工技术学报，2014，29(04)：316-322.

[59] 陈荣章，袁好. 电动汽车租赁模式研究及可行性分析[J]. 北京汽车，2014(02)：32-35，43.

[60] 周亚文. 解析汽车使用和维修对汽车技术状况的影响[J]. 科技资讯，2014，12(07)：96.

[61] 中华人民共和国商务部. 二手车鉴定评估技术规范：GB/T 30323—2013[S]. 北京：中国标准出版社，2014.

[62] 刘健. 汽车的技术状况对行车安全性的影响[J]. 客车技术与研究，2013，35(04)：1-3，10.

[63] 单洪丽. 汽车技术状况的变化及维护[J]. 黑龙江科技信息，2013(04)：8.

[64] 宋广发. 电动汽车电机驱动系统制动能量回收策略研究[D]. 西安：长安大学，2012.

[65] 辛乃龙. 纯电动汽车锂离子动力电池组热特性分析及仿真研究[D]. 长春：吉林大学，2012.

[66] 潘浩，董铸荣，韩承伟. 基于深圳在用的新能源公交车辆技术状况研究[J]. 企业技术开发，2012，31(11)：156-157.

[67] 黎燕妮. 电动汽车电池租赁模式的经济分析[J]. 东方企业文化，2012(01)：146.

[68] 王健，梁桂航. 纯电动出租汽车快速更换电池运营模式[J]. 公路交通科技，2011，28(11)：142-145.

[69] 康军. 绿色照明 LED 及在汽车应用上的优势[J]. 商场现代化，2011(Z2)：30.

[70] 修玲玲. 汽车照明安全节能新技术[J]. 海峡科学，2010(12)：160-162.

[71] 仲元昌，周冬芹，贾年龙，等. 车用 LED 照明技术及现状分析[J]. 微型机与应用，2010，

29（23）：1-4，7.
［72］曹中义. 电动汽车电动空调系统分析研究［D］. 武汉：武汉理工大学，2008.
［73］韩亮，赵海龙. 浅析影响汽车技术状况的因素［J］. 中国科技信息，2007（24）：91-92.
［74］张邦维. 新型汽车照明光源LED灯［J］. 汽车与配件，2007（01）：42-45.
［75］沙永康. 电动汽车高成本因素分析［J］. 上海汽车，2005（11）：26-28.
［76］刘义，张宝华，刘志学. 浅析汽车使用寿命［J］. 黑龙江交通科技，2002，25（3）：45-46.
［77］王峰，王安新. 混合动力电动汽车的使用与维护［J］. 客车技术与研究，2011，33（3）：58-60.
［78］陈雅韵. 我国新能源汽车产业的发展研究：结合美、日的发展经验［D］. 北京：首都经济贸易大学，2017.
［79］王震坡，邓钧君，孙逢春，等. 汽车分时租赁：共享经济与交通出行解决方案［M］. 北京：机械工业出版社，2018.
［80］王震坡，孙逢春，刘鹏. 电动汽车原理与应用技术［M］. 北京：机械工业出版社，2014.
［81］王震坡，孙逢春. 电动车辆动力电池系统及应用技术［M］. 北京：机械工业出版社，2012.
［82］郑湘南. 电动汽车平顺性及结构性能参数影响的分析［D］. 北京：北京交通大学，2006.
［83］周胜. 纯电动汽车动力性及经济性分析［D］. 长沙：湖南大学，2013.
［84］王震坡，姚利民，孙逢春. 纯电动汽车能耗经济性评价体系初步探讨［J］. 北京理工大学学报，2005，25（6）：479-482，486.
［85］陈元华，杨沿平，胡纾寒，等. 我国报废汽车回收利用现状分析与对策建议［J］. 中国工程科学，2018，20（1）：113-119.
［86］林程. 纯电动城市商用车：中国新能源汽车自主创新的入口［J］. 商用汽车，2010（5）：33-35.
［87］王琪. 动力锂离子电池安全性评价技术的研究［J］. 电源技术，2017（7）：1078-1081.
［88］何洪文. 电动汽车原理与构造［M］. 北京：机械工业出版社，2012.
［89］刘浩学. 汽车使用安全技术［M］. 北京：人民交通出版社，2004.
［90］王震坡，孙逢春. 电动汽车能耗分配及影响因素分析［J］. 北京理工大学学报，2004，24（4）：306-310.
［91］戴海峰，周艳新，顾伟军，等. 电动汽车用动力锂离子电池寿命问题研究综述［J］. 电源技术，2014，38（10）：1952-1954.
［92］朱显辉，崔淑梅，师楠，等. 电动汽车电机故障时间的粒子群优化灰色预测［J］. 高电压技术，2012，38（6）：1391-1396.
［93］王春芳，姜朋昌，侯素礼，等. 基于远程监控的纯电动汽车故障分析技术［J］. 汽车工程师，2016（3）：36-39.
［94］侯兵，电动汽车动力电池回收模式研究［D］. 重庆：重庆理工大学，2015.
［95］韩路，贺狄龙，刘爱菊，等. 动力电池梯次利用研究进展［J］. 电源技术，2014，38（3）：548-550.
［96］麻友良，严运兵. 电动汽车概论［M］. 北京：机械工业出版社，2013.
［97］杜芳花. 电动汽车产业的商业模式创新研究［D］. 武汉：武汉理工大学，2012.

[98] 郑吉川，赵骅，李志国. 双积分政策下新能源汽车产业研发补贴研究 [J]. 科研管理，2019，40 (02)：126-133.

[99] 张天娇. 我国新能源汽车技术经济指标体系的构建 [J]. 大众汽车，2013，19 (4)：33，39.

[100] 陈光，张妍懿，郝冬，等. EV-TEST 评价体系中性能指标的确定分析 [J]. 汽车工程师，2017 (11)：14-17.

[101] 姜仕超. 新能源汽车技术经济综合评价及其发展策略研究 [J]. 军民两用技术与产品，2014 (07)：14，16.

[102] 阮娴静. 新能源汽车技术经济综合评价及其发展策略研究 [D]. 武汉：武汉理工大学，2010.

[103] 许潇潇. 汽车安全性指数系统研究 [D]. 沈阳：沈阳航空工业学院，2009.